亙古一念 華嚴心鑰

作者 見輝法師

圓道禪院住持

台灣大學人類學系

澳洲雪梨大學管理學碩士
(University of Sydney, Australia Strategic Management & Organizational Analysis)

國立高師大成人教育博士

見輝法師
閱藏居

見輝法師
個人專頁

師承上惟下覺大和尚，為禪宗臨濟法脈。深入經藏二十餘年，以多元化角度闡釋佛法，弘法行履遍及海內外各地(中國、美國、澳洲、馬來西亞、新加坡等)，開創雲端共學體系，適應現代人自主學習的特質，推廣華嚴經、楞嚴經等大乘經典，祈使大眾深入經藏，智慧如海。

穿越千古的久別重逢

reunions after long times apart

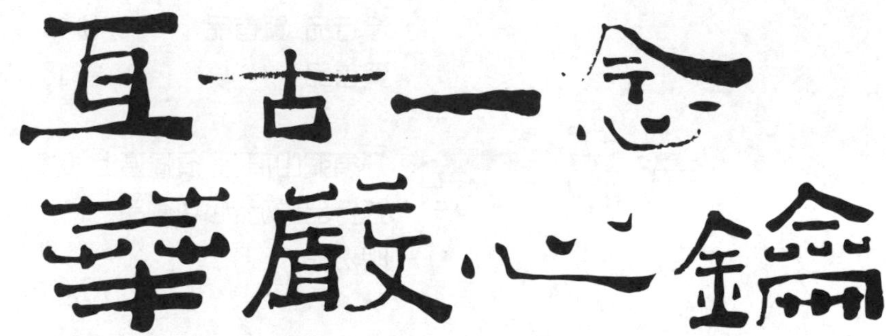

華嚴首部曲 · 釋見輝／著

目次

圖

表

來自編輯室：秒懂佛經系列叢書出版緣起

一、出版緣起：

時代愈是紛亂，人心愈需寧靜；挑戰愈是複雜，智慧愈顯重要，為因應現代人生活步調匆忙，與學佛方式以講求效率著眼，寶嚴國際圖書文化有鑑於此，擬推出「秒懂佛經」系列叢書，內容提綱挈領、簡明精要，闡述大乘佛教經典義理，以符合現代學佛者所需，使其領略經藏大海，啟迪智慧。

二、出版計畫：

1. 華嚴三部曲：

華嚴首部曲：《亙古一念．華嚴心鑰》。為見輝法師於雲端共修後的開示內容文字化。主要內容始從八十華嚴卷一〈世主妙嚴品〉至卷五十二〈如來出現品〉，描述菩薩十信、十住、十行、十迴向、十地、等覺、妙覺之修證歷程。
華嚴二部曲：《華嚴 200 問》。為卷五十三至五十九〈離世間品〉，由普慧菩薩提出二百個問題，普賢菩薩以一答十，成 2000 答。兩百問題分別對應十信、十住、十行、十迴向、十地、因圓果滿，圓融菩薩行布歷程。
華嚴三部曲：《善財童子新世紀奇人妙遇》。〈入法界品〉善財童子五十三參之古今對映圖畫故事書。

2. 楞嚴心髓：見輝法師主講楞嚴經通說法集。

3. 大乘經典要解。

頂禮剃度恩師上惟下覺安公大和尚。

大夢幾時醒？
幸遇明師　慧炬頓驅長夜暗

這是一個孤獨的時代。

嚴格說來，《華嚴經》是一本孤獨覺者的肺腑心聲。

講給孤獨的浪子聽，使其早還鄉井。

自有記憶以來，總帶著悲傷的眼，望著世間，縱使身處人群，依然孤寂。

直到大二那年的夏天，在深山小寺的禪堂，問著自己「誰」？無解的人生，不知生從何來？又為何而來？種種疑情湧現...全然堵在心窩，說不出口，也莫知所以。

晚鐘響起，沮喪地步出禪堂，星夜閃爍、涼風徐徐，蟬鳴和著潺潺溪流，只見和尚盤坐於堂前樹下，對著請法的學子們談法，和尚依然閉著雙眼，尾音抑揚的四川口音，細述實相頓悟心法，就是這念心，就是這念心，就是這念心...

數日參「誰」的話頭，隨著和尚的話語，揭開內心深處的疑情...

是誰的心？

心又是誰？

原來，就是丟失了這個，使得心靈「宛轉零落，無可哀救」。

三千年前的菩提樹下，眾人昏瞶，世界暗冥，這位孤獨的王子夜睹明星，豁然醒覺，說道：

「奇哉！奇哉！無一眾生而不具有如來智慧，但以妄想顛倒執著而不證得。若離妄想，一切智、自然智、無礙智，則得現前。」～《華嚴經》・〈如來出現品〉

佛陀，曾經如此感歎，可是，芸芸眾生，誰懂？

這位孤獨的覺者，依然無有保留地為眾宣法，留下三藏十二部經，澤潤千世萬代尋心不得的流浪佛子，期待佛子徹見本來。

覺來當下是
不從外得　衣珠原屬自家珍

2015 年，一部《華嚴經》出現在圓道禪院的門口，開啟了共修的因緣。

誦華嚴，讀華嚴，講華嚴，行華嚴，意外令自己進入療癒的歷程，一個菩提心修復的歷程。

二十歲的我，遇到佛法，便義無反顧地離俗出塵。然而，曾經，以誓離娑婆為志，以離群索居為願，卻皈投於一個結茅棚於深山，最終步入紅塵普度眾生的一代宗師座下。

家師於我，是再造之恩，使年少時便體悟覓心不得之苦的自己，於蒼茫大海浮沉中得以抓取的一塊救命浮木。

然而，一心追求出世解脫的我，不解家師為何將一心離群索居，嚮往「青燈古佛伴一生」的我，推向「五濁惡世」？

家師一次次賦予任務，每每膽戰心驚，卻因膽怯不敢抗命而硬著頭皮接下任務，在在挑戰著自己的承擔力，而家師總是一派恬然，全然信任地笑容滿溢。

將來你們都要獨化一方！

不行啊！弟子諸多不足，小孩子穿大鞋，誰來幫幫我啊？

行菩薩道的勇氣與力氣，著實不給力。直到，讀到《華嚴經》．〈十迴向品〉：

菩薩摩訶薩作是念言：『彼諸眾生不能自救，何能救他？唯我一人，志獨無侶，修集善根如是迴向…我應如日普照一切，不求恩報。眾生有惡，悉能容受，終不以此而捨誓願，不以一眾生惡故，捨一切眾生。』～《華嚴經》．〈十迴向品〉

我突然明白：原來，「孤獨」是凡人的淒涼與惶恐，卻是菩薩的志向！

眾生依賴成性，總是外求填補內心的空虛感，卻永無止盡地獨生獨死、獨去獨來，宛轉漂流，無處可依。

菩薩，卻是「志獨無侶」。

那種捨我其誰的氣魄，那種雖千萬人吾往矣的決絕與堅定，一瞬間擊潰我的依賴，粉碎我的怯弱，斬斷我的後路。

從此之後，我不再逃離自己的菩提心，不再懷疑自己的本願力。

與菩提心久別重逢的自己，宛若重生。

穿越千古的久別重逢．本願力的覺醒

2020 年庚子之災 COVID-19，是波及數千萬人的全球浩劫，以空氣為媒介的病毒，肆無忌憚橫行無阻，瓦解全球產業鏈與經濟體，擊潰了人類為萬物之靈的自豪與安全感。沒有人能置身於共業之外，回應危機，唯有正面迎戰，思考問題，決定對策，以及實際行動。

此時脆弱與不安的心靈，需要佛法安定人心的力量！！

誠如《雙城記》所言：「這是最好的時代，也是最壞的時代。」

修習佛法者，將此語倒過來說：「這是最壞的時代，也是最好的時代。」

三千年前的佛陀，孤身一人奮力疾呼，三千年後的佛弟子們，則因應網路時代學法的需求，將佛法的共修與弘傳，送上雲端。

於是，寶嚴國際佛學研修院的全球雲端共修應運而生，每日五個時段，由圓道僧團領眾，帶動全世界佛弟子眾恭誦《大方廣佛華嚴經》。

《華嚴經》是佛陀成道後第一個宣講的經典，意義與價值超乎我們意識心的想像之上。七處九會，聚焦在「發菩提心，求一切智」的議題，從信心的建立，菩提心的安住與實踐，依行立願，到最後地地增上，直到妙覺極果。華嚴會上的菩薩摩訶薩們無一不是智慧與行動力的表率，他們的現身說法，喚醒每一顆沉睡的心，救拔所有在煩惱和痛苦中浮沉的你和我。

華嚴心鑰這本法集，是每日於全球雲端共修後的開示法集，內容力求提綱挈領，簡明扼要，期使讀者「秒懂」《華嚴經》。

以一念心鑰，開啟塵封已久的心鎖，

與亙古如是的菩提心願，久別重逢。

菩提心因陀羅網，華嚴世界重現今時

菩薩摩訶薩以諸眾生皆著於二，安住大悲，修行如是寂滅之法，得佛十力，入因陀羅網法界，成就如來無礙解脫，人中雄猛大師子吼…；絕生死迴流，入智慧大海；為一切眾生護持三世諸佛正法，到一切佛法海實相源底。～《華嚴經》‧〈十行品〉

古印度的佛陀預見三千年後，因陀羅網 (Internet) 將遍布全球，重重無盡，光光相照，華嚴世界重現於今。

寶嚴國際佛學研修院運用 21 世紀遍滿全球的網路，把佛法的影響力散播出去，就像《華嚴經》中的因陀羅網一樣，彼此互含互攝，讓智慧的光芒在雲端共修的行動裡網網相織，光光輝映。

透由雲端的傳播，串連起點點心光，大至宇宙，小至微塵，珠既明徹互相影現，所現之影還能現影，如是重重不可窮盡。

《華嚴經》告訴我們如何點燃自己心中的這盞燈，以及如何讓這盞燈永不熄滅，祈願你我都能在佛陀與菩薩的智慧光照下永脫六道生死輪迴，以菩提心乘願再來，永續佛陀的智慧與光明。

紛亂的時代，為心尋找一個清涼的境界，就像自在的風，將佛法吹拂進入心中。

華嚴心鑰，為當下即刻開啟一扇智慧國度的大門，一窺華嚴法界的浩瀚無盡。

惟願　四生九有，同登華藏玄門　　八難三途，共入毗盧性海

見輝

暮秋．閱藏居

序

推薦序・一　樂學華嚴・菩提見心

高師大校長
前監察委員　蔡培村

佛家信念著重因緣和合，無相性空。修行者則在培養智慧大愛利益眾生。見輝法師早年就讀台大人類學系，對佛學就有初識。畢業後，入中台禪寺皈依佛門，並成為惟覺大師的弟子。在山修行佛法多年，遠赴澳洲修習管理碩士，回台後，在高雄市創立圓道禪院宣揚佛法。唯見輝法師期望信眾或居士能真正懂得佛法精要，必需有些教育方法方為有效，特考入國立高雄師範大學成人教育研究所，修讀博士學位，因緣際會成為我的學生，並從成人教育理論中的自主學習、經驗學習、合作學習、轉化學習和靈性學習的學理，精研融合，化作宣弘佛法的能量，就學其中亦曾在國內外道場講解佛學經典，頗獲好評，同時也以優異的成績獲得教育學哲學博士。

見輝法師修習佛法，選定佛教二大經典著作之一：《華嚴經》，做為修行誦念推廣的依據。尤其，發願廣印華嚴經典書冊供養台灣修佛同道，以彰顯華嚴對生命發展的重要性。華嚴經典書冊印送受到同道喜愛，見輝法師後發更大弘願，希望信眾能捐印百萬冊套華嚴經，讓世界各地願意受持的修行者，都能獲得經典研修。

見輝法師更親率弟子及信眾赴大陸各名寺祖庭或其他國家，親自供養華嚴書冊，以宣揚華嚴之美及精髓。此段歷程艱辛感人，見輝法師與陳導演商議將過程剪輯成紀錄片，命名為「跟著華嚴經去旅行」。此一非常自然平常感人的敘說紀錄片，經陳導演送至世界各影展，共獲十三個大獎，此一榮耀，應是華嚴化為菩薩助成此光采，也是台灣最高的榮耀。

《華嚴經》的精髓，修行者必須懷著信解行證的心境，才能修得其奧妙和體會真正的價值，所謂「信」，即是相信佛教宗旨乃在引導人心走向正途，並用慈悲心，利益眾生化解困境，進而貢獻社會，唯有正念，才是修佛的起點，也是修行華嚴的初心。其次，「解」，悉指學習華嚴經典之際，應戮力學習，反覆求知，排除疑惑，並時時反求諸己，建立正解，讓華嚴內涵與心靈相互契合，化為認知之力量。「行」，即是實踐，古云：徒法不以自行，任何規範或者知識，必需透過實踐或經驗體會，方能了解真實意義和價值，也才能了解佛法服務眾生真正的快樂。甚至於領悟華嚴在生命中的奧妙，和自然形成的菩提心。「證」，修習佛法，歷經信解行的歷程，自然會呈現許多不可言語的事蹟，和促進生命奇妙的改變。尤其，能自心見性，修得菩提，離苦得樂。

聞道有先後，術業有專攻，本人雖是見輝法師的博士指導教授，但在佛學領域，尤其華嚴經典的認知，更難以與其論證。見輝法師二十年如一日，不改利益眾生之願，時時宣導華嚴經典之妙，尤其疫情期間，為使信眾亦能居家學習，特開設雲端學院，讓人人無時無地皆可了解佛法之妙。而今，見輝法師特將佛經文字艱澀難懂或古文難議之處，化繁為簡，簡化成容易閱讀之文，出書推廣，讓讀者修得佛教精髓，福氣滿滿，獲得正念正行。本人樂於序文推薦，也祝賀見輝法師功德圓滿。

推薦序・二　當律師遇見華嚴

永然法律基金會
永然聯合法律事務所　李永然律師

在見胤法師的引見下，得有難得的機緣而結識「圓道禪院」的見輝法師，後來也有機會南下高雄參訪「圓道禪院」；並且親聞見輝法師講解《大佛頂首楞嚴經》，非常攝受。

於 2015 年間得知圓道禪院發起百萬菩薩共修《大方廣佛華嚴經》，見輝法師也領眾前往各地道場做《華嚴經》的供養，還進一步把供養《華嚴經》的過程拍成「跟著華嚴經去旅行」的紀錄片，此一影片著實令人感動，嗣後更得到十三項「國際大獎」，真可謂「台灣之光」。

而 2020 年初爆發在中國大陸武漢市的新型冠狀病毒 (Covid-19)，嗣後全球各地也傳出疫情，瞬間使「全球化」的世界發生翻天覆地的改變。各國為此紛紛採取不同的應變措施，如封市、封城、封境、宵禁、限制商家營業時間、戴口罩、保持社交距離...等，頓時間也造成人心不安及人與人的疏離。見輝法師面對此一情勢，本於「大悲心」，想要把佛陀的正知正見注入驚嚇未定之世人的心中，藉以喚醒世人本具的覺性與智慧；於是透過寶嚴佛學院雲端共修佛法的方式，借助於全球網路，將《華嚴經》之佛法的影響力散播出去，同時也完成《華嚴心鑰》一書。

見輝法師希望我能為《華嚴心鑰》一書提供一篇序，我誠惶誠恐，過去因曾讀過《華嚴經》，了解此經為釋迦牟尼佛悟道成道之後所說的第一部經，與《妙法蓮華經》、《大佛頂首楞嚴經》皆有「經王」之稱；而《華嚴經》更是「王中之王」，憨山大師因而也說：「...不讀華嚴，不知佛家之富貴」。

《華嚴經》讓唐杜順和尚悟入華嚴世界，而倡「華嚴宗」，杜順和尚依《華嚴經》立「四法界」，而在「事事無礙法界」，說明一一事相，大如須彌，小如毫末，得理法界之熔融，皆隨理性而普遍，彼此不相妨礙。

此經中談到成佛之道，由十信、十住、十行、十迴向、十地菩薩、等覺、妙覺，令人印象深刻。又其內提到的「善財童子五十三參」及「普賢菩薩行願」，讓人理解修行是一實修實證的過程。

目前正是末法時代，明理的人不見得多，而實修的人又少之又少，所以透過《華嚴經》提醒眾生沈睡的心，見輝法師為了讓弟子們於誦讀研習《華嚴經》，除了科判表外，能夠有一提綱契領的大綱，讓弟子們更易於契入，藉以點燃每個人心中的燈，讓大家燈燈相續，真是發揮了「大智慧」。

《華嚴經》中常提到願與願力，並強調「以願導行，以行成就佛果」，經中也提到「一切佛事從大願起」。見輝法師因大悲心，而在疫情肆虐期間發「大願」，透過雲端網路，帶領研修《華嚴經》，更完成《華嚴心鑰》這本書，做為願研習《華嚴經》者於「科判表」外，還有可茲運用的大綱，特為之序，以表感恩及讚嘆。

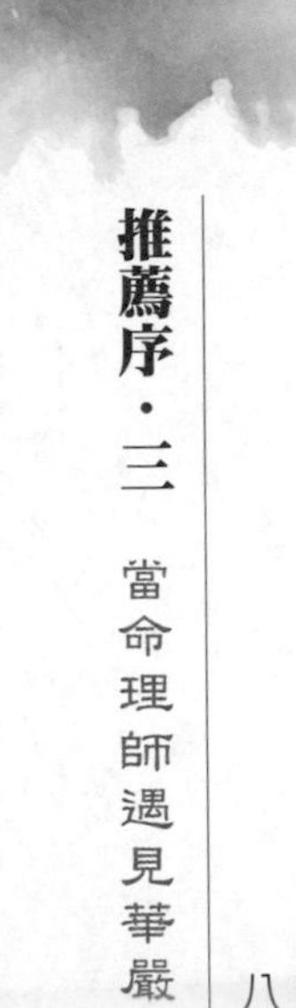

推薦序・三　當命理師遇見華嚴

菩薩戒弟子　法潺
八字命理師　筠綠

在我過去二十幾年的論命經歷中，發現大部分的人都有各式各樣的問題與煩惱，但是終究來說，其實問題都是一樣的，不外乎工作財運、感情婚姻、家庭親子、人際關係、以及身體健康。只是在不同的人身上會呈現不太一樣的情況，或是發生的時間年齡的差異，如此而已。當然問題的嚴重程度，及煩惱的多寡，也會有些差別。

基本上，五行的運作規則其實很簡單、也很固定，由木火土金水五行元素的相生相剋，再加上季節的替換，不斷地運行產生了規則，代表著整個環境的運作現象，以及當中整體與個別的運勢走勢。因為在地球上所有的生命，都離不開這個大環境、大家庭，當然也與地球緊密連結，不會有人例外。

八字命理就是在探討五行的生剋變化，對應到每個人的天干地支組合，所產生的運勢起伏現象分析，然後用十神來解釋實際狀況。像是食神、傷官代表我生，即木生火、火生土、土生金、金生水、水生木，可以解釋成才華、想法、創意、投資、房地產...，是屬於比較物質世界的範圍，也是比較枝微末節的一部分。

其實八字的運作方式，是從一個人的個性開始判斷起，會逢遇到什麼樣的運勢環境組合，當事人會做出什麼樣的可能反應，往往都是符合五行的生剋循環來運作，所以我們可以從中推敲出所有的可能性。既然個性特質是一切的主導，且既然無法去改變所謂宿命的運勢，那麼最理想的辦法就是改變個性，調整看待事情的角度，用不同於習慣的方式去面對、處理問題，唯有不繼續「做自己」才可能有徹底的改變，才是治本的方法。若是要等到最後才去處理枝微末節的問題，其實都只是治標，問題也都會不斷的重複發生，並不究竟。

這些道理很容易懂，大家也都知道是個性的問題，但是在真實的生活之中，要如何真正去改變自己、調整自己，卻是需要方法，也需要幫助。

幾年前開始接觸佛法，從網路上看了不少講經說法的影音，當中見輝法師所講的《楞嚴經》真是令人印象深刻、充滿法喜，且會想一看再看。

怎麼能把如此困難的經典，變成簡單易懂又精彩豐富？！表示這個師父的基本功夫深厚，且邏輯思考清晰，一定是個聰明且高層次的人。之後有緣認識，發現的確是很優秀的一位法師。而「圓道禪院」在這幾年，對於《華嚴經》的推廣更是不遺餘力，印經、誦經，上課講解，師父們的發心都讓人有目共睹。

佛法是心法，是因緣法，也是究竟法，能讓人找回「原來」的自己，改變人生、改變生命。或許佛法也是唯一的方法，讓人不再被宿命所牽引，能跳出命運的羈絆，活出正確的方向，真正的能瞭解萬物的本質，體會生命的意義。

見輝法師是大家的善知識，親切、有智慧，且平易近人的個人特質，加上明亮悅耳的聲音，能讓人更貼近佛法、理解佛法。而除了《楞嚴經》跟其他經典的課程之外，《華嚴經》的講解授課也有許多影音，在網路平台上都可以找得到。

《華嚴經》是一部大乘經典，其內容廣博無盡、圓融無礙，但對很多人來說並不容易自己讀懂，需要有人來帶領入門。

這次見輝法師出版的書籍，《華嚴心鑰》一書，師父用自身通透佛法、深入淺出、才思敏捷的專長，帶領我們進入《華嚴經》不可思議的華藏世界，相信能讓大家獲益良多，體驗到佛菩薩的華嚴世界，讓我們一起來深入經藏、智慧如海，改變生活、改變生命。

這本書會為大家帶來不可思議的因緣，以及超越想像的收穫。

期待每個人都能擁有如華嚴世界一樣的富貴人生、豐富生命。

推薦序‧四　當信仰遇見華嚴

菩薩戒弟子法印
寶嚴國際佛學研修院全球執行長

剛開始學佛時，讀的是《普門品》、《阿彌陀經》、《金剛經》、《心經》、《無量壽經》等等經典，總帶著自利及功利交換的心態來誦經，而且都是臨時抱佛腳、得過且過，但佛菩薩很照顧我，讓我關關難過關關過。二十年前我從美國萬佛城請了一套八十華嚴及《楞嚴經》，《楞嚴經》只看得懂阿難的艷遇，《華嚴經》連序都看不懂，只好放在佛堂當裝飾品。

雖然斷斷續續讀了不少經典，但卻信心不夠，聽妙境長老講經都聽不懂。直到 2013 年接觸禪法之後，才慢慢真正的用功誦經。後來聽見輝師父講《楞嚴經》，再來傳塵師父苦口婆心的推廣誦持《華嚴經》，一直誦持《華嚴經》到現在，才真正對佛法有信心。《華嚴經》是佛陀開悟後講的第一部經典，剛開始就是聽師父的話，每天固定念三到六卷，直到解決家庭危機時，才真正對《華嚴經》有信心。不是說其他經典沒有用，是自己不夠努力。

《華嚴經》教的是如何成佛的法門，是以成就他人行菩薩道為出發點，讓我了解佛法是生活化的，尤其在讀「淨行品」的時候，都是以當願眾生 – 利他的角度來發心，從此讓我改變行事的方式。當然幫助別人要有智慧，我有問題時，都可以在《華嚴經》找到答案；雖然不見得一下子就做得好，但是慢慢努力，總是會做好的。

這次與師父們閉關一同整理華嚴共修的每品摘要，讓我更加了解《華嚴經》的修行次第，也見識到佛陀心的無量，苦口婆心的教導。雖然成佛要三大阿僧祇劫，但是《華嚴經》讓我覺得是有信心可以做到的，就是心無疲厭的堅持到底。佛陀對我們這麼有信心，我們要相信佛陀，也要相信自己必定成佛。

首讀開卷文

當心靈遇見華嚴

菩薩戒弟子　法澈

身為文字編輯，最開心的就是不但能參與一本書的誕生，同時還能在出版前就先睹為快，因此，讓我很 " 甘心情願地 " 跟著見輝法師寫稿的節奏，天天黏在電腦前面讀這本《華嚴心鑰》的初稿。

說起《華嚴經》這部大經，對學佛的人來說經名應該不陌生，對，這樣說有陷阱，因為內容可能很陌生。圓道禪院這裡用的是八十華嚴的版本，每次誦一卷大概就要四十分鐘，要誦完一部真的需要很大的毅力，更何況是去學習這部經，即使心有好樂還得有相對應的智慧才能契入，筆記更是做了厚厚的一大個資料夾，但我還是苦於有很多的問號、問號加問號，因為《華嚴經》是所謂的 " 不思議境界 "，所以剛開始，我只能把《華嚴經》當故事書來讀。

科判表對我來說也是很艱深的，如果沒有法師的帶領，科判表無異就像天書，我常常嘆息自己的智慧淺薄無法深入經藏，更不要說憶持不忘，但很慶幸，轉機竟然就從這本《華嚴心鑰》開始。

《華嚴經》的內容浩瀚如海，佛菩薩的智慧不可思議，見輝法師用挈領提綱之法收綱舉目張之效，在讀稿的過程裡，隨著見輝法師的文字解說，腦海裡不預期地會有燈泡突然亮起來，然後，就會聽到自己心裡那一聲：「啊！原來是這樣啊！」幾次之後，過往那種學習《華嚴經》不清不楚的狀態，開始有了改變，慢慢地建立起一個清晰的輪廓，對所謂的十信、十住、十行、十迴向這些修學的次第，有了比較清楚的認識，才明白為什麼見輝法師把《華嚴心鑰》這本書設定在「秒懂」《華嚴經》

的基礎上。

隨著每一卷解說的開展，有時讀著讀著，心裡會突然出現很大的感動，人間一場轉瞬即逝，什麼才是身而為人真正的意義？在《華嚴經》裡諸大菩薩們的每句話，彷彿都在對著我開示人生的究竟意義 - 菩提心。在生生世世的流轉裡，要被自己看見的，是內在的菩提心，在沒有正確的見地時，我只能在妄想裡錯誤地創造自己的人生，一次又一次，一生又一生，而慨嘆只能成為隨風而逝的遺憾，卻又成了下一世的起點。

我衷心地認為有機會學習《華嚴經》是我的福報，經由開示悟入，信解行證來修證佛法是我的幸運，《華嚴心鑰》這本書是一把通向《華嚴經》的鑰匙，我親身領受到了這份感動，也把這個感動傳達給每位想了解《華嚴經》的人，祈願所有菩薩團隊的菩薩們在《華嚴經》裡再次相逢，讓佛陀的法音永遠流傳。

楔子

本書說明

本法集，結集每日全球雲端共修後，針對《華嚴經》各卷的提要開示。選輯範圍從卷一世主妙嚴品，到卷 52 如來出現品，為菩薩行完整的修學歷程。內容跳脫傳統探究華嚴奧義的十門懸談法式，擇經文重點解說，力求簡明扼要，深入淺出，期使讀者迅速掌握各卷要領。

雖以現代語體行文，猶冀學習者得以領略華嚴諸祖的微言大義，因此適時採酌唐朝清涼澄觀大師《大方廣佛華嚴經疏鈔》及明朝憨山德清大師的《華嚴經綱要》等著作。

▌本書依據註解主要有三：

《華嚴經疏鈔》唐．清涼澄觀法師

《華嚴經綱要》(文中簡稱《綱要》)明．憨山德清法師

《大方廣佛華嚴經疏科文表解》李圓淨居士編

《華嚴經疏鈔》為華嚴宗四祖清涼澄觀國師，於唐貞元年間為八十卷《華嚴經》所作之釋文《疏》及對《疏》之補述，編著成《隨疏演義鈔》。《疏鈔》中將大經之教理以信、解、行、證四大部分來說明，並以五周因果貫串三十九品經中修行次第，使《華嚴經》七處九會之組織內容一目瞭然。

明代嘉靖年間，禪宗憨山大師悲見唐代華嚴宗清涼澄觀國師所著《華嚴經疏鈔》漸行沒落，於是依澄觀國師之疏鈔要義，提綱挈領，將浩瀚法界收攝於綱領，名為《華嚴經綱要》。修習者藉以此綱要解經文大體，更因經文次以見性。

後世視澄觀大師為本經之勳臣，憨山大師為疏鈔之導師。

編輯說明

一、行文間凡引用《華嚴經》文或註疏內文，皆以不同顏色與字體區分，以方便閱讀。

二、每一會色調，依《華嚴經》中描述該處所之色調模擬定色。

〈賢首品〉其雲種種莊嚴色：第六他化自在天，於彼雲色如真金，兜率陀天霜雪色；夜摩天上琉璃色；三十三天瑪瑙色；閻浮提中青寶色；

三、解說依品目次第，若遇當品涵括多卷，則合併論述之。

四、依據科文表解於每會之初，提列該會導覽圖，簡介各品要旨，並附上見輝法師線上雲端開示 QRcode。

《大方廣佛華嚴經》簡介

《大方廣佛華嚴經》是釋迦牟尼佛成道後開示的首部經典，有經中之王的美譽。經文闡述諸佛之本懷，示成佛果德。

唐朝清涼澄觀國師云：「此經稱性備談十身威雄，若不讀《華嚴經》，不知佛富貴。」

《華嚴經》描述的是佛、菩薩所證的圓融無礙境界，頓時朗現無有前後，呈現不可思議的廣大圓滿。如能受持讀誦以至透徹通達，便可契理事無礙，事事無礙法界。

《華嚴經》卷由來：龍樹菩薩悉心揀擇龍宮經卷

龍樹菩薩至龍宮閱藏，發現相較於龍宮，在世間流通的經典非常有限，而龍宮典藏尤以《華嚴經》最為殊勝，稀有難得。龍宮典藏的《華嚴經》，總共三本，上本有十個三千大千世界微塵數偈，一四天下微塵數品；中本有四十九萬八千八百偈，一千二百品；下本有十萬偈，四十八品。龍樹菩薩望著浩瀚經典，心想：所有的《華嚴經》都能夠在世間流通是最好之事，但世間眾生心量有限，恐怕無法領受深奧繁多的經文字句。考量後，擷取下本十萬偈流通至世間。

四十華嚴、六十華嚴、八十華嚴

《華嚴經》共有三種漢文譯本，依照傳入中國的時間順序及卷數，分為六十華嚴、八十華嚴、四十華嚴。

六十華嚴於東晉時，由佛馱跋陀羅所譯，內容有八會、三十四品。又稱《晉經》，收於大正藏第九冊。

八十華嚴因其字辭優雅暢達，品目較之完備，目前是流通最廣的版本。源起於武則天感於六十華嚴未臻完整，「唯啟半珠，未窺全寶，」因而遠求法寶，遣使迎至中土，禮聘高僧實叉難陀譯成漢文。又稱《唐經》，收于大正藏第十冊。

四十華嚴，唐代般若三藏譯，前三十九卷為〈入法界品〉，卷四十是前二種譯本所沒有的內容：「大方廣佛華嚴經入不思議解脫境界普賢行願品」，略稱〈普賢行願品〉。圓道禪院出版的八十華嚴，最末附錄便於此錄出。收于大正藏第十冊。

【八十華嚴譯者－實叉難陀】

葱嶺北于闐人，精通大小乘經典，兼通外道論典。

武則天深信佛法，尤其親近《華嚴經》，感於當時的晉譯本不夠完整，遣使至千里外的于闐國迎請梵本的八十華嚴，並禮請實叉難陀至中土主譯。

證聖元年（西元 695 年），實叉難陀於大遍空寺翻譯《華嚴經》，四年的時間完成鉅作。

睿宗景雲元年（西元 710 年）十月卒，年五十九。遺體火化後，由門人和唐使護送骨灰回歸家鄉。後人於火化之處，立七層寶塔以茲紀念，稱華嚴三藏塔。

七處九會

• 初會	菩提場	普賢菩薩	毗盧遮那如來依正因果法門(卷1～11，6品)
• 二會	普光明殿	文殊師利菩薩	十信等法門(卷12～15，6品)
• 三會	忉利天宮	法慧菩薩	十住等法門(卷16～18，6品)
• 四會	夜摩天宮	功德林菩薩	十行等法門(卷19～21，4品)
• 五會	兜率天宮	金剛幢菩薩	十迴向等法門(卷22～33，3品)
• 六會	他化自在天宮	金剛藏菩薩	十地法門(卷34～39，1品)
• 七重會	普光明殿	毗盧遮那如來	等覺法門(卷40～52，11品)
• 八三會	普光明殿	普賢菩薩	離世間法門(卷53～59，1品)
• 九會	逝多林	本會毗盧遮那如來	放光現相，答諸菩薩念請
		末會文殊師利菩薩	善財參五十三善知識，通為入法界品(卷60～80，1品)

菩提樹
華嚴二會
華嚴九會
普光明殿
華嚴七會
逝多林
華嚴八會
華嚴初會
南瞻部洲

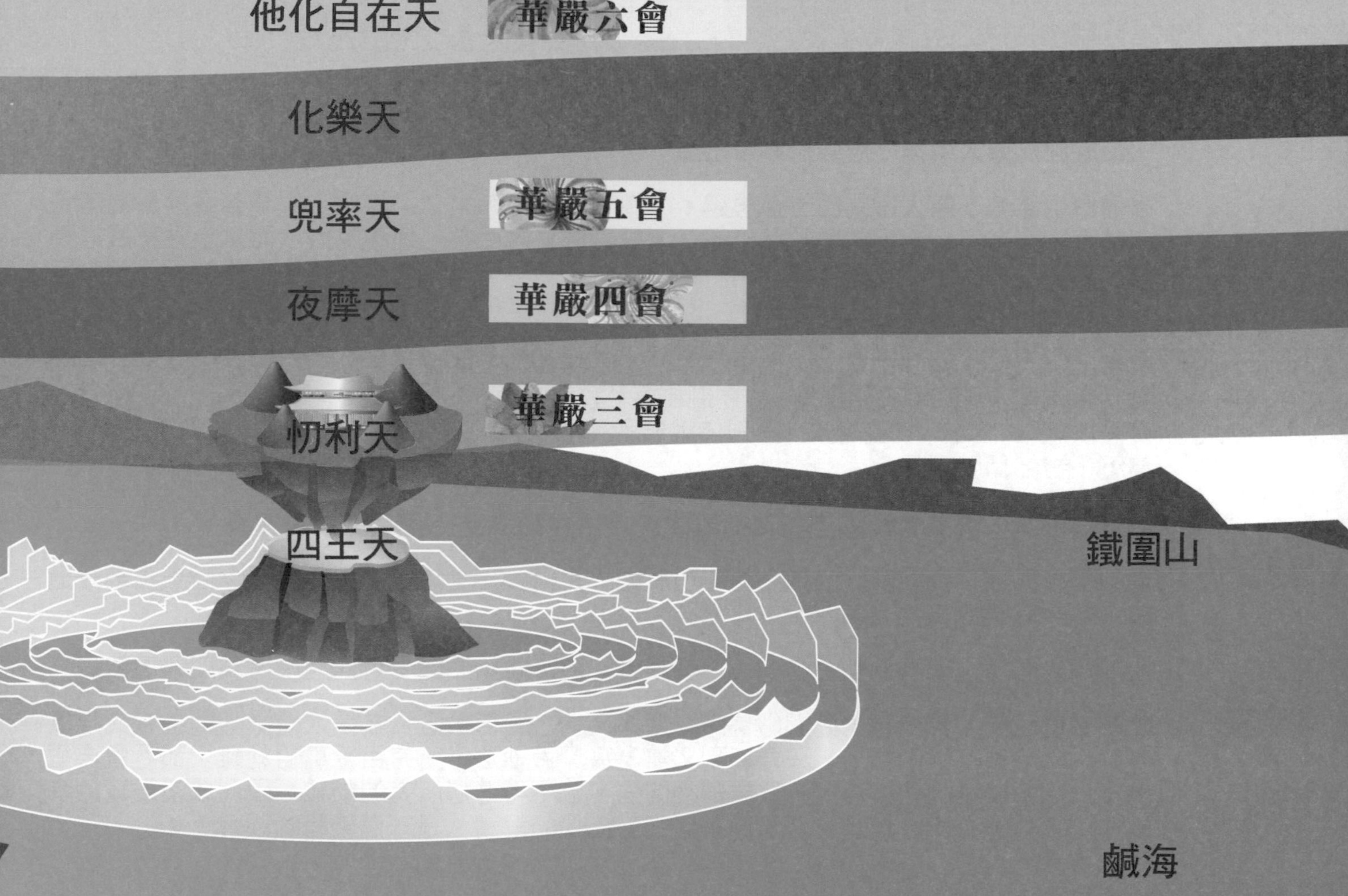

他化自在天
華嚴六會
化樂天
兜率天
華嚴五會
夜摩天
華嚴四會
華嚴三會
忉利天
四王天
鐵圍山
鹹海

《華嚴經》傳入中國：經義微妙帝王讚

高僧傳中記載：唐太宗問隱士孫思邈：「佛經以何經為大？」孫曰：「《華嚴經》為諸佛所尊大。」帝曰：「近玄奘三藏，譯《大般若經》六百卷，何不為大，而六十卷華嚴經獨得大乎？」孫曰：「華嚴法界，具一切門，於一門中，可演出大千經卷，般若經乃華嚴宗一門耳。」太宗乃悟，受持華嚴。

皇帝武則天為了讀到比六十華嚴更完整的《華嚴經》，遠從千里外，恭迎八十華嚴及高僧實叉難陀主譯。武帝親臨譯場，並親制御序，歡欣感動，「一窺寶偈，慶溢心靈；三復幽宗，喜盈身意」，深感《華嚴經》「雖則無說無示，理符不二之門；因言顯言，方闡大千之義」，寫下千古名偈開經偈。

開經偈：無上甚深微妙法 百千萬劫難遭遇 我今見聞得受持 願解如來真實義

武則天感受到《華嚴經》的殊勝與不可思議，書偈云：「無上甚深微妙法，百千萬劫難遭遇，我今見聞得受持，願解如來真實義。」

每部經的開頭，都有此千古名句，讓誦讀者知道，能夠見聞受持此經，是多麼難遭難遇。

美國有位居士，第一次聽到開經偈時，驚為天人，覺得佛法實在是太棒了。因為中文程度不好，將開經偈誤解為：「只要聽到了無上甚深微妙法，所有百千萬的劫難，都不會再遭遇！」認為學佛的功德真大，只要聽經聞法，能不再遭遇所有的劫難，因此成為虔誠的佛教徒。直到後來深入經藏，發現原來當初對此偈的解讀，是一場美麗的誤會。

「百千萬劫難遭遇」，解讀成百千萬的劫難從此不再遭遇，事實上也講得通。因為聽聞了無上妙義，體解了如來真實義後，所發起的無上菩提心，能讓我們從此消災免難，不再遭遇任何的苦難。

如何學習這部難遭難遇的經典呢？

在開場序分中，菩薩摩訶薩告訴大眾，每個人要跟佛陀一樣，懷著大悲心，懷著與菩薩一樣的大願力，才能登華藏玄門。

百億華嚴入玄門 百萬菩薩契法身：二十五年願行計劃

非洲有一句古老的諺語：「想要走的快，就一個人走；想要走得遠，就和同伴一起走。」

圓道禪院為了大眾的長遠發心，組建菩薩團隊，運用網路時代的工具，啟建全球性的雲端共修，以「日誦一卷經，季成一部經，二十五年累積百部華嚴」的願行計畫。每人每天一個半小時，在二十五年之後，就成為持誦百部華嚴的行者。

全球雲端共修最大的特色，是法師領眾主持與梵唱誦念儀軌，與一般在家裡自己誦念有所不同。透過全球連線，認識各地的華嚴菩薩，串連成如因陀羅網 (Internet) 的華藏世界。

為了推廣《華嚴經》，圓道僧團數十位法師、居士進錄音室，以二個月時間錄製整部八十華嚴的唱誦。目的希望讓更多在家菩薩，透過網路雲端共修來學習《華嚴經》及唱誦華嚴字母。更能啟發清淨歡喜的菩提心來讀誦受持，進而願意向佛菩薩學習。

修習《華嚴經》的方法

▌離心意識，受持讀誦，直契華藏玄門

誦讀《華嚴經》時，放下意識心和思考腦，直接跟佛菩薩的願力接軌。

人一生中的知識來源，是幾十年經歷中學習而來的邏輯思考、意識思惟，但是，這種思考是有侷限性。若以有侷限的意識心，試圖分析菩薩不可思議的願力，對於華嚴深奧的義理猶難體解。因為佛菩薩的智慧是無上的，遠遠超越一般世間人的世智辯聰。

如何才能夠學習《華嚴經》，啟發無上的智慧？在誦讀的過程中，不要用個人的知識跟經驗，去分析經典裡的字句，而以「受、持、讀、誦」的方式來學習經典。剛開始看起來很傻，但事實上是停止傻的開始，因為多數人自認為聰明，導致累劫輪迴而不自知。

直接讀誦《華嚴經》的經文，與佛菩薩接軌，把菩薩的願力、字句與思惟模式，如實地複製到腦海中，成為自己的思惟模式。這種「離心、意、識」的修行方式，直接熏修文殊菩薩的智慧與普賢菩薩的願力，這是最有智慧的學習方式。

▌弘一法師《華嚴經》讀誦研習入門次第

依據弘一法師「華嚴經讀誦研習入門次第」，若好樂簡略者，宜讀唐貞元譯〈華嚴經普賢

行願品〉末卷〈普賢行願品〉，或兼讀唐譯〈華嚴經淨行品〉，二品宜奉爲日課。此外，若欲讀他品者，〈菩薩問明品〉、〈賢首品〉、〈初發心功德品〉、〈十行品〉、〈十迴向品初迴向章〉、〈十忍品〉、〈如來出現品〉（唐譯）。或壹或多，隨力讀之。

若欲讀全經者，宜讀唐譯。徐居士曰：讀全經至第五十九卷〈離世間品〉畢，宜接讀貞元譯〈普賢行願品〉四十卷，共九十九卷，較爲完全。若有餘力者，宜兼讀晉譯。

華嚴字母

音聲佛事：梵唄

「梵唄」稱做「音聲佛事」，相傳是由大梵天王所造，是梵天的清淨音聲，又名為梵音。「梵」是清淨、離欲之意；「唄」指的是歌詠、讚偈；梵唄就是清淨的諷誦。

梵唄是佛事的一種，為了方便諷誦佛經的經文，以吟誦、唱誦梵唄的方式，帶領大眾用功，形成現在這種具有特定旋律與節奏的修行方式。全球雲端共修採取梵唄唱誦的形式進行，讓大眾在家裡，也能像在佛寺裡參加法會一樣，感受到清淨的法喜。因此誦念的時候，要像在道場一樣謹慎、精進、清淨，身著海青、搭縵衣，正身端坐，隨眾一起來精進用功。

由於梵唄的唱誦者，所發出來的心念，是不可思議的願力；梵唄的內容是讚頌佛德，或者是帶領大眾來精進用功，發願離苦得樂。因此，唱誦梵唄具有殊勝的功德妙用。

清淨梵唄六種功德：

第一、能知佛德深遠。唱誦的時候，很多人會很感動，讓人感受到佛菩薩的德行深遠。

第二、能令舌根清淨。唱誦梵唄跟一般唱歌是不一樣的，梵唄內容清淨，而不是愛恨情仇，所以能令舌根清淨。

第三、能得胸臟開通。唱誦時，胸臟會開通，所以音聲會越唱越洪亮，聲如洪鐘。

第四、能處眾無惶惑。唱誦梵唄是一種領眾，是一種共修。大眾薰修希勝進，十地頓超無難事，唱誦梵唄可以在大眾當中沒有恐懼，沒有惶恐。

第五、能長命少病。隨著唱誦的內容，學習佛菩薩的願力，一起發願。最重要的是，可以藉由唱梵唄的時候，將累積的煩惱，向佛陀訴苦，把自己心裡面的憂愁拋掉。每天隨著雲端共修唱誦華嚴字母，身體會健康，心裡沒有煩惱，可以長命無病。

第六、能得龍天護持。諸佛菩薩的護法 -- 天龍八部，一定參加每一場法會，所以只要家或是這個地區，有人精進用功，當護法聽到唱誦佛陀的梵唄之音，就會蒞臨現場，親近聽聞，就能得到龍天的護持。

梵唄有非常殊勝的功德，在家裡參加雲端共修，雖然不是在道場辦法會，但等於有法會、道場的功能。希望大眾以一種歡喜的心，清淨的心，一起齊聲唱念。

華嚴字母：善知眾藝童子字智解脫法門

每一卷《華嚴經》誦念完畢，會唱誦華嚴字母。華嚴字母出自於《華嚴經》的〈入法界品〉，

善財童子參訪第四十四位善知識 -- 善知眾藝童子，童子修行的法門為「善知眾藝字智解脫法門」，開闡四十二陀羅尼的修行法門。

華嚴字母是將世間所有聲音，歸納成四十二類，稱為四十二字母。(如下圖)善知眾藝童子修習華嚴字母的方式有兩種：一種是唱誦字母；一種是觀想字母。唱誦字母的目的，是為了契入般若波羅蜜門。藉由唱誦字母，將身心與法界，融合為一體，進入般若波羅蜜門，此為修觀行的法門。

字母是依人類的發音而產生，一切語言、字母，以「阿」為根源，故說「阿」字能衍生一切法，因此四十二字母以「阿」為第一字。嬰兒剛剛出生時，一落地就是先「阿」；「阿」彌陀佛、基督教是「阿」門、回教是「阿」拉，皆是「阿」字，這個字有很多微妙的音韻。

華嚴字母本是梵語，傳入中國被翻譯時，必須要找到相同發音的字作為音標，因此出現一串語意不相連貫的中文字組。同一個中文字，從唐朝到現代，其讀音經歷許多演變，此時該字的讀音與古代不同，故而唱誦字母時，要回到漢語古音，才能較為符合梵語發音。

唱誦字母時，觀想娑婆世界充滿了梵唄的音聲，這是非常殊勝的佛恩。同時心懷感恩，將這殊勝的功德迴向給世界，普願法界有情入般若波羅蜜門。

華嚴海會

舍那如來

蓮華藏海坐華臺

諸佛歎奇哉

萬象昭回

幽暗一時開

卷 1 - 卷 11

會主／普賢菩薩
法門／依正因果

華嚴初會

地點／菩提場

卷1 - 卷5 世主妙嚴品

一切眾生憂畏苦　佛普現前而救護
法界虛空靡不周　此是燈幢所行境

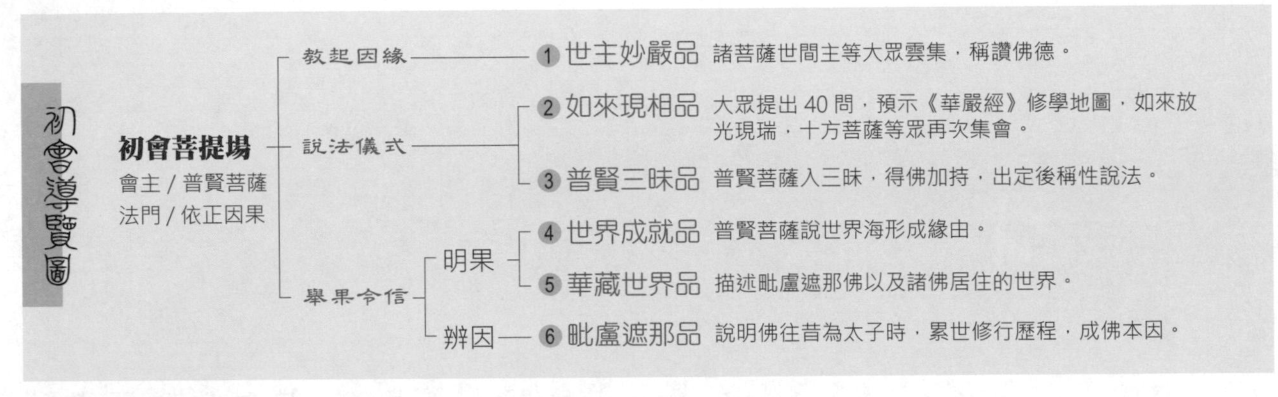

世主妙嚴品

引言

華嚴初會，會主是普賢菩薩，在菩提道場，開演顯示毗盧遮那佛依報、正報因果，讓大眾對成佛心生嚮往，發心修行。

《華嚴經》如同菩薩成佛的修行手冊，詳細說明成佛過程中每一階段的任務與功德。作為本經第一會的會主，普賢菩薩如同菩薩成佛班的班主任，在開學日為同學進行新生說明，介紹學習目標、學習歷程，藉由展示學習結果：毗盧遮那佛的依報、正報之莊嚴殊勝，引發諸佛子的修學動機，堅定行菩薩道的信念，設定成佛為生生世世的目標。

世主妙嚴品：海會雲集

《華嚴經》是佛陀成道後開示的第一部經，很多人第一次讀《華嚴經》，困惑地問師父說：「為什麼《華嚴經》卷一裡面，全部都是各式各樣的山神、水神、海神、火神、風神？」這一品叫做〈世主妙嚴品〉，法會一開始，所有的人都來集合，什麼人會來讀《華嚴經》？什麼人會來發心學習行菩薩道？

釋名：「世主」、「妙嚴」

第一品〈世主妙嚴品〉，「世」就是指世間，現在所看到的世間，是三千大千世界，分成欲界、色界、無色界，每一個世界，都有所屬的群眾，而「世主」，即是群眾的領導人。《華嚴經》是要給領導人學習的經典。

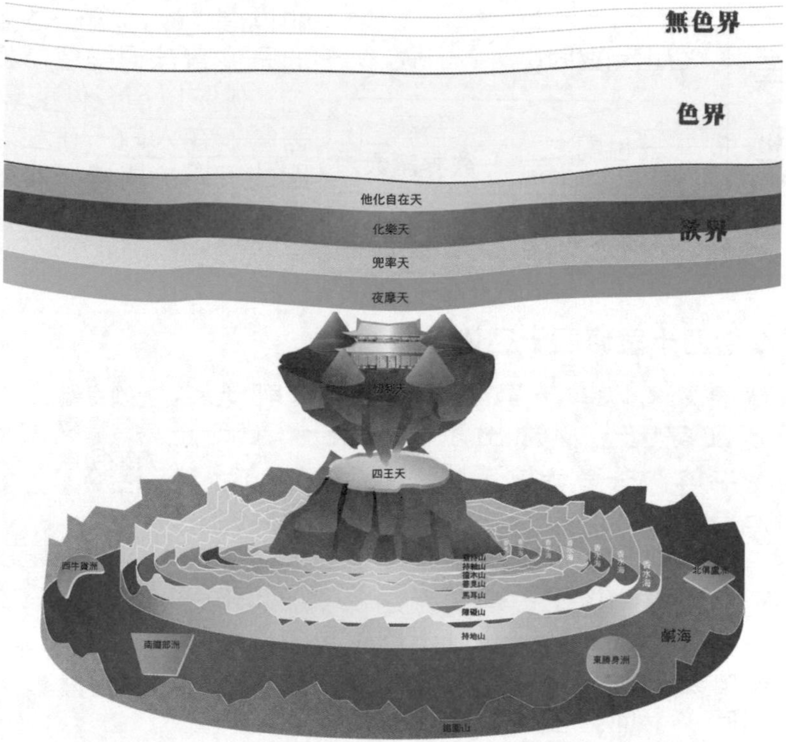

圖 01-05-1 大千世界

	世間	主
三世間	智正覺世間	佛
	器世間	菩薩 欲界諸天
	眾生世間	諸神雜類

表 01-05-1 世間主

領導人在這個世間的任務，是要照顧所有的大眾，幫助大眾得到究竟的快樂，因此一開始，先集合了所有的世間主，討論一個重要的議題：「如何讓這個世間的眾生離苦得樂？」這個世間，智慧最圓滿的就是佛陀。佛陀以智慧做前導，帶領各種層級的天王、天神、菩薩。在人間、在三惡道中，有很多的神，保護著世間的安寧。所以，本會一開始，各個世間的世間主，全部都來與會。

集合四十眾修四十二位

《綱要》：以四十眾配三賢十聖。師子座眾配等覺。眉間出眾配妙覺。通配四十二位。各得一位法門。

清涼澄觀國師的解釋，「世間主」總共有四十種群眾，加上佛陀師子座上的大眾，乃至於從眉間放出白毫相光之眾，加起來共有四十二眾。搭配三賢十聖，象徵著修行菩薩道的過程當中，將有十住、十行、十迴向、十地等種種的歷程。這四十二階位都圓滿了，就能夠莊嚴這整個世界。

世主妙「嚴」

- 上妙寶輪 ... → 地上嚴
- 其菩提樹 ... → 覺樹嚴
- 如來所處 ... → 宮殿嚴
- 師子座 ... → 座嚴

依報嚴

- 於此座成最正覺→ 教主嚴
- 其身充滿 ... → 正報嚴

正報嚴

依正互嚴

- 次有十佛世界微塵數菩薩所共圍繞→ 眷屬嚴
- 其海眾雲集→ 眷屬嚴

眷屬嚴

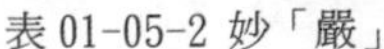
表 01-05-2 妙「嚴」

妙嚴，有依報的莊嚴，正報的莊嚴，眷屬的莊嚴。如果我們成就了佛道，這個世間就會無比的莊嚴。

卷一海會雲來集

出場順序：菩薩摩訶薩，世間主（由最低階執金剛神→最高階天王）

從卷一到卷五，世主妙嚴品揭示了《華嚴經》的整個序幕。卷一的經文中，海會雲來集，佛陀弘揚佛法的時候，參加法會的大眾，都是當機眾或影響眾。由此品的會眾可知，《華嚴經》開示的對象，是屬於世間的主，亦即世間的各個領域的領導者。

首先，是菩薩摩訶薩出場。菩薩摩訶薩出場之後，世間主的出場順序是有次第的，從最低階的執金剛神，乃至於到最高階的天王，次第井然地出席了這一場佛陀舉行的盛會。

大家都有一個共同的心願，希望把這世界最美好的狀態，呈現在世人的面前。因此在佛陀的感召之下，大眾齊集，共同討論在這個世間的幾個議題：如何讓世間更美好？如何讓一切眾生，得到究竟的快樂？在這個世間，應該要如何推廣佛法？讓世間眾生有更多的機會，學習解脫的法門？如何能夠讓所有的一切眾生都能夠自覺、覺他？

會眾組成：「同生」與「異生」

《綱要》：「海眾雲集。分同生異生二類。菩薩為同生眾。諸天神王等為異生眾。菩薩唯一眾。言同生者。謂菩薩同得法性身。皆從如來善根海生故。作一類菩薩形故。又同者通諸位故。諸天神王等有三十九眾。言異生者。謂雜類作諸異生形狀故。又為

法界差別德故。」

海會雲來集裡面，分成兩大類：一類是同生，一類是異生。

同生：菩薩摩訶薩，有二十位代表。

為什麼叫做「同生」？因為菩薩同得法性身。大家都有同樣的心願，因此相貌乃至於所居的報土，或是所做的行為，乃至於思想的同質性很高，叫做同生。

異生：諸天神王

由各方前來法會的各類諸天神王，就是「異生」，總共有三十九類。為什麼叫做「異生」？因為每一個類別，每一個群體，有獨特的相貌、屬性、執掌。

清涼澄觀國師將三十九類又分成三大類別：第一大類就是雜類諸神；第二大類就是佛陀的護法天龍八部等八部鬼神眾；第三大類就是欲界、色界天的天神。

其中「雜類諸神眾」有執金剛神、身眾神、足行神、道場神、主城神、主地神、主山神、主林神、主藥神、主稼神、主河神、主海神、主水神、主火神、主風神、主空神、主方神、主夜神、主晝神，共有十九眾。

所謂的「天神」就是在欲界天、色界天等這些層級的神明，這些神看起來都有各種不同的樣式，有主山神、主海神、主火神，乃至於有夜神、晝神，這些神明外相為神明，主要是為了方便執行護衛眾生的工作，為苦難眾生示現為各方神祇。實際上全是法身大士，都是菩薩。

諸神舉隅：執金剛神、身眾神、足行神

神祇，其實是非常有慈悲心的，但為了要度眾生，化現某一種特殊的形象來護衛眾生。

執金剛神

諸神之末為「執金剛神」，執金剛神其實就是「金剛夜叉」，又叫做「金剛力士」。金剛神的形象，常是拿著一支金剛杵，示現兇神惡煞的樣子，為什麼呢？因為祂是道場的守護神。

平常佛陀沒有弘法的時候，金剛神是在帝釋天的天宮門口執勤的夜叉神，如果佛陀弘法，就到法會做巡邏隊隊長。大眾修行需要有個安穩的空間，因此執金剛神在法會進行時，會第一個來報到，在會場的外圍巡視安全，以免有一些雜類來干擾法會的進行。

身眾神

人出生時，身邊都會有兩位護法，一個叫做「同生」，一個叫做「同名」，隨時保護著我們，修行到千百億化身的時候，身眾神就會發揮很大的功能，應以何身得度即現何身。

足行神

足行神有兩大職守：

第一、**依止足行眾生及守護故**，不管走到哪裡，足行神會幫你安全送達目的地。如果自己的足行神不靈光，走路就會不小心跌倒，但如果很有修行的人，就像善財童子遇到的善

見比丘，**「善見比丘，足行之神，持華承足」**，善見比丘經行時，足行神就讓他步步生蓮華，腳踩蓮華上，走路不會踩到地面。

第二、**足所行處，指道路神**。現在是以車代步的時代，因此行車安全很重要。開車的時候就要有足行神來守護行車安全。

學習諸神守護佛法

如果各方的神明能夠學習佛法，那等於走到哪裡就都能得到諸佛菩薩的護念，這些神明就是護法，是我們自己的護法，也是世間的護法。

法會一開始，神就來到華嚴現場，以十為數，沒有缺席也沒有遲到，而且每一位都是精神抖擻在讚歎佛陀。從發心的層次而言，佛子開始發心修行，也會像神一樣護佑世間，大眾效法神的發心，化身為各行各業中的守護者。

卷二～卷四：世間主致辭讚佛功德（由最高階天王→最低階執金剛神）

從卷二到卷五，出席的各方代表要致辭，都是世間主的致辭。這些致辭的代表裡面，每一位世間主，都是在讚歎佛陀出現世間的難得，表示這些世間主都知道佛法在世間的可貴，也希望藉由這個機會來供養佛、讚歎佛和呼籲大眾佛德的深遠。

世間主的致辭中，個個歡喜踴躍，而且對佛陀充滿感恩，對自己的修行也充滿信心。這些世間主由於累劫的修行，故能在簡短的發言裡，就把自己的修行，供養所有大眾。

華嚴會上，諸神及諸佛菩薩齊集，可以說是把盡虛空、遍法界的一切人事物，縮小成一個模型，讓我們看到這世界的真實樣貌。在佛的眼中，娑婆世界就是最莊嚴的淨土世界，只是大部分的人，活在自己的煩惱無明當中，因此看不到應該要看到的美好世界。

卷五：菩薩摩訶薩讚頌佛德

這一卷的內容主要是菩薩摩訶薩，以普賢菩薩為首。普賢菩薩將引領大眾開始進入《華嚴經》的修行歷程，在此之前，先致辭表達其願力、解脫法門，以及對於佛陀出現於世間的感恩與感動。

結語

從〈世主妙嚴品〉的開場，可知《華嚴經》是一部大經，經文所述是無比的莊嚴。從世間主、龍天護法乃至於各行各業，水神、風神、山神的出場，各代表發言，說明自己的領域當中的解脫法門。

《華嚴經》是佛陀在這個世間開示的第一部經，從十信、十住、十行、十迴向、十地、等覺、妙覺，清楚解釋了在這個世間，因為大眾共同的願心，為了讓世界更美好而做的努力。

從所有世間主的發言致辭中可以知道，只要參與華嚴勝會的每個眾生，都是帶著過去的願力來到法會的現場。仔細閱讀字句，會發現這些致辭不只是虛妄的、空泛的來賓致辭，內容包括了修行的法門。

卷6 如來現相品

如來微妙身　色相不思議
見者生歡喜　恭敬信樂法

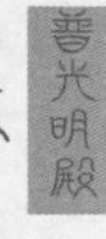

如來現相品

引言

如來現相品是《華嚴經》正式開始的第一品，這一品裡，如來終於現身，但是佛陀為什麼會出現呢？佛陀不會無故出現，一定是有人啟請，故而佛陀現相。

本品綱領：顯疑、現瑞

「眾海同請」：諸菩薩及世間主四十問，眾海同請法

「光召有緣」：如來面齒放光集菩薩眾

「眾海雲奔」：諸菩薩眾現種種雲供養如來

「現瑞表法」：殊勝蓮花現，佛無邊神變演說願行

「稱揚佛德」：菩薩承佛威神，說頌揭示重重無盡法界緣起

經歷世主妙嚴品開場的海會雲集及致辭後，菩薩以及世間主心生諸多的疑問。

如來以現相、放光回應這些疑問。如來從面齒放光，十方菩薩接觸到光後，發現佛陀要說

法了，又再召集新的十方菩薩來到法會現場。一到法會現場，菩薩馬上頂禮世尊，並且帶了非常多微妙雲供養世尊，供養頂禮完後，菩薩各自化現法座，結跏趺坐，準備聽佛陀說法，佛陀再度從眉間放光，此時，佛陀的面前忽然現出了大蓮花。一時間，白毫相光中，又有種種的菩薩現前，這些菩薩承佛神力，以偈頌揭示重重無盡的華藏世界，這就是整個如來現相品的綱領。

歸納此品重點有二：第一、顯疑；第二、現瑞。

一、顯疑：提問題預示《華嚴經》修學地圖

什麼叫做顯疑？

菩薩及世間主很慈悲，知道大部分的人剛開始學佛，初入門都不知從何問起，因此就代替眾生，提出四十道疑題。不出兩大類：

第一、問二十種佛法

云何是諸佛地？云何是諸佛境界？云何是諸佛加持？云何是諸佛所行？云何是諸佛力？云何是諸佛無所畏？云何是諸佛三昧？云何是諸佛神通？云何是諸佛自在？云何是諸佛無能攝取？云何是諸佛眼？云何是諸佛耳？云何是諸佛鼻？云何是諸佛舌？云何是諸佛身？云何是諸佛意？云何是諸佛身光？云何是諸佛光明？云何是諸佛聲？云何是諸佛智？

人不學佛的原因，是因為不知道佛法有什麼用，學佛能有錢嗎？能生活如意嗎？成佛有什麼好處？所有人在世間裡，覺得自己都過得很好，面對困難時，不見得要從佛法當中尋求

解答，大部分的人並不明白學法的重要性，所以菩薩就代替大眾先提出這二十種問題。

第二、問二十種菩薩海

十方世界海一切諸佛，皆為諸菩薩說世界海、眾生海、法界安立海、佛海、佛波羅蜜海、佛解脫海、佛變化海、佛演說海、佛名號海、佛壽量海，及一切菩薩誓願海、一切菩薩發趣海、一切菩薩助道海、一切菩薩乘海、一切菩薩行海，一切菩薩出離海、一切菩薩神通海、一切菩薩波羅蜜海、一切菩薩地海、一切菩薩智海。

如果要來學佛，要從哪裡做起呢？所謂菩薩又是怎麼做，要怎麼開始？

其後整部《華嚴經》的內容，是依著這些提問，次第討論，具體而詳實地呈現菩薩道的修學歷程，換句話說，這一品的問題，預告了整部《華嚴經》的結構與綱領。

二、現瑞：如來放光．眾海雲奔

佛陀怎麼回答？他不說話。佛陀現出種種瑞相，先從面門眾齒間放光明。

光明一放，十方菩薩遇到光，紛紛領眾來到法會現場，因此會眾再添新血，這些菩薩帶著他方世界的供品，種種微妙的雲來供養佛，經文中的雲代表了無上的供養。

大眾發心的過程，不要怕來到佛門兩手空空兩串蕉，心想是不是很失禮？事實上，我們看到經中的菩薩也沒有帶什麼實體的東西，就帶著雲來供養，代表我們的心像雲一樣，可以集合、可以放光、可以有美妙的變化。

菩薩供養後，自現法座，就在他來的方向結跏趺坐，菩薩要回應佛陀的光明，所以從毛孔中放光，佛陀就在眉間放光。

因此這一品是放光特輯，都是光光相照，光光相映。

殊勝蓮花現，顯佛德不思議

接下來，佛陀面前有大蓮花出現，在佛陀的白毫相光中，又湧出第三批菩薩，這些菩薩就坐在蓮花、蓮花鬚、蓮花莖上，蓮花代表什麼？蓮花代表眾生的心，我們的心中有一朵大蓮花，出淤泥而不染，菩薩坐在蓮花上，結跏趺坐，坐好後承佛威神，觀察十方而說頌，在偈頌當中，顯現了佛德的不可思議。

揭示重重無盡法界緣起

〈如來現相品〉就是放光、現瑞，展現華嚴世界的無聲說法，這是非常殊勝的開頭，一開始就像電影的特效一樣，看到很多的光。「光」在佛法裡面，代表的是智慧，表示這部經要討論的主題，就是成就、啟發內心無上的智慧。

卷 7

普賢三昧品

世界成就品

普賢身相如虛空　依真而住非國土
隨諸眾生心所欲　示現普身等一切

引言

卷七涵蓋了兩品：〈普賢三昧品〉與〈世界成就品〉。

《華嚴經》之所以殊勝，是因為佛在這一部經中，為眾生解說了一真法界，諸法實相以及如何契入佛境界的道理。

普賢三昧品

普賢菩薩入一切諸佛毗盧遮那如來藏身三昧

爾時，普賢菩薩摩訶薩於如來前，坐蓮華藏師子之座，承佛神力，入于三昧。此三昧名一切諸佛毗盧遮那如來藏身。

從這一卷開始，諸佛菩薩為我們解說上一品當中，所提出來的四十大問。

為了回答這個殊勝的問題，一開始，普賢菩薩就入了三昧，光是看到這個三昧的名字，就知道很厲害，「**一切諸佛毗盧遮那如來藏身三昧**」，意思就是入了這個三昧，就等於毗盧遮那如來。

華藏世界以毗盧遮那如來為中心，本體就是毗盧遮那如來，但是眾生並不明白自己本具毗盧遮那如來的功德力，所以才會東奔西跑，流浪在三界當中，為了要讓大眾了解自己也有毗盧遮那如來的本願功德，所以普賢菩薩入了毗盧遮那如來藏身三昧。

爾時，一一普賢菩薩，皆有十方一切諸佛而現其前。彼諸如來同聲讚言：善哉，善哉，善男子，汝能入此一切諸佛毗盧遮那如來藏身菩薩三昧。

此時，十方諸佛現身證實三昧的殊勝力。讚歎普賢菩薩能入此三昧，「**此是十方一切諸佛，共加於汝，以毗盧遮那如來本願力故，亦以汝修一切諸佛行願力故。**」

由此可知，普賢菩薩能夠入三昧，不只是因為佛陀對他特別加持，最重要的是，普賢菩薩發起了與一切諸佛等同的願力，大眾能夠透過修學《華嚴經》而成就自己過去的願力，表示每個人都能夠像普賢菩薩一樣，入此三昧。

普賢菩薩出定之後，承佛神力，說了這個世界的六相，這就是接下來的世界成就品。

世界成就品

說世界的「總、別、成、壞、同、異」六相

世界是長什麼樣子？這個世界又是如何成、壞？什麼是世界的緣起、世界的實相？

在這一品當中，闡明了一切如來神變世界海，來讚歎世界的不可思議，最主要是因為所有人對世界是充滿了好奇與無知，要說明具足十種因緣，才能成就不同的世界海，說明無量無邊的世界海是怎麼來的，是什麼樣的因緣，可以成就這樣的世界。

《華嚴經疏鈔》：別顯本師依報，具三世間，融攝無盡爲宗，令諸菩薩發生信解，成

就行願爲趣。此品最重要的就是具足三種世間，目的是為了要讓一切菩薩發生信解，成就行願。

所謂三種世間：

一、器世間。宇宙中的星球、銀河系到底是怎麼來的？世界到底有多大？

二、眾生世間。宇宙中有生命嗎？生命的起源為何？一切眾生是哪裡來的？為什麼來？生命存在的目的與意義又是如何？

三、智正覺世間。諸佛菩薩如何成就之？

在這一品裡面，提出許多古今中外人士都非常好奇的問題。

〈世界成就品〉裡面，回答了十個問題，每一個世界的成就，都不出這十種事。

所謂：世界海起具因緣、世界海所依住、世界海形狀、世界海體性、世界海莊嚴、世界海清淨、世界海佛出興、世界海劫住、世界海劫轉變差別、世界海無差別門。

〈世界成就品〉裡提問了這十個問題，來回應上一品當中的第一個問題：如何是佛世界？

世界的大，是從科學觀測可以得知的嗎？在《華嚴經》裡，普賢菩薩為了解萬法的本質，先入普賢三昧，在三昧境界中，可以如實了知世界樣貌及世界的起因。

在美國ＮＡＳＡ太空總署的網站上，透過望遠鏡的拍攝，呈現出這個世界有很多的形狀，裡面有很多的奧秘非常驚人，與《華嚴經》裡佛陀所談論的內容，不謀而合。

由此可知諸佛菩薩在三昧的境界當中，對這個世界是如實了知，大眾對於這世界的好奇，可以在佛陀的三昧加持力中透徹地看清楚。

開闊自心世界：契入本具如來自性

學習《華嚴經》可以擴展大眾的心量、擴大視野，最重要的是可以發起大願，契入自己本具的如來自性。

卷8-卷10

華藏世界品

世尊往昔於諸有　微塵佛所修淨業

故獲種種寶光明　華藏莊嚴世界海

華藏世界品

引言

從卷八到卷十的〈華藏世界品〉，隨著普賢菩薩，共同探索華嚴世界。

普賢菩薩入了毗盧遮那藏身三昧中，可以如實看到世界的樣貌，出定後，普賢菩薩告訴我們在華藏世界中，有無盡的世界，整個世界是在重重無盡的世界種中，由諸多的香水海圍繞，其廣博浩瀚，遠超過目前天文學所能觀測到的宇宙範疇。

釋名：「華藏」、「世界」

《綱要》：蓮華含子之處，目之曰藏。今剎種及剎爲大蓮華之所含藏。故云華藏。

為什麼稱為「華藏世界」？所謂的華跟藏，「華」是花的古字，即蓮華，蓮華含有蓮子，蓮子藏在華當中，叫做華ㄏㄨㄚˊ藏ㄘㄤˊ世界，一般習慣都唸華ㄏㄨㄚˊ藏ㄗㄤˋ，事實上就是華ㄏㄨㄚˊ藏ㄘㄤˊ，指世界諸剎為蓮華之所含藏。

所謂的「世」跟「界」，一個是時間，一個是空間。一世界，就是一日月圍繞之下的時空。我們現在所處的地球，是懸浮在整個宇宙當中，無邊無際的星群當中的一顆星球。讀《華嚴經》時，我們都會好奇，現在科學上所認知的世界，與經中描述的華藏世界其間的關連為何？

佛經記載：一小世界以須彌山為中心，我們居住在須彌山南邊鹹海中的南贍部洲。現在的學術研究，認為須彌山就是喜馬拉雅山，因為古代印度人以喜馬拉雅山為聖山，是世界的中心，而喜馬拉雅山在印度的北邊，經此推論「須彌山」就是「喜馬拉雅山」，印度就是南贍部洲。這是正確的嗎？

事實上，凡夫的肉眼，是無法窺見須彌山的真面目，只有證到初禪的天眼才看得到。佛陀在描述世界時，其佛眼觀見的世界，是超越常人所能想像的時空概念。

須彌山尚且如此，更何況是無垠的宇宙？因此學習華藏世界品時，要先放下原來對世界的看法，及對世界的觀念，才能夠真正的認識華藏世界。

華藏莊嚴世界海的結構

爾時，普賢菩薩復告大眾言：諸佛子，此華藏莊嚴世界海，是毗盧遮那如來，往昔於世界海微塵數劫，修菩薩行時，一一劫中，親近世界海微塵數佛；一一佛所，淨修世界海微塵數大願之所嚴淨。

華藏莊嚴世界海在建構的過程中，為毗盧遮那如來淨修大願之所嚴淨，以如來的大願力所依托、所護持。

風輪持香水海

此華藏莊嚴世界海，有須彌山微塵數風輪所持。其最下風輪，名平等住，能持其上一切寶燄熾然莊嚴。…最在上者，名殊勝威光藏，能持普光摩尼莊嚴香水海。

圖的左右下角標註為「空輪」，這個世界本來是虛空，空當中產生了動態，動態就產生風輪的現象。整個華藏莊嚴世界海，有無數風輪所持，風輪非常強大，可以把整個世界給托起來。最下面的風輪是「殊勝平等風輪」，最上層的風輪叫做「殊勝威光藏風輪」，可以把整個世界海撐起來，「普光摩尼莊嚴香水海」是華藏世界的總海，就是所謂的世界海。

山、地、海、河、樹安布莊嚴

此香水海有大蓮華，名種種光明蕊香幢，華藏莊嚴世界海，住在其中：四方均平，清淨堅固；金剛輪山，周匝圍繞；地海眾樹，各有區別…此世界海大輪圍山內所有大

圖 08-10-1 華藏莊嚴世界海圖 ・繪圖／法慶

地，一切皆以金剛所成，堅固莊嚴，不可沮壞；清淨平坦，無有高下…此世界海大地中，有十不可說佛刹微塵數香水海。

香水海中有朵大蓮華，稱為光明蕊香幢蓮華，把華藏莊嚴世界海給托持著。此華藏莊嚴世界海的相貌，是堅固平坦，四面圍繞金剛輪山，有地、海、及各式樹種。大輪圍山內的大地皆是堅固莊嚴的金剛組成，大地中又有無量的香水海。

《綱要》將此段分成六個重點：其中描述有山、有地、有海、有河、有樹林，組成整個華藏莊嚴世界的樣貌。

華藏莊嚴世界海的世界分佈：第十三層為娑婆世界

爾時，普賢菩薩復告大眾言：諸佛子，此中有何等世界住？我今當說。諸佛子，此十不可說佛刹微塵數香水海中，有十不可說佛刹微塵數世界種安住；一一世界種，復有十不可說佛刹微塵數世界…在華藏莊嚴世界海中，如天帝網分布而住。

普賢菩薩一層一層介紹，這十個不可說佛刹微塵數香水海當中，又有十不可說佛刹微塵數世界種安住其中，世界種中又有不可說佛刹微塵數世界。世界就像是天帝網一樣層層疊疊，由無數的光點組成，這就是世界海的觀念。

此最中央香水海，名無邊妙華光，以現一切菩薩形摩尼王幢爲底。出大蓮華，名一切香摩尼王莊嚴；有世界種而住其上，名普照十方熾然寶光明，以一切莊嚴具爲體。有不可說佛刹微塵數世界，於中布列。

世界最中間的香水海，叫做無邊妙華光香水海，以現一切菩薩形摩尼王幢為底。意即，以摩尼寶珠為基本結構，中間有一朵蓮華，蓮華的形狀，譬喻世界如蓮花般層層瓣瓣相疊，

稱為一切香摩尼王莊嚴，蓮華之上有世界種，稱為普照十方熾然寶光明，是世界的中心，就是我們現在所處的世界種。

世界種就像種子般，為所有的世界群集，比擬今日常用的天文術語，類似於星團、星雲、星系的概念。但是這個世界種，比人類目前所能觀測到的銀河系還要來得大。

世界是由層層疊疊的世界種圍繞而成，以無數莊嚴具為體，組成的本體是莊嚴的，有十不可說佛剎微塵數世界於中層層疊疊布列。香水海上面有摩尼王華，其為普照十方世界種，共有二十層世界。

此上過佛剎微塵數世界，至此世界名娑婆，以金剛莊嚴爲際，依種種色風輪所持蓮華網住。狀如虛空，以普圓滿天宮殿莊嚴虛空雲而覆其上。十三佛剎微塵數世界，周匝圍繞，其佛即是：毗盧遮那如來世尊。

由底下往上第十三層，就是娑婆世界，教主為毗盧遮那如來。

卷九：十方比鄰世界種

卷九華藏世界品，描述與我們比鄰而居的世界種的概況。

此無邊妙華光香水海東，次有香水海，名：離垢燄藏，出大蓮華名一切香摩尼王妙莊嚴，有世界種而住其上，名遍照剎旋，以菩薩行吼音爲體。此中最下方，有世界名宮殿莊嚴幢；其形四方，依一切寶莊嚴海住。蓮華光網雲彌覆其上，佛剎微塵數世界圍繞，純一清淨，佛號眉間光遍照。

在普照十方熾然寶光明世界種的東方，有一香水海名為離垢燄藏香水海，上有一大蓮華名為一切香摩尼王妙莊嚴，有世界種為遍照剎旋世界種，此世界種的組成以菩薩行吼音為體。世界種的最下方世界，名為宮殿莊嚴幢世界，形狀是四方形的，佛號為眉間光遍照。接著向上一層一層的世界進行簡介。

此離垢燄藏香水海南，次有香水海名無盡光明輪；世界種名佛幢莊嚴…

離垢燄藏香水海南方，有一香水海為無盡光明輪，世界種名佛幢莊嚴。

此無盡光明輪香水海右旋，次有香水海，名金剛寶燄光；世界種名佛光莊嚴藏，…

在遍照剎旋世界種的南方，右旋 4 點鐘方向，可以看到佛幢莊嚴世界種。再繼續右旋，是金剛寶燄光香水海，世界種為佛光莊嚴藏世界種。

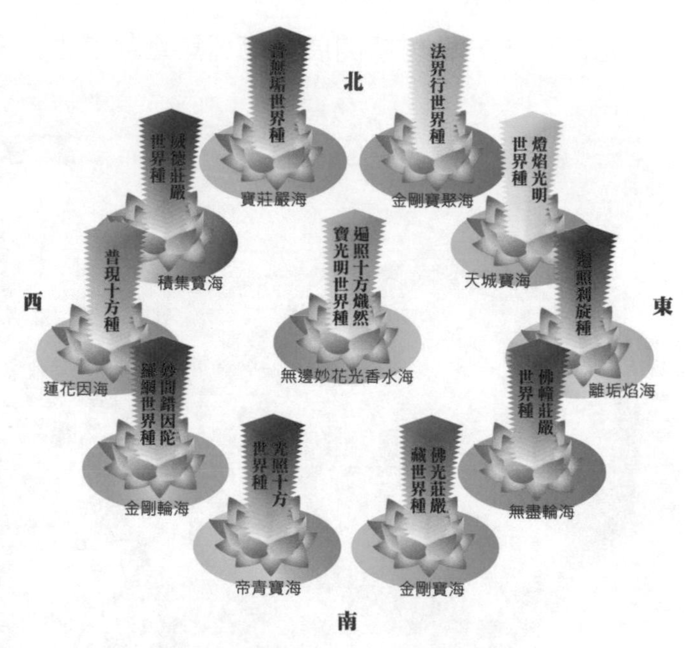

圖 08-10-2 右旋圍繞十世界種圖

卷九，就是以普照十方世界種為中心，從東方開始右旋，介紹十方的世界種，各個世界種各有佛陀以及菩薩住錫弘法。

卷 10 重重無盡華藏世界海

普賢菩薩以十方輻射狀開展，描述重重無盡世界海，表達世界的無量無邊。

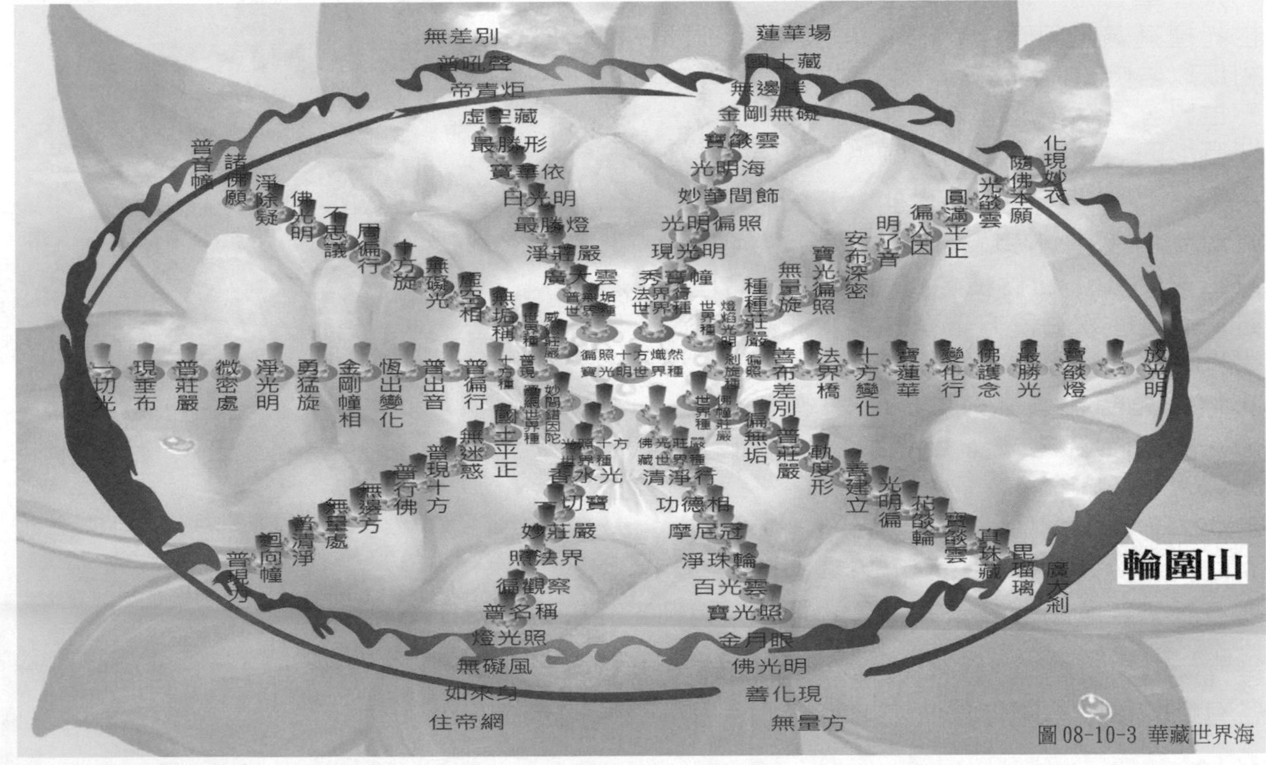

圖 08-10-3 華藏世界海

彼離垢燄藏香水海東，次有香水海名變化微妙身，此海中有世界種名善布差別方。次有香水海名金剛眼幢，世界種名莊嚴法界橋。次有香水海名種種蓮華妙莊嚴，世界種名恆出十方變化。次有香水海名無間寶王輪，世界種名寶蓮華莖密雲…如是等不可說佛剎微塵數香水海。其最近輪圍山香水海，名玻璃地；世界種名常放光明，以世界海清淨劫音聲爲體。

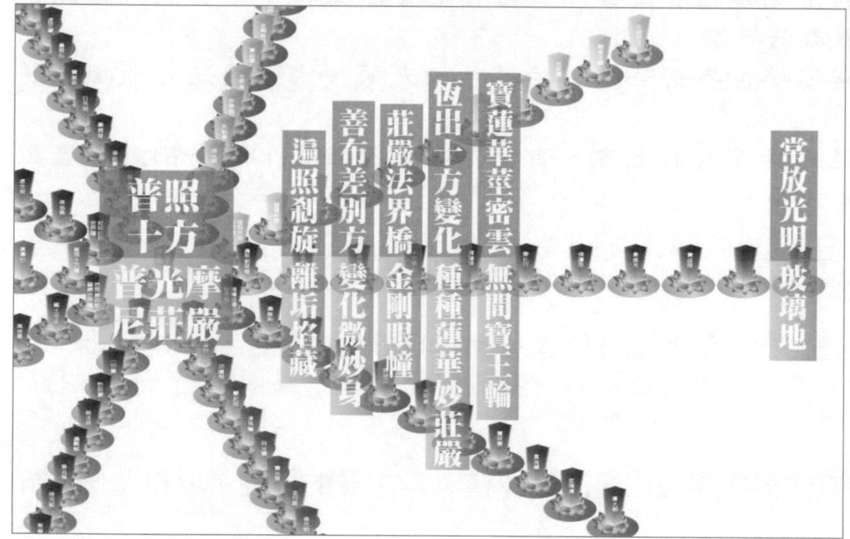

圖 08-10-4 華藏世界海局部說明

世界海是重重無盡，以朝東方輻射而出之世界種為例(左圖):普光摩尼莊嚴香水海之上是普照十方世界種，其東方為離垢燄藏香水海，其上為遍照剎旋世界種，往東是變化微妙身香水海，其上為善布差別方世界種；再往東是金剛眼幢香水海，其上為莊嚴法界橋世界種...如此不斷向東方不可說佛剎微塵數香水海開展延伸，一一介紹有哪些世界種。

直到最東方靠近輪圍山的地方，等於是世界的盡頭，有一香水海稱為玻璃地，世界種名為常放光明世界種，以世界海清淨劫音聲為體。

東方盡頭—常放光明世界種

此中最下方，有世界名可愛樂淨光幢，佛剎微塵數世界圍繞，純一清淨，佛號最勝三昧精進慧。

此上過十佛剎微塵數世界，與金剛幢世界齊等，有世界名香莊嚴幢，十佛剎微塵數世界圍繞，純一清淨，佛號無障礙法界燈。

此上過三佛剎微塵數世界，與娑婆世界齊等，有世界名放光藏，佛號遍法界無障礙慧明。

此上過七佛剎微塵數世界，至此世界種最上方，有世界名最勝身香，二十佛剎微塵數世界圍繞，純一清淨，佛號覺分華。

常放光明世界種裡，普賢菩薩選擇重點來做介紹：最下方、第十佛剎、第十三佛剎，與最頂層。

最下方世界，稱為可愛樂淨光幢世界，最勝三昧精進慧佛住錫於此；往上到第十佛剎，稱為香莊嚴幢世界；再往上，與娑婆世界十三層齊等，為放光藏世界；最頂第二十層，名為最勝身香世界。

依此模式，右旋依序介紹了十方的盡頭輪圍山邊的世界種，其主要的目的，展現整個世界是無量無邊、重重無盡的。

三昧境界如實觀察

普賢菩薩入毗盧遮那藏身三昧時，整個世界就像在眼前，如數家珍。

常人甚至連描述或者畫出自己家裡面的房間擺設，都沒有辦法像普賢菩薩這麼清楚。

然而，在三昧的境界，對這個世界的觀察是如實而明晰，比太空望遠鏡還要來得清楚且細緻。礙於篇幅無法盡數，若要詳述，十萬微塵偈也無法說盡，也會導致大眾對此經失去興趣，因此，普賢菩薩擇要介紹，讓我們能夠知道，這個世界就是重重無盡。

無盡的世界種中，究竟有哪些眾生，有相同的心？相同的願？有哪些眾生，和我們長得一模一樣？有哪些眾生，生命故事是值得我們去認識的？這些都留給大家有想像的空間，只要發跟毗盧遮那如來一樣的願力，自然有一天，就會像普賢菩薩一樣，能夠對於這些世界的眾生，起心動念都了了常知。

總結：業現娑婆，願顯華藏

譬如種子別，生果各殊異，業力差別故，眾生剎不同⋯如是佛願力，出生諸國土⋯如是一切剎，心畫師所成。眾生身各異，隨心分別起，如是剎種種，莫不皆由業。

最後以偈總結，這些世界就像種子一樣，長出來各個不同，隨著業力的差別，眾生所看到的世界不同，隨著佛的願力，呈現華藏莊嚴清淨的國土。可知「心淨則佛土淨」，見到的依報一重重剎土，都是由我們的心分別而起。

《綱要》：無邊剎海皆從二種因緣而成。一以諸佛如來行願力所成。二以眾生業力所感。故剎有淨穢之不同。

我們所看的娑婆世界，究竟是清淨的土？還是汙穢的土？是宜居之處，還是不宜久居？是混亂，還是快樂？是隨著業力展現，還是隨著願力顯發？

打開心靈之眼：遨遊富貴莊嚴世界海

這一品簡單介紹這個世界，這世界的概念叫做微塵數，表示現在認識的這一顆地球，是在微塵數當中的一顆微塵，我們只要好好地在微塵數世界中的這一個小小微塵安住，打開心靈之眼，我們就能遨遊富貴莊嚴世界海

讀了華藏世界品，就會知道不能小看這部《華嚴經》。《華嚴經》會打開我們的視野，這一品，讓大眾大開眼界，瞭解佛陀的依報及正報是無比莊嚴，當我們跟著佛陀一樣，發了廣大的心願，就進入了菩薩莊嚴世界海的團隊。所有眼見的都是莊嚴的，所有的人都是諸上善人，諸大菩薩，所有人都在思考如何行菩薩道，如何圓滿莊嚴這一切世界，這是《華嚴經》帶給我們前所未有的體驗。就會發現，原來不是只有自己在孤軍奮戰，無邊世界中處處都有佛菩薩，和我們是同一個團隊，一起共同努力著。

在這個共修群組裡面，很多人的人生已進入下半場，應該靜下來好好想想下半輩子要往哪裡去？有時候我們會想，我已經年紀大了，要在這個地球上，找到一個最適合的地方退休養老，現在就推薦給大眾，最好退休養老的地方，不是在地球上的哪一個地方，最好的退休養老的地方，是我們的願力。隨著願力，**隨所住處常安樂**，這是非常好的退休選擇。

《跟著華嚴經去旅行》

認識華藏世界，就不是只有在這顆小小的地球上和大家擠來擠去，打開華藏世界海的地圖，發現世界無限廣闊，這才是真正最過癮、最有意義的環遊世界之旅。

現在加入百萬華嚴的計畫，成為菩薩團隊的一員，跟著毗盧遮那如來團長的腳步，即可隨

意前往地圖上的任一世界，到哪裡去都是非常安全的，菩薩常隨左右，成為你的同行善友，而且團費還是免費的。希望大家速速加入毗盧遮那如來所帶領的這個團隊，跟著《華嚴經》去旅行，悠遊於華藏莊嚴世界海。

跟著《華嚴經》的因緣去環遊世界，乃至跟著《華嚴經》的指導來行菩薩道，這是最保險的，而且會開啟過去宿世以來所發的大願，只要每天加入雲端共修，隨著經文，跟著毗盧遮那如來，跟著一切諸佛菩薩，一起來誦念華藏世界的莊嚴，每天打開心靈之眼，打開富貴之門，一起遨遊在華藏世界莊嚴海，這是恭誦《華嚴經》非常好的附加價值。

從科學的角度來看《華嚴經》的宇宙觀

作者 / 姚晉民法道居士　本文圖片來源 :NASA 網站

三年前在讀第二部《華嚴經》的第八卷時，開始對《華嚴經》所描述的世界觀與現代宇宙科學的相關性，發生了興趣。這是源於自己心中的一個疑問，如果二千五百年前，佛在定中所觀察到的世界，跟今天我們所觀測到的宇宙現象，完全沒有關聯的話，那麼會不會造成讀《華嚴經》的佛弟子，對這個經文裡面的內容產生信心

圖 08-10-5 宇宙

的危機？所以我就花了很多的時間去做這方面的研究，研究之後，我發現經文裡面的內容，跟人類所觀測到的現象，有非常多吻合的地方，只是在二千五百年前，沒有現代的這些科學名詞，因此我們只要做一些名詞上的對照和轉換，或許就可以把普賢菩薩所說的華藏世界與現代科學觀測到的現象作一個連結。

經文裡用「世界海」這個名詞，如果我們用“宇宙“這個觀念，做一個等同的對照，「香水海」就相當於我們現在的星系，例如銀河系，而「世界種」可以解釋為星團（star cluster），例如獵戶星團。經文說的「世界」等於是一個恆星系，譬如太陽系。

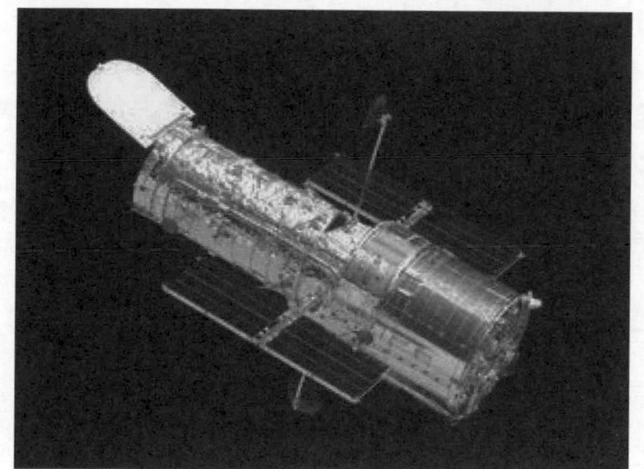
圖 08-10-6 哈伯太空望遠鏡

圖 08-10-7 電波望遠鏡

我們現在觀察宇宙所用的科學工具，在太空上面有哈伯望遠鏡，在地面有射電望遠鏡，這些工具能夠提供我們圖片，或是可以解析的數據。

以下解說的順序是以太陽系為起點，往外擴大。

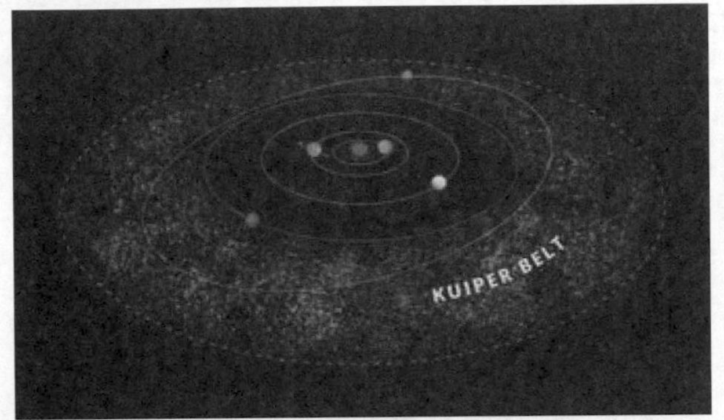

圖 08-10-8 柯伊伯帶

如果你打開《華嚴經》第八卷的 483 頁經文（以圓道禪院刊印的《華嚴經》本為準），裡面描述「此上過佛剎微塵數世界，至此世界名娑婆，以金剛莊嚴為（邊）際，依種種色風輪所持蓮華網住」，上面這個圖就是目前我們觀察到的太陽系外圍，有一個叫做柯伊伯帶（Kuiper Belt），這個帶裡面有很多很多的微星碎片，它的功能是在保護太陽系不被其他宇宙漂流碎片所破壞，這跟經文上所說"金剛莊嚴為邊際"的這個描述很相似。

圖 08-10-9 行星繞行

太陽系裡面每個行星的顏色都不一樣，它們繞行太陽的路徑就好像是不同顏色的風輪，它們繞行太陽的軌跡不是在同一個平面上，因此如果把它們的軌跡連起來看，就好像一個蓮華網的結構。

圖 08-10-10 星球排列

在經文第八卷的 469 頁到 470 頁裡面有描述，「彼一切世界種（星團），有做須彌山形、江河形、迴轉形、或作胎藏形...等等形」，下面幾張圖就是哈伯望遠鏡拍攝到的一些銀河系裡星團的圖片。

圖 08-10-11 星團（一）

圖 08-10-12 星團（二）

當我第一次看到左邊上方的圖(圖 08-10-12)時，感到非常驚訝，真的是跟胎兒的形狀很像。

第八卷的 456 頁裡面描述「諸佛子，一一香水海（星系），各有四天下微塵數香水河（四個旋臂），右旋圍繞。一切皆以金剛為岸，淨光摩尼以為嚴飾，常現諸佛寶色光雲，…」，之所以會想把《華嚴經》跟現代宇宙觀測連結起來，就是看到這句話「四天下微塵數香水河，右旋圍繞」，在我眼前浮現的就是我們的銀河系及四條旋臂，它們也是右旋圍繞者銀河系的中心，這是非常令人驚訝的關聯。

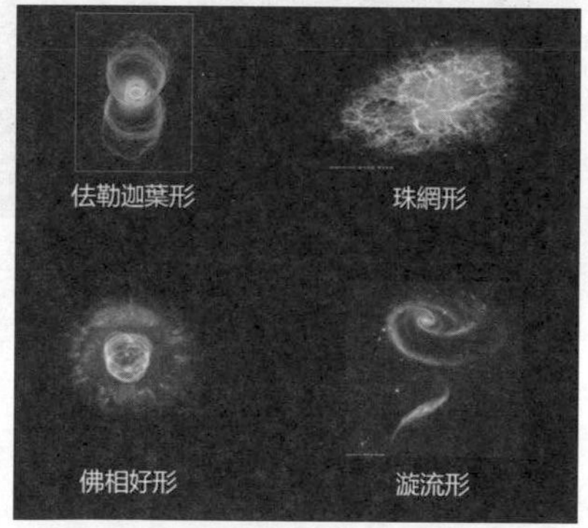

圖 08-10-13 星團（三）

下方的圖，顯示銀河系的結構是層層波浪的形狀，就像是四條河聚成了一個海，有完整波浪的結構。

圖 08-10-14 銀河系（一）

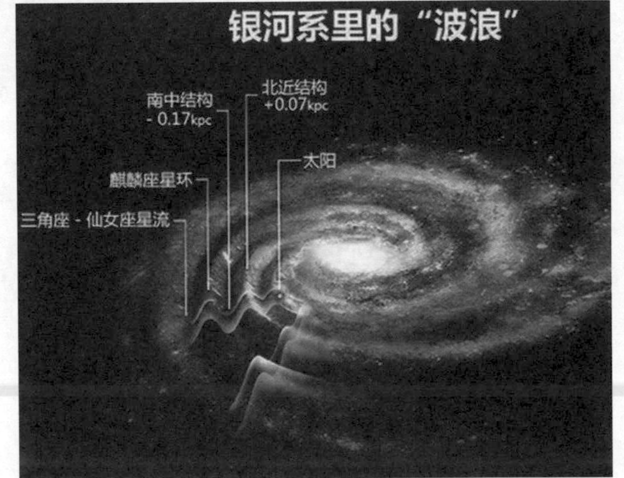

圖 08-10-15 銀河系（二）

圖 08-10-16 多重星系

從銀河系再擴大，經文第八卷的451頁「此世界海大地中，有十不可說佛剎微塵數香水海，一切妙寶莊嚴其底，妙香摩尼莊嚴其岸」，下面這張圖是哈伯望遠鏡所觀測到的多重星系，每一個星系從遠端看就像是一顆摩尼寶珠，非常的漂亮，每一個光點，相當於我們的銀河系。

這些星系跟我們有什麼關係呢？

超星系的概念圖，每一個光點相當於一個銀河系的星系。

圖 08-10-17 超星系概念圖

經文第八卷 438 頁說，「此華藏莊嚴世界海，有須彌山微塵數風輪所持」，這個風輪是一個旋轉的概念。科學家們已經知道，宇宙所有一切星體都是在旋轉，月球繞著地球轉，一個月一圈；地球繞太陽轉，一年一圈；太陽系繞著銀河系轉，2.26 億年一圈；銀河系又繞著超星系的中心在轉，大約是一千億年一圈（猜測的）。在宇宙中，有多少個像這樣子的超星系風輪？那就不可得知了。就以《華嚴經》裡面的描述來講，就有很多很多的風輪。

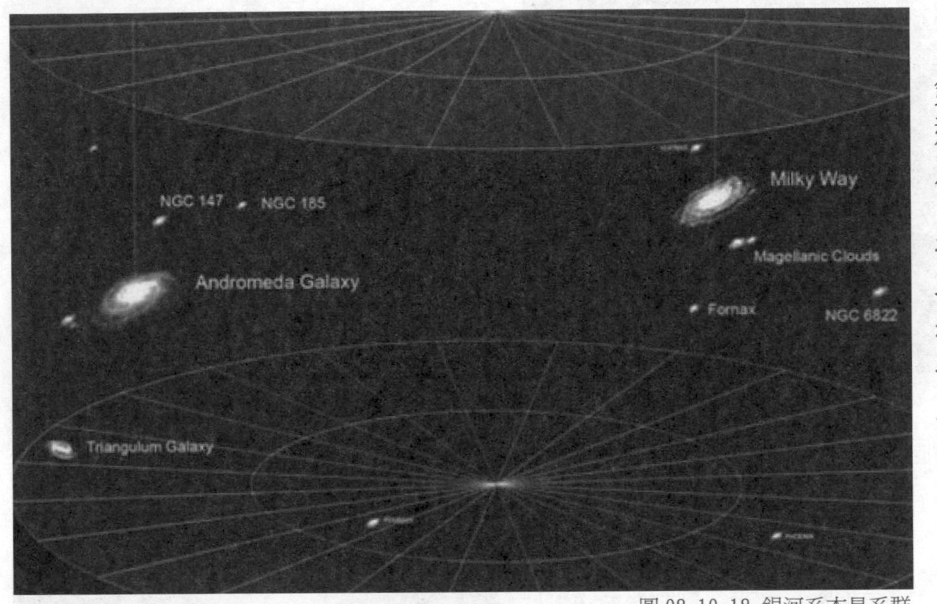

圖 08-10-18 銀河系本星系群

第九卷是介紹銀河系旁邊的十方鄰居星系，以及它們內部的結構，「**此無邊妙華光香水海東，次有香水海，名：離垢焰藏…此離垢焰藏香水海南，次有香水海，名：無盡光明輪…**」，就是一圈類似一個 3D 立體的概念。

從第九卷描述我們旁邊的這十個星系，向外延伸到邊界，也就是說，從華藏香水海東，次有香水海，次有香水海，一直到最邊界，有一個輪圍山，最近輪圍山的那個香水海的結構，就是第十卷的內容，那麼到邊界的輪圍山是什麼樣的概念呢？

下面這張圖是美國普林斯頓大學的藝術家巴勃羅·卡洛斯·布達西（Pablo Carlos Budassi）利用對數圖的理論和美國 NASA 用太空望遠鏡拍攝的照片所創造出來的一幅概念圖，那個外圍很像第十卷所描述的輪圍山。

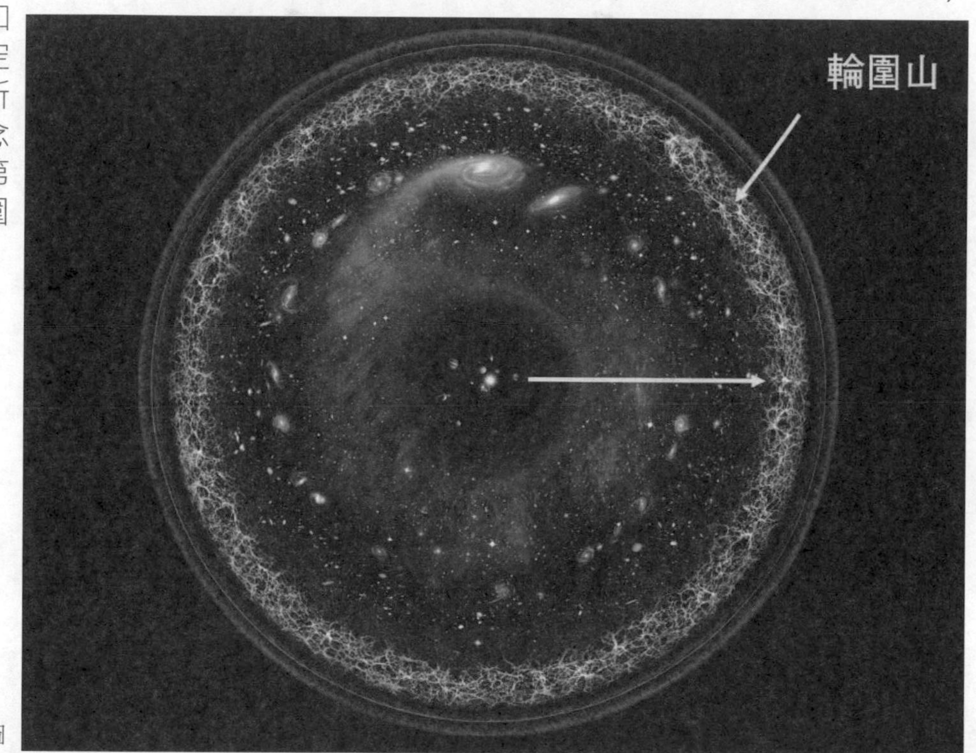

圖 08-10-19 概念圖

卷 11 毗盧遮那品

發心迴向趣菩提　慈念一切諸眾生
悉住普賢廣大願　當如法王得自在

毗盧遮那品

引言

卷十一毗盧遮那品，是第一會的最終章。

毗盧遮那譯為光明遍照，本品講述毗盧遮那佛往昔發菩提心、行菩薩道的因緣。

往昔生處：摩尼華枝輪林東燄光明城

爾時，普賢菩薩復告大眾言：諸佛子，乃往古世，過世界微塵數劫，復倍是數，有世界海名普門淨光明。此世界海中，有世界名勝音…衣服飲食隨念而至，其劫名曰種種莊嚴。諸佛子，彼勝音世界中，有香水海名清淨光明。其海中，有大蓮華須彌山出現，名華燄普莊嚴幢…

普賢菩薩告訴與會大眾說：往古微塵數劫以前，有一世界海，稱為普門淨光明世界海，其中有一世界叫做勝音世界，這個世界的眾生很有福報，衣服飲食隨著眾生的心意而有，等同於思衣衣至，思食食來的天人。勝音世界在種種莊嚴劫時，有一香水海，名叫清淨光明香水海，海中有座大蓮華須彌山。

於其山上，有一大林名摩尼華枝輪。無量華樓閣，無量寶臺觀，周迴布列…有百萬億那由他城，周匝圍繞。種種眾生，於中止住。

在須彌山上有一座樹林，名為摩尼華枝輪樹林，眾寶集聚，周圍環繞百萬億那由他城，各類眾生安居其中。

此林東有一大城，名燄光明，人王所都，百萬億那由他城，周匝圍繞；清淨妙寶所共成立，縱廣各有七千由旬…。此大城中所有居人，靡不成就業報神足，乘空往來，行同諸天；心有所欲，應念皆至。

樹林的東邊有一座城，稱為燄光明城，由人王所治理，外圍有百萬億衛星城市環繞。城裡面的人都有神足通，所以不需要發展地方建設，不需要如汽車、捷運、高鐵等交通工具，只要他們想去哪裡，心念一動就直接抵達，所以雖然是在人道的眾生，其實就像「天」一樣具有大福報。

其城次南，有一天城，名樹華莊嚴；其次右旋，有大龍城，名曰究竟；次有夜叉城，名金剛勝妙幢…次有梵天王城，名種種妙莊嚴，如是等百萬億那由他數。此一一城，各有百萬億那由他樓閣所共圍繞，一一皆有無量莊嚴。

依著這一座城往南順時針繞一圈，天城、龍城、八部鬼神眾城，依次布列在樹林的四周，樹林的四周圍繞有百萬億那由他數的城市，究竟為什麼要繞著這座樹林呢？

原來在這座樹林裡面，有一尊佛在這個地方修行，乃至於無數的微塵數佛，都在這座樹林裡面修行，為了要聽經聞法，當然就要住在道場旁邊，過去的人有福報，就會住在道場旁邊，因為隨時可以請法，這座樹林的道場，即聽聞佛法之處。

樹林的東邊燄光明城，就是毗盧遮那如來過去世的出生地。圍繞樹林的是天龍八部所居之城，天龍八部是如來的護法，與大威光太子，也就是毗盧遮那如來的過去世，生在同一個時代。由此可知，菩薩不論生到何處，都有共同願力的隨行護法，也會投生至同一時空，如同形影。

言歸正傳，佛陀要出現了。

初逢一切功德山佛因緣

功德山須彌勝雲如來於蓮華中化生

此寶華枝輪大林之中，有一道場，名寶華遍照…其道場前，有一大海，名香摩尼金剛；出大蓮華，名華蕊燄輪。

寶華枝輪大林中有一個道場，叫做寶華遍照道場，道場前有一片大海，叫做香摩尼金剛大海，海中有大蓮華，稱為華蕊燄輪蓮華，這個蓮華代表清淨之心。

彼勝音世界，最初劫中，有十須彌山微塵數如來，出興於世。其第一佛，號一切功德山須彌勝雲。諸佛子，應知彼佛將出現時，一百年前，此摩尼華枝輪大林中，一切莊嚴，周遍清淨…現如是等莊嚴之相，顯示如來當出於世。其世界中，一切諸王，見此相故，善根成熟，悉欲見佛，而來道場。

勝音世界初劫中，有微塵數佛出興於世，來教化眾生。第一尊佛是一切功德山須彌勝雲佛，佛出現的一百年前，樹林中便開始出現種種瑞相，譬如：林裡樂音飄揚，奇珍異草齊綻等莊嚴之相，明示佛陀將要出興於世的象徵和預兆。

有善根的諸王看到種種瑞相，便知聖賢即將出現在這個世間，所以大家都準備來道場聽聞佛法。

爾時，一切功德山須彌勝雲佛，於其道場大蓮華中忽然出現。

因緣時節成熟，一切功德山須彌勝雲佛，就在道場前大海中的一朵大蓮華裡，忽然就出現了。跟釋迦牟尼佛不一樣，釋迦牟尼佛是佛母摩耶夫人十月懷胎而生，出生之後還要接受教育，為了出家修行還要夜半踰城出逃，經歷五年參學，六年苦行，菩提樹下靜坐四十九天，最後夜睹明星，頓成正覺。釋迦牟尼佛成佛有一個過程，但是，一切功德山須彌勝雲佛則是忽然從蓮花化現，所以是頓成之佛。

佛放光明，大威光證得十法

爾時，彼佛即於眉間，放大光明，其光名發起一切善根音，十佛剎微塵數光明而為眷屬，充滿一切十方國土。若有眾生應可調伏，其光照觸，即自開悟…滅除一切身心苦惱。起見佛心，趣一切智。

時，一切世間主，并其眷屬，無量百千，蒙佛光明所開覺故，悉詣佛所，頭面禮足。

這一尊佛一出現，就在眉間放大光明，昭告世間：如來為令眾生離苦得樂而來，所以凡是接觸到佛陀光明的人，都得到了調伏，得到了啟發，清淨了煩惱，遠離了恐懼，這一道道光明，就把有得度因緣成熟的眾生，通通吸引到這一座林裡來頂禮佛足。

彼燄光明大城中，有王名喜見善慧，統領百萬億那由他城。夫人、采女三萬七千人，福吉祥為上首；王子五百人，大威光為上首；大威光太子有十千夫人，妙見為上首。

燄光明大城的國王，名喜見善慧王，他有夫人和采女三萬七千人，以福吉祥夫人為首，有五百位兒子，最具代表性的就是大威光王子。這位大威光太子，有一萬位夫人，以妙見夫人為首，大威光王子，就是毗盧遮那如來的過去世。

爾時，大威光太子見佛光明已，以昔所修善根力故，即時證得十種法門…所謂：證得一切諸佛功德輪三昧…證得普入一切智光明辯才門…而說頌言：世尊坐道場，清淨大光明，譬如千日出，普照虛空界…

時，喜見善慧王聞此頌已，心大歡喜，觀諸眷屬，而說頌言：汝應速召集，一切諸王眾，王子及大臣，城邑宰官等。普告諸城內，疾應擊大鼓，共集所有人，俱行往見佛…

大威光王子見到佛陀的光明，立即證得十種法門，啟發了智慧，於是跟他的父王報告，佛陀已經出現在世間，我們應該要前去頂禮、親近佛陀。喜見善慧王非常歡喜，命人擊鼓召集城內臣民，一同前往道場禮佛。

爾時，喜見善慧王，與三萬七千夫人、采女俱，福吉祥為上首；五百王子俱，大威光為上首；六萬大臣俱，慧力為上首。如是等七十七百千億那由他眾，前後圍繞，從燄光明大城出。以王力故，一切大眾乘空而往，諸供養具，遍滿虛空。至於佛所，頂禮佛足，卻坐一面。…時，彼如來為欲調伏諸眾生故，於眾會道場海中，說普集一切三世佛自在法修多羅。

喜見善慧王帶領著所有的眷屬從燄光明大城出發。他們全部都用飛的，一下子就來到佛的面前，供養佛後，佛就為他們開示所謂的「普集一切三世佛自在法修多羅」。

大威光聞法發菩提心

是時，大威光菩薩聞是法已，即獲一切功德須彌勝雲佛宿世所集法海光明…

聞法之後，大威光太子，就變成大威光菩薩，這是非常重要的關鍵時刻，表示此人的心與以往不同。「菩薩」為菩提薩埵，即「大道心眾生」之意，凡是發菩提心、行菩薩道的人都是菩薩。大威光太子發了菩提心，當下獲得一切功德須彌勝雲佛的功德力加持。

爾時，一切功德山須彌勝雲佛，爲大威光菩薩，而說頌言：善哉大威光，福藏廣名稱，爲利眾生故，發趣菩提道。汝獲智光明，法界悉充遍，福慧咸廣大，當得深智海。一剎中修行，經於剎塵劫，如汝見於我，當獲如是智。非諸劣行者，能知此方便…

佛對大威光說：你是大眾中最有福報的，因為你懂得發菩提心，從此之後的無數剎塵劫，你要將你的每一生都拿來為眾生行菩薩道。這是一切功德山須彌勝雲佛，對於大威光菩薩的期許。

這是大威光太子所遇到的第一尊佛。

逢第二佛因緣：波羅蜜善眼莊嚴王佛

彼佛滅度後，有佛出世名波羅蜜善眼莊嚴王，亦於彼摩尼華枝輪大林中，而成正覺。

佛滅度之後，第二尊佛出現了，也在這一座大林中，稱為波羅蜜善眼莊嚴王佛。

爾時，大威光童子，見彼如來成等正覺、現神通力，即得念佛三昧，名無邊海藏門；即得陀羅尼，名大智力法淵；即得大慈，名普隨眾生調伏度脫；即得大悲，名遍覆一切境界雲…如是等十千法門，皆得通達…共詣波羅蜜善眼莊嚴王如來所。其佛爲說法界體性清淨莊嚴修多羅…

大威光童子看到佛的莊嚴以及神通力，證得念佛三昧等等陀羅尼門。佛為他開示「法界體性清淨莊嚴修多羅」，這是第二尊佛的因緣。

逢第三佛因緣：大威光王逢最勝功德海佛

波羅蜜善眼莊嚴王如來，入涅槃已，喜見善慧王尋亦去世，大威光童子受轉輪王位。彼摩尼華枝輪大林中，第三如來出現於世，名最勝功德海。

第三尊佛在的時候，喜見善慧王已經去世了，大威光太子就成為轉輪聖王，在第三尊佛出現時，即以國王之姿來親近佛法。

逢第四佛因緣：普聞蓮華眼幢佛出，離垢福德幢天王禮佛

彼摩尼華枝輪大林中，復有佛出，號名稱普聞蓮華眼幢。是時，大威光於此命終，生須彌山上寂靜寶宮天城中，爲大天王，名離垢福德幢，共諸天衆，俱詣佛所，雨寶華雲以爲供養。

逢遇第四尊佛普聞蓮華眼幢佛成佛時，正好大威光太子命終，生到天上成為天王，名為離垢福德幢天王，領著天眾來供養佛。

時，彼如來爲說廣大方便普門遍照修多羅，世界海微塵數修多羅而爲眷屬。時，天王衆聞此經已，得三昧名普門歡喜藏。以三昧力，能入一切法實相海。獲是益已，從道場出，還歸本處。

如來為他演說廣大方便普門遍照修多羅，因此天王得到非常殊勝的功德。

爾時，威光菩薩即毗盧遮那。

這就是毗盧遮那佛過去發心因緣，從此以後生生世世一直不斷發心發願、行菩薩道。事實上，毗盧遮那如來在做菩薩時，一定不只遇到這四尊佛，但這四尊佛最有代表性。

結語

《綱要》：此分名「舉果而言因」者，乃特舉本師曠劫所修之因，以感此果者。

此品告訴我們，毗盧遮那如來之所以可以成就圓滿的果德，是因為曠劫以來，修行、聽經聞法、供養佛，乃至於行菩薩道，沒有錯過任何一次遇到佛的因緣。

到底是什麼原因，讓毗盧遮那如來可以每一世都遇到佛？在佛陀成佛時都能恭逢其時？

有一句話講：「佛在世時我沉淪，佛滅度後我出生，懺悔此身多業障，不見如來金色身。」我們常常希望能夠見佛、念佛、憶佛、常隨佛，是什麼原因能讓我們成就如此的心願？

毗盧遮那如來的過去因緣告訴我們，「修行不發菩提心，猶如耕田不下種」，想要圓滿道業，首要就是發菩提心，一旦發了菩提心，接下來的這一條路，都能夠常遇善知識、常遇諸佛。

初會總結：舉果勸樂生信分

從卷一到卷十一，總共有六品，為舉果勸樂生信分，就是把毗盧遮那如來的依報、正報，過去發心、修行的故事呈現在我們面前。

普賢菩薩說著毗盧遮那如來的故事，心裡應該是在期許我們所有的人，都能夠像毗盧遮那如來這樣發心。毗盧遮那如來，就是我們的法身佛，我們每一個人都有本具的靈明妙覺，我們的本體跟毗盧遮那如來是沒有差別的。

大威光太子的故事 -- 時間軸說明圖

大威光太子

普集一切三世佛自在法修多羅法

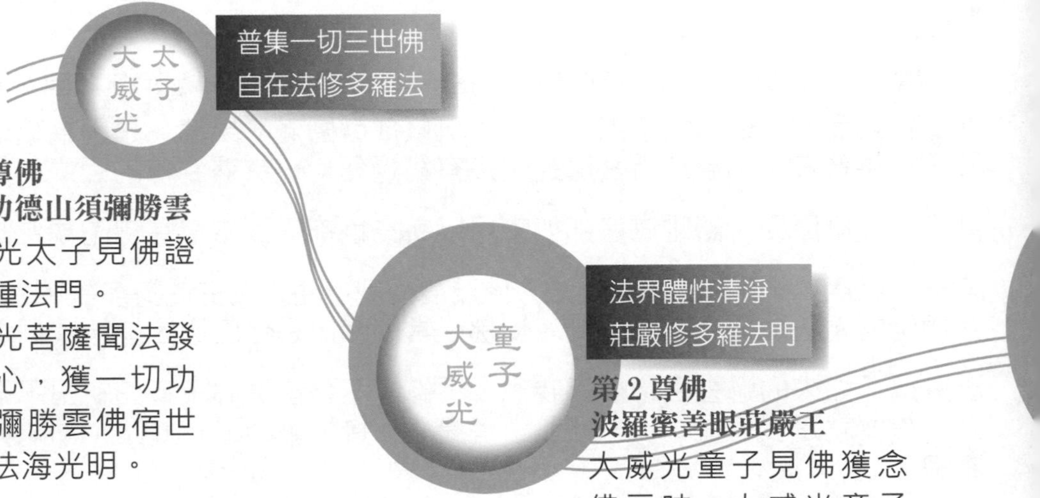

第 1 尊佛
一切功德山須彌勝雲

大威光太子見佛證得十種法門。
大威光菩薩聞法發菩提心，獲一切功德須彌勝雲佛宿世所集法海光明。

大威光童子

法界體性清淨莊嚴修多羅法門

第 2 尊佛
波羅蜜善眼莊嚴王

大威光童子見佛獲念佛三昧。大威光童子聞法得清淨智、波羅蜜門等法門。
波羅蜜善眼莊嚴王佛入涅槃
大威光童子受轉輪王位。

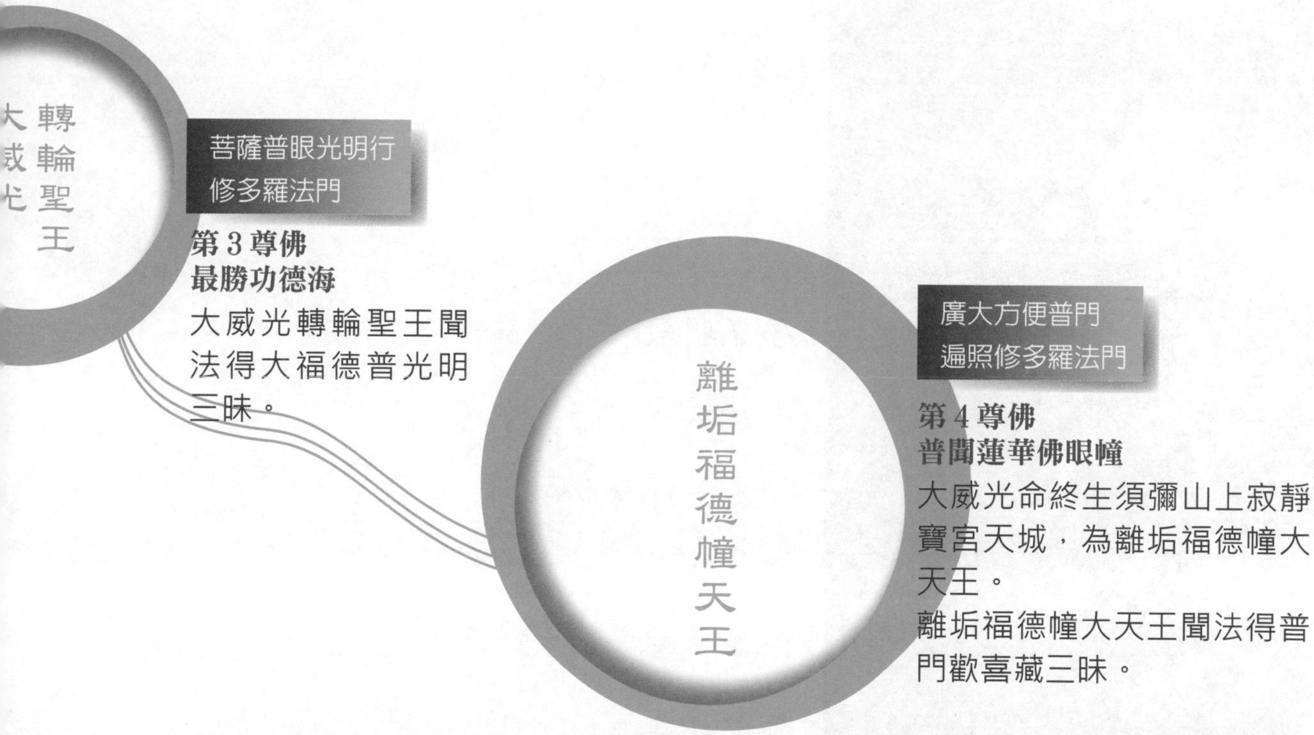

大 轉
威 輪
光 聖
王

菩薩普眼光明行
修多羅法門

第 3 尊佛
最勝功德海

大威光轉輪聖王聞法得大福德普光明三昧。

離垢福德幢天王

廣大方便普門
遍照修多羅法門

第 4 尊佛
普聞蓮華佛眼幢

大威光命終生須彌山上寂靜寶宮天城，為離垢福德幢大天王。

離垢福德幢大天王聞法得普門歡喜藏三昧。

圖 11-1 大威光太子的故事 -- 時間軸說明圖

普光明殿

大法宏宣

如來名號廣無邊

四諦義幽玄

法炬常然

普獻法王前

會主／文殊菩薩

法門／十信

華嚴二會

地點／普光明殿

卷12－卷15

卷 12

如來名號品

四聖諦品

以彼智慧心　破諸煩惱障
一念見一切　此是佛神力

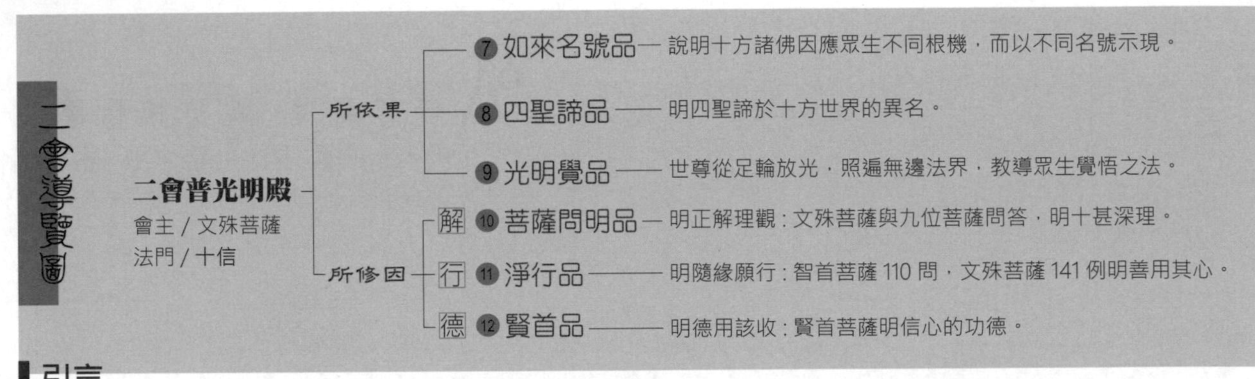

引言

第二會，會主是文殊菩薩，主題為十信法門。文殊菩薩是智慧的代表，作為第二會會主，文殊菩薩在普光明殿帶領討論智慧的信仰，以建立修學菩薩道的信心與信念。本會從卷十二至卷十五，共有六品經文，說十信法門。

為什麼修行一開始要討論「信」？《大智度論》云：「佛法大海，唯信能入，唯智能度」，信是進入佛門的一把鑰匙。

《綱要》：前既舉果，令生信樂，今明能生因果信解，…謂修五位之圓因，成十身之滿果，令諸菩薩解此相故，即生修因契果之解。…生解之中，信爲首故，又前舉所信之境，今明能信之行。

十信法門學的就是兩個字 --「因」與「果」。了解修行的因及果，就能夠生起對於佛法的信解。

十信不入位之四種原因

《華嚴經》之四十二位，為十住、十行、十迴向、十地、等覺、妙覺。其中「十信」並不入位，清涼澄觀國師提出四項原因：

一、進退不定故

剛剛開始建立信心時，總是進進退退，還不確定這一條路就要這樣走下去，很多初學者說：「我先試試看，不確定自己能不能夠堅持。」所以還是進退不定。

二、雜修十心，無定階降故

開始修行，心還不是很純粹，夾雜了很多過去的想法，還有疑慮，叫做雜修十心。

三、未隨法界修廣大行故

此階段大多在建立觀念，尚未開始修廣大行，要到十住、十行位後，不但確定發心，且真正實踐，才能夠稱為一個位次。

四、未得法身顯佛種性故

雖然口口聲聲在修行，但是平常在生活中，碰到境界一下子就倒了，未契悟法身顯發佛性。

對佛陀有信心，不一定對「自己必能成佛」有信心；又或對自己有信心，可是對身邊的眾

生沒有信心。信仰的建立，非一蹴可及，這是正常的。

因此，十信位這個階段，透過菩薩的帶領，步步建立正確的信心。

如來名號品

釋名：普光明殿

爾時，世尊在摩竭提國阿蘭若法菩提場中，始成正覺，於普光明殿，坐蓮華藏師子之座…

普光明殿，一般認為「殿」為一棟建築物，而此處的「殿」指的是會所之意。

為什麼名「普光明殿」？有三原因：

一、以殿是寶成，光普照故

此殿有光普照，佛光普照的地方，就是普光明殿。

二、佛於其中放普光故

誰在普照呢？是由佛陀在其中普照。

三、佛於其中說普法門，慧光照世，故立其名

為什麼佛陀要放光？因為即將在光明中，演說無上大法，讓眾生都能夠覺悟，就要啟發自性光明。

覺有自覺、覺他，最後覺行圓滿，聽聞佛法後，就要以始覺之智，來照本覺之理，佛陀教我們如何啟發始覺之智。

菩薩思惟生問，預示菩薩行歷程

與十佛剎微塵數諸菩薩俱，莫不皆是一生補處，悉從他方而共來集。普善觀察諸眾生界法界世界涅槃界諸業果報，心行次第，一切文義，世出世間，有為無為，過現未來。

在普光明殿裡面，佛陀成正覺後就放出光明，現出神通之相，「**與微塵數諸菩薩俱**」。這些菩薩都是一生補處菩薩，從他方世界齊集來此，所有的菩薩都善於觀察眾生界，乃至一切法相。

時，諸菩薩作是思惟：若世尊見愍我等，願隨所樂，開示佛剎、佛住、佛剎莊嚴、佛法性、佛剎清淨、佛所說法、佛剎體性、佛威德、佛剎成就、佛大菩提。

菩薩們思惟，世尊是覺悟圓滿的聖者，是否慈悲進一步開示佛剎、佛住、佛剎莊嚴、佛法性、佛剎清淨等等道理。

這些問題是佛法當中最迫切需要了解的，要廣度眾生，一定要常常思惟這些問題。

…說諸菩薩十住、十行、十迴向、十藏、十地、十願、十定、十通、十頂，及說如來地、如來境界、如來神力、如來所行、如來力、如來無畏、如來三昧、如來神通、如來自在、如來無礙，如來眼、如來耳、如來鼻、如來舌、如來身、如來意、如來辯才、如來智慧、如來最勝。願佛世尊，亦為我說。

因應菩薩眾的問題，接下來，佛陀就講十住、十行、十迴向、十藏、十地、十願、十定、

十通、十頂的法門，這一品等於在預告接下來即將學到的科目法門。

五十問：斷疑生信

《綱要》：問句有五十，四十句爲正問，第二十句是說意，此四十句與前第一會有同有異，後二十句全同，前二十句大同小異。

對於所有的問題，在《綱要》裡面，歸納總共五十個問題，其中四十個問題是主要的問題，其中，另外的十句是說明為什麼要問這個問題。

《綱要》：以前所舉佛之因果，但總顯因深果廣，然未知差別之因及隨因所證之果，今要發行造修，故須一一別問，故下首問果之依正。

這些加起來，跟第一會的問題大同小異，但不同的是，前面的問題是想要了解佛法的殊勝，讓我們認識佛法之後生起信心，但是現在生起信心後，我們要認真修行了，但步驟是什麼？一定要問清楚，否則就是盲修瞎練。大部分人剛開始修行，會覺得有很多問題，卻不知道要從何問起，所以菩薩就代替眾生來問問題，問清楚才能夠斷除疑惑建立信心。

十首菩薩雲集

爾時，世尊知諸菩薩心之所念，各隨其類，爲現神通。

因為佛法是建立智慧信心的來源，而不是盲目的信心，要斷疑才能夠生信，因此在如來名號品中，世尊知道菩薩有許多疑問，所以為菩薩顯現神通準備說法。

結果現了神通後，引來新的一批菩薩，這些菩薩就是第二會的論主菩薩們。

現神通已，東方過十佛剎微塵數世界，有世界名金色，佛號不動智。彼世界中，有菩薩名文殊師利，與十佛剎微塵數諸菩薩俱，來詣佛所，到已作禮，即於東方化作蓮華藏師子之座結跏趺坐。

從東方不動智佛的世界來了文殊師利菩薩，從南方無礙智佛的世界來了覺首菩薩，從西方滅闇智佛的世界來了財首菩薩，從北方威儀智佛的世界來了寶首菩薩。列表如下：

方	世界	佛號	上首菩薩
東	金色	不動智	文殊師利
南	妙色	無礙智	覺首
西	蓮華色	滅闇智	財首
北	薝蔔華色	威儀智	寶首
東北	優鉢羅華色	明相智	功德首
東南	金色	究竟智	目首
西南	寶色	最勝智	精進首
西北	金剛色	自在智	法首
下	頗黎色	梵智	智首
上	平等色	觀察智	賢首

表 12-1 十首菩薩

東西南北，四維上下的十方佛，各派遣其上首菩薩，帶領了一個團隊，來到法會現場，準備討論非常重要的議題。

這些菩薩的名號皆有「首」字，文殊菩薩就是以智慧為首，覺首菩薩、財首菩薩、寶首菩薩、功德首菩薩、目首菩薩、勤首菩薩、法首菩薩、智首菩薩以及賢首菩薩。

什麼是首？就是我們的頭。如人的身，以頭來引領前行一般，修行要以何為首？以這十種法門為首，所以十首菩薩，即將帶領大眾討論十種法門。

四聖諦品

四聖諦品：佛佛道同

四聖諦，簡稱四地。娑婆世界的四諦法，為苦諦、集諦、滅諦、道諦，四諦讓我們認識世間與出世間的因果法則。所謂「知苦、斷集、慕滅、修道」，了知世間有八苦，生出離心，知道痛苦的原因為「集」，故能予以斷除，要解脫這些煩惱，就要修道，修道的結果就是證得清淨的涅槃，滅除痛苦。

那麼，是不是只有在娑婆世界才能夠學到四諦？從四諦品可以知道，不止在此世界，乃至在所有世界都有四諦法的宣說，只是使用的詞彙不同，其道理是相通的，都是「因、果」之諦理，所以是佛佛道同。

真理的修學，無縫接軌

世界上的哲學、科學等理論，如果不是真理，過了一個時代，就會有更新的發現與發明來更新前期見解，但若是「真正的」知識必定是橫亙古今、放諸四海皆準。「真理」，就其意義和本性而言，必定是永恆的、不變的、超越時空的。

四諦品告訴我們，釋迦牟尼佛教導的法是真理，所以不管男女老少、貧富貴賤，古今中外，甚至是他方世界，所學到的道理都是相通的、一致的。修行解脫的這一條路，是放諸四海皆準的，這也是給我們一個保證，就是在釋迦牟尼佛這一所學校學習的歷程，將來如果轉學其他佛的學校，可以繼續接軌原來的學歷，不必從零開始。所以我們要有信心，在這一條路上，不管是什麼程度，都可以圓滿菩薩道，可以究竟成佛。

卷 13

光明覺品

菩薩問明品

諸佛如虛空　究竟常清淨
憶念生歡喜　彼諸願具足

光明覺品

引言

卷十三有光明覺品，以及菩薩問明品。

修行這條路要有智慧，才能夠走得長久，文殊師利菩薩與十位菩薩藉由問答，建立修行最重要的基礎 -- 十信心，討論如何以正確的信仰來建立我們的信心。

首先，光明覺品裡，由十方而來的「首」字輩菩薩代表發言，接下來，進入主題討論議程 --〈菩薩問明品〉。

菩薩問明品

菩薩問明品在《華嚴經》中的重要性

菩薩問明品在《華嚴經》中，是非常重要的一品，因為這是整個在「修因契果生解分」中，建立十信心的第一個階段。

菩薩問明品，代表的是對於菩薩道的「解」，有了正確的解之後，才能夠有淨行品之清淨

「行」，有了清淨之行，才能夠有賢首品的「德」，所以可說是菩薩三大阿僧祇劫的修行歷程，就從菩薩問明品中建立正確的知見開始；因此，菩薩問明品所討論的這十個問題至關重要，一定要想清楚問明白。

釋題：「菩薩」、「問明」

《綱要》：菩薩是人，問明是法，問即是難，明即是答。

「菩薩」是發問的人，因為菩薩發心要圓滿佛道，發了菩提心的人提問是問在重點上。「問明」即是問答，因為有疑而問，或者為了辯論的「問難」；「明」就是回答，如果能夠問得清楚，而回答能夠說得明白，那這個問題就能夠越辯越明。

一般的問有兩種問。

一泛爾相問。

第一種就是普遍性的問題。譬如：佛法是什麼？要不要吃素？什麼是皈依？

二難問：以理徵詰，即今品意。

第二種問，是很嚴格的問，詳細的問。因為跟修行成敗有非常重要的關係，差之毫釐失之千里，所以一定要問得很詳細。

這一品就屬於第二種難問，因此，誦讀此品時，對菩薩所提的問題一定要明白。

答亦有二：一、但依問報答，曰答；二、若俱為解釋，旁兼異義，美言讚述，令理顯煥，曰明；今品意。

回答也有二種：問一就答一、問二就答二；但是還有一種更深的解釋，是透過一個問題，衍生出無量的義理；這一品即屬於第二種答。

宗趣：以十甚深為【宗】。依成觀解為【趣】

菩薩問明品，以十甚深義理為宗旨，目標乃透過十甚深義，建立自己修行的信念與理解。

方		十菩薩名	十信心	十甚深法
南	問1	覺首菩薩	定心	緣起甚深法
西	問2	財首菩薩	念心	教化甚深法
北	問3	寶首菩薩	戒心	業果甚深法
東北	問4	功德首菩薩	護法心	說法甚深法
東南	問5	目首菩薩	願心	福田甚深法
西南	問6	勤首菩薩	進心	正教甚深法
下	問8	智首菩薩	慧心	助道甚深法
西北	問7	法首菩薩	不退心	正行甚深法
上	問9	賢首菩薩	迴向心	一道甚深法
東	問１０	文殊菩薩	信心	佛道甚深法

表 13-1 十甚深法

十甚深法

本品的結構，依照十甚深法開展。

一、緣起甚深，二、教化甚深，三、業果甚深，四、說法甚深，五、福田甚深，六、正教甚深，七、正行甚深，八、助道甚深，九、一道甚深，十、佛道甚深。

問一、緣起甚深．定心

文殊師利菩薩問覺首菩薩言：佛子，心性是一，云何見有種種差別？所謂：往善趣惡趣；諸根滿缺；受生同異；端正醜陋；苦樂不同；業不知心，心不知業；受不知報，報不知受；心不知受，受不知心；因不知緣，緣不知因；智不知境，境不知智。

文殊師利菩薩問覺首菩薩的問題，這是整部《華嚴經》裡第一個問題，重要的開題。這個問題就是：世間有這麼多的人，雖然說佛性是同，可是為什麼差別這麼多？這個叫千人千般命，每一個人都有不同的因緣，我們要怎麼樣來看待這些不同？

問二、教化甚深．念心

文殊師利菩薩問財首菩薩言：佛子，一切眾生非眾生，云何如來隨其時、隨其命、隨其身、隨其行、隨其解、隨其言論、隨其心樂、隨其方便、隨其思惟、隨其觀察，於如是諸眾生中，為現其身，教化調伏？

第二個問題，文殊菩薩問財首菩薩，既然認識了眾生各有不同，隨著人、事、時、地、物，一方水土養一方人，我們應該要如何教化眾生？諸佛菩薩是非常的慈悲而且平等的，但是對於不同的眾生，要如何隨其時、隨其命、隨其身、隨其行，而能夠有效的教化調伏。

問三、業果甚深・戒心

文殊師利菩薩問寶首菩薩言：佛子，一切眾生等有四大，無我、無我所，云何而有受苦受樂、端正醜陋、內好外好、少受多受，或受現報、或受後報？然法界中，無美無惡。

第三個問題，文殊師利菩薩問寶首菩薩，一切眾生既然都是虛妄的，但是為什麼眾生的虛妄相當中，卻有種種的果報？有的人長得好看，有的人長得醜陋，有的人很快樂，有的人卻受了很多的苦，到底什麼才是法界究竟義？

問四、說法甚深・護法心

文殊師利菩薩問德首菩薩言：佛子，如來所悟，唯是一法，云何乃說無量諸法、現無量剎、化無量眾、演無量音、示無量身、知無量心、現無量神通、普能震動無量世界、示現無量殊勝莊嚴、顯示無邊種種境界？而法性中，此差別相，皆不可得。

文殊師利菩薩問德首菩薩，我們在說法的時候，要怎麼樣運用各種無量的妙法，現無量的神通，展現不同的教化方式，這些差別究竟要如何來施設？這是說法甚深。

問五、福田甚深・願心

文殊師利菩薩問目首菩薩言：佛子，如來福田，等一無異。云何而見眾生布施果報不同？所謂：種種色、種種形、種種家、種種根、種種財、種種主、種種眷屬、種種官位、種種功德、種種智慧；而佛於彼，其心平等，無異思惟。

第五個問題，文殊師利菩薩問目首菩薩，佛陀是無上的福田，可是為什麼很多人供養佛陀，最後的果報卻不同？佛陀是平等的，為什麼拜佛供佛後，有的人可以滿願，有的人卻沒有辦法滿願？

問六、正教甚深．進心

文殊師利菩薩問勤首菩薩言：佛子，佛教是一，眾生得見，云何不即悉斷一切諸煩惱縛而得出離？然其色蘊、受蘊、想蘊、行蘊、識蘊，欲界、色界、無色界、無明貪愛，無有差別，是則佛教於諸眾生，或有利益，或無利益？

第六、文殊師利菩薩問勤首菩薩，佛教都是宣揚一實相法，是究竟之法，但是為什麼很多人學佛學很久，依然煩惱重重？佛教是有用？或者沒有用？還是對某些人有效？對某些人沒有效？

問七、正行甚深．不退心

文殊師利菩薩問法首菩薩言：佛子，如佛所說：若有眾生，受持正法，悉能除斷一切煩惱。何故復有受持正法而不斷者？隨貪瞋癡，隨慢隨覆、隨忿隨恨、隨嫉隨慳、隨誑隨諂，勢力所轉，無有離心；能受持法，何故復於心行之內，起諸煩惱？

第七個問題，文殊師利菩薩問法首菩薩，如果大家都受持正法，但為什麼有人受持了正法，也聽經聞法，卻在煩惱現前時沒有辦法斷除？如果能夠受持佛法的人，應該就能夠斷除煩惱，為什麼還常常起煩惱？

問八、助道甚深．慧心

文殊師利菩薩問智首菩薩言：佛子，於佛法中，智為上首。如來何故，或為眾生讚歎

布施，或讚持戒，或讚堪忍，或讚精進，或讚禪定，或讚智慧，或復讚歎慈悲喜捨，而終無有唯以一法而得出離，成阿耨多羅三藐三菩提者？

第八、文殊師利菩薩問智首菩薩，在所有的佛法裡面，既然智慧為上首，既然佛陀的目的是為了成就一切智，為什麼佛陀不只講般若波羅蜜就好？還要講布施、持戒、忍辱、精進，說了這麼多的法門，徒令初學者莫衷一是無所適從，到底何法最適宜？

問九、一道甚深．迴向心

文殊師利菩薩問賢首菩薩言：佛子，諸佛世尊，唯以一道而得出離。云何今見一切佛土所有眾事，種種不同？所謂：世界、眾生界、說法調伏、壽量、光明、神通、眾會、教儀、法住，各有差別。無有不具一切佛法，而成阿耨多羅三藐三菩提者？

最後第九個問題，文殊師利菩薩問賢首菩薩，佛土為什麼不一樣？有的人喜歡極樂世界，有的人喜歡藥師佛的世界，有的人喜歡寶積佛的世界；既然佛佛道同，為什麼不要所有的世界都一樣，而讓我們分別到底要去哪一個世界好？

問十、佛道甚深．信心「攝別歸總」

諸菩薩謂文殊師利菩薩言：佛子...唯願仁者，以妙辯才，演暢如來所有境界。何等是佛境界？何等是佛境界因？何等是佛境界度？何等是佛境界入？何等是佛境界智？何等是佛境界法？何等是佛境界說？何等是佛境界知？何等是佛境界證？何等是佛境界現？何等是佛境界廣？

文殊師利菩薩一一的問每一位菩薩各個不同的問題之後，這九位菩薩聯合問了文殊師利菩薩，希望文殊師利菩薩回答解釋與「佛境界」相關的問題，包括：什麼是佛境界的因、度、入、智、法、說、知、證、現、廣？

十甚深次第

以上十問，隱約依循一脈絡，引導著理解修行的次第與入處。

此十甚深，次第云何？緣起理觀，總該諸法，觀解之要，故首明之。眾生迷此，故須教化。違化順化，有善惡業。欲知此業，由說法成。然說法成善，唯佛福田。既說順田，須持聖教。教在勤行，行須正道助道。助必有正，殊途同歸，得一道者，當趣佛境。

清涼澄觀國師歸納總結這十個問題的次第：一開始我們要用「緣起」觀念來觀察世間的萬相，既然能夠明白眾生各有因緣。於是就依照其因緣予以「教化」。因緣是隨著眾生的業而轉動。如果了解其「業果」，就能應機施教，「說法」成就。只有佛陀，才能夠成就這個殊勝的「福田」。順著福田的「正教」，我們要依教奉「行」，精進用功，善於運用所有的「正道」、「助道」之法。最後殊途同歸，究竟得到一實相印，就是佛不可思議的「境界」。

結論

文殊菩薩主持的討論會，藉由十義問答，建立修行體系的正解，為日後行持打下穩固的基礎。

答案請見此

卷 14

淨行品

賢首品

菩薩種種方便門 隨順世法度眾生
譬如蓮華不著水 如是在世令深信

淨行品

引言

《綱要》：「**前明入理觀行，今辨隨事所行。**」淨行品，依著菩薩問明品所得之「解」，而實踐於生活中「隨事所行」，對境所起的大行。要開始修菩薩行。

廣發大願，為十信之行也。

《綱要》：（此品）**來意，夫欲階妙位，必資勝行。有解無行，虛費多聞。**

欲成就菩薩果位的圓滿，必須要依解而起行，若有解無行，多聞何益？

此品則舉例說明，如何在生活當中實踐，而落實願行的目標為何？

《綱要》：「**舉足下足，盡文殊心；見聞覺知，皆普賢行。**」

文殊師利菩薩、普賢菩薩，都是我們學習的榜樣。

人類的學習方式，從模仿他人的言行舉止開始，佛弟子的學習典範，就是諸佛菩薩，經由此品的學習與模仿，步步不忘文殊十波羅蜜，接觸外境，心就生起普賢十願，就會達到「**舉足下足，盡文殊心；見聞覺知，皆普賢行**」。

智首菩薩 110 問

本品之始，由智首菩薩向文殊菩薩，提出 110 個問題。

爾時，智首菩薩問文殊師利菩薩言：佛子，菩薩云何得無過失身、語、意業？云何得不害身、語、意業？云何得不可毀身、語、意業？云何得不可壞身、語、意業？云何得不退轉身、語、意業？云何得不可動身、語、意業？云何得殊勝身、語、意業？云何得清淨身、語、意業？云何得無染身、語、意業？云何得智爲先導身、語、意業？

種種的問題，總共提出 110 個問題。

《綱要》：所問中有二十云何，總十一段，段各十句，成一百一十種德。一、明三業離過成德。二、得堪傳法器。三、成就眾慧。四、具道因緣。五、於法善巧。六、修涅槃因。七、滿菩薩行。八、得十力智。九、十王敬護。十、能爲饒益。十一、超勝尊貴。

這 110 個問題可以類分成十一個段落，成就了 110 種功德。

文殊菩薩答以 141 願：

文殊師利菩薩以 141 個大願，來回答智首菩薩的 110 個問題。

爾時，文殊師利菩薩告智首菩薩言…若諸菩薩善用其心，則獲一切勝妙功德，於諸佛法，心無所礙；…

最重要的就是四個字 -「善用其心」，如果我們能夠善用其心，那麼一切的功德，就能夠心想事成，在修行的這條路上，也不容易產生障礙。

云何用心，能獲一切勝妙功德？

佛法是心法，在生活當中到底要怎麼樣做，才能夠真正的達到心的妙用？在淨行品裡面就舉了141個例子，這141個例子，隨著不同的生活情境，讓我們練習善用其心。

每個事例的模式大約一致：

若□□時，當願眾生，○○○○○○○○

第一句是所遇情境，第二句為「當願眾生」，後二句為願力成就之結果。例如，佛弟子每天做完功課後的三皈依偈，即是出自此品：

自皈依佛，當願眾生，體解大道，發無上心。
自皈依法，當願眾生，深入經藏，智慧如海。
自皈依僧，當願眾生，統理大眾，一切無礙。

141願分為十類，舉例說明無論遇到任何的情境，都要以願導行。

一、11 願明在家時願	六、55 願乞食道行時願
二、15 願出家受戒時願	七、22 願到城乞食時願
三、7 願坐禪觀時願	八、5 願還歸洗浴時願
四、6 願將行披挂時願	九、10 願習誦旋禮時願
五、7 願澡漱盥洗時願	十、3 願寤寐安息時願

表 14-1 141 願

「當願眾生」即是善用其心

修行要從「當願眾生」開始。

人生中常常遇到各式各樣的情境，如果沒有遇到自己如意的境，往往會產生煩惱；淨行品的 141 願教導我們，不論遇到順境或是逆境，先把自己的心態調整好，遇到任何的境界，都是「當願眾生」，以願導行，我們的人生就沒有障礙。

若諸菩薩如是用心，則獲一切勝妙功德，一切世間諸天、魔、梵、沙門、婆羅門、乾闥婆、阿修羅等，及以一切聲聞、緣覺，所不能動。

最後，文殊菩薩特別強調「善用其心」依著 141 個願來發願、來修行，則會獲得一切的勝妙功德。依之而行，所有的境界都不再是障礙，所有的困難都不再是困難，因為我們能夠善用其心。

每天可利用十分鐘的時間，例如起床之後、或睡覺之前，把這 141 個願誦念一遍，進而把 141 個願背誦起來，一定會終身受用不盡。

卷 15 賢首品

又放光明名寶嚴　此光能覺一切眾
令得寶藏無窮盡　以此供養諸如來

賢首品

引言

第 14 卷的後半段進入「賢首品」，彰顯修行之「德」。

賢首品來意：夫行不虛設必有其德。既解行圓妙必勝德難思。收前行願成信德用。

修行不求功德，但是如果你修得好，如是因必有其果。因此「行不虛設必有其德」。

此品的重點在告訴佛子，依著淨行品中「當願眾生」的願力起行之後，會有什麼功德？會有什麼妙用？

文殊啟請演暢修行功德

文殊師利菩薩問賢首菩薩：

我今已爲諸菩薩，說佛往修清淨行，仁亦當於此會中，演暢修行勝功德。

修行的功德到底有哪些？菩薩們希望能夠得到一個肯定的答案，知道修行的功德，對修行將更加期待，以及更有信心。

賢首以 346 偈正說勝德

賢首菩薩就用偈語來回答：

善哉仁者應諦聽，彼諸功德不可量，我今隨力說少分，猶如大海一滴水。

修行的功德是不可思議的，如同大海一般，此處舉其中少部份功德予以述說，然而，此與真正的功德相比，就如同海中的一滴水，無法彰顯大海的殊勝，為了要讓大眾生起信心，還是隨力說明。

所具行位

賢首菩薩所說的勝功德中，一一對應十住、十行、十迴向、十地等位次的功德。

初三偈明十住位

若爲諸佛所護念，則能發起菩提心。若能發起菩提心，則能勤修佛功德；若能勤修佛功德，則得生在如來家。若得生在如來家，則善修行巧方便；若善修行巧方便，則得信樂心清淨。若得信樂心清淨，則得增上最勝心；

二偈半。明十行位

若得增上最勝心，則常修習波羅蜜。若常修習波羅蜜，則能具足摩訶衍；若能具足摩訶衍，則能如法供養佛；若能如法供養佛，則能念佛心不動；若能念佛心不動，則常睹見無量佛；

三偈。明十迴向位

若常睹見無量佛，則見如來體常住；若見如來體常住，則能知法永不滅；若能知法永

不滅，則得辯才無障礙；若得辯才無障礙，則能開演無邊法。若能開演無邊法，則能慈愍度眾生；若能慈愍度眾生，則得堅固大悲心。

從這一段經文就可以看到，原來佛陀所護念的這念心，就是要善用其心的菩提心，如果能夠發起菩提心，就開始圓滿十住、十行、十迴向、乃至於十地的種種功德，所有的佛功德就能夠成就，生在如來之家。

十地功德

初地歡喜地：**若得堅固大悲心，則能愛樂甚深法；**

二地離垢地：**若能愛樂甚深法，則能捨離有為過；**

三地發光地：**若能捨離有為過，則離憍慢及放逸；**

四地燄慧地：**若離憍慢及放逸，則能兼利一切眾；**

五地難勝地：**若能兼利一切眾，則處生死無疲厭；若處生死無疲厭，則能勇健無能勝。**

六地現前地：**若能勇健無能勝，則能發起大神通；若能發起大神通，則知一切眾生行。**

七地遠行地：**若知一切眾生行，則能成就諸群生；若能成就諸群生，則能善攝眾生智。若得善攝眾生智，則能成就四攝法；若能成就四攝法，則與眾生無限利。若與眾生無限利，則具最勝智方便；**

八地不動地：**若具最勝智方便，則住勇猛無上道。若住勇猛無上道，則能摧殄諸魔力；若能摧殄諸魔力，則能超出四魔境。若能超出四魔境，則得至於不退地；若得至於不**

退地，則得無生深法忍。若得無生深法忍，則為諸佛所授記；

九地善慧地：**若為諸佛所授記，則一切佛現其前。若一切佛現其前，則了神通深密用；若了神通深密用，則為諸佛所憶念。若為諸佛所憶念，則以佛德自莊嚴；**

十地法雲地：**若以佛德自莊嚴，則獲妙福端嚴身。若獲妙福端嚴身，則身晃耀如金山；若身晃耀如金山，則相莊嚴三十二。若相莊嚴三十二，則具隨好為嚴飾；若具隨好為嚴飾，則身光明無限量。若身光明無限量，則不思議光莊嚴；若不思議光莊嚴，其光則出諸蓮華。其光若出諸蓮華，則無量佛坐華上；**

以上說明「信」能依次成就十地的功德，身口意就如同佛陀一樣不可思議。

卷十五：無方大用（三昧）

從卷十五起，有 230 偈，顯發信心的「無方大用」。

《綱要》：**彼能無方大用者，由普賢德遍一切時處。法界無限故。**

所謂的無方大用，就是沒有限制，遍一切時、遍一切處的功德。在信心的功德力加持下，一路精進修行，成就十門的三昧，其作用周遍法界，無有限量。

所謂的三昧，就是這念心所起的妙用，依體起用、用不離體，由此可知，成就三昧的功德，就可以在法界當中自在無礙。

這十門的三昧，因為作用不同，各有其不同的殊勝功德，表列如下：

一、圓明海印三昧門	二、華嚴妙行三昧門
三、因陀羅網三昧門	四、手出廣供三昧門
五、現諸法門三昧門	六、四攝攝生三昧門
七、俯同世間三昧門	八、毛光照益三昧門
九、主伴嚴麗三昧門	十、寂用無涯三昧門

表 15-1 十門三昧

「寶嚴」光覺一切眾，令得寶藏無窮盡

其中第八「**毛光照益三昧門**」，舉出諸多光明及其作用，在這些光明裡，出現「寶嚴國際佛學研修院」的寶嚴光。

又放光明名寶嚴，此光能覺一切眾，令得寶藏無窮盡，以此供養諸如來。以諸種種上妙寶，奉施於佛及佛塔，亦以惠施諸貧乏，是故得成此光明。

寶嚴是一種光明，寶嚴的光明，能覺悟一切大眾，令得寶藏無窮盡，如此的福德，可以來供養一切的諸佛，惠施一切的貧乏，所以我們稱華嚴的修持計畫為「《華嚴經》富貴門」，因為這一部光明的經典，就像寶嚴一樣，帶給大眾富貴無盡。

《綱要》：**寶嚴喻：喻光正益，明法寶常存，由福無福，有處不處。**

寶嚴光代表法寶長存，不管有福無福之人，有處無處之處，都能夠遍灑一切的智慧光明。

在賢首品裡面，講到十門三昧的加持力，顯現出無有邊際的大妙用。

喻況玄旨

最後，賢首菩薩舉譬喻來說明，信心的功德，從聲聞現通的譬喻，到龍王遊戲神通，總共有二十種譬喻，各喻菩薩之一德。

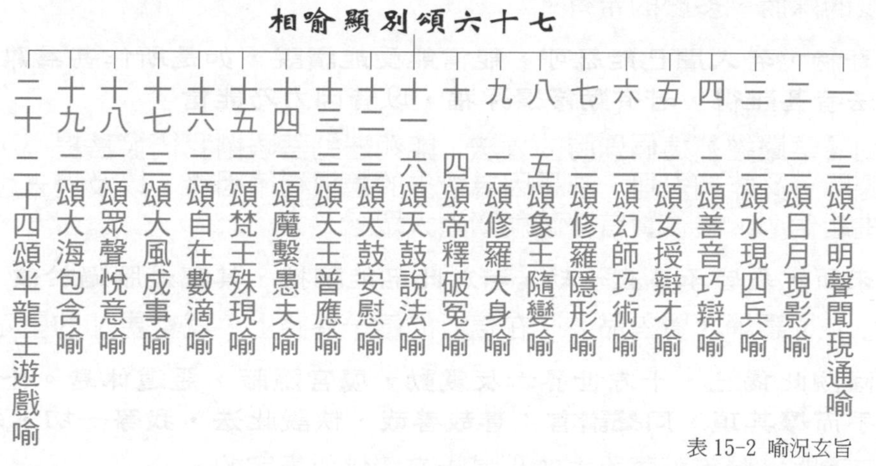

表 15-2 喻況玄旨

每一個譬喻，各譬喻菩薩的一種功德，我們可以從這一品裡面，看到了種種殊勝的功德。

校量勸持分

最後賢首菩薩說明，為什麼有這麼大的功德？

因為我們現在所發的心，是「智慧門」的發心。

第一智慧廣大慧，真實智慧無邊慧，勝慧及以殊勝慧，如是法門今已說。

說了這麼多的智慧門，就是要讓大家知道，我們今天所選擇的這一條路，成就一切智慧的功德，是多麼的殊勝、多麼的希有。

此法希有甚奇特，若人聞已能忍可，能信能受能讚說，如是所作甚為難。世間一切諸凡夫，信是法者甚難得，若有勤修清淨福，以昔因力乃能信。

今天能夠遇到《華嚴經》這個殊勝的大法，能夠遇到菩薩勸我們發菩提心，我們又能夠相信、又能夠聽聞、又能夠忍可，都是因為過去的善根福德因緣，以及過去也發了廣大的願行，才能夠生起信心。最後賢首菩薩就讚歎大眾：

十剎塵數如來所，悉皆承事盡一劫，若於此品能誦持，其福最勝過於彼。

受持〈賢首品〉，讀誦〈賢首品〉，在信心的這一條路上，就會更加的堅定。

時，賢首菩薩說此偈已，十方世界六反震動，魔宮隱蔽，惡道休息。十方諸佛普現其前，各以右手而摩其頂，同聲讚言：善哉善哉，快說此法，我等一切，悉皆隨喜。

十方諸佛現前證明，賢首菩薩所說的正是十方諸佛所肯定的。

結語

從〈菩薩問明品〉的解門，到〈淨行品〉的行門，以及〈賢首品〉的功德門，就完成了十信門的修行。

只要跟著賢首菩薩的腳步，跟著文殊師利菩薩的指引，依著自己過去的願力，以及現在諸佛菩薩的指導，腳踏實地地修行，乃至於十信、十行、十迴向，這些所有的行位，都將依著前面的「當願眾生」而行，一切的功德自然成就。

菩提樹下

不動而升

天王帝釋遠相迎

敷坐已圓成

覺帝揚聲

萬象悉皆聽

卷16－卷18

會主／法慧菩薩
法門／十住

華嚴三會

地點／須彌山忉利天宮

卷 16

升須彌山頂品
須彌頂上偈讚品
十住品

一切法無生　一切法無滅
若能如是解　諸佛常現前

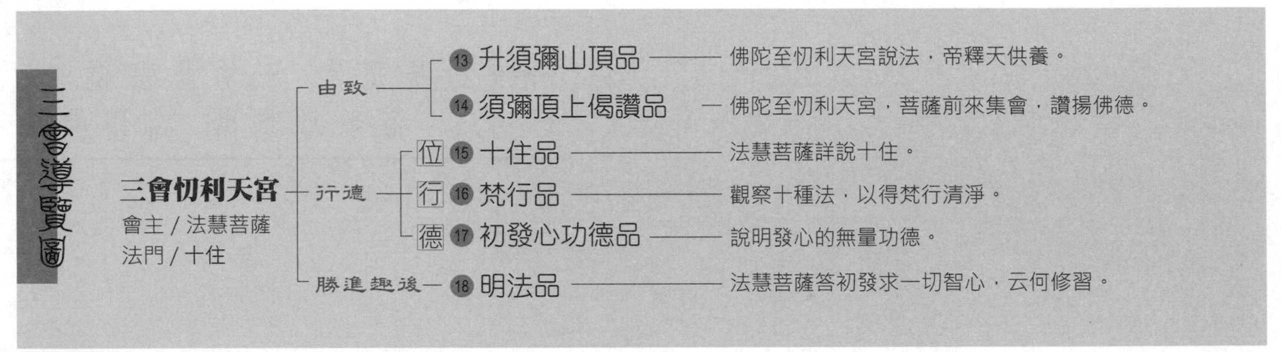

引言

卷 16 有三品：升須彌山頂品、須彌頂上偈讚品，及十住品。在本卷中，佛子們要搬到三世諸佛的家。

華嚴第三會的地點換到忉利天宮，會主是法慧菩薩，講演十住法門。

這是修行過程中重要的里程碑，經過第二會建立修行的信心後，大眾一起發心，願意來修行，願意來行菩薩道，因緣成熟，就轉戰到下一會。

這一會要有神通才有辦法到，因為要到天上去開會。

在三界裡，忉利天宮是離我們最近，而且是最友善的一層天。

忉利天宮的天主釋提桓因（天帝釋）發現人們必需修十善，累積大福報，才能夠成為天人。

因此，天帝釋認為所有人，如果能夠親近佛法、學習佛法，心都會很善良，因而每次法會，天帝釋都會參加及供養，以累積福報。

升須彌山頂品

爾時，如來威神力故，十方一切世界，一一四天下閻浮提中，悉見如來坐於樹下…

十方世界的大眾看到如來坐在菩提樹下，而這棵樹正是佛陀成道時的同一棵菩提樹。

各有菩薩承佛神力而演說法，靡不自謂恆對於佛。

每一尊菩薩承著佛的神力演說佛法，每一尊菩薩都認為自己正面對佛，並對大眾演說佛法。從這一品可以見到，釋迦牟尼佛在弘法的過程中，如何分身千百億，度可度的眾生，讓每一個人在學習的過程中，值遇得度的因緣。

爾時，世尊不離一切菩提樹下，而上升須彌，向帝釋殿。

世尊在菩提樹下靜坐思惟，同時又不離一切菩提樹下，上升須彌山帝釋殿，分身到忉利天宮說殊勝的佛法。

時，天帝釋在妙勝殿前，遙見佛來…

忉利天天主釋提桓因在妙勝殿前，見到佛陀來，準備最上等的供養，把握這個因緣，植無上的福田。

即以神力莊嚴此殿，置普光明藏師子之座。其座悉以妙寶所成：十千層級迴極莊嚴…

忉利天宮供品的層級以十千為單位，十千就是萬，這是須彌山頂忉利天宮的福報。下一會夜摩天宮的時候，就會發現這個福報的層級，不是須彌山頂忉利天宮的倍數增勝，而是百萬倍增勝。

帝釋天為如來準備了這些供品，以及師子座之後，就頂禮佛陀，讚歎佛陀，希望佛陀能夠慈悲來到宮殿裡面。

迦葉如來具大悲，諸吉祥中最無上，彼佛曾來入此殿，是故此處最吉祥…

天王一一細數過去有很多佛，也曾經來到此殿堂說法，希望佛陀也能夠廣演一切妙法。

須彌頂上偈讚品

爾時，世尊即受其請，入妙勝殿；十方一切諸世界中，悉亦如是。

世尊進殿後，法會即將開始。因須彌山頂的特殊因緣，當然要再一次集會，所以須彌頂上偈讚品裡的集會，分成三個重點：第一集眾，第二放光，第三偈讚。

一、集眾

爾時，佛神力故，十方各有一大菩薩，一一各與佛剎微塵數菩薩俱，從百佛剎微塵數國土外諸世界中而來集會，其名曰法慧菩薩…

以法慧菩薩為上首的十位「慧」菩薩領眾，從十方來集會，本會會主「法慧菩薩」蒞臨現場，即將主持法會。

二、放光

世尊再次放光，從兩足指放百千億妙色光明，這個光明有集眾的意味，也有加持的意味，所以讓所有一切大眾都看到了佛陀放光。

三、偈讚

法會開始，法慧菩薩承佛威神，普觀十方，開始偈讚，十方菩薩依序讚歎佛陀，殊勝的智慧，以及無上的功德。

十「慧」菩薩表十住

這十位「慧」菩薩代表接下來要開啟的智慧法門：

方	上首菩薩	表法義	方	上首菩薩	表法義
東	法慧菩薩	總了佛法	東南	善慧菩薩	以成就般若慧鑑不動
南	一切慧菩薩	了一切法真實之性	西南	智慧菩薩	決斷不動名智
西	勝慧菩薩	解佛勝智隨空心淨	西北	真實慧菩薩	心不顛倒是真實慧
北	功德慧菩薩	生在佛家善解佛德	下方	無上慧菩薩	從法王教生當紹佛位
東北	精進慧菩薩	勤觀真理集無量善	上方	堅固慧菩薩	智力成就不可壞

表 16-1 十慧菩薩

十住品

十住品的「住」是安住之意，「住」在哪裡？「**慧住於理，得位不退，故名為住**」；因此智慧住在真理上。「得位不退」，從十住品開始，就有了位次，在菩薩道的這一條路上，成就位不退的功德，所以稱為住，就是安住下來了。

這一品開始，諸佛子要搬家了，搬到哪裡？

爾時，法慧菩薩承佛威力，入菩薩無量方便三昧。以三昧力，十方各千佛剎微塵數世界之外，有千佛剎微塵數諸佛，皆同一號，名曰法慧…

法慧菩薩要說法前，入菩薩無量方便三昧，一切的法慧佛都現前，一方面來加持，二方面來肯定，三方面說明為什麼這一次的法會是由法慧菩薩來主持。

法慧佛告訴法慧菩薩：汝能入此菩薩無量方便三昧。有三個原因：

第一、十方各千佛剎微塵數諸佛神力加持；

第二、毗盧遮那如來往昔的願力，威神之力；

第三、最重要的是法慧菩薩所修習的善根因緣成熟了，所以就入了這個三昧，承著三昧力，說十住法門。

十住法門即將開演，法慧菩薩即從定起，告訴一切菩薩說：「**佛子，菩薩住處廣大，與**

法界虛空等。」一般的住家不外乎百坪，但是如果發了菩提心，成為菩薩後，住的地方即以虛空為住，虛空是多大呢？虛空就是無量無邊的大。

菩薩住三世諸佛家，彼菩薩住，我今當說。

所以要搬家搬到哪裡？搬到三世諸佛的家，以後你家就是佛家，我家就是佛家，大家通通都可以住在佛的家，佛的家沒有邊際。

如何能夠住在佛的家，而能夠享用諸佛菩薩家裡面所有的功德。這個地方特別提到，如何搬到佛的家來住。

菩薩住有十種，過去未來現在諸佛已說當說今說。

這地方就講到要如何住在佛的家，從**初發心住、治地住、修行住、生貴住、具足方便住、正心住、不退住、童真住、法王子住**乃至於最後灌頂住。到了灌頂住，就登位成為法王。

從初發心開始到最後第十灌頂住，菩薩摩訶薩教導我們如何一步一步住到法王之家，也就是三世諸佛之家。

第一發心住，發菩提心求一切智

第一，發心住。發什麼心？發菩提心。發心的因緣是什麼？什麼是發菩提心？

緣十種難得法而發心

菩薩有很多因緣能夠發心，不管是見到佛、世尊的形貌端嚴，生起一種歡喜心；或者見到

佛的神通，或者聽到佛陀的授記，或者聽聞佛法，或看到眾生受苦發慈悲心，或者是覺得應該要荷擔如來家業，在佛法的弘傳上盡一份心力，不管是什麼因緣，都是來「發菩提心，求一切智。」

什麼叫做發菩提心呢？當行者希求能得無上的智慧，同時希望自己的智慧達到如佛一切智究竟圓滿的境界，就叫做發菩提心。

發菩提心所求的一切智包括什麼呢？

包括十種智慧：**是處非處智，善惡業報智，諸根勝劣智，種種解差別智，種種界差別智，一切至處道智，諸禪解脫三昧智，宿命無礙智，天眼無礙智，三世漏普盡智**。這十個智慧加起來就是一切智，又稱作如來十力，也就是如來無上的智慧。

初發心住應勸學十法

發菩提心之後，應該要如何來努力？要修十種功課。即：

勤供養佛，樂住生死，主導世間令除惡業，以勝妙法常行教誨，歎無上法，學佛功德，生諸佛前恆蒙攝受，方便演說寂靜三昧、讚歎遠離生死輪迴、為苦眾生作歸依處。

這十種法門是發菩提心之後的功課。

學習目標：心轉增廣，不由他教。

修了這十種功課，有什麼好處？為什麼要設這十種功課？

欲令菩薩於佛法中，心轉增廣，有所聞法，即自開解，不由他教故。

發心之後，能夠圓滿這十種功課，就可以讓菩薩們在佛法中，心轉增廣，有所聞法，即自開解，不由他教故。有很多人說：「師父，我讀了經都看不懂，乃至於聽了法，雖然覺得很好聽，但是還是不明白。」

不明白跟不懂，是因為智慧未開。該如何才能夠開智慧呢？這個地方就教我們，依著發心住的這十個方法努力、學習，漸漸心就會增廣，乃至於以後聽聞佛法，都不需要師父再解釋，自己就開悟了，這是非常殊勝的功德。

隨心、隨力、隨份，於生活中實踐發心住之方法

了解初發心住後，接下來，按部就班依著十信、十住、十行、十迴向，種種的功課與任務，一個階段一個階段來圓滿。隨心、隨力、隨份，可以先以自己的方便入門。

例如每天禮佛的時候，用自己至誠之心「**勤供養佛**」。每天上班工作，要發歡喜心，因為要「**樂住生死**」。在工作或者是生活當中，能夠成為一個作主的人，使所有遇到你的人，都能夠「**令除惡業**」。學習了佛法，跟大眾分享，就可以「**以勝妙法常行教誨**」。如果有人問：「你好像改變了？怎麼現在變得好像都很愉快？」就回答他說：「因為我現在都參加雲端的共修，每天都有殊勝的功德，漸漸的越來越富貴。」如此「**歎無上法**」。

如此不斷學習，漸漸智慧就開了，並發現菩薩行是世間所有法門裡最簡單的，比輪迴還要簡單百千萬倍，希望大眾發菩提心，好好來修行。

卷 17

梵行品

初發心功德品

諸佛色相莊嚴身　以及平等妙法身
智慧無著所應供　悉以發心而得有

引言

卷 17 有兩品，一是梵行品，一是初發心功德品。

在卷 16 的十住品已說明，佛子搬家搬到三世諸佛家之後應該要做的功課。此卷「梵行品」則闡述在修行的過程中，應該如何建立清淨梵行，成為十住法之「行」。「初發心功德品」則直接揭示《華嚴經》裡最重要的信念：「初發心即成正覺」，顯十住法之「德」。

梵行品

宗趣：悲智無二，事理雙修，觀行為【宗】；疾滿一切佛法為【趣】。

《綱要》比較了「淨行品」與「梵行品」的不同：「**前信中淨行品，隨事造修，悲智兼導。至此梵行品純熟，了心自性，悲智無二。**」**佛子從十信位的「淨行品」中，隨事造修，隨著不同的因緣「當願眾生」，能夠修悲修智，悲智雙運。**

到現在「梵行品」時，悲智雙運的練習已臻純熟，進一步契悟悲智無二，回歸到這一念心。

兩者的層次完全不同，過去悲智雙運時，境界是境界，事相是事相，道理是道理，是雙軌進行。

梵行品開始，要把事與理此二軌，在這一念心中成就。當我們能夠讓修行更純熟，就可以速速圓滿一切佛法。

問：染衣出家。云何而得梵行清淨

正念天子問法慧菩薩：「**一切世界諸菩薩眾，依如來教，染衣出家。云何而得梵行清淨…？**」

經文中，提到了出家兩個字，什麼叫做出家？

出家的意義有三個層次：出離紅塵俗世之家，出離煩惱之家，出離無明之家。可知，出家的終極意義在於發菩提心，建立清淨的梵行，因此可以速速成就無上菩提之道。

梵行的建立：自行、化他

在法慧菩薩的回答裡，分成兩個重點：第一，就自行（自利）而言，自身能夠建立正確的清淨梵行；第二，在化他（利他）當中，也要有清淨的梵行。

一、自行：以十法為所緣作意觀察

法慧菩薩說：「**菩薩摩訶薩修梵行時，應以十法而為所緣，作意觀察。**」就是要觀察十個對象，所謂「**身、身業；語、語業；意、意業；佛法僧戒，**」以此十法為所緣，認真觀行。

如何建立觀行呢？

觀察「**身是梵行耶，乃至戒是梵行耶…**」此處開始辨析修觀的對象，不斷破斥原來的認知，以重建對這十法的正確認識。

觀察後得到什麼結論呢？「**如是觀已，於身無所取，於修無所著，於法無所住…如是觀察：梵行法不可得故，…**」

由此段觀行推衍可知，觀察十法的目的，要破除對十法的執著，得到「不可得」的結論；甚至連「梵行法」也「不可得」。要如此正確觀察，否則不管修什麼法門，都會產生法執。

透過正確觀行，修一切法，而不執著一切法，就如同過河需要坐船，船就是所修的法門，但是過了河後，連船也要放下。如此建立修行法門，才能夠真正具足一切佛法，**如是名爲清淨梵行**，這是第一個自利階段的修行。

二、化他：修習十種智慧

進一步，修習十種法門，即修練十種智慧，所謂處非處智、過現未來業報智等等智慧。十智就是前面十住品中初發心住時，求一切智的十種智慧，叫做如來十力。

於如來十力，一一觀察；一一力中，有無量義，悉應諮問。

為什麼要修如來十力？

聞已，應起大慈悲心…

因為要發起大慈悲心，來幫助一切眾生，如果沒有智慧，如何幫助眾生呢？所以聽聞了佛法，要讓自己成為一個有智慧的人，且此智慧是如來的無上智慧。

若諸菩薩能與如是觀行相應，於諸法中不生二解…

有了智慧，對於眾生，應該發起一個大慈悲心，如此「慈悲」與「智慧」相應，則「一切佛法疾得現前。初發心時，即得阿耨多羅三藐三菩提，知一切法，即心自性，成就慧身，不由他悟。」意即能夠了解這一切的萬法都不離自心，從自己的心當中來圓滿一切的菩薩行。

依自利與利他的觀行，佛子建立清淨梵行，速疾成就無上菩提之道。

初發心功德品

初發心功德品描述，能夠成就前一品悲智不二的梵行，初發心的功德會有多麼的殊勝。

釋名「初」「發」

「初」之定義

所謂的「初」，如《綱要》言：「初有二義：一、三種發心之初，如起信論說。發心有三種相：信成就發心、解行發心、證發心。二、十住之初。」

第一，《大乘起信論》講，發心有三種相：信成就發心、解行發心、證發心。這裡講到的是「信成就發心」。

第二，十住法門，是整個修行的歷程之「初」始。所謂萬里途程不離初步，萬行都要從初發心開始來建立，初發心能夠有正確的動機，那麼後面的修行就一路順風。

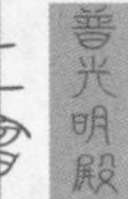

「發」之定義

《綱要》言：「**發有二義：一、發起上求。二、三德開發。在於信位，久已研窮，至此位中忽然開發。故得功齊果位。攝德無邊，受斯稱矣。**」發的定義有二，第一，此品所要「發」起的是求無上的佛道，稱為「上求」佛道，下化眾生。第二，開「發」三種德行。

十信位圓滿後的發心住，能夠開發自性功德，在發心當中，已經圓滿果德。

問：初發菩提心，所得功德，其量幾何？

初發心功德品一開始，天帝釋就問法慧菩薩，菩薩初發心到底有多重要？又有多了不起？所得的功德到底有多少？可不可以計算得出來？所以天帝釋是一個很實際的人，要算清楚才能夠確定這一條路沒有白走。

法慧菩薩告訴他：「**其義甚深，難說、難知、難分別、難信解、難證、難行、難通達、難思惟、難度量、難趣入。**」非常非常難，恐怕以釋提桓因的智商也難以理解，更遑論是一般人。

雖然如此困難，為了要鼓勵大眾，使其知道發菩提心有多麼了不起，法慧菩薩還是承佛威神之力，為大眾說明。

以十一喻顯初發心功德

法慧菩薩以十一種譬喻開端。

《綱要》：「一利樂眾生喻。二速疾步剎喻。三知劫成壞喻。四善知勝解喻。五善知諸根喻。六善知欲樂喻。七善知方便喻。八善知他心喻。九善知業相喻。十善知煩惱喻。十一供佛及生喻。」

此處舉第一個譬喻：「**假使有人以一切樂具，供養東方阿僧祇世界所有眾生，經於一劫**」，假使有人，以一切的樂具，來供養所有的眾生，把世界上所有的東西都搬出來，建立了最快樂的衣食住行樂園。「**然後教令淨持五戒；南西北方，四維上下，亦復如是。**」生活安穩後，又教持五戒，讓所有東西南北，十方上下的眾生，都持守五戒，如果大家都持守五戒不做壞事，這個世界就會成為淨土的世界，成為和平的世界。

法慧菩薩問：這個人的功德是不是很大啊？

天帝釋回答：「**此人功德，唯佛能知；其餘一切，無能量者。**」此人功德只有佛能夠知道，其他人都不知道他的功德有多大，因為實在超過我現在能做的善事了。

法慧菩薩說，此人的功德，比起菩薩初發心的功德，百分不及一，乃至於優婆尼沙陀分亦不及一。法慧菩薩用這樣的譬喻，來突顯菩薩初發心的功德。

以法略示初發心功德

十一種譬喻是讓大眾知道，初發心真的是不可思議，但是如何不可思議呢？可以從法上來了解初發心的不可思議。

發是心已，能知前際一切諸佛始成正覺及般涅槃，能信後際一切諸佛所有善根，能知現在一切諸佛所有智慧。

發了菩提心，就能夠知道過去佛的努力，乃至於知道未來所有的眾生，都能夠成就佛道的善根，也知道現在佛的智慧，是值得學習的。因此發了菩提心之後，菩薩**能信、能受、能修、能得、能知、能證、能成就，能與諸佛平等一性**。

《綱要》講，菩薩能信、能受、能修、能得、能知、能證、能成就，對應十信、十住、十行、十迴向、十地、等覺、妙覺的修行歷程。由此可知，初發心之後，就能夠圓滿這所有的功德。為什麼？

此菩薩為不斷一切如來種性故發心；為充遍一切世界故發心；為度脫一切世界眾生故發心；為悉知一切世界成壞故發心；為悉知一切眾生垢淨故發心…

因為菩薩一旦發心，就在心裡種下一個如來種，如來種性便不會斷絕，佛法便能繼續流通，因此，修行首先要確定自己的動機是正確的。

以發心故，常為三世一切諸佛之所憶念，當得三世一切諸佛無上菩提，即為三世一切諸佛與其妙法，即與三世一切諸佛體性平等；已修三世一切諸佛助道之法；成就三世一切諸佛力無所畏；莊嚴三世一切諸佛不共佛法，悉得法界一切諸佛說法智慧。

由此可知，純正的發心，就能夠得到三世諸佛的護念，一定可以成就佛的無上菩提。

初發心即成正覺

為什麼？這句話非常重要，「**以是發心，當得佛故**」此即《華嚴經》裡面，最重要的觀念：**初發心即成正覺**。有了正確的發心，「**應知此人，即與三世諸佛同等…**」與佛的智慧平等，與佛的功德平等，與佛的無量發心平等。

發心之後，有什麼好處？

纔發心時，即爲十方一切諸佛所共稱歎；即能說法教化調伏一切世界所有眾生；即能震動一切世界；即能光照一切世界；即能息滅一切世界諸惡道苦；即能嚴淨一切國土…

發心後，就可以弘揚佛法，可以度化眾生。也許有人會問：一個人才剛發心，只是個「初學者」，哪稱得上「即能說法，教化調伏一切世界所有眾生？」此處指出，即使自己的煩惱尚未完全斷除，經驗不足，修行也不夠圓滿，但是這個發心是不可思議的。

此初發心菩薩，不於三世少有所得…若出世間，若出世間法…唯求一切智，於諸法界，心無所著。

大眾只要能夠真正發菩提心，唯求一切智，一切的諸佛菩薩就能夠現身來護念，在這一條路上，就會產生一個非常安全的效應。

真實發心・發心真實

剛開始修行時，總是戰戰兢兢，如臨深淵，如履薄冰，深怕自己做得不夠好，做得不夠圓滿會招罪過。在《華嚴經》裡，佛菩薩告訴大眾，只要問自己是否真實發心，如果是真實發心，儘管放心，因為家教很多，諸佛菩薩都在看護你，所以不用害怕自己會犯錯，應該要害怕的是自己的發心及動機是錯誤不純正的，因此，只管問自己，是否真實發菩提心？這是在初發心功德品裡的重點。

「修行不發菩提心，猶如耕田不下種。」聽聞初發心功德品，知道能發菩提心的自己很了不起，相信自己，一定可以成就無上正等正覺的功德。

卷18 明法品

心

住菩提集眾福　常不放逸植堅慧
正念其意恆不忘　十方諸佛皆歡喜

明法品

引言：以智慧明法

十信位始，為「菩薩問明品」，問明的「明」代表智慧。此卷「明法品」的「明」也是智慧之意，即以智慧來明白一切的法。

明法品的定位：十住法門勝進趣後

〈明法品〉，是十住法門中，指導菩薩修練以晉升到十行位的一品。經過〈十住品〉(位)、〈梵行品〉(行)、〈初發心功德品〉(德)的學習後，進一步要「勝進趣後」。

所謂的勝進趣後，就是為了下一個階段做殊勝的準備。前初發心功德品中，講述十住位所成就的功德。如果我們要讓這個功德增勝，應該要如何繼續精進修行的方法，這就是「勝進趣後」明法品所要表達的內容。

宗趣：教理行果為【宗】，為成後位及成勝德為【趣】。

〈明法品〉的宗趣，闡明「教、理、行、果」四種法，依著「教」而明白道理，依著道「理」而起行，依著「行」而成就「果」。目的是為了能夠成就後面勝進的功德。

問：初發求一切智心，於佛教中云何修習？

精進慧菩薩白法慧菩薩言：佛子，菩薩摩訶薩初發求一切智心，成就如是無量功德…。彼諸菩薩，於佛教中云何修習？

精進慧菩薩問法慧菩薩：在初發心功德品裡，已經知道初發心功德，勝過一切的功德，是世界上最大的功德。既然能夠成就無量的功德，應該要如何在佛的教法中修行呢？有沒有比較明確的指導？

精進慧菩薩再繼續問：如何修能夠達到十種目的？這十種目的，就是「**令諸如來皆生歡喜；入諸菩薩所住之處；一切大行皆得清淨；所有大願悉使滿足；獲諸菩薩廣大之藏；隨所應化常為說法，而恆不捨波羅蜜行；所念眾生咸令得度；紹三寶種，使不斷絕；善根方便，皆悉不虛。**」這十個目標就是我們修習所要圓滿的。「**彼諸菩薩以何方便，能令此法當得圓滿？**」

法慧菩薩告訴精進慧菩薩說：「你今天問的問題，正好符合大眾的疑問，能夠這樣問，就表示願意一步一步依此目標，完成這個階段的任務。」後面的經文中，法慧菩薩便依著這十個目標解答。

以下，舉其中的兩個目標論述之。

十法之首：令諸如來皆生歡喜

第一個目標「令諸如來皆生歡喜」。

我們的老師是如來，要怎麼做才是一個好學生，讓佛陀生歡喜心？這種取悅老師的想法，和世俗人認為，讀書的目的是討老師歡心，就能夠得到好成績，似乎很相似？

當然並非如此。因為佛陀的內心，希望所有的眾生皆能成就圓滿的功德，成為像佛陀一樣圓滿的覺者，因此，欲令如來歡喜的方法，就是讓自己成佛，以「眾生歡喜，諸佛歡喜」為標的，並非刻意取悅佛陀。

身為佛弟子的第一個目標：令如來皆生歡喜。不是因為如來想要歡喜，而是佛弟子想要成就如來圓滿的果德。

這個問題非常重要，菩薩摩訶薩要如何讓如來心生歡喜？接下來，就開始談到這些步驟。

菩薩摩訶薩已發一切智心，應離癡暗，精勤守護，無令放逸。

要離開一切的癡暗顛倒，守護自己發菩提心的幼苗。

如何發菩提心，才不會讓幼苗胎死腹中呢？就要修「不放逸行」。

要如何才能修不放逸行呢？

有十種方法，可以使行者安住在不放逸行：

一者，護持眾戒。
二者，遠離愚癡，淨菩提心。
三者，心樂質直，離諸諂誑。
四者，勤修善根，無有退轉。

五者，恆善思惟，自所發心。
六者，不樂親近在家出家一切凡夫。
七者，修諸善業，而不願求世間果報。
八者，永離二乘，行菩薩道。
九者，樂修眾善，令不斷絕。
十者，恆善觀察自相續力。

如果能夠依著這十法而行，即為「不放逸行」，則能成就十種清淨。哪十種清淨？

一者，如說而行。
二者，念智成就。
三者，住於深定，不沉不舉。
四者，樂求佛法，無有懈息。
五者，隨所聞法，如理觀察，具足出生巧妙智慧。
六者，入深禪定，得佛神通。
七者，其心平等，無有高下。
八者，於諸眾生上、中、下類，心無障礙，猶如大地，等作利益。
九者，若見眾生，乃至一發菩提之心，尊重承事，猶如和尚。
十者，於授戒和尚及阿闍梨、一切菩薩、諸善知識、法師之所，常生尊重，承事供養。

這十種功德成就，就叫做「住不放逸行」的十種清淨。

菩薩摩訶薩住不放逸行後，就能夠「於甚深法，能勤修習。」在甚深法當中精進修行，能夠深入所有的法藏，「入無諍門，增廣大心；佛法無邊，能順了知，令諸如來皆悉

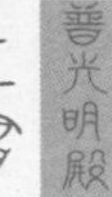

歡喜。」能夠明白無邊的佛法，最後成就令諸如來皆悉歡喜的目標。

十法之九：紹三寶種使不斷絕

此處特舉令大眾生起使命感的第九個目標，叫做「紹三寶種使不斷絕」。

要如何讓佛法僧三寶不斷絕？

菩薩摩訶薩教諸眾生發菩提心，是故能令佛種不斷；常為眾生開闡法藏，是故能令法種不斷；善持教法無所乖違，是故能令僧種不斷。復次，悉能稱讚一切大願，是故能令佛種不斷；分別演說因緣之門，是故能令法種不斷；常勤修習六和敬法，是故能令僧種不斷。復次，於眾生田中，下佛種子，是故能令佛種不斷；護持正法，不惜身命，是故能令法種不斷；統理大眾，無有疲倦，是故能令僧種不斷。

依照法慧菩薩說的內容、方法，用心去做，就能夠令佛法僧三寶永不斷絕。

最後法慧菩薩做了一個總結，「**於去、來、今佛所說之法，所制之戒，皆悉奉持，心不捨離，是故能令佛、法、僧種，永不斷絕。**」所以每天受持佛陀的教法，受持佛陀的戒法，依教奉行，依著這個華嚴教法來修行，時時不捨離所受持及聽聞的佛法，就能夠讓佛法僧三寶種永不斷絕。

這是非常非常重要的，尤其在這佛法沒落的時代，身為佛弟子，就應該要更精進、更用功，謹遵佛教。

第三會總結

〈十住品〉，確定發了菩提心，接下來修清淨梵行，逐步建立了修行，乃至於成就初發心的功德，明白初發心多麼稀有難得，多麼的珍貴。〈明法品〉中，為了要有更增進的道業，明列了十大目標，作為修行的德目。

波騰行海

雲布慈門

夜摩天上眾雲臻

圍繞法王尊

花雨繽紛

一會儼然存

會主／　功德林菩薩
法門／　十行

華嚴四會

地點／　夜摩天宮

卷19－卷21

卷19

升夜摩天宮品

夜摩宮中偈讚品

卷20

十行品

若人欲了知　三世一切佛
應觀法界性　一切唯心造

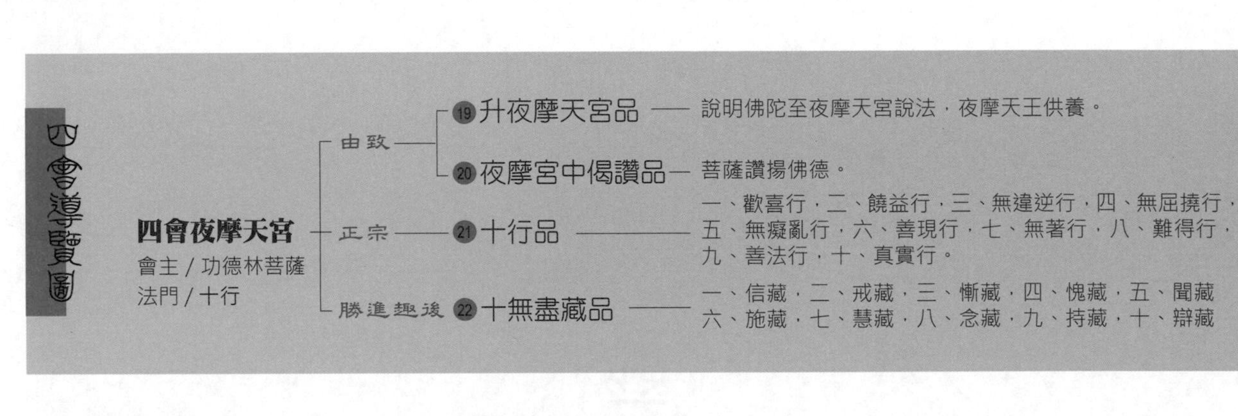

升夜摩天宮品

引言

華嚴第四會，開會的地點是在夜摩天宮，會主是功德林菩薩，主題是談十行等法門。

夜摩天在忉利天的上方，當福報愈提升且心念愈清淨時，天的層級隨之向上。「夜摩」之意為「時時唱快樂」，喜歡唱歌的人，可以發願來這一層天。

佛陀來到了夜摩天，夜摩天王準備迎接佛陀。

夜摩天王與忉利天王迎供如來陣仗較量

本品可與前會升須彌山頂品中，佛陀到忉利天宮，天王迎請的情境流程相較如後：

	升須彌山頂品	夜摩天品
如來不離而升	爾時，如來威神力故，十方一切世界，一一四天下閻浮提中，悉見如來坐於樹下，各有菩薩承佛神力而演說法，靡不自謂恆對於佛。 爾時，世尊不離一切菩提樹下，而上升須彌，向帝釋殿。	爾時，如來威神力故，十方一切世界，一一四天下南閻浮提，及須彌頂上，皆見如來處於眾會。彼諸菩薩，悉以佛神力故而演說法，莫不自謂恆對於佛。 爾時，世尊不離一切菩提樹下，及須彌山頂，而向於彼夜摩天宮寶莊嚴殿。

表 19-20-1 如來不離而升

佛陀上升夜摩天宮時，佛陀的化身既不離菩提樹下，也不離須彌山頂的法座。佛陀雖然來到夜摩天宮，可是，前三會的菩薩們還是看見佛陀在原來的地方繼續說法，這是佛陀分身

	升須彌山頂品	夜摩天品
天王各嚴殿座	時，天帝釋在妙勝殿前，遙見佛來，即以神力莊嚴此殿，置普光明藏師子之座。其座悉以妙寶所成： 十千層級迴極莊嚴， 十千金網彌覆其上， 十千種帳、十千種蓋周迴間列， 十千繒綺以為垂帶， 十千珠瓔周遍交絡，…	時，夜摩天王遙見佛來，即以神力，於其殿內，化作寶蓮華藏師子之座，百萬層級以為莊嚴， 百萬金網以為交絡， 百萬華帳、百萬鬘帳、百萬香帳、百萬寶帳，彌覆其上。華蓋、鬘蓋、香蓋、寶蓋，各亦百萬，周迴布列。百萬光明而為照耀； 百萬夜摩天王恭敬頂禮；…

表 19-20-2 天王各嚴殿座

千百億的不可思議。

夜摩天王見到佛陀來到了夜摩天，準備了很多的供品。

和前面升須彌山頂品相比，忉利天王的莊嚴供養層級為十千，夜摩天王的供養層級為百萬。迎接供養層級從萬提升到百萬，不是倍數增長，而是以百倍升級。

「百億華嚴入玄門，百萬菩薩契法身」願行的起點

原來要參加夜摩天宮此盛會，基本門檻為百萬，表示發心要有百萬。所以我們這一生，在這一顆地球上面，至少要發百萬的願力，成就華嚴世界。

因此我們發願推動「百萬菩薩契法身」，期望大眾能夠發心，成為百萬菩薩行列中的一員，我們就可以到夜摩天宮去參加這一場法會。

夜摩天天王迎接佛陀至夜摩天宮，頂禮佛陀後，讚歎佛陀，請佛說法：「**善來世尊，善來善逝，善來如來、應正等覺，唯願哀愍，處此宮殿。**」希望佛陀來這個地方弘法，因此佛陀受請入殿。

名稱如來聞十方，諸吉祥中最無上，彼曾入此摩尼殿，是故此處最吉祥。

天王也向佛陀介紹自己的天宮中，過去曾經有名稱如來、寶王如來、喜目如來、然燈如來等來此說法，因而此處非常吉祥。凡是諸佛如來所到之處、住錫之處都是吉祥寶地。

夜摩宮中偈讚品

十林菩薩偈讚說十行法門

夜摩宮中偈讚品依照之前集會往例，由「集眾」、「放光」、「偈讚」三部份組成。

由於這一品，要討論新的議題，佛陀再度號召菩薩來集會，其中以功德林菩薩為上首的十方菩薩來到了會場。此次的會主是功德林菩薩，譬喻此會談論的議題如樹林一般，教導大眾如何種植功德叢林，能夠成就如森林般生機盎然的無數功德。

接下來佛陀放光，讓大眾明白此品，乃是智慧顯現無限光明之品。

第三部份為十林菩薩的偈讚，首先由功德林菩薩讚歎佛陀。而十偈讚中的「覺林菩薩偈」，則是出現在地藏菩薩本願功德經與佛門暮時課誦蒙山施食中的千古名偈：

「譬如工畫師，分布諸彩色，虛妄取異相，大種無差別。大種中無色，色中無大種，亦不離大種，而有色可得。心中無彩畫，彩畫中無心，然不離於心，有彩畫可得。…。若人欲了知，三世一切佛，應觀法界性，一切唯心造。」

這則千古名偈指引大眾了解，世間一切都是唯心所造。既然是唯心所造，就要好好善用這一念心。

十行品

從十信、十住到現在的十行，建立了具體而明確的體系與次第，讓大眾明白如何修行菩薩道，所以功德林菩薩在十行品中，清楚指示每一行的修行項目。

爾時，功德林菩薩承佛神力，入菩薩善思惟三昧。

善思惟三昧，在十行品扮演非常重要的角色，功德林菩薩在此定當中，得到了諸佛的加持，讚歎和肯定。

功德林菩薩從定而起，告訴大眾：「**菩薩行不可思議，與法界虛空界等。何以故？菩薩摩訶薩學三世諸佛而修行故。**」行菩薩道不可思議，其行的效益與法界虛空是等量的，因為菩薩的學習，是以三世諸佛為典範，而三世諸佛依此十為行持：

第一、歡喜行，第二、饒益行，第三、無違逆行，第四、無屈撓行，第五、無癡亂行，第六、善現行，第七、無著行，第八、難得行，第九、善法行，第十、真實行。

此十行，依布施、持戒、忍辱、精進、禪定、般若、方便、願、力、智，至十波羅蜜而立。

一、歡喜行：以不堅固身換堅固法身的布施法

依「解」而起「行」的首要之務，就是心生歡喜。如何可以歡喜呢？

此菩薩為大施主。

首先，菩薩要發願成為大施主，不是大財主，也不是大員外，而是大施主。為了廣度世間一切眾生，從布施著手，自己發心行布施，服務一切眾生。

歡喜行的基本心態

凡所有物悉能惠施。其心平等，無有悔吝，不望果報，不求名稱，不貪利養；但為救護一切眾生，攝受一切眾生，饒益一切眾生…

什麼樣子的人能當大施主呢？就是心量寬廣之人。所有的財物都能夠惠施，而且不望果報，不求名稱，不貪利養，只是為了救護一切眾生，利益一切眾生。此即普度眾生的心。

為什麼要普度眾生呢？因為佛都是這樣子做的。「**為學習諸佛本所修行**」，大眾跟著佛陀的腳步，學習佛陀過去的修行，過去的思惟，過去的願力，這是歡喜行的基本心態。

菩薩修歡喜行的時候，令眾生歡喜。每一個人都喜歡成為一個能夠布施別人，給人快樂的人，同時眾生也喜歡能給自己快樂的人。

隨願受生，為大施主

心生歡喜並開始行布施時，就會隨著願力到最需要你的地方。菩薩摩訶薩發了這個願，「**隨諸方土有貧乏處，以願力故，往生於彼，豪貴大富，財寶無盡。**」如果想要成為世界上最有錢的人，就要發願：我要做大施主，就會成為豪貴大富，財寶無盡，否則所擁有的財產很容易轉眼即逝，有時候還會帶來很多的煩惱。

我們所擁有的財產，無論內財、外財，為了行布施，都可以拿出來供養一切大眾。

考題：眾生予取予求，得寸進尺

菩薩修歡喜行之時，會有無量的考驗出現，以驗證菩薩發心是真誠的？還是虛假的？是否只是口說空言？還是真的做得到？

仁者，我等貧乏，靡所資贍，饑羸困苦，命將不全。惟願慈哀，施我身肉，令我得食，以活其命。

假使有無量眾生來菩薩面前說：菩薩我什麼都沒有，你什麼都有，可不可以給我需要的？

菩薩回答：「可以。請問你需要什麼？」他說：「我要你的肉，我要你的血。」

錢財、力氣和時間，一般人隨力隨份願意布施；但如果索求之物是唯一僅有的這一具身體，這雙眼睛，這顆頭，這條命，你還願不願意給？當菩薩遇到眾生前來索取他唯一的擁有時，該怎麼回答？此時，菩薩就要入善思惟三昧，才能正確思惟此事。

布施的心態很關鍵，問題不在於能不能給，而是願不願意給。

內財、外財布施

爾時，菩薩即便施之，令其歡喜，心得滿足。如是無量百千眾生而來乞求，菩薩於彼，曾無退怯，但更增長慈悲之心。

菩薩願意布施，而且目的是為了要令這個眾生起歡喜心。但是，如果一眾生得到菩薩的布施後，食髓知味，接下來，通知無量無邊的眾生來，一個或許可以滿足之，十個可不可以滿足呢？無量百千眾生來乞求的時候，能不能夠滿足呢？此時菩薩是否會心生退卻？「你得寸進尺，爬到我頭上太過份，請你適可而止？」不會的，菩薩的回答永遠都是：「沒有問題！」只有更增長慈悲之念。

以是眾生咸來乞求，菩薩見之，倍復歡喜，作如是念：我得善利，此等眾生是我福田，是我善友，不求不請而來教我入佛法中。我今應當如是修學，不違一切眾生之心。

看見如此多眾生都來乞求，菩薩加倍歡喜。心想：這些眾生是我的福田、善知識，不用求，不用請，主動前來成就我行布施波羅蜜，讓我成就佛法。反之，如果沒有以歡喜心，來面對一切的祈求，我們所起的就會是慳貪的心，煩惱的心。因此菩薩教我們，「眾生歡喜，諸佛歡喜。」大眾要用歡喜的心，去面對一切的考驗，這就是菩薩的心態。

以此善根，願得阿耨多羅三藐三菩提，證大涅槃；願諸眾生食我肉者，亦得阿耨多羅三藐三菩提。

菩薩不僅心生歡喜，還要發願：第一，我自己因為修了布施之行，成就阿耨多羅三藐三菩提，現在修了這個行，不求人間的果報，只願速速成佛，證得大涅槃。第二，希望一切來乞求我者，也能夠早日成佛，不管是布施的，或是接受布施的，都能夠早日成佛。

菩薩如是利益眾生，而無我想、眾生想、有想、命想、種種想、…

有這樣子的想法，又不沾沾自喜、自以為是，覺得自己是多麼了不起，多麼偉大。菩薩不但利益眾生，而且沒有我想、眾生想、命想等等一切的執著。

法布施

爾時，菩薩觀去來今一切眾生所受之身，尋即壞滅，便作是念：奇哉眾生，愚癡無智，

於生死內，受無數身，危脆不停，速歸壞滅。若已壞滅，若今壞滅，若當壞滅，而不能以不堅固身，求堅固身。

菩薩思惟，為什麼一切的眾生要布施？眾生愚癡無有智慧，並不知道布施才會成就大功德。有很多人害怕成為大施主，覺得對自己是很大的損失，但是菩薩不這樣想，菩薩思惟，透過布施的修習，可以把不堅固的色身轉成堅固的法身，這是最划算的交換。

我當盡學諸佛所學，證一切智，知一切法，為諸眾生說三世平等，隨順寂靜不壞法性，令其永得安隱快樂。

因此菩薩要學習一切佛法，為眾生解說這個道理，否則眾生不知道布施真正的功德，終日捨不得會敗壞的生死肉身，並為之造業，招感許多的煩惱而受苦。

菩薩摩訶薩的歡喜行中，做了兩個非常重要的工作：第一是內財、外財的財布施；第二是學習一切佛法，為眾生法布施，讓眾生知道布施的殊勝，這是歡喜行中非常重要的發心，以及修行的內容。

二、饒益行：護持淨戒、堅持淨戒，饒益有情

此菩薩護持淨戒，於色聲香味觸，心無所著，…不求威勢，不求種族，不求富饒，不求色相，不求王位，如是一切，皆無所著。但堅持淨戒，…

一般人不受持淨戒，原因大約有二：一、是覺得戒是束縛，妨礙自身的自由；二、則害怕受戒後不能持守，犯戒會招罪過受罰。凡此種種，皆因不明戒之真義所致。實則「戒」為別解脫之義，堅持淨戒，將遠離過失，得大饒益。

菩薩為什麼要持戒？因為菩薩有智慧，了達萬法本空之理，於「一切法」皆無所著，而堅守清淨自心，不受五欲六塵等境界的誘惑。

假使無數百千億那由他諸大惡魔，詣菩薩所，一一各將無量無數百千億那由他天女，皆於五欲善行方便，端正姝麗，傾惑人心，執持種種珍玩之具，欲來惑亂菩薩道意。

惡魔要破壞菩薩的道行，並不是威脅恐嚇，而是投其所好，以世人最喜歡的五欲歡樂，企圖動搖惑亂菩薩。菩薩面臨此等大考驗時，將如何思惟？

爾時，菩薩作如是念；此五欲者，是障道法，乃至障礙無上菩提。是故不生一念欲想，…菩薩不以欲因緣故，惱一眾生；寧捨身命，而終不作惱眾生事。

菩薩深察五欲是障道之法，寧捨身命而絕對不做出傷害眾生之事，不自害、不害他，也不兩害，就是讓眾生得大饒益的行為。

爾時，菩薩但作是念：…我今應當令此諸魔，…，及諸天女、一切眾生，住無上戒。住淨戒已，於一切智，心無退轉，得阿耨多羅三藐三菩提，乃至入於無餘涅槃。何以故？此是我等所應作業，應隨諸佛如是修學。

不僅如此，菩薩更發願度化企圖障礙他的惡魔，以及惑亂行者的魔女們，讓他們也能發心持清淨戒，進而成就無上菩提。使所有有緣眾生都發心持戒，遠離煩惱垢染，究竟涅槃，這是菩薩堅持淨戒的結果，自利、利他，普皆饒益。

三、無違逆行：遭逢逆境的思惟法

此菩薩常修忍法，謙下恭敬：…菩薩成就如是忍法。假使有百千億那由他阿僧祇眾生，

來至其所，一一眾生化作百千億那由他阿僧祇口，一一口出百千億那由他阿僧祇語。所謂不可喜語、非善法語、不悅意語、…

無違逆行修習忍辱波羅蜜，所謂的忍辱，就是遇到任何的境界，都要能夠安忍於心。

舉例而言，假使有百千億眾生，以無數的口中說出了無數的不悅意語，而且罵得不堪入耳，以種種刻薄尖酸，乃至於可惡的言詞，來傷害、攻擊、毀謗的時候，菩薩要怎麼樣？一般人可能無法忍受，會說：「走，我們上法院！」但是菩薩因為想得很清楚，懂得思惟，就不會跟眾生一般見識，反應也與眾不同。

菩薩遭此極大楚毒，身毛皆豎，命將欲斷，作是念言：我因是苦，心若動亂，則自不調伏，自不守護，自不明了，自不修習，自不正定，自不寂靜，自不愛惜，自生執著，何能令他心得清淨？

菩薩遭受如此非常大的痛苦時，會如是思考：

第一，如果因為這個苦，心裡面產生了動搖，而不願意繼續修菩薩行，如何能夠說服，乃至於影響過去發願要度化的一切眾生呢？自己都沒有辦法過這一關，如何能夠幫一切大眾修行，讓心得清淨呢？

菩薩爾時復作是念：我從無始劫，住於生死，受諸苦惱。如是思惟，重自勸勵，令心清淨而得歡喜；善自調攝，自能安住於佛法中，亦令眾生同得此法。

第二，無始以來，總是重覆蒙受如此的痛苦，永遠都在境界現前的時候退道心，乃至於修行失敗，已經失敗無數次了，現在一定要用佛法來幫助自己，讓自己的心清淨，而且歡喜。讓跟我一起修行的一切眾生，也能夠感受到佛法的殊勝。

此身空寂，無我我所，無有真實，性空無二；若苦若樂，皆無所有。諸法空故，我當解了，廣為人說，令諸眾生滅除此見。

第三，菩薩思惟，這個身本來就沒有我，平常修觀身無我，觀心無我，既然無我，那麼是誰在接受這些痛苦呢？又是誰在被傷害？有了這樣子的觀行之後，就可以忍受這些境界。

是故，我今雖遭苦毒，應當忍受，為慈念眾生故，…攝受眾生故，不捨眾生故；…

第四，傷害我的眾生，就是因為愚癡，不明白因果的道理，所以不要跟他計較，而且還要能夠攝受他，讓他覺悟。這點是最厲害的，不但不恨傷害自己的眾生，反更生起大慈悲心。

菩薩在面對境界，就是用這幾種心態，來面對所有違逆的境界，這就是無違逆行。

四、無屈撓行：願代眾生受無量苦

此菩薩修諸精進

所謂的無屈撓，就是不屈不撓，沒有任何事情，沒有任何人會阻撓菩薩的發心。無屈撓行的菩薩修精進，有種種的精進，心就遠離三毒。

菩薩成就如此精進的時候，遇到的境界就更加匪夷所思，怎麼說呢？

答言：我能！設有人言：汝頗能為無數世界所有眾生，以一一眾生故，於阿鼻地獄經無數劫，備受眾苦，令彼眾生，一一得值無數諸佛出興於世，以見佛故，具受眾樂，乃至入於無餘涅槃，汝乃當成阿耨多羅三藐三菩提。能爾不耶？

假設地獄的眾生要求和菩薩交換，因為在阿鼻地獄非常痛苦，無法聽聞佛法，可是要離開地獄，必須要有人來代替，你願不願意代替眾生來地獄受苦？使其得以聽聞佛法，成就無

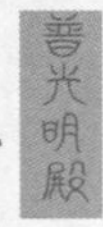

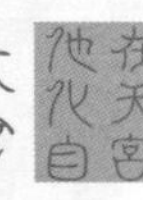

量歡喜？交換結果就是菩薩可以成佛，你願意嗎？菩薩會說：「我可以的，我能！」

菩薩為了要讓眾生入無餘涅槃，所以願意代眾生受苦，甚至到地獄去，也在所不惜。

有的人看到這裡會心生懼怕，覺得行菩薩道真可怕，還要自己往地獄去，地獄無門我自闖。要知道，如果沒有地藏王菩薩，地獄眾生就真的永無出期，但誰願意當地藏王菩薩呢？當然就是最有能力，願力最大的菩薩，因此地藏王菩薩稱為「大願地藏王菩薩」。事實上，到了地獄，地藏王菩薩也不是去受苦的，而是去救眾生的，雖然身處在地獄，但並不是在地獄受報。

五、無癡亂行：善解世間法、能持出世法

第五，無癡亂行。顧名思義，「癡」而有「亂」，亂因癡起。因此，修習禪定可以遠離癡與亂，故稱「離癡亂行」。

此菩薩成就正念：心無散亂，堅固不動，最上清淨，廣大無量，無有迷惑。

所謂「依戒生定，因定發慧」，有了正念後，心中離癡，智慧開啟。如何知道自己是否開智慧？

以是正念故，善解世間一切語言，能持出世諸法言說。…菩薩聽聞如是法已，經阿僧祇劫，不忘不失，心常憶念，無有間斷。

對世間語言能夠「善解」，善於理解；對出世間的法「能持」，聽佛法不但體解，而且不忘不失，心常憶念。「善解」離癡，「能持」是因為離「亂」。便是離癡亂行。

六、善現行

第六善現行和般若相應。因為此階段的「**菩薩身業清淨、語業清淨、意業清淨，**」而且達到了智慧現前。

菩薩如是解一切法皆悉甚深，一切世間皆悉寂靜，一切佛法無所增益。佛法不異世間法，世間法不異佛法，佛法世間法無有雜亂，亦無差別，…

有了般若的觀念，知道一切法空，一切世間不可執著。因過去修行是從世間，建立了一個遠離的態度，不要染著的態度，但其實這些染污跟不染污，都是因自己的分別心而建立的觀念。

因此以智慧如實的觀察一切法，菩薩就能夠了解，佛法不離世間法，世間法也不異於佛法，既然佛法不異世間法，世間法不異佛法，菩薩進入這個世間就沒有困難，所以在這世間的因緣中，菩薩就能夠借假修真。

這個時候，菩薩就會建立一個非常重要的度眾生的態度，菩薩會想，「**我不成熟眾生，誰當成熟？我不調伏眾生，誰當調伏？我不教化眾生，誰當教化？我不覺悟眾生，誰當覺悟？我不清淨眾生，誰當清淨？此我所宜，我所應作。**」這個捨我其誰的觀念，是菩薩能夠在娑婆世界，在五濁惡世中，勇猛無畏度眾生的基本態度。

如果菩薩沒有智慧，看到這個世間的五濁，眾生剛強難調，一定會發起一種遠離的心，不要跟眾生在一起。

前面「明法品」時，菩薩修不放逸行，不與世間、出世間的凡夫眾生為友，是遠離眾生的

態度。但是從第六善現行開始，菩薩的態度開始有了轉變，到最後第十行的時候，會發現菩薩不但與凡夫為友，還主動成為眾生的不請之友。

這個地方是一個關鍵，因為菩薩有智慧，知道世間法不異佛法，佛法不異世間法，因此度眾生的時候，非常清楚知道，自己不是因為執著。

若我自解此甚深法，唯我一人於阿耨多羅三藐三菩提獨得解脫，而諸眾生盲冥無目，入大險道，爲諸煩惱之所纏縛。如重病人恒受苦痛，…
菩薩如是觀諸眾生，作是念言：若此眾生未成熟、未調伏，捨而取證阿耨多羅三藐三菩提，是所不應。我當先化眾生，於不可說不可說劫行菩薩行。未成熟者，先令成熟；未調伏者，先令調伏。

菩薩思惟：自己已了解殊勝的佛法而能證得無上菩提，獲得解脫。但是，世界上還有諸多眾生仍受煩惱纏縛，深陷痛苦無明當中，那麼捨棄眾生，自己去證得阿耨多羅三藐三菩提，這不是菩薩應有的態度。

經過如此思惟觀察後，菩薩決定「當先化眾生」，要先進入凡塵俗世來度眾生，這是非常重要的心態。如果沒有經過智慧思惟觀察，僅憑著一時的衝動與熱誠來度化眾生，一旦在度化的過程當中產生了種種障礙，則會退失菩提道心。

這是菩薩摩訶薩，在第六善現行的時候所產生的轉變。

七、無著行：善開方便門而無所著

第七無著行。既然有了這種智慧，要如何來度眾生？

此菩薩以無著心，於念念中，能入阿僧祇世界，嚴淨阿僧祇世界，於諸世界心無所著。…見佛聞法，及見菩薩眾會莊嚴，皆無所著；見不淨世界，亦無憎惡。

在第七個階段，就要以無著心，不執著的心，而在世間建立六度萬行，以無著心來供養佛法，以無著心來行菩薩道，乃至於以無著心來廣度一切眾生，見到了清淨的世界，而不產生染著，見到不淨的世界，也不產生憎惡。

無著心在度化眾生的過程當中，可以保護自己，使自身在度眾生時，能夠一直猶如蓮花不著水的自在心。

得受記已，作如是念：凡夫愚癡，無知無見，無信無解，無聰敏行，頑嚚貪著，流轉生死。不求見佛，不隨明導，不信調御，迷誤失錯，入於險道。…

菩薩如是觀諸眾生，增長大悲，生諸善根，而無所著。

菩薩爾時復作是念：我當為一眾生，於十方世界一一國土，經不可說不可說劫，教化成熟；…終不以此而生疲厭，捨而餘去。

無著行的菩薩，對淨法、染法都不執取時，是否落入「不執著」的陷阱裡。對眾生的愚癡、煩惱、痛苦等等，也會因「不執著」而坐視不理？當然不是。

菩薩的無著行，是對眾生染污有無限的包容，進而觀察眾生的痛苦、無明後，反而增長大悲心，增長後，為度化眾生，而產生各式各樣的教化方便。此即第七無著行所修習的方便波羅蜜。

不令其心有動有退，亦不一念生染著想。何以故？得無所著、無所依故，自利利他，清淨滿足。

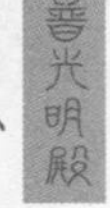

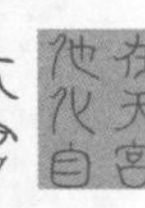

方便波羅蜜，是為了要廣度一切眾生，而建立種種六度萬行的接引方便。而「無著」，則是度了眾生卻不著眾生之相，修一切法而不著一切法相，自利利他，清淨滿足，這是第七的無著行。

八、難得行

第八難得行，菩薩摩訶薩在難得行中，建立起大願心。

此菩薩成就難得善根、難伏善根、…於念念中能轉阿僧祇劫生死，而不捨菩薩大願。…此菩薩雖了眾生非有，而不捨一切眾生界。

菩薩成就難得善根，能夠在生死當中，不捨離菩薩的大願。大願是：凡是有任何一個眾生能夠度化，菩薩就會對於這些眾生，有不捨疲厭以度化的願力。

但是為什麼要度眾生？到底要去哪裡度眾生？是要去易度眾生的地方度眾？還是要去難調難伏的地方度眾？

設有知恩、聰明慧解，及善知識充滿世間，我不於中修菩薩行。

菩薩很奇怪，大家都喜歡親近善知識，都喜歡去淨土，但是第八難得行的菩薩，心念恰恰和一般人是相反的。菩薩認為淨土不是行菩薩行的地方，為了一切的眾生，就是要度不懂事的眾生，而不是去跟喜歡修行的善知識在一起。

我於眾生無所適莫，無所冀望，乃至不求一縷一毫，及以一字讚美之言，盡未來劫修菩薩行，未曾一念自為於己；但欲度脫一切眾生，令其清淨，永得出離。

菩薩說：「我沒有執著眾生，也沒有排斥眾生，乃至於對一切的菩薩行，沒有任何的乞求，只是為了盡未來劫盡自己的本份，為了度脫一切眾生，從來沒有一念是為了自己。」

這階段的菩薩，難行能行，願意去沒有佛法的地方播種，而不是去淨土親近諸大善知識，所以「**於眾生中爲明導者，法應如是，不取不求。**」

九、善法行

到了第九善法行，這時候菩薩這種願心，要去沒有佛法的地方。怎麼來度眾生？一定要建立無礙的辯才。

此菩薩爲一切世間天、人、魔、梵、沙門、婆羅門、乾闥婆等，作清涼法池，攝持正法，不斷佛種，得清淨光明陀羅尼故，說法授記，辯才無盡；…以廣長舌，於一音中現無量音，應時說法，皆令歡喜。

所以菩薩發願，要成為一切天人的清涼法池，因此成就了四無礙辯與廣長舌相，於一音中現無量音，而應時說法皆令歡喜。應時說法就是隨類得解，不管是什麼語言，乃至於對佛法有不同的理解，不同的問難，菩薩都能夠一一回答，而且讓人得到了解脫，而不是越聽越迷糊，這個階段，菩薩的無礙辯才，就得以廣度一切眾生。

此菩薩摩訶薩成就十種身。所謂：入無邊法界非趣身，…

而且菩薩摩訶薩在第九行的時候，會成就十種身，這十種身可以分身千百億。為了度眾生而現身，現身的目的，是為了讓所有的眾生能夠建立正確的佛法知見，這是第九善法行。

十、真實行

此菩薩成就第一誠諦之語，如說能行，如行能說。此菩薩學三世諸佛真實語，…何以故？欲教化一切眾生悉令清淨故。

菩薩摩訶薩的真實行，已經如實而說，如行而說，這個真實就是三世諸佛的真實語。

菩薩所說的語言，跟佛陀所說的語言是沒有差別的，為什麼？因為安住在實相的境界中，為了教化一切眾生，菩薩是如語者，實語者，不誑語者，不異語者。我們常常說一個人很老實很可靠，說的話，大家非常相信，菩薩的真實行中，讓眾生能安心地依靠，依著指導而究竟得解脫。

此菩薩復生如是增上心：若我不令一切眾生住無上解脫道，而我先成阿耨多羅三藐三菩提者，則違我本願，是所不應。

是故要當先令一切眾生，得無上菩提、無餘涅槃，然後成佛。

菩薩在這個階段，可以廣度一切眾生，如果沒有成就一切眾生來成佛，而讓自己先成佛，那是違背本願，所以菩薩要先讓一切的眾生得無上菩提，最後才會成佛。

非眾生請我發心，我自為眾生作不請之友，欲先令一切眾生滿足善根，成一切智。

菩薩說：「不是眾生請我發心，是我自己主動成為眾生不請之友。」過去不要跟世間、出世間的凡夫為友，是因為剛剛開始修行，還不是很有信心，走路還不穩，進進退退，這時必須要親近善知識，抓著善知識的衣角，不要放棄，不要退心。到了真實行這個階段，菩薩已經能夠廣度眾生，就要回到娑婆世界，乃至回到最痛苦的地方，眾生就是因為不知道要親近三寶，所以才不學習佛法，因此，菩薩要主動成為眾生的不請之友。

有的人想，要做眾生的朋友，是不是該去火車站，去機場發名片？事實上並非如此。眾生在哪裡？就在你身邊，就在你的親朋好友當中。來到娑婆世界，隨著自己的年紀越長，所結的惡緣，所封鎖的朋友越來越多，那些就是菩薩要做不請之友的對象。

此菩薩現無量身，普入世間而無所依；於其身中，現一切剎、一切眾生、一切諸法、一切諸佛。

在此會發現有觀世音菩薩的影子在其中，原來觀世音菩薩是大家的不請之友，所以菩薩在哪裡？就在我們的身邊。世間是溫暖的，任何的角落，任何的地方都有菩薩，沒有佛法的地方，也因為有真實行的菩薩，遍佈在天地宇宙之間而開始佛法種子的播撒。現在禪院組成了修行的團隊，有百萬菩薩的共修團隊，希望禮請大眾，發心作眾生不請之友，就是在實踐第十真實行的菩薩行。

結語：十行為菩薩行的實踐要目

十行就是菩薩在教導我們，修十波羅蜜的時候，如何以正確的思惟，正確的心態，來修菩薩行，可說是菩薩行的實踐要目。

功德林菩薩在解說十行時，提出許多假設情境，這些都是菩薩在修行時可能會面臨的最嚴峻的考驗。藉此教導大眾，菩薩在面對境界，應以何等思惟、何種言行因應困境與挑戰，方能真正的落實菩薩摩訶薩的十行。

修行這一條路是不簡單的，但很值得一起同伴、同行，這十行法門，如果一時之間無法完全都做到，至少挑其中的一、兩行，來建立自己六度萬行的基礎，其中一行如果修的很圓滿，自然其它九個行的功德，就會圓滿，這是相通的。

卷21 十無盡藏品

一　念境界一切法無盡故　大願心無變異故

十無盡藏品

引言：十無盡寶藏

十無盡藏品，意指十種無盡的寶藏。此品介紹十法，每一法皆無盡。

十無盡品的特殊性

《綱要》：「依位起行故，同梵行品。勝進趣後，同上明法品。」

十無盡藏的地位非常特殊，既等同於前一會十住位之「梵行品」所代表的「行」，也等同於如「明法品」般的「勝進趣後」。為什麼？第三會裡，「十住品」之後要建立梵行，所以有「梵行品」；十無盡藏品，則是在第四會的「十行品」後，建立一個修行的德目，同樣是「依位起行」之品，因此等同於「梵行品」的地位。以便推進至下一個位次。

「勝進趣後」是指圓滿本會的十無盡藏品之後，便能晉升至下一會，可知對於之後的第五會而言，此品乃是使本會「十行品」的修練「勝進」，以「趣」向「後」會。十無盡藏品使十行品的修練「勝進趣後」，能讓自己的修行更純粹、更勝進，升級至第五會就如同第三會「十住品」後的「明法品」，趣後進到下一個位次。

因而，十無盡藏品在第四會的定位，既等同於「梵行品」的行，也等同於「明法品」的勝進趣後。

《綱要》：「十藏既為十行勝進，亦為迴向勝進，故迴向後無別勝進。」

十無盡藏品非常特別，既是第五會「十行位」的勝進，也是第六會「十迴向」的勝進，猶如考前衝刺班，準備晉升至下一級。此品橫跨二會，在十迴向品後就直接升級到十地。也就是說，修行的任何階段，無論是十行位或是十迴向位，都要讓修行更純粹、更進步，勝進的方法就是回到這十個法門來提升自我。

「藏」之意：蘊藏．出生

《綱要》：「藏有二義，約蘊攝義在十行後，約出生義在十地前。」

十無盡藏品的「藏」，有二意：第一，以含藏、蘊藏來解釋，十行之後有了這十無盡藏品，等於是把所有開枝散葉的修行，全部收攝在這十個法門裡，作為更純粹的蘊藏。

第二，出生之意，則為未來的十地做準備，依著十個無盡的法門，可以出生後面十地的功德。

宗趣：十藏為【宗】，攝前生後得果為【趣】。

十無盡藏品的目標就是學習這十個法門，十種寶藏是無盡的，如果能夠向內心尋寶，自性功德寶藏就開發不完，無窮無盡。十無盡藏品出現在這個階段的修行歷程中，其實是佛陀的慈悲，為了幫助大眾將所有修行都收攝在十個品項當中。

功德林菩薩告訴諸位菩薩說：

菩薩摩訶薩有十種藏，過去未來現在諸佛已說當說今說。何等為十？

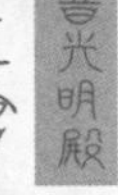

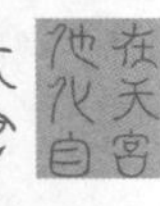
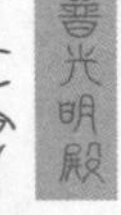

所謂信藏、戒藏、慚藏、愧藏、聞藏、施藏、慧藏、念藏、持藏、辯藏。是爲十。

這十個法門裡，前九個是自利，最後一個是利他。接下來，簡單來認識十無盡藏品的內容。

一信藏

何等爲菩薩摩訶薩信藏？此菩薩信一切法空，信一切法無相，信一切法無願，…

菩薩摩訶薩要信什麼？信一切法的真理，所謂空、無相、無願，乃至於無所著。

若菩薩能如是隨順一切法，生淨信已，聞諸佛法不可思議，心不怯弱；聞一切佛不可思議，心不怯弱；聞眾生界不可思議，心不怯弱；…

對法有如此正確而清淨的信仰後，建立修行的信心，在這條路上就會產生一種力量，也就是由信根而產生信力。無論聽聞佛法不可思議，聽聞諸佛不可思議，聽聞眾生界不可思議等等，心都不會感到怯弱。這條路上，信心很重要，否則一聽到菩提路遙，成佛要三大阿僧祇劫，就先被嚇暈，心生怯弱。

此菩薩於諸佛所，一向堅信，知佛智慧無邊無盡…。此菩薩入佛智慧，成就無邊無盡信。

如今對法有信心，雖然這一條路很長，但是已經有諸佛菩薩這些前輩引領著前路，所以我們就有信心。萬事起頭難，雖然可能剛起步，一時之間看不到終點，但是諸佛菩薩已經在前面走給大眾看了，相信以佛的智慧，既然他們能成功，那麼我們就要相信自己也能成功。

菩薩能建立信心，是因為一向堅信佛陀，知道佛的智慧無量無邊，也知道菩薩只要進入佛的智慧，就能夠成就跟佛一樣無量無邊的智慧，這個就是對佛的信心。

得此信已，心不退轉，心不雜亂、不可破壞、無所染著；常有根本，隨順聖人，住如來家。

有了信心後，隨時都安住在自己的心當中，順著佛陀的教法，順著聖人的教法，安住在如來之家。

菩薩住此信藏，則能聞持一切佛法，為眾生說，皆令開悟。

《大乘起信論》裡講到信，有四個對象：第一是相信自己的真如自性，第二是信佛，第三是信法，第四是信僧；有了這四種信，就能夠受持一切佛法。

透過受持信藏，就能開始受持所有的佛法，對佛法有信心，對自己的修行有信心。聽到了這些佛法，也能夠有信心為眾生來解說，產生影響力，這是菩薩摩訶薩的信藏。佛法的根本，就是以信為根本。

二戒藏

第二個戒藏，所謂的戒，就是菩薩成就「**普饒益戒、不受戒、不住戒、無悔恨戒、無違諍戒、不損惱戒、無雜穢戒、無貪求戒、無過失戒、無毀犯戒。**」戒，存在的目的，是為了讓大眾身心清淨，而且能與眾生結善緣。

三慚藏

什麼叫做慚藏？念到這裡，就想成「殘障」，指肢體或者心靈有殘缺等障礙。事實上，此

藏非彼障，但是如果沒有修慚愧心，得到慚藏的法益，就真的會變成殘障。

此菩薩憶念過去所作諸惡，而生於慚。

菩薩憶念自己過去沒有學佛，乃至於不懂因果，造作了非常多的惡業，

彼菩薩心自念言：我無始世來與諸眾生，皆悉互作父母、兄弟、姊妹、男女，具貪瞋癡、憍慢諂誑，及餘一切諸煩惱故，更相惱害，遞相陵奪，姦淫傷殺，無惡不造。

菩薩如此思惟：第一，過去到現在，與諸眾生都是親眷，乃至於互為父母、師長、兄弟、姊妹等等，但因為自己心裡面有煩惱，不懂得善待彼此，而互相傷害。

一切眾生，悉亦如是，以諸煩惱，備造眾惡，是故各各不相恭敬，不相尊重，不相承順，不相謙下，不相啓導，不相護惜，更相殺害，互為怨讎。

一切眾生也是如此，因為不懂佛法，心裡面有煩惱，就結了惡緣，不懂得善待彼此，互為讎害，互為冤敵。

自惟我身及諸眾生，去來現在行無慚法，三世諸佛無不知見。

現在了解佛法，回顧自己過去所造惡業，心生大慚愧心，希望諸佛菩薩能夠加持、看護，見證自己現在的改變。

今若不斷此無慚行，三世諸佛亦當見我，我當云何猶行不止？甚為不可，是故我應專心斷除，證阿耨多羅三藐三菩提，廣為眾生說真實法。

修習慚藏，每天禮佛時，就能生慚愧心，希望佛陀來見證，懂了因果後，就能明白往昔所造諸惡業，發誓不再造作惡業。如果仍和過去一樣沒有改變，就要心生慚愧。

慚藏可以積極幫助自己，專心斷除一切的惡業，早日證得阿耨多羅三藐三菩提，廣為眾生說真實法，這個是慚藏的功課。

四愧藏

「愧」是懺悔之意。但是，如果始終不斷懊惱過去的惡業，是無濟於事的，只會產生後悔心。真正的懺悔，就是要修行於愧。

此菩薩自愧昔來於五欲中，種種貪求，無有厭足，因此增長貪恚癡等一切煩惱，我今不應復行是事。

因為知道愧對一切眾生，愧對自性的靈明妙覺，因此下定決心，不應該再繼續這樣下去，停止過去以來所有的惡業。

是故我當修行於愧，速成阿耨多羅三藐三菩提，廣爲眾生說真實法。

愧藏，會讓修行產生一種精進心，有慚有愧，就會幫助大眾止惡行善。

五聞藏

接下來，還要廣學多聞，聞藏就是廣學多聞，通達所有世間、出世間解脫法門。

有人認為，我是博士，很有學問；或者我每天都上網、看電視，了解天下事，以為這就是廣學多聞，實則不然，經文說道：

此菩薩知是事有故是事有，是事無故是事無，是事起故是事起，是事滅故是事滅，…

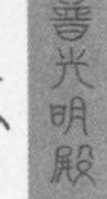

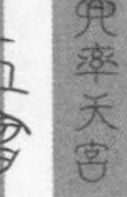

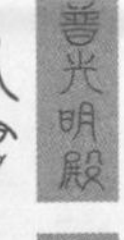

此處的聞，是智慧的聞，「知」道一切生命的因緣，為什麼會輪迴？為什麼會煩惱？為什麼互相對立衝突？又要如何解決？了解事情的起因，也能夠了解如何滅除，這就是菩薩摩訶薩的聞藏。

菩薩摩訶薩作如是念：一切眾生於生死中，無有多聞，不能了知此一切法。我當發意持多聞藏，證阿耨多羅三藐三菩提，為諸眾生說真實法。

菩薩摩訶薩的多聞，是為了要解決眾生的煩惱。一切眾生於生死中，由於鮮少聽聞佛法，反而常聽八卦、聽是非煩惱，乃至於勁爆的、腥羶的新聞，等到真正要聽聞佛法的時候，心靈就封閉了，耳朵就關起來了，智慧就蒙蔽了，無法體解佛法玄奧。

所以菩薩發願為眾生聽聞佛法，了解真理，發意受持多聞藏，認識一切的佛法，甚至依著所學習的教法，證得阿耨多羅三藐三菩提，就能為眾生開演真實法。這是菩薩摩訶薩，廣學多聞的多聞藏。

六施藏

此菩薩行十種施，所謂：分減施、竭盡施、內施、外施、內外施、一切施、過去施、未來施、現在施、究竟施。

第六布施藏，菩薩摩訶薩的布施，在十無盡藏品裡，成立了非常多的項目，幫助我們修布施。

第一個叫做分減施，所謂分減施就是隨緣、隨力、隨份。有的人聽到布施就有壓力，事實上，布施是最簡單的，譬如：每天供養自己的笑容，看到別人主動打招呼，心裡不與眾生結惡緣，就是分減施。

竭盡施就是竭盡心力，掏心掏肺把我們的生命，乃至於智慧貢獻出來。

還有內施、外施、內外施、一切施、過去施、現在施、未來施、究竟施，將這十種施分次序一一圓滿，就能成就了第六個施藏的功德。

七慧藏

此菩薩於色如實知，色集如實知，色滅如實知，色滅道如實知；於受想行識如實知，受想行識集如實知，受想行識滅如實知，受想行識滅道如實知，…

修行的最終目標，就是要成就一切智的智慧，因此第七個菩薩摩訶薩的智慧，對於所有世間的色、受、想、行、識，乃至於苦、集、滅、道，都能如實知。

菩薩成就如是等無量慧藏，以少方便，了一切法，自然明達，不由他悟。

如實了知一切法，來幫助一切眾生，能夠成就智慧和果報，自然明達不由他悟，這是菩薩摩訶薩的智慧，有了智慧就能夠令所有的眾生開悟。

八念藏

此菩薩捨離癡惑，得具足念：憶念過去一生二生，乃至十生百生、千生百千生、…乃至無量無數、無邊無等、不可數不可稱、不可思不可量、不可說、不可說不可說劫，…

第八念藏，什麼叫做念？就是具足了一切正念，捨離癡惑得具足念，不管是諸佛的功德，諸佛的授記，乃至諸佛的法門，都能夠念念不忘。

此念有十種，所謂：寂靜念、清淨念、不濁念、明徹念、離塵念、離種種塵念、離垢念、

光耀念、可愛樂念、無障礙念。

有了正念後，還要把正念憶持在心，即是下一個「持」藏。

九持藏

第九持藏，就是能受持所有佛陀的教法。

此菩薩持諸佛所說修多羅，文句義理無有忘失，…

要防止老人癡呆症最好的方式，就是每天精進學習《華嚴經》，讓《華嚴經》放在心裡憶持不忘，乃至於一生持，不可說不可說生也持，持一佛名號，乃至不可說不可說佛名號，都能憶持。

這裡說的持，就是把佛經，乃至於佛的功德，通通記起來，這是菩薩摩訶薩的第九持藏。

十辯藏

此菩薩有深智慧，了知實相，廣為眾生演說諸法，不違一切諸佛經典。

最後，第十辯藏，就要大功告成了！菩薩所學的法門，都能利益一切眾生，因此要成就無量辯才，廣為眾生演說諸法，而不違背一切的諸佛經典，即是菩薩摩訶薩的辯藏。

開發無盡藏，成為世上大富翁

此十種無盡藏，有十種無盡法，令諸菩薩究竟成就無上菩提。

有了這十種藏，就可以開發潛能，發揮無盡無邊的功能。這十種無盡法，能夠讓世間一切的所作所為，達到究竟圓滿，這是十無盡藏品的內容。

這十種方法，許多內容其實早已在實踐，只是自己不知道，原來這十種就是修行的入門處。

入手實踐這些法門並不困難，其難度在於「無盡」二字。何謂無盡？所發的願力是無盡的；做這些事，法是無盡的；修行的發心是無盡的；所度的眾生也是無盡的；乃至於時間是盡未來際，隨時隨地都不忘不失菩薩願行。

有了這十種無盡藏的加持，菩薩將成為世界上最富有的人。

率陀天上

慧日舒光

十回向義廣宣揚

苦海作津梁

化日舒長

花雨散天香

卷22－卷33

會主／金剛幢菩薩
法門／十迴向

華嚴五會

地點／兜率天宮

卷 22 升兜率天宮品

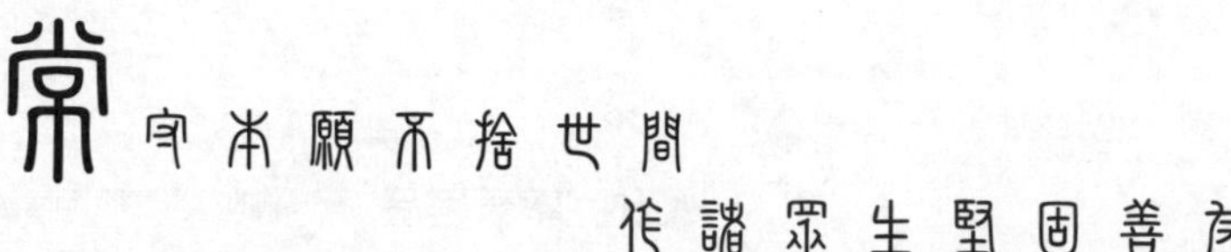
常守本願不捨世間
作諸眾生堅固善友

五會導覽圖

五會兜率天宮
會主／金剛幢菩薩
法門／十迴向

- 由致
  - 23 升兜率天宮品——佛陀至兜率天宮說法，兜率天王供養。
  - 24 兜率宮中偈讚品—諸菩薩讚揚佛德。
- 正宗
  - 25 十迴向品（依行起願）——
    - 一，救護一切眾生離眾生相迴向
    - 二，不壞迴向。
    - 三，等一切諸佛迴向
    - 四，至一切處迴向。
    - 五，無盡功德藏迴向
    - 六，入一切平等善根迴向。
    - 七，等隨順一切眾生迴向
    - 八，真如相迴向。
    - 九，無縛無著解脫迴向
    - 十，入法界無量迴向。

引言

華嚴第五會，地點是兜率天宮，會主是金剛幢菩薩，會議主題為十迴向等法門。本會的層次乃前所未有。

兜率天，又稱為「知足天」。「上下放逸，此天知足」，此天往上是化樂天、他化自在天，禪定力多，諸根闇鈍；此天往下是夜摩天及忉利天，這兩層天的福報沒有兜率天大，且著欲較深，多有放逸。而兜率天居於六欲天的中間，代表的是中道之意。

兜率天宮的表法：表菩提之心 功行滿故

兜率天有位非常有名的菩薩，稱做彌勒菩薩。

彌勒菩薩為什麼會在兜率天？因為一生補處菩薩，都會在兜率天宮住錫，等待因緣時節成熟，而到世間來成佛，這裡是菩薩成佛的前一站，功行圓滿的菩薩會住錫在這裡，所以佛門稱之「當來下生」彌勒尊佛，因而此天具有功行圓滿的表法義。

本會地點於兜率天宮，表示於此討論之「十迴向法門」，乃菩提之心，功行圓滿。

宗趣：以十向大願為【宗】。得地為【趣】。

依著十信法門，信者開始正確了解修行的內容 ，了解後就要實踐在日常生活當中，乃至於踏踏實實地每日行持。到了第五會，既然前面已經圓滿十行，接下來就要令已行者起願。

十迴向的階段任務為「發大願」，修行路上的大願，從十迴向開始。

升兜率天宮品

升須彌山頂品、升夜摩天宮品、升兜率天宮品三品較量

依照佛陀升座說法的儀式，兜率天王準備前所未見陣仗以迎請佛陀。怎樣的層級才能展現此天為世間「功行圓滿」之最高成就？以下將與前會「升須彌山頂品」、「升夜摩天宮品」二品，進行參照比較，以顯此會之殊勝差異。

	升須彌山頂品	升夜摩天宮品	升兜率天宮品
如來不離而升	爾時，如來威神力故，十方一切世界，一一四天下閻浮提中，悉見如來坐於樹下，各有菩薩承佛神力而演說法，靡不自謂恆對於佛。 爾時，世尊不離一切菩提樹下，而上升須彌，向帝釋殿。	爾時，如來威神力故，十方一切世界，一一四天下南閻浮提，及須彌頂上，皆見如來處於眾會。彼諸菩薩，悉以佛神力故而演說法，莫不自謂恆對於佛。 爾時，世尊不離一切菩提樹下，及須彌山頂，而向於彼夜摩天宮寶莊嚴殿。	爾時，佛神力故，十方一切世界，一一四天下閻浮提中，皆見如來坐於樹下，各有菩薩承佛神力，而演說法，靡不自謂恆對於佛。 爾時，世尊復以神力，不離於此菩提樹下，及須彌頂夜摩天宮，而往詣於兜率陀天，一切妙寶所莊嚴殿。

表 22-1 如來不離而升

當佛陀前往到兜率天時，原來的地方 -- 菩提樹下、忉利天宮或夜摩天宮，都還是有菩薩繼續在原來的地方聽聞佛法。因此稱為「不離而升」，沒有離開原先前一會的座位。

忉利天王、夜摩天王與兜率天王準備最豐盛層級的供養，以迎請佛陀。

天王各嚴殿座	升須彌山頂品	升夜摩天宮品	升兜率天宮品
	時，天帝釋在妙勝殿前，遙見佛來，即以神力莊嚴此殿，置普光明藏師子之座。其座悉以妙寶所成：十千層級迴極莊嚴，…。	時，夜摩天王遙見佛來，即以神力，於其殿內化作寶蓮華藏師子之座，百萬層級以爲莊嚴，…。	時，兜率天王遙見佛來，即於殿上敷摩尼藏師子之座，…。 有百萬億層級周匝圍繞，…。

表 22-2 天王各嚴殿座

這一品的層級完全不同於前面，在忉利天宮，以十千層級來迎接佛陀、供養佛陀；在夜摩天宮，以百萬層級來供養佛陀；現在到了兜率天宮中，兜率天王的層級直接跳了一個大級，叫做百萬億層級。百萬億層級的金網、百萬億層級的供品、百萬億層級的菩薩，乃至於百萬億層級的心念。

到下一個階段十地品，就沒有天王來供養了，為什麼？因為百萬億層級已是世間能夠供養的最頂級，既然能到世間最頂級，要一起把握殊勝的因緣，了解這個階段的修行，要完成什麼階段性的任務。

在佛陀說法前，兜率天宮的天王已經準備好了，將最殊勝的供養，以及世間最圓滿的供養，供養佛後，恭請佛住錫在兜率天宮說法，而且提到過去諸佛，也是在此處說法，是故此處最吉祥。

卷23

兜率宮中偈讚品

十迴向品

救護一切眾生離眾生相迴向

不為自己求安樂 但願眾生得離苦

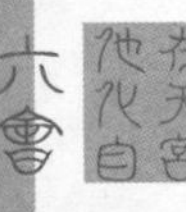
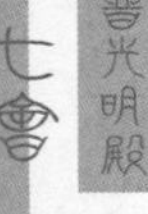

十迴向品

引言

十迴向品，重點在於菩薩教化眾生如何發起殊勝廣大願，在佛法裡，迴向是非常重要的功課，做任何功德，乃至於舉手之勞的涓滴之善，都要懂得迴向。

釋義：「迴」、「向」，轉自萬行趣向三處：眾生・菩提・實際

所謂迴向，迴就是轉，就是把過去的習慣，做一個轉彎，向就是趣。轉到哪裡「趣」？轉自己所修的萬行，趣向一個更寬廣的世界。藉由迴向法門，幫助自己發起廣博的大願。從十信、十住、十行以來所積集的萬行，趣向三個究竟之處：眾生、菩提與實際。

此眾生、菩提、實際三處又可開展為十義，如下：

一、迴向眾生：迴向一切眾生究竟成佛。開展成為迴自向他、迴少向多、迴自因行向他因行等三義。

二、迴向菩提：所成就的是無上菩提。開展成為迴因向果、迴劣向勝、迴比向證等三義。

三、迴向實際：無上菩提是每一個人本具的實際理地、本來面目。開展成為迴事向理與迴差別行向圓融行等二義。

四、迴向菩提、實際：開展成為迴世間向出世間、迴順理事行向理所成事等二義。

其中，迴因向果，意指修行的一切萬行之因，皆有果報，透過迴向，加速果報圓滿產生。

迴劣向勝，一個人的力量是有限的，藉由發大願，讓一個人小小的心（迴劣），能夠轉變成大大的願（向勝）。

迴比向證，過去對於修行善法的功德效果，是透過聽聞佛法，以自己的善根來相信如來是真實不虛妄，尚在比量境界，並未親證。透過迴向，迴轉過去比擬之心，而趣向親自證明諸佛菩薩所言不虛。

迴向實際，所行的事相差別，都要能夠迴向到實際理地，究竟不二的分際上，迴向給一切大眾，等於迴向給自己。自己的成就，也等於大眾的成就。

十迴向品，就在教導大眾這十種迴向功德，**「以無邊行海順無邊大願爲宗；以成就普賢德用爲趣」**，這是修十迴向品的目標。

爾時，金剛幢菩薩承佛神力，入菩薩智光三昧。

會主金剛幢菩薩先入菩薩智光三昧，代表依智慧之力，把所修一切法轉成真正的菩提資糧。

入是三昧已，十方各過十萬佛剎微塵數世界外，有十萬佛剎微塵數諸佛，皆同一號，號金剛幢，而現其前。

因為金剛幢菩薩具有說法資格，而且要代表佛說法，十方金剛幢佛特意前來授證。

此是十方各十萬佛剎微塵數諸佛神力共加於汝，亦是毗盧遮那如來往昔願力、威神之力，及由汝智慧清淨故，諸菩薩善根增勝故，令汝入是三昧而演說法，…

金剛幢菩薩能入智光三昧，是諸佛神力共同加持，也是毗盧遮那如來往昔的願力，更是因為菩薩自己過去善根因緣增勝之故。有這三種功德力的加持，金剛幢菩薩得以入菩薩智光三昧來演說妙法。

金剛幢菩薩得摩頂已，即從定起，告諸菩薩言：

佛子，菩薩摩訶薩有不可思議大願，充滿法界，普能救護一切眾生。所謂：修學去來現在一切佛迴向。

菩薩摩訶薩有不可思議的大願，充滿在法界當中，有了這個大願，普能救護一切眾生。是什麼大願？就是：修學過去、未來、現在一切佛的迴向法門。

菩薩摩訶薩迴向有十種：

一、救護一切眾生離眾生相迴向。
二、不壞迴向。
三、等一切諸佛迴向。
四、至一切處迴向。
五、無盡功德藏迴向。
六、入一切平等善根迴向。
七、等隨順一切眾生迴向。
八、真如相迴向。
九、無縛無著解脫迴向。
十、入法界無量迴向。

十迴向品

一救護一切眾生離眾生相迴向

隨相迴向

一、利樂救護迴向

此菩薩摩訶薩行檀波羅蜜，…住般若波羅蜜，大慈大悲，大喜大捨，修如是等無量善根。

所謂「善根」，指能生出善法的根本，如木之根能生發善心。根性利者，能解佛陀甚深法義，或能持戒堅固、行善順利，對人的信心具足，自己的心是不起煩惱的，乃至於聽到了別人有修行之事，都能夠發起一種隨喜迴向的心，這就是善根。

菩薩修行六波羅蜜，乃至於慈悲喜捨等等諸善根，是為什麼而修？是為了自己得到安樂、得到無上的功德嗎？當然不是。

修善根時，作是念言：願此善根，普能饒益一切眾生，皆使清淨至於究竟，永離地獄、餓鬼、畜生、閻羅王等無量苦惱。

所有的善根修行，都是為了能夠普遍饒益一切眾生，使一切眾生也能夠得到佛法的利益，永遠脫離三途惡道之苦。

菩薩摩訶薩種善根時，以己善根如是迴向，我當為一切眾生作舍，令免一切諸苦事故；…為一切眾生作大導師，與其無礙大智慧故。

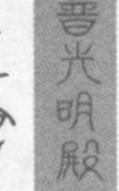

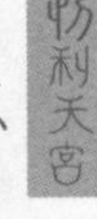

菩薩摩訶薩修善根的時候，發願要成為眾生的依靠。不管是成為**舍**、成為**護**、成為**歸**、成為**趣**、成為**安**、成為**明**、成為**炬**、成為**燈**、成為**導師**，或者是為眾生作**大導師**，目的都是希望讓眾生能夠得到菩薩的善根迴向，以此平等饒益一切眾生。希望眾生都能夠證得一切智，這就是第一個利樂救護迴向。

二、受惱救護迴向

菩薩摩訶薩於非親友守護迴向，與其親友等無差別。

菩薩不只要為自己的親友做守護迴向，也要為非親友做守護迴向。

大部分的人在迴向的時候，都會迴向給自己最愛的人。譬如父母、兄弟姊妹、親朋好友，這是因為我們與其有深厚的情誼，發自內心希望對方能夠快樂，實屬人之常情。但是，對於不認識的非親友，甚至於對我們不好的仇人、敵人及冤親債主，能不能夠也同樣慈悲？願意把功德迴向給他們？這就是一個考驗了。

面對非親友時，是菩薩的功課與考驗。此時菩薩會如何思惟？菩薩的迴向，無論對親友或非親友，等無差別。

何以故？菩薩摩訶薩入一切法平等性故，不於眾生而起一念非親友想。

為什麼？因為菩薩入的是一切法平等性的三昧，所以對所有的眾生平等視之，沒有一個眾生不是我的親友，沒有一個眾生不是我的父母，沒有一個眾生跟我沒有關係。

設有眾生於菩薩所，起怨害心，菩薩亦以慈眼視之，終無恚怒，普為眾生作善知識，演說正法，令其修習。

菩薩摩訶薩對於非親友，都能夠無有分別迴向，即使眾生對菩薩起了怨害心，菩薩也能夠慈悲以對，沒有計較，甚至於成為眾生的善知識；就像大海，不會排斥河川的流入，菩薩同樣能夠平等憐憫眾生。為什麼呢？因為在菩薩的眼中，沒有一個眾生跟他沒有因緣。有一句話說：「你的過去，我來不及參與，但是未來的路上，都會有我。」菩薩的心亦如是，希望能夠對於一切的眾生都平等看待。

譬如日天子出現世間，不以生盲不見故，隱而不現…；菩薩摩訶薩亦復如是，有大福德，其心深廣，正念觀察，無有退屈。

日天子（太陽）譬喻菩薩摩訶薩就像太陽一樣，太陽普照大地，不會因為你是盲人看不到，它就不會出現。菩薩也是如此，並非因為眾生能看見，或是與眾生有任何關係才度化，而是因為平等的慈悲攝受，猶如太陽普照一切大地。

但以菩薩大願甲冑而自莊嚴，救護眾生恆無退轉。不以眾生不知報恩，退菩薩行，捨菩提道；不以凡愚共同一處，捨離一切如實善根；不以眾生數起過惡，難可忍受，而於彼所生疲厭心。

菩薩披上菩薩大願的甲冑，做自己的本份事，救護眾生恆無退轉。不會因為眾生不知報恩，也不會因為眾生愚蠢，更不會因為眾生做了很多壞事，就退失菩提心。

就像太陽一樣，菩薩不是為了要讓大家看到而出來照耀大地，而是因為它就是太陽，所以做了太陽的本份。

菩薩摩訶薩以諸佛法而為所緣，起廣大心、不退轉心，無量劫中修集希有難得心寶，與一切諸佛悉皆平等。

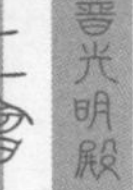

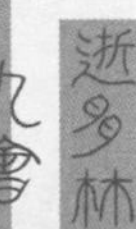

菩薩摩訶薩以諸佛法而為所緣，心心念念都是依法而行，所以起廣大心、不退轉心，於無量劫中修集難得的殊勝善根。

三、代眾生苦救護迴向

菩薩看到一切眾生的愚癡，願意代替一切眾生受苦。菩薩想：

我當於彼諸惡道中，代諸眾生受種種苦，令其解脫。菩薩如是受苦毒時，轉更精勤，不捨不避，不驚不怖，不退不怯，無有疲厭。何以故？如其所願，決欲荷負一切眾生，令解脫故。

發了這個願後，菩薩更加精進修行。

既然決定荷擔眾生的業力，菩薩則無怨無悔。有人說：「師父，你們普度眾生雖然很慈悲，但是若眾生糾纏不清，怎麼辦？」此時，菩薩就用這個迴向來勸勵自己，已披上菩薩的甲冑防護，不怕眾生造成傷害。而且，菩薩的發心，是守護一切眾生令其解脫，相信眾生感謝菩薩都來不及，怎麼還會傷害菩薩？

菩薩爾時作是念言：一切眾生在生、老、病、死諸苦難處，隨業流轉，邪見無智，喪諸善法，我應救之，令得出離。

菩薩觀察眾生隨業流轉，是因為智慧不足，而不修善法，所以更要發起慈悲心，救之令得出離。

此卷出現一句佛教常見的名言金句：「**不為自己求安樂，但願眾生得離苦。**」菩薩以此為座右銘。

菩薩修行的動力就是慈悲，有了慈悲，希望一切眾生普得清淨，究竟成就一切智心。而普度眾生最重要的是要讓眾生有智慧。有了智慧，就不會再做愚蠢的事，招致惡果。

四、迴拔救護迴向

菩薩摩訶薩的發心，不會想要成群結伴，也不等大家通通都已經發心，自己才要來發心。為了廣度一切眾生，不問這件事情有多少人在做，而只思考：我願意發心，在這個世界上，捨我其誰？

菩薩摩訶薩亦復如是，修集善根迴向之時，作是念言：
彼諸眾生不能自救，何能救他？唯我一人志獨無侶，修集善根如是迴向。

因此，菩薩摩訶薩在救度眾生時的心態是：假設這個世界上，沒有任何人做這件事，**唯我一人，志獨無侶**，即使沒有任何人支持，也要做下去，這是菩薩摩訶薩的發心。

離相迴向

菩薩的修行最後要功德圓滿時，要怎麼樣把一切對眾生的發心，真正轉向無上菩提，轉向實際理地？一定要做最後的離相迴向。

菩薩摩訶薩復作是念：我應如日普照一切，不求恩報。…。解一切法無，種植善根亦如是。觀諸法無二，無生無滅，迴向亦如是。

菩薩知道這一切的法都是虛妄不實，無二、無生、無滅。了解此理後，就不會貪圖無上功德而迴向，或為了經典裡所說的「**捨一得萬報**」-- 現在迴向十塊錢，以後即可得萬貫財

的回饋 -- 的好處而迴向。不是這樣的，所有的用功、所有的善根，都是為了要迴向出世間的不二法門。

菩薩摩訶薩如是迴向時，離一切過諸佛所讚。

如是迴向時，就能夠究竟無上菩提，離一切過，為諸佛之所讚歎。

隨相而離相，究竟成就阿耨多羅三藐三菩提

如何修習救護一切眾生、隨相、離相迴向？

第一、以利樂有情迴向，來救護眾生。

第二、對非親友乃至於受惱的眾生，也能夠平等的度化。

第三、因為眾生很苦、很愚癡，在惡道當中走不出來，所以願意代眾生受苦而迴向。

第四、迴拔救護迴向，即使全世界，只剩下我一個人行菩薩道，也願意做迴向的功德，把所有利樂有情的心願，擴大到最大效益，這是隨相迴向。

完成後，還要離眾生相迴向，修一切善，不執著一切善；度一切眾生，不執著一切眾生相，就是離相迴向；終能究竟成就阿耨多羅三藐三菩提圓滿功德。

卷24

十迴向品

不壞迴向

等一切諸佛迴向

至一切處迴向

悉令一切諸眾生 得成無上照世燈

引言

第二十四卷裡有三個迴向，就是第二、不壞迴向，第三、等一切諸佛迴向，第四、至一切處迴向。

十迴向品

二不壞迴向

所謂的不壞，指的是善根不壞，信仰不壞。

云何為菩薩摩訶薩不壞迴向？

菩薩摩訶薩對十種境界，有不壞的信仰。這個信心是不會被破壞的，有哪十種境界？

…於去、來、今諸如來所得不壞信…；於諸菩薩，乃至初發一念之心，求一切智得不壞信…；於一切菩薩善巧方便行，得不壞信，攝取種種無量無數行境界故。

對於**如來、菩薩、佛法、佛教、眾生、白淨法、菩薩迴向道、菩薩法師、佛自在神通、菩薩善巧方便行**等十種對象有不壞信時，亦是對所有諸佛菩薩及一切眾生，種無量無邊的善根，這是菩薩摩訶薩的不壞善根。

菩薩摩訶薩以如是等善根功德，迴向一切智願：常見諸佛，親近善友，與諸菩薩同共止住；念一切智心無暫捨，受持佛教勤加守護，…

菩薩就是這樣不斷積集善根，發起一個正確的願，成就善根，增長善根等等。

菩薩摩訶薩如是積集諸善根已，以此善根所得依果，修菩薩行。於念念中見無量佛，

如其所應承事供養。

有了這樣的善根後，再以這樣的善根所得到的果報，讓自己的福德增勝，讓自己的修行更純粹。諸佛便會「如其所應」而令其承事供養。整理此段流程如下：

對十事生信 ➤ 常願見佛 ➤ 承事供養受持佛教
➤ 善根增勝 ➤ 諸佛隨其所應 ➤ 承事供養

常聞人言「此人善根深厚」，深厚的善根如何獲得？尤其對佛法僧三寶，及一切眾生具有堅定不壞的信心。有了不壞的信心與信念後，善根增勝，就可以增加遇到善友的機會。

於是，「**於念念中見無量佛，如其所應承事供養。**」諸佛菩薩是隨著供養者想供養的心及對佛法的信心感應而現，可知，善根越深厚越容易遇到諸佛菩薩及一切賢聖僧眾。

以阿僧祇寶、阿僧祇華、…。菩薩摩訶薩以如是等諸供養具，於無量無數不可說不可說劫，淨心尊重、恭敬供養一切諸佛，恆不退轉，無有休息。

以無量無邊的寶物，供養一切諸佛如此盡未來際無有休息。

供養色身舍利與法身舍利

一一如來滅度之後，所有舍利，悉亦如是恭敬供養，…

如來滅度之後，供養所有的舍利。

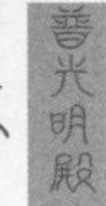

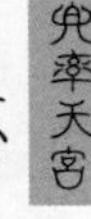

佛陀的舍利，分成色身舍利及法身舍利。佛法繼續流傳，必須要有很多人護持。我們現在供養《華嚴經》，就是佛陀的法身舍利。禪院發起百萬華嚴願行，就是希望能夠成就大眾供養的因緣，其諸供養於阿僧祇劫說不可盡。

如是供養現在諸佛，及滅度後所有舍利；其諸供養，於阿僧祇劫說不可盡…。諸佛護念，發心迴向：與諸法性相應迴向；…

不論供養現在諸佛或滅度後的所有舍利，都是在不壞善根當中的發心，都是在諸佛護念中而發心，發了無上菩提心後，雖然仍在生死當中，卻從來不改變求一切智的志願，從來沒有退轉過，這就是不壞迴向。

十迴向品

三等一切諸佛迴向

有人問，要如何迴向，才能讓接受迴向者得到最大的利益？

此菩薩摩訶薩隨順修學去、來、現在諸佛世尊迴向之道。如是修學迴向道時…，歡喜悅樂。離諸憂惱，…。菩薩摩訶薩獲得如是安樂之時，復更發心迴向諸佛，…

菩薩教導大家，不但要迴向給自己諸事如意，甚至還要將無上善根迴向諸佛。有人說，佛已經是功德圓滿了，還需要迴向嗎？什麼樣的迴向叫做迴向諸佛？

願以我今所種善根，令諸佛樂轉更增勝。

眾生有善根，諸佛歡喜；若眾生成佛，諸佛會更加歡喜。因此，迴向給諸佛，即是迴向給自性佛，希望自己內心的這一尊佛早日成佛。

菩薩摩訶薩以諸善根迴向佛已，復以此善根迴向菩薩，所謂：願未滿者令得圓滿，心未淨者令得清淨，諸波羅蜜未滿足者令得滿足；…。

菩薩迴向諸佛之後，還要迴向給菩薩。行菩薩道很需要功德，為什麼？有了無上的智慧功德，可以讓未滿的願，速速圓滿，未清淨者令得清淨，所有的波羅蜜，都能夠圓滿實踐。

菩薩摩訶薩以諸善根如是迴向菩薩已，復以迴向一切眾生：願一切眾生所有善根，乃至極少一彈指頃，見佛聞法，恭敬聖僧。彼諸善根皆離障礙，…。

菩薩還要迴向給一切眾生，對於還沒有得度的一切眾生都要迴向，希望他們早日發菩提心，速速加入菩薩團隊。

有人會懷疑：誦經有這麼大的功德嗎？只是念誦經文，而且有時候還打瞌睡、打妄想，這樣的狀態迴向，功德夠用嗎？如果了解這裡所談「**乃至極少一彈指頃**」，可知，只要發心把善根福德因緣迴向，即使只有一彈指頃的功德力，也會發生很大的效用。

如爲眾生如是迴向，爲聲聞、辟支佛迴向亦復如是。

已經開始行菩薩道的，就列入菩薩位，除了迴向給菩薩外，也要迴向給還沒有發菩提心的，但已經在修行的聲聞、辟支佛乘，希望他們早日迴小向大，菩薩的善根就可以具足充滿，因此所有人都會得到發心的迴向。

菩薩居家修習迴向法

菩薩摩訶薩在家宅中，與妻子俱，未曾暫捨菩提之心，正念思惟薩婆若境，自度度彼，令得究竟。以善方便化己眷屬，…

這一段特別實用，講述菩薩摩訶薩在家宅中，與妻、子同住時，要用什麼心態呢？用智慧善巧方便來化導自己的眷屬，引導眷屬一起發菩提心，提升生命的境界。

「親則生狎，近則不遜」，人和人共住，難免會心生執著，有執著就有要求，有執著就有看法，有執著就會產生衝突。有執著時，我們住在家裡的行為表現和對家人的要求，就會跟在道場時不一樣。在道場時，感覺大家都很清淨、很恭敬、很客氣，讓自己心很歡喜；但在家裡面，卻覺得好受逼迫、好痛苦、好煩惱、好糾結，心裡無法清淨歡喜，這就表示我們沒有認清楚自己的任務 -- **以善方便化己眷屬**。

那麼，應如何完成「**以善方便化己眷屬**」的任務？

令入菩薩智，令成熟解脫；雖與同止，心無所著，以本大悲處於居家，以慈心故隨順妻子，於菩薩清淨道無所障礙。

雖然住在一起，但心無所著，以大悲心居家，以慈心隨順妻子。如果家裡有人反對你學佛，要把這一段拿給他看，告訴他：「我現在認真地學習，如何以慈心而隨順大眾，請大家證明，如果我沒有足夠的慈悲心，再做任何違逆的行為，請向諸佛菩薩告狀。」

這是諸佛菩薩對佛弟子的要求與期許，既然已經開始修行，就要懂得做好在家的角色，如此在菩薩道中，就不會有障礙。很多人學佛會產生障礙，是因為沒有聽佛的話，讀經時正心正念，等到闔上經典，馬上忘失正念，繼續罵人，繼續做霸王，久而久之，眾叛親離自己產生障礙。

菩薩摩訶薩雖在居家，作諸事業，未曾暫捨一切智心。所謂：若著衣裳，若噉滋味，若服湯藥，澡漱塗摩，迴旋顧視，行住坐臥，身語意業，若睡若寤，如是一切諸有所作，

心常迴向薩婆若道，…。

修行到如此境地，把自己當成是佛，無論是穿衣、吃飯、走路、行住坐臥、或醒或睡，一切諸所有作，從來沒有捨離過自己的大願。以這樣的願力在家，一定可以一路順風，「**普攝善根，令其增長，迴向諸佛無上菩提。**」就是真正迴向諸佛。

修行是所有出家人、在家人都要謹記在心的，既然學佛就要跟佛看齊，「**我今亦應如彼諸佛如是發心，**」這個就是第三個「等一切佛迴向」。

等一切佛迴向，最重要的精神，是把自己提昇到與佛同等地位，但並非自認為「我現在是佛了，要別人來崇拜我」，這是「佛像」，不是佛。等一切佛是跟佛一樣的身、口、意，讓大眾看到我們，就像看到佛一樣會感到歡喜莊嚴，看到我們就能夠知道，佛法真是不可思議的。看到我們就起歡喜心，喜歡來親近學佛，覺得學佛真是太好了。

十迴向品

四至一切處迴向

願此善根功德之力，至一切處，譬如實際無處不至。

所謂的至一切處，就是身心自在，想到哪裡，就到哪裡。這就是環遊世界的概念，只是與一般環遊世界不同之處，是菩薩的自在隨至，是有目的的，菩薩修行諸善根的時候，發一個願，願以此善根功德之力，得至一切處。至一切處就是無處不至，每一個地方都能夠到。到哪裡？一切有機緣的地方、一切有佛法的地方，有如來的地方。

至一切處供養、聞法、行菩薩道

遍至一切諸如來所，供養三世一切諸佛。…以至一切處智，普遍開示如來無量自在神力。…法身遍往無有差別，平等普入一切法界，如來藏身不生不滅，善巧方便普現世間。

到一切有如來之地做什麼？第一個，去供養；第二個，去聽聞佛法；第三個，去行菩薩道。

發了至一切處供養諸如來的心，這種供養人，就可以到處去供養諸佛菩薩，而且不管去到哪裡都會遇到諸佛菩薩；以及擁有至一切處的智慧之後，更可以現千百億化身。

菩薩摩訶薩以其所種一切善根，願於如是諸如來所，以眾妙華，及眾妙香、鬘蓋幢幡、衣服燈燭，及餘一切諸莊嚴具以為供養。

菩薩摩訶薩有了這種發心之後，就能夠在一切諸如來所，以上妙的供養來供養佛，供養佛之後，用這樣的善根迴向聽聞的佛法，學習佛的慈悲跟智慧，希望能像佛一樣，教化成就一切眾生，具足受持一切佛法，如果是這樣，要到哪裡去受持一切佛法？第三個，既然有佛菩薩住錫在世界各地，就要到世界各地去護持一切佛法，這就是菩薩摩訶薩的至一切處迴向。

有很多人說台灣是個福地，在台灣到處都有寺廟，到處都有課程，在台灣學佛的機會很多，到非洲或美洲，很少學佛的機會，那怎麼辦？

在沒有佛法的地方，大眾就要發願成就道場；佛法較不盛行之處，大眾要親近護持當地的道場。須知，在沒有佛法的地方，弘揚佛法是何等困難！現在既然有這個因緣，到了那樣的國土，就要去護持佛法，而不是說：「師父，很抱歉！我只要護持台灣的佛法，沒有佛法的地方就是邊地，沒有辦法。」

「至一切處迴向」，就是祈請世界各地的菩薩出動，不管在哪裡，都要發心供養佛法，護持佛法，乃至於弘揚佛法，這是至一切處迴向的內容。

成為《華嚴經》之實踐者

本卷有三個內容，第一是不壞迴向，不壞對十種對象的信心，有了信心就可以學習一切智。等一切諸佛迴向，要跟佛的身口意一致，所以速速成佛，等同一切諸佛。

再來，要發心護持任何地方的佛法，護持的方式有三種：第一是供養，用我們的身口意供養，用我們的內財、外財來供養；第二個是聽聞佛法，學習佛法；第三則是把自己布施出來，到處弘揚佛法，是最無上的供養。因此，至一切處來護持佛法，希望所有的世間，到處都有佛的種子，到處都有菩提的樹苗，到處都能夠成就無上的佛果。

希望大眾謹記在心，並且在日常生活中實踐所學，以慈悲無著之心與親友共處。讓家人感受到：「咦？這個人怎麼跟以前不太一樣，以前從來不會稱讚我，今天竟然稱讚我了！以前臉都臭臭的，今天竟然一直都在微笑？而且是蒙娜麗莎式的神秘微笑！到底是發生了什麼事情？」如果他們終於忍不住來問，這時，就把這一段迴向內容翻開，回答說：「我今天開悟了，佛菩薩教我，要在家裡面一定用慈悲心、無所著的心來方便攝受度化家人。」如此，就是《華嚴經》十迴向品的實踐者。

卷25

十迴向品

無盡功德藏迴向

願一切眾生飲法味水，精勤修習，具菩薩道。

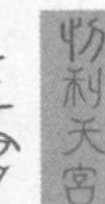

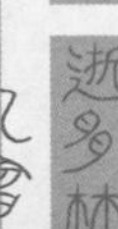

十迴向品

五無盡功德藏迴向

引言

《華嚴經》裡佛菩薩教導的迴向，比一般人所理解的迴向，實在是超過千萬億倍，尤其是從第五無盡功德藏迴向，到第六入一切平等善根迴向中，特別容易感受到，佛陀的慈悲和佛德的深遠。

前面幾個迴向，就是迴向給一切眾生離苦得樂，乃至於迴向生於佛世，在有佛菩薩之處聽法、護持。這是從受教者的角度，要學習佛法，享受佛法的滋養。到了無盡功德藏迴向中談到：誰來提供這個服務？

此迴向可說是一個「製造菩薩」的概念。眾生需要佛法，可是誰來提供佛法？因此，覺得佛法很重要的佛弟子，要發起一個迴向心，迴向給自己的所有善根福德，讓自己成為傳播佛法的人。

以四門為修行根本：一、懺除。二、禮敬。三、勸請。四、隨喜。

此菩薩摩訶薩以懺除一切諸業重障所起善根；禮敬三世一切諸佛所起善根；勸請一切諸佛說法所起善根，聞佛說法精勤修習…，正法住世，乃至滅盡，於如是等皆生隨喜所有善根。

菩薩一開始，以懺除、禮敬、勸請、隨喜，這四法門為修行的根本，懺除業障、禮敬諸佛，勸請諸佛說法，隨喜所有諸大善知識的修行與發心，以此四行為基礎，就能夠成就善根，讓菩薩所有的發心與用功能夠成就、圓滿。

諸大菩薩皆悉充滿：製造菩薩

…乃至菩提無障礙境，如是廣大無量差別一切善根。凡所積集，凡所信解，…，悉以迴向莊嚴一切諸佛國土。…，菩薩摩訶薩復以善根如是迴向：願我所修一切佛剎，諸大菩薩皆悉充滿。

希望所有的眾生，都能夠到莊嚴的國土去精進用功，或者是直接將娑婆世界，淨化成莊嚴的佛土。要完成這樣的任務，必須要有一個計畫，而且積極組建一個團隊，聯合諸大菩薩，已發心者一起來共同投入，若有未發心者則勸請發心，菩薩就是如此迴向，希望所有清淨莊嚴的國土，都能充滿一切菩薩。

「**願我所修一切佛剎，諸大菩薩皆悉充滿。**」大部分的人看到這一段大概會想像，就是不斷祈求佛菩薩乘願再來！然而，諸佛菩薩的確來了，但是並無法達到「皆悉充滿」。怎麼樣能真正讓世界到處都是菩薩？

最直接了當的方法，就是將現有的眾生，改造成菩薩，讓娑婆世界的煩惱眾生，通通變成菩薩，娑婆世界就轉為淨土，就是「**諸大菩薩皆悉充滿**」的境界。總之，與其等著佛菩薩來救，更好的方式是學習如何製造菩薩。

那麼，如何製造菩薩？要從佛菩薩是如何被「製造」出來的源頭來了解，研究發現，所有的菩薩不外乎以「慈悲」與「智慧」製造而成，菩薩們都很慈悲，而且很有智慧，智慧通達之後，就能夠普度眾生。

學習製造菩薩的方法後，先把自己拿來實驗，將自己提拔成菩薩，前述提到，菩薩發心，要有「捨我其誰」的勇猛心。這個世界即使沒有任何人來發心，來支持菩薩事業，自己還是要堅持下去，讓這一切世界，早日成為莊嚴的淨土。

此時，最重要的工作，就是有計畫訓練栽培自己，提昇自我至菩薩層級，成為菩薩的一員，為佛法所用，為眾生服務。

其諸菩薩，體性真實…，捨離愚癡，成就念佛念法，真實不可思議，念僧無量普皆周遍…如是菩薩，充滿其土，生如是處，有如是德。常作佛事，得佛菩提…

菩薩捨離癡念，乃至於念佛、念法、念僧，具足如此清淨的善念與正念，就可以讓菩薩充滿其土。

雲端共修《華嚴經》：是菩薩的在職進修

寶嚴國際佛學研修院全球雲端共修，可視為菩薩的在職進修。每天上線精進、用功，為的就是：第一、自己要精進，要克服懈怠心。第二、智慧還不夠，有時候遇到身邊有人需要的時候，雖然知道佛法很好，可是講了兩句就詞窮了，要不然就亂講一通，照自己的我執意識錯誤引導。因此當務之急，不是叫他來台灣找師父，而是自己趕快每天上線，在職進修、精進用功。

如此，雲端網路遍佈全球，所到之處都有精進的菩薩，則可達到「**菩薩充滿其土**」，充滿在世界的任何一個角落。

因此，各位在共修的時候要有一種使命感，今天來用功不只為了自己，更是成為所居地的代表上線用功。想想看，假使一個家庭裡面有十個成員，這十個成員裡面，有沒有十個成員都上線？沒有。學佛的人，常是形單影隻，孤獨學佛，一早上線用功，「眾人皆睡我獨醒」地誦經、聞法，究竟是為什麼？

不要覺得很辛苦，心生怨念：為什麼身邊的人都不學佛？其實，這是因為自己有這個願心，大家都不願學佛，自己先代表來學，當唯一的代表，學好了之後就可以幫助一切眾生，希望大眾有這種使命感。

百萬菩薩充滿其中：廣大如法界，究竟如虛空

《華嚴經》裡，佛陀設計的成佛計劃已經告訴我們，就是讓這個世界充滿了一切菩薩。

菩薩摩訶薩如是迴向時，修一切菩薩行，…於一念中，悉能周遍無量佛剎，智力無量。了達一切諸佛境界，於一切佛得深信解。住無邊智，菩提心力廣大如法界，究竟如虛空。

既然如此，我們是百萬菩薩眾中的一個代表，就要更精進、更用功，用此心情來修行。

這一種智慧，相應一句《華嚴經》名句：「廣大如法界，究竟如虛空。」如果我們的菩提心力，我們的願心廣大如法界，無上菩提也究竟如虛空，這個世界就是充滿了無限的希望，乃至於要轉成莊嚴的華藏世界，更是指日可待。

十種無盡藏

菩薩摩訶薩住此迴向，得十種無盡藏。何等爲十？所謂：得見佛無盡藏，於一毛孔見阿僧祇諸佛出興世故；得入法無盡藏，以佛智力觀一切法悉入一法故；得憶持無盡藏，受持一切佛所說法無忘失故；得決定慧無盡藏，善知一切佛所說法秘密方便故；得解義趣無盡藏，善知諸法理趣分齊故；得無邊悟解無盡藏，以如虛空智通達三世一切法故；得福德無盡藏，充滿一切諸眾生意不可盡故；…得十力無畏無盡藏，具足一切菩薩所行，以離垢繒而繫其頂，至無障礙一切智故。是爲十。

菩薩摩訶薩第五個無盡功德藏迴向，簡單一句話，就是將自己改造為菩薩。

有了這種願心之後，就會啟發自己的無盡功德藏，成就十種無盡的寶藏。第一、會有非常多的機會，能夠遇到佛，乃至於一毛孔當中，也能夠見到一切的佛。第二、能夠入法無盡藏，佛陀所說的法，都聽得懂，而且對佛法很能夠相應，很能夠吸收。第三、記得所有學習過的一切教法，一切清淨佛法。第四、成就決定慧，能夠清楚知道自己學到的是什麼，而不是眉毛鬍子一把抓，亂學一通、盲修瞎練。

再來，能夠得到深解義趣，願解如來真實義，就真的會跟佛法相應，成就無邊的悟解，乃至於福德，也會提升成無盡，勇猛智覺無盡藏，決定辯才無盡藏，甚至到最後，成就如來十力。如來十力就是一切智，一切智裡圓滿了智慧，就可以廣度眾生，這十個是在無盡功德藏迴向時，會開發的無盡寶藏。

千處祈求千處應：誰是觀世音？

佛陀在施設迴向的時候，教導要發大願心，然後希望能成就無上菩提，這都是平常想得到的，但是到第五個，話鋒一轉，佛陀說：不是每天祈求人家來救你，自己要發心，成為普度眾生的一份子，觀世音菩薩的法門：千處祈求千處應。

我們是被乞求的那一個人？還是永遠都在祈求？你是救難隊？還是被救的那個落難的難民？這就是我們的選擇。既然發心讀了《華嚴經》，甚至於還會帶動身邊的人一起來學習《華嚴經》，表示已經具備了救難隊的基本條件，既然願意，趕快把自己栽培成菩薩，每天都要在職訓練，迴向給自己早日成佛，成就無上功德跟智慧。

卷25–卷28

十迴向品

入一切平等善根迴向

心

不妄取過去法　亦不貪求未來事

不於現在有所住　了達三世悉空寂

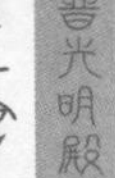

十迴向品

六入一切平等善根迴向

引言

卷二十五的後半段，開始進入「入一切平等善根迴向」，一直到卷二十八，貫穿三卷半的內容中，菩薩列舉了六十種的布施，這六十種的布施裡面，包括財布施、法布施、乃至於無畏布施及迴向法。

菩薩摩訶薩，發了大布施的願，安住如是自在的功德，希望傾盡所有的一切，都拿來做布施，在布施的過程當中，應該用什麼心態？應該要怎樣進行這種布施？最後要怎麼圓滿發願，以及訂立什麼目標，讓所有的布施，才能夠真正成為無上的功德？

金剛幢菩薩很慈悲，怕說明得不夠完整，而讓大眾以為一定僅限於誦經、禮佛等功課，才能迴向。事實上，所有的一切善心、善行，比如掃地、走路不傷蟲蟻，乃至於起一個善念，都可以迴向，只是我們不知道要怎麼迴向？因此以「隨順堅固一切善根」，教導我們如何隨緣迴向。

釋名：「入」即隨順。「平等」即堅固。

云何爲菩薩摩訶薩隨順堅固一切善根迴向？

金剛幢菩薩在本品之初介紹迴向時，稱此迴向為「入一切平等善根」迴向，為何這卷的語彙不同，變成「隨順堅固一切善根」迴向？實則，「入」即「隨順」之意，「平等」即「堅固」之意，隨順堅固一切善根，就是入一切平等善根，兩者是同義詞。

怎麼樣能夠入一切平等隨順善根？

此菩薩摩訶薩或為帝王臨御大國，威德廣被，名震天下，凡諸怨敵，靡不歸順；…

如果發菩提心，想要普度眾生，首先要成為大施主，假使你是一國之主，就能隨心所欲行廣大布施。

試問，假如真的擁有這種權勢與機遇，你想要布施什麼？

菩薩摩訶薩安住如是自在功德，…，具足修行一切布施：

或施飲食及諸上味，或施車乘，或施衣服，或施華鬘、雜香、塗香、床座、房舍及所住處上妙燈燭，病緣湯藥，寶器寶車，調良象馬，悉皆嚴飾，歡喜布施。…

或見來乞連膚頂髮，歡喜施與，亦無所吝。眼耳鼻舌，及以牙齒頭頂，手足血肉，骨髓心腎肝肺，大腸小腸，厚皮薄皮，手足諸指、連肉爪甲，以歡喜心盡皆施與。或為求請未曾有法，投身而下深大火坑；或為護持如來正法，以身忍受一切苦毒；或為求法乃至一字，悉能遍捨四海之內一切所有。

菩薩摩訶薩安住如是自在功德，成為世界上最有福報的人，就能夠具足修行一切布施。具體有哪一些東西可以布施？

接下來，列舉布施項目，從飲食、車乘、乃至於你的力氣、眷屬，到最後還有高難度的連膚頂髮、頭目腦髓等，以及最殊勝的法供養，總共列舉了六十種各式各樣的布施項目及內

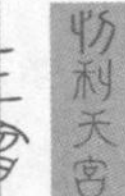

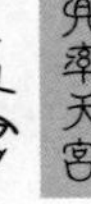

容。

「入一切平等善根」從隨緣布施、供養開始，隨著不同的因緣修一切供養，菩薩安住自在的發心，具足修行一切布施，所以入一切平等善根，以堅固一切善根供養。總而言之，十迴向教導大眾當有機會布施時，應該要怎麼發願？讓世間的色聲香味觸布施，轉成無上的法味，這是非常殊勝的功德，把世間有漏的功德，轉成出世間無漏的功德。

布施的種類：財施、法施、無畏施

外財布施 -- 轉化有限的世間財，成為無盡的出世間法財

所謂外財布施，就是指香、花、燈、塗、果等財寶，卷二十五中，列舉數例如後。

（1）施食

所謂：以上妙食施眾生時，其心清淨，於所施物，無貪無著、無所顧吝，具足行施。願一切眾生得智慧食，心無障礙。了知食性無所貪著，但樂法喜出離之食。智慧充滿，以法堅住，攝取善根，法身、智身清淨遊行；哀愍眾生，爲作福田，現受摶食。

第一，布施食物。菩薩在布施上妙飲食時，發願一切眾生皆能獲得智慧食，這是菩薩摩訶薩布施食物時所發的願。

（2）施飲

菩薩摩訶薩若施飲時，以此善根如是迴向，所謂：願一切眾生飲法味水，精勤修習，

具菩薩道。斷世渴愛，常求佛智。離欲境界，得法喜樂。從清淨法而生其身，…

第二，布施飲、布施水的時候，希望一切眾生飲法味水。

布施所擁有的一切，無論看得到、想得到，拿得到的東西。有的人是布施衣服，有的人則布施車子，有很多種不同項目與種類的布施方式。

以下將卷二十五列舉的十五項布施整理如表，歸納一迴向規則：

善攝【願一切眾生】

	外財	出世間功德
1	食	智慧食
2	飲	飲法味水
3	上味	無量法味
4	車乘	一切智乘
5	衣	慚愧衣
6	華	諸佛三昧華
7	鬘	人所樂見
8	香	具足戒香
9	塗香	施香普熏
10	牀座	得賢聖牀座
11	房舍	安住清淨佛剎
12	住處	常獲善利其心安樂
13	燈明	得無量光普照一切諸佛正法
14	湯藥	永離病身得如來身
15	一切器物	成等虛空無邊藏器

表 25-28-1 迴向公式

由上可知，布施飲食，願得到智慧食；布施上味，願得無量法味；布施車乘，願得一切智乘；布施衣服，願得慚愧衣；布施華，願得諸佛三昧華。

飲食、上味、車乘、衣服等等，為什麼可以轉成無上的妙味？乃至於無上的智慧？

迴向公式，捨一得萬

（善攝「世間」→轉換為「出世間」）

菩薩摩訶薩如是施時，發善攝心，悉以

迴向，所謂：善攝色，隨順堅固一切善根；善攝受、想、行、識，隨順堅固一切善根；善攝王位，…善攝眷屬，…善攝資具，善攝惠施，…

「善攝」的意思，就是要能夠重視自己所做的每一次布施，即使是涓滴之善，都能夠成為一個無上供養的發心，菩薩的發心是傾盡自己的身心所能，歡喜布施，可知，願力跟發心是一種善攝的表現。

從迴向公式中，我們可以看到一個規律：上邊欄就是這幾卷所列舉的，不管是飲、食、上味、車乘、衣服、華等等各類供養物，透由「善攝」，即是中間欄的「願」：願一切眾生；然後將上邊的世間財物，轉換成下邊的無上功德法財。

就像專業的廚師，以供養的心，透過他的巧手，珍貴、慎重地運用專業，將普通的食材，轉變成一道道美味佳餚。

同樣的，平凡無奇的涓滴之善，透由「善攝」-- 發願迴向，可以將迴向公式上邊的世間財物，轉換成下邊的無上功德法財，成為出世間成佛的菩提資糧。

依迴向公式，衍生無量行持

迴向公式上邊的欄位，可以把布施變成忍辱、持戒、精進、般若，六波羅蜜都可以，經由大發心、願心來轉換為成佛的資糧。這是透過願力，來「善攝」所有的行。

藉由這樣一個公式就知道，隨著不同的因緣，發起大願心，就可以把自己所有普通的供養、不起眼的供養，成就百千萬倍的功德，也就是所謂的「捨一得萬報」，而且這些萬報裡，不但有世間勝樂之報，還有究竟的果報，就如同貧女一燈 (註 1*) 就是最佳的例證。

隨順堅固一切善根迴向，教導我們如何隨順所有的因緣，以堅固善根，讓善根所做的涓滴之善，都能夠入一切平等法界。

譬如，在法會裡面有所謂的十大供養，香、花、燈、塗、果、茶、食、衣、寶、珠，這十種供養，就是把世間所有能供之物歸成十種大類，這十大類是每個人隨著自己的喜好，乃至於目標心願的不同，而有了不同的選項，但不管選擇什麼樣的供養，要讓供養成為最殊勝的供養，就是要加上自己的大願心。

如果想修布施，又不知從何做起，可以在這個迴向裡找一找，看哪一些是你本來就在做的，又有哪一些是自己還不會做的，或者看自己有什麼專長能夠拿來布施，就把相關的那一段經文記起來，以後要做發心布施時，就照這個內容來發願，如此就是一個非常好的迴向文。

---

*註 1: 貧女一燈 (出自《阿闍世王授決經》) 時阿闍世王請佛，飯食已訖，佛還祇洹。王與祇婆議曰:「今日請佛，佛飯已竟，更復所宜？」祇婆言：「惟多然燈也。」於是王乃勅具百斛麻油膏，從宮門至祇洹精舍。時有貧窮老母，常有至心欲供養佛而無資財，見王作此功德乃更感激，行乞得兩錢，以至麻油家買膏。膏主曰：「母人大貧窮，乞得兩錢，何不買食以自連繼，用此膏為？」母曰：「我聞佛生難值，百劫一遇。我幸逢佛世而無供養，今日見王作大功德，巍巍無量激起我意，雖實貧窮故欲然一燈，為後世根本者也。」於是膏主知其至意，與兩錢膏應得二合，特益三合凡得五合。母則往，當佛前然之。心計此膏不足半夕，乃自誓言：「若我後世得道如佛，膏當通夕光明不消。」作禮而去。

王所然燈或滅、或盡，雖有人侍恆不周匝；老母所然一燈，光明特朗，殊勝諸燈通夕不滅，膏又不盡。至明朝旦，母復來前頭面作禮，叉手却住。佛告目連：「天今已曉，可滅諸燈。」目連承教，以次滅諸燈，燈皆已滅，惟此母一燈三滅不滅，便舉袈裟以扇之，燈光益明；乃以威神引隨藍風以次吹燈，老母燈更盛猛，乃上照梵天，傍照三千世界悉見其光。佛告目連：「止！止！此當來佛之光明功德，非汝威神所毀滅。此母宿命供養百八十億佛已，從前佛受決，務以經法教授開化人民，未暇修檀，故今貧窮無有財寶。卻後三十劫，功德成滿當得作佛，號曰須彌燈光如來、至真，世界無有日月，人民身中皆有大光，宮室眾寶光明相照如忉利天上。」老母聞決歡喜，即時輕舉身昇虛空，去地百八十丈，來下頭面作禮而去。

卷 26 五種福田：佛、菩薩、僧、二乘、諸福田

菩薩摩訶薩以種種車，眾寶嚴飾，奉施諸佛及諸菩薩、師長、善友、聲聞、緣覺，如是無量種種福田，乃至貧窮、孤露之者。

此卷一開始擺出很大的陣仗，「**菩薩摩訶薩以種種車，眾寶嚴飾**」，也就是一車一車的寶物運送而來，供養佛，供養菩薩、僧眾以及聲聞、緣覺，或者是布施給貧窮孤露之人。

此諸人眾，或從遠來，或從近來，或承菩薩名聞故來，或是菩薩因緣故來，或聞菩薩往昔所發施願故來，或是菩薩心願請來。

世間行善的人很多，能夠行這種布施的人，不管遠近，都是因為跟菩薩的因緣，跟菩薩的願心相應而來的。

布施的時候有五個對象，最圓滿的是佛，乃至於菩薩、僧、二乘聖者，或者是一切苦難的眾生，也是我們的福田。

所謂「福田」，「田」含有生長和收穫的意思；「福田」即可生福德之田。意即，供養這五種對象，福德猶如農人耕田，可收穫福德、功德，此五者即稱為福田。

布施的類別與對象：

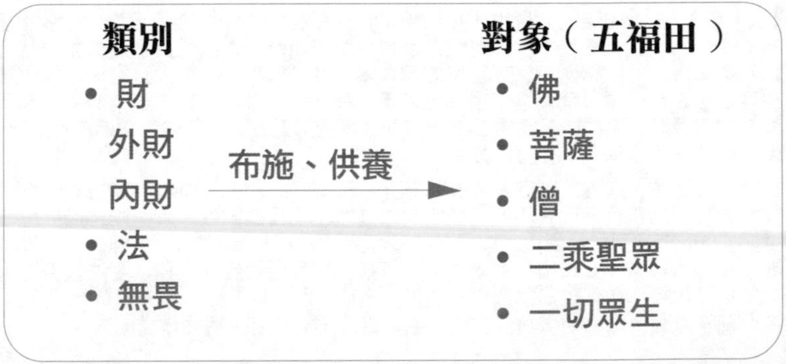

類別		對象（五福田）
• 財		• 佛
外財	布施、供養 →	• 菩薩
內財		• 僧
• 法		• 二乘聖眾
• 無畏		• 一切眾生

表 25-28-2 五福田迴向

供養僧眾的意義與功德

五種福田中，佛、菩薩、二乘聖者具有解脫的功德，眾人對供養這種具有公信力的對象，歡喜踴躍，信心十足。

然而，在供養僧眾時，凡夫僧的素質良莠不齊，往往令人心生疑慮。有人問：「有些時候，看到有的師父威儀不具足，有沒有德行也看不出來，甚至有時候做出不適當的行為舉止，凡此種種令人心生懷疑，這樣的出家人，值得我們來供養嗎？」

供養者會有如此疑慮，或許是常人的偏見；相對的，身為受供養者的僧人，亦有如此罣礙。回想當年師父剛出家時，每當隨僧團應供時，心中忐忑，覺得己身德行不夠，憑什麼接受大眾的恭敬與供養？對不對得起一切信施？

誦讀卷二十六《華嚴經》文，心中疑慮得以釋然。略釋如下：

如法而圓滿的供養，可從施者（即供養人）之心態，與受者（即受供者），兩角度觀察討論：

- **施者 -- 供養者心懷平等恭敬心**

菩薩摩訶薩以眾寶車布施僧時，起學一切施心、智善了心、淨功德心、隨順捨心、…

第一，供養者應懷平等恭敬之心，供養的是無上的僧寶。所以要學習僧寶的捨家，出家僧人剃除鬚髮、換上這一身袈裟，不像一般人每天在想，怎麼變化髮型？穿哪一套衣服？才能夠襯托出身份跟地位；出家人剃除了頭髮，露出一個大光頭，髮型永遠不會變，穿來穿去就是兩件破衣服，先不論他修行如何，光是這一念捨俗之心，值得學習與尊敬。

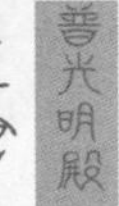

僧寶難遇心、深信僧寶心、攝持正教心，住勝志樂得未曾有，為大施會出生無量廣大功德，深信佛教不可沮壞。

當然，供養者會期待出家僧寶，既然已有此難遭難遇的機緣出家，一定要精進，成就道業。因此在供養時，要起一個善念，好難得能夠遇到一位出家師父，好難得有一位菩薩，願意下定決心發出離心，能夠在世間以弘揚佛法為本份。

如此思惟，以虔誠心頂禮，在頂禮的當下，要感恩這位師父，也要祝福與期待這位師父。如此期待跟祝福的心，會讓世間真正發心修行的僧寶，得到護持。

眼前這一位僧人，也許不是修行修得最好的僧人，但因其所現之相，是佛陀賦予的清淨僧相；其身份也不代表個人，而是作為僧團的代表。因此，我們用尊敬的心、恭敬的心護持僧眾，等於護持佛陀，護持佛陀的教法，這是我們供養僧眾的心。

- **受者 -- 應供者自我期許住持佛法**

以諸善根如是迴向：所謂願一切眾生，普入佛法憶持不忘。願一切眾生，離凡愚法入賢聖處。願一切眾生，速入聖位，能以佛法次第開誘。願一切眾生，舉世宗重，言必信用。

第二，供養者以恭敬心供養僧人，接受供養的僧人，應以何等心受供呢？

在經文中可以看到，供養人的發願，「**願一切眾生，普入佛法憶持不忘，**」表示身為僧人，就是讓一切眾生都能夠學習佛法，這是僧人的工作；再者，「**願一切眾生，離凡愚法入賢聖處**」，現了清淨的僧相，就是要離開凡夫、愚人的層次，進入賢聖的修學；三者，「**願**

一切眾生速入聖位，能以佛法次第開誘。」僧人的工作就是弘揚佛法，在家的工作就是護持佛法，出家弘法、在家護法，佛法就會興盛。

但怎麼樣能成為一個好的弘法師呢？「**願一切眾生，舉世宗重，言必信用。**」此句雖然是供養人的發願，法師可將之作為自我的期許。「舉世宗重」，在居士眼中，出家人就是如此被期待，如此受敬重。而且「言必信用」，至少要有能夠讓人信任的素養。

面對了各式各樣不同的僧眾，有的法師威儀具足，令生敬仰，有的並不一定可以讓人看得出修行。在供養僧眾時，要以一平等的心，因為供養的是代表佛陀、教法的清淨僧相，而不是供養個人。

當然每個人都最希望能夠供養到阿羅漢，能夠供養到賓頭盧尊者，可是在這個世間，大家都還在因地上努力，目前還修得不圓滿，但是已經朝向圓滿而努力，終有一天，我們都會究竟平等。

因此，就要用這種平等的心，來看待所有的修行人，即使他只是初學者。雖然現在修行功夫微弱渺小，有了方向，就可以知道怎麼去努力，希望有一天，所有世間的出家師父，都能夠真正住持佛法。

供養《華嚴經》，護持僧眾，使山門鎮靖，佛法常興

此迴向所教導的普同供養之發心，提供禪院在推動供養《華嚴經》的指導方針：應該以何等發心供養《華嚴經》給道場、僧眾及一切眾生，供養後的發願與迴向，期許受供者達到何等目標。

就是要用這種普同供養的平等心，來祝福恭請這部《華嚴經》的人：我所發心助印的這部《華嚴經》，送到了一位不知名的僧眾，乃至於不知名的修行人手上，祈願：「當他打開經典，開始誦念佛陀經中的諄諄教誨後，能因此發了無上菩提心。」而身為供養者的我們，只是將經書送到他的面前，成就他發菩提心的因緣。

在台灣，大眾可能感受不到經書的可貴，各處的結緣架上陳列著各式各樣的金剛經、普門品等結緣經書免費流通。但是，這幾年在海外供養流通《華嚴經》的經驗，方知並非所有的地方都能輕易取得經書。

譬如在中國東北黑龍江省中，有一座道場收到經書時，感歎回覆說：「終於有經書可以讀了！過去幾年來參加華嚴法會，都只能在天寒地凍中聽擴音。」為何如此艱苦？實在是因為經書不夠，僅有的書給執事法師使用，其他與會大眾，聽維那法師誦讀音聲。以耳朵「聽」誦經聲參加法會，身在台灣的信眾能夠想像嗎？

在經書稀有珍貴難得之地，修行大眾是如此渴望得睹佛經，相對於此，我們身處在佛法興盛，經書易得之地，能不心懷感恩嗎？有時候也因為經書易得，往往還不一定願意翻開，如同唐朝義淨大師所言：後賢如未諳斯旨，往往將經容易看 (附 2**)。

是爲菩薩摩訶薩施僧寶車善根迴向，爲令眾生普乘清淨無上智乘，於一切世間轉無礙法智慧輪故。

當我們得知這樣的狀況後，即使是千里之遙，運送費用超過經書本身好幾倍，中間也不知

** 附 2：唐朝義淨三藏作【取經偈】
晉宋齊梁唐代間，高僧求法離長安，去人成百歸無十，後者安知前者難。
路遙碧天唯冷結，沙河遮日力疲殫，後賢如未諳斯旨，往往將經容易看。

要經歷多少的波折與困難，我們還是盡一切力地供養經書，在得到道場回饋與感恩的同時，真覺得這一切都是值得的，也終於體會到一點點，佛陀以頭目腦髓供養一切大眾的心情，就是希望一切眾生，都能夠得到佛法的滋潤與法味。

我們生在佛法盛行的地方，要知福、要惜福，甚至於把福報分享給更多需要的人。很多人真的不知道要去哪裡求法，甚至還有很多人不知道有佛法，希望大眾能夠藉由供養一切大眾的時候，要發願能令一切眾生「**普乘清淨無上智乘，於一切世間轉無礙法智慧輪。**」佛陀的弟子，依著佛的教誨而行，值得大眾的護持與信任，希望大眾能夠發心一起來護法護僧。

無畏施

願一切眾生離諸怖畏，菩提樹下摧伏魔軍。願一切眾生離大眾怖，於無上法心淨無畏，能為最上大師子吼。願一切眾生，得無障礙師子智慧，於諸世間修行正業。願一切眾生到無畏處，常念救護諸苦眾生。是為菩薩摩訶薩自捨身命，救彼臨刑諸獄囚時，善根迴向。為令眾生離生死苦，得於如來上妙樂故。

菩薩為了讓我們心無恐懼，精神安定，而竭盡所能把自己所有的一切都布施出來，從所擁有的一切外財乃至於身體髮膚，為了拯濟眾生，悉皆捨施在所不惜。目的只為了讓我們可以不因為匱乏而心不安定，不因為外境及處在大眾中而惶恐不安，沒有一切厄難，沒有災橫逼惱，甚至是面對死亡時，也能超脫無懼，此即無畏施。

卷 27 內財布施與法供養

卷二十七的布施，難度明顯提高了。主要談及內財的布施，和為法忘軀的法供養。

內財供養—連膚頂髻、頭目腦髓

不管是誰，只要有來求布施，都是給我們一個機會來修供養的功德。既然你已經要布施了，就讓這一件事情可以成為波羅蜜，波羅蜜就是圓滿的意思。這個布施應該要怎麼樣才叫做圓滿。舉例如下：

菩薩摩訶薩布施乞者連膚頂髻，…。

連膚頂髻，是連著皮膚的頭髮。

菩薩摩訶薩遇到乞者向菩薩乞討連著皮膚的頂髻，人皮是最珍貴的內財，如今竟有人來索討，這可是攸關性命的布施啊！

菩薩怎麼面對這件事情？

菩薩是時見乞者來，心生歡喜而語之言：汝今若須連膚頂髻，可就我取，我此頂髻，閻浮提中最為第一。

菩薩見到乞連膚頂髻者，竟然「心生歡喜」？

舉連膚頂髻的布施，算是布施裡面的最高境界，因為連皮都不要了，這個人真的不是普通人。能行如此布施者，稱為「菩薩」，而且菩薩行布施時，是心生歡喜的。

歡喜心供養是願力，沒有歡喜心是業力

我們看過貂皮大衣，穿過羊毛的衣服，也知道有很多的皮毛，甚至於還沒有修行的時候，就是講究真牛皮、鱷魚皮等，難道，牠們也是在修布施與供養？

這些動物在布施牠們的皮毛時，並沒有心生歡喜，所以是一種業力；如果布施時心生歡喜，就是一種願力。

菩薩不但心生歡喜，還跟乞者自誇：你如果要連膚頂髻，可以跟我拿，為什麼？因為我這個頂髻是世界上最高貴、最頂級、最上等的。可知既然要布施，就要用最高級、最上等的。

菩薩摩訶薩作是施時，以諸善根如是迴向：所謂願一切眾生得無見頂，成就菩薩如塔之髻。

而且菩薩還發願，「願一切眾生得無見頂相」。無見頂相是佛的八十種相好之一，為佛陀行菩薩道時，頭頂禮拜一切聖賢、師長、父母，尊重讚歎，恭敬供養而得之果德。

菩薩摩訶薩以眼布施諸來乞者，…菩薩摩訶薩能以耳、鼻施諸乞者，…。菩薩摩訶薩見有人來，手執利刀乞其身皮，…菩薩摩訶薩以手、足、指施諸乞者，…

接下來，除了連膚頂髻之外，還有眼的布施也是最高級的，耳鼻的布施也是最高級的，牙齒的布施也是最高級的，舌的布施也是最高級的。

不論是頭目腦髓，通通能布施，行布施時，首先就是一個歡喜心；第二，就是用最高級的來布施。

布施頭目腦髓，可說是最早期的器官捐贈

菩薩的內財布施，應該是最早的器官捐贈。

我們現在也有器官捐贈，很多人都說我有簽署捐贈意願書，但是器官捐贈的時機，是等人往生後，才捐贈出來。但是，菩薩現在活得好好的，乞者要求器官捐贈時，菩薩不但心生歡喜，而且還在自己狀態最好的時候捐贈，所以這是世界上最高等的器官捐贈。

為什麼菩薩能夠做出一般世人認為「傻」的行為？也許佛陀腦中的結構不同，思惟邏輯也與眾不同。

但若以結果論而言，最後的結果是佛陀成佛了，而我們卻仍在輪迴。我們生生世世為了要活得更好，不但不惜傷害眾生，還巧取豪奪眾生的頭目腦髓等身軀，從來沒有一念要布施頭目腦髓給他人，這就是我們跟菩薩完全相反的地方。

讀了十迴向品，我們自己就要明白，為什麼菩薩會成佛，而我們卻在布施上產生很多的煩惱。

法布施

除了內財布施之外，我們還可以做法布施。

《華嚴經》裡如何談論法布施？

一般人所認知的法布施，不外乎認真學習佛法，然後講佛法給大家聽，就叫做法布施。看到這一段時發現，根本就不是這麼一回事。

法布施真義：捨身求法、為法忘軀

菩薩摩訶薩請求法時，若有人言：汝能施我連肉爪甲，當與汝法。

菩薩摩訶薩求佛法藏，恭敬尊重，生難得想。有能說者來語之言：若能投身七仞火坑，當施汝法。

菩薩求佛法時，若有人告訴他：你如果能夠把生命拿來交換，或者是你跳這個火坑，我就給你法。

此處的法布施，不是為他人講說佛法，而是為了求法，能夠把自己最珍貴的生命，也就是全部的身心布施出來作為交換的條件，面對此等要求，菩薩將如何回答？

菩薩答言：但與我法，連肉爪甲隨意取用。

為了求取佛法，菩薩摩訶薩可以布施自己的生命，可以跳火坑，內心毫無畏懼依然很歡喜。他是怎麼想的？

菩薩聞已，歡喜踊躍，作是思惟：我爲法故，尚應久住阿鼻獄等一切惡趣，受無量苦，何況纔入人間火坑，即得聞法？

奇哉，正法甚爲易得，不受地獄無量楚毒，但入火坑即便得聞。但爲我說，我入火坑。

菩薩思惟：如果沒有佛法，我還要繼續在地獄等痛苦的境界裡遭受無量的苦，現在只要跳火坑，就可以得到無上的妙法。取得妙法，不但自身可以脫離苦海，而且還可以廣度一切眾生，而這一切利益，只要跳火坑便可得，付出很划算。

這裡就是在考驗行者，有沒有這種求法之心，而多數人聽聞求法如此困難，甚至已經剝奪基本生存權益就心生退卻，很少人能做到為法忘軀。

為一文一字一句一義，生難得想。

菩薩摩訶薩處於王位，求正法時，乃至但爲一文一字，一句一義，生難得想，能悉罄捨海內所有：若近若遠國土、城邑、人民、庫藏、園池、屋宅、樹林、華果，乃至一切珍奇妙物、宮殿、樓閣、妻子、眷屬，及以王位，悉能捨之。

有些人會說：「師父，我忙完紅塵俗務，一定會來追隨您的腳步，聽聞佛法，認真修行。」這樣的說法很普遍，認為修行學佛是忙完「正事」後，閒暇時的一種選擇，這不是求法之心。

什麼是求法之心？為了聽聞佛法，要排除萬難，萬緣放下。因為佛法是要求來的，而不是等到空閒時才尋求佛法來打發時間。

如果佛法是給空閒無事的人聽的話，那麼，每天都在街頭閒晃流浪的街友們，應該最有時間來聽聞。可是，師父弘法那麼久以來，從來沒有一位街友說：「這裡有免費的佛法可以聽，我要趕快來聽佛法。」他寧可躺在那個地方，也不願意聽佛法。

眾生流轉三界中，猶如三界中的流浪漢，根本不知道自己真正的家在哪裡，還以為自己現在暫時的這個家，是終極的家。

所以，我們這些三界當中的流浪漢，現在好不容易有了善根，就要趕快作為眾生的代表來聽聞佛法。在十住品的時候，我們已經搬家搬到佛的家，找到真正的家，但是，還有很多三界當中的眾生無家可歸，因此，要將佛法告訴更多在這世間無家可歸的人，讓他們也能回家。

求取正法，只為了難得的一字一句，就能夠解脫所有的業障、所有的煩惱，用這一生所擁有的有漏的、生滅的財寶來交換，其實是很值得的。

世尊捨家出家，弘法利群生，為最上法布施

三千年前，印度的悉達多太子，擁有世間的一切，甚至於可以成為統一印度的轉輪聖王，但是他選擇不繼續在他的國家稱王，離家出走，去追求無上的妙法，只為了令一切眾生能夠徹底脫離苦難。

這樣子的發心，他必須要捨掉他最珍愛的人民、珍愛的妻子、乃至於珍愛的王位，他都必須要能捨。為什麼？因為他知道，佛法是最究竟的，捨家出家，成為利樂眾生的大法王。

於不堅中求堅固法，為欲利益一切眾生，勤求諸佛無礙解脫，究竟清淨一切智道，...

這世間所擁有的東西都是不堅固的，終有壞滅的一天，在不堅固的法當中，來轉換為堅固的法，這是非常有智慧的一種選擇。

如果沒有佛陀當時這樣的決定，我們可能連佛法是什麼都沒有機會聽聞。因此佛陀教導我們，為了求取一切無上妙法，要能夠捨棄現在小小的安樂與貪著，這個才是學佛最高境界。

這就是法供養，就是法布施。

歡喜心、慈悲心、恭敬心，即是無上布施

即以所有一切樂具，盡皆施與。復以善語爲說妙法，令其歡悅。

這一卷教了我們內財布施與法布施，不管你是行內財的布施，還是法布施，都要心生歡喜。當我們有歡喜心、慈悲心、恭敬心，就會對一切眾生給我們這種布施的機會心生歡喜，就可以做非常圓滿的布施波羅蜜，然後再透過大願，把有漏的財布施，轉換成無上的功德法財，最後「**復以善語爲說妙法**」，發起一個大願心，希望一切的眾生，都能夠得到佛法的滋潤。

法布施，並非指你能講說玄奧的佛法名詞。很多人學佛學越久，說話越來越令人難以理解，漸漸與親友格格不入。其實佛法是最貼近生活的，若我們平常生活中，常保持歡喜心，將歡喜布施給所有的眾生，這就是最上等的法布施。有了求法的心，你所說出來的每一句話，才能符合佛陀的教法。

討論高難度的器官捐贈與為法忘軀的法布施之後，可能有的人覺得菩薩行真的是太不容易了，也有人會打退堂鼓，但是也有人會因此感覺到菩薩的了不起，我們也想要學習，但是能夠做到像菩薩這樣的為法忘軀，機會較稀少。

接下來，有幾門非常實用的方法，可以提供較多的機會行布施。

卷 28 三種實用的布施法

宣傳轉教：以大音聲普告一切如來出世

菩薩摩訶薩若見如來出興於世，開演正法。以大音聲普告一切：如來出世，如來出世，

令諸眾生得聞佛名，捨離一切我慢、戲論。

這一個布施，就是發心成為佛陀的宣傳特使。

什麼是佛陀的宣傳特使？我們可以大聲告訴所有的人：佛陀現在出現在世間，世間有佛法，這是宣傳的一個功德。假若自己在社會上是有影響力的，就要更發心告訴所有人學佛的好處。

最佳佛法代言人

有趣的是，有些名人學佛，不敢讓人家知道，偷偷摸摸學佛，不敢讓別人看到，覺得學佛好像是一件很丟臉，很見不得人的事情。

試想，若社會上具有良好形象的名人親近佛法，譬如知名明星學佛吃素，可能很多粉絲與影迷也會對佛法有一個好的印象；反之，若金光黨、黑社會大哥，或者名聲不佳的名人學佛，大家連帶就會對佛法產生懷疑。

因此，作為佛法的代言人，自己須具備佛法的正確信仰與知見，而且在社會上要具有正面影響力。

復更勸導，令速見佛，令憶念佛，令歸向佛，令攀緣佛，令觀察佛，令讚歎佛。

譬如，我們雲端共修學員裡，有位謝醫師，曾被票選為百大良醫，媒體也報導說這位醫師是患者稱讚最溫柔的醫師。此時，謝醫師就要一馬當先站出來，大聲疾呼學佛的好處。凡是接觸的患者，都會因此跟佛法結下善緣，進而「復更勸導令速見佛。」送他一套《華嚴經》，鼓勵大家用佛法來滋養身心，百病蠲除，是最好的良藥。

復爲廣說佛難值遇，千萬億劫時乃一出，衆生由此得見於佛，生淸淨信，踊躍歡喜，尊重供養。

希望所有遇到我們的人，都知道佛法非常好。為什麼？因為佛陀與佛法真的千載難逢，眾生見了佛之後，他就有機會離苦得樂。所以希望能夠透過大眾的口耳相傳，大眾的身口意，成為佛陀最佳的宣傳組。

此項布施不須捐贈難捨的頭、目、腦、髓等，是最容易的一種發心。如果我們講不出個所以然，就直接給他《華嚴經》，再講不出個所以然，就給他一個網路連結，請他時間到了就上線共修，自然就有得度的因緣。

菩薩摩訶薩開示衆生令見佛時，以諸善根如是迴向：所謂願一切衆生不待勸誘，自往見佛，承事供養，皆令歡喜。願一切衆生常樂見佛，心無廢捨。…是爲菩薩摩訶薩歎佛出世善根迴向。

菩薩勸誘大眾時，希望大眾都自動來皈依佛、學習佛法，自動來發心。其實大部分的人，並不是不願意學佛，而是不知道有佛法，所以我們搭上一座橋，使其通過走到佛國淨土，這是我們的發心。

所以，讚歎佛陀出現於世的殊勝難得，也是迴向的一種。

捨於大地施諸佛造立精舍

菩薩摩訶薩捨於大地，或施諸佛造立精舍；或施菩薩及善知識隨意所用；或施衆僧以爲住處；或施父母，或施別人、聲聞、獨覺種種福田，乃至一切貧窮孤露及餘四衆，

隨意悉與，令無所乏；或施造立如來塔廟。

菩薩摩訶薩還可以布施土地，像禪院２０２０年啟動建設寶嚴國際佛學研修院，作為全球雲端共修的實體學校，同時，這也是教育局委託基金會辦理的一個社會大學。我們一位居士很發心，在學校旁邊買了一塊地，作為將來道場的預定地，這個就是布施地，「**施諸佛造立精舍。**」

祇樹給孤獨園的發起者 -- 給孤獨長者

布施土地做什麼？是為了要弘揚佛法。

佛陀在世的時候，因為給孤獨長者在舍衛國，以黃金舖地購得世界上最美的園林－－祇陀太子的花園，並感動祇陀太子，一起將祇樹給孤獨園供養給佛陀，迎請佛陀及其僧團在此住錫二十五年，多部重要的經典，如《金剛經》、《阿彌陀經》、《楞嚴經》等等，皆於此地宣說。

時至於今，凡聽聞佛陀教法因此而開悟成道證果的佛弟子眾，都將功德迴向給當時發心布施大地的功德主。

我們常常開玩笑，給孤獨長者真的是太聰明了，他用黃金換取這塊地，供養給佛陀後，現在就在天上，坐收大眾的功德迴向，亦即凡是聽聞在此地講說的經典功德，他都可以抽取commission，這是非常聰明的，因為千秋萬世的佛弟子，會飲水思源，都會感恩與迴向。

由此可知，布施土地來建設道場，這一塊土地產生的功德會比炒地皮的效用更大，而且是生生世世享用不盡。

菩薩摩訶薩隨何方所布施地時，以諸善根如是迴向：所謂願一切眾生，具足清淨一切智地，悉到普賢眾行彼岸。…

菩薩布施地時要發願，不只要接收世間的功德，最重要的，希望一切眾生，透過我們的布施，能夠聽聞佛法，能夠究竟具足清淨一切智地，所以這是布施地的一個發心。

布施僮僕 -- 殊勝的身布施成就千百億化身

菩薩摩訶薩布施僮僕，供養一切諸佛、菩薩真善知識；或施僧寶，或奉父母尊勝福田；或復給施病苦眾生，令無闕乏，以存其命；…

再來，第三個更實用了，我們沒有財力，也沒有社會地位，也沒有口才，那到底怎麼辦，第三個選項來當義工，菩薩摩訶薩布施僮僕，誰是那個僮僕，如果你不是主人，那你就當僮僕，供養一切諸佛菩薩真善知識，香燈、乃至於叢林的執事，都是諸佛菩薩的侍者，來供養佛，其實我們就是僕人，來服務一切的眾生，我們是眾生的僕人。

這幾年在企業界，有一個理論，叫做僕人式的領導，就是領導者要用服務的心情，要能夠以平等的慈悲心來服務一切大眾，而不是高高在上。

其諸僕使，皆聰慧善巧，性自調順，常勤精進，無有懈惰；具質直心、安樂心、利益心、仁慈心、恭恪心、無怨恨心、無讎敵心，能隨受者方俗所宜，於彼彼中作諸利益；…

既然來道場發心，就要讓自己成為好用的一個僕人。

如果來道場當志工，問：「師父，有什麼需要我幫助的？」師父問：「你能做什麼？」

答：「我什麼都能做，只有兩個不能做，就是這個也不能做，那個也不能做。」這個人就沒辦法幫上任何忙。

所以到道場來發心，事不論大小，乃至於各式各樣的工作，只要分配到我們身上，都全力以赴，成為佛陀最好用的僕人。

菩薩爾時以諸善根如是迴向：所謂願一切眾生得調順心，一切佛所修習善根。…

正確的發心，不是為了哪一個人，也不是因為空閒太多，來道場攀緣打發時間，都不是；而是因為發了無上菩提心，所以來到這裡，越來越發心，越發心越會讓自己，成就千百億化身。

隨相迴向、離相迴向，圓滿布施波羅蜜

以上這六十項，都是隨相而發心，隨相而迴向，進一步，離相迴向，修了一切的功德，不執著一切功德；修了一切善法，不執著一切善法；度了一切的眾生，而沒有眾生相，沒有我相，就可以把所有的功德，迴向給究竟無上的菩提，迴向給實際理地，乃至於究竟至彼岸，這是真實的迴向。

菩薩摩訶薩如是迴向時，則爲隨順佛住，隨順法住，隨順智住，隨順菩提住，…

隨順佛法僧，隨順究竟的真理，這個迴向就能夠修的圓滿，即為隨順堅固一切善根迴向。

當我們布施了之後，透由發願，願一切眾生，把布施的功德，迴向給一切眾生，迴向究竟無上菩提，乃至於迴向真如自性實際理地，這是迴向的修行。

卷 29

十迴向品

等隨順一切眾生迴向

一切世間之所有　種種果報各不同
莫不皆由業力成　若滅於業彼皆盡

十迴向品

七等隨順一切眾生迴向

引言

俗諺云：「學佛一年，佛在心田，學佛兩年，向佛要錢。」當然我們希望，學佛一年，佛在心田，學佛十年，乃至於生生世世，都不要有向佛要錢的事情發生。因此，在一開始發心的時候，就要有一個正確的觀念，要發長遠心，而且「初心不忘，成佛有餘」。

第七等隨順一切眾生迴向，重點即在討論如何讓自己初發心至盡未來際，無論度多少眾生，都能以平等心對待一切眾生。

釋名：「等」、「隨順」、「一切眾生」

等隨順一切眾生迴向，從名稱上可知有三重點「等」、「隨順」，以及「一切眾生」。

《綱要》：「等即平等，通於能所。所順眾生無相平等，能隨順心智照平等。」

所謂的「等」，就是平等。《華嚴經》最重要的觀念就是「平等法界」，所謂「初發心即成正覺」，初發心時的心是圓滿的，最終成正等正覺的心也是圓滿的，此即平等法界。

此平等「通於能所」即「能隨順心」與「所隨順眾生」平等。此迴向教導我們，如何讓自己初發心的「能隨順心」平等，對「所度的眾生」也都是平等的。

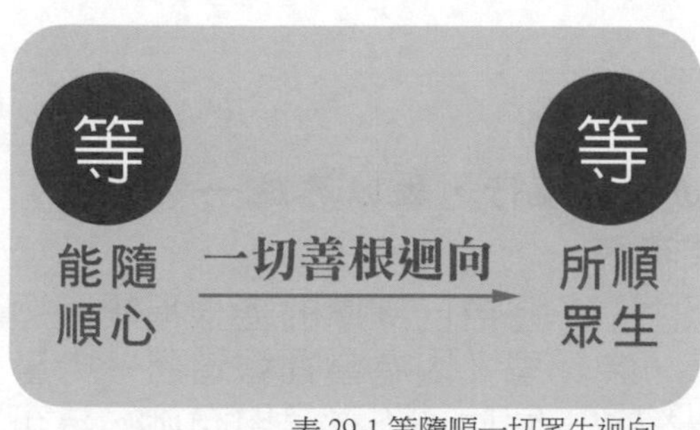

表 29-1 等隨順一切眾生迴向

云何為菩薩摩訶薩等隨順一切眾生迴向？

菩薩要如何等隨順一切眾生迴向？以下有三個重點。

(一) 發菩提心，積集一切善根功德

此菩薩摩訶薩隨所積集一切善根，所謂：小善根、大善根、廣善根、多善根、…集無邊功德善根、勤修習菩薩業行善根、普覆育一切世間善根。

善根無論大小廣狹，隨著不同的因緣，來累積自己的福報，累積自己的善根。

菩薩摩訶薩於此善根修行安住，趣入攝受，積集辦具，悟解心淨，開示發起時，得堪忍心，閉惡趣門，善攝諸根，威儀具足，遠離顛倒，正行圓滿，…

菩薩以善根為基礎安住修行，漸漸心開意解，面對一切的順逆境界時皆安住不動，而且能夠守護眼、耳、鼻、舌、身、意六根，行住坐臥威儀具足。

善根從哪裡來？如何才會成為一個有善根的人？

此諸善根，是菩提心之所積集，…皆為憐愍一切眾生，皆為趣求一切種智，皆為成就如來十力。作是念時，善根增進，永不退轉。

善根是菩提心所積集，因為當行者發菩提心之後，所有的起心動念，都是為了憐憫一切眾生，乃至於為了求一切種智，這樣的發心，就可以累積善根功德，永不退轉。

(二)所順眾生平等：平等布施不求回報

第二，對於一切眾生要有平等心。

菩薩摩訶薩復作是念：願我以此善根果報，盡未來劫修菩薩行，悉以專施一切眾生，悉以迴向一切眾生，普遍無餘。願令阿僧祇世界珍寶充滿，…

菩薩既然發菩提心，發願盡未來劫「上求佛道、下化眾生」，將自己深厚的善根福報，迴向給一切眾生。接下來，就要想辦法讓自己的福報充滿，為什麼？因為當福報增勝，力量增勝、智慧增勝的時候，眾生所有的祈求，我們都可以給予。因此，不管是財布施、法布施和無畏布施，都需要累積無量無邊的善根，才有辦法讓一切的眾生予取予求。

假使一人盡未來劫，常來求索，以此等物而惠施之，未曾厭倦而有休息；…

平常我們先想到布施的對象，就是我們喜歡的人，或者是我們恭敬的人，但是，這是隨著自己的感情與愛憎之心而布施，是一種不平等的布施。

佛菩薩的心，視一切眾生如一子，「一切男子是我父，一切女人是我母。」有了這種觀念之後，將對自己親眷的悲憫心，擴展延伸到一切眾生，將眾生是為自己累生累劫以來的親眷，如此自然而然做得到平等隨順一切眾生。

因此，菩薩不分親疏，對一切眾生皆悉平等布施。

如於一人，於一切眾生，悉亦如是。

再者，假使一個人來乞求，我們可以布施，假使百千萬億人來乞求，菩薩依然保持如對一人般平等心的布施。

菩薩摩訶薩以諸善根如是迴向，盡未來劫常行惠施，住一切智智心。

此外，行布施的時間能持續多久？菩薩發心盡未來劫常行惠施。

如此，對所隨順的眾生，無論「時間」、「對象」、「數量」皆平等布施，如果做到了，就是把過去累積下來的善根，再做一個升級，善根功德隨此迴向而擴至無窮無盡。

（三）能隨順心平等

第三，平等如佛的隨順心。

菩薩摩訶薩如是施時，生於此心，所謂無著心、無縛心、解脫心、大力心、…無壽者心、…令一切眾生住無上智心、生大法光明心、入一切智智心。

菩薩布施時「生於此心」，指的是什麼心？就是佛陀不捨眾生的心。佛陀的心沒有執著，沒有束縛，沒有時間、沒有空間，只是為了盡自己生命的所能，令一切眾生都能夠發菩提心，而入一切智智。

菩薩布施時亦是如此，只是用一個很赤誠的心，沒有祈求受施者要有所回報，只是希望能夠成就其善根福德因緣，使其圓滿成佛。此即「能隨順心」，平等如佛。

能「隨順」心、所「隨順」眾生，悉皆「平等」

等隨順一切眾生迴向的整個結構：能隨順的心，從初發心到究竟成佛，都是平等不二，從來沒有改變；對於所有的對象，也不捨一眾生，希望一切眾生，都能夠究竟成佛，只是因緣、方法不同，得度的時機也不同。

有了這種心情之後，盡未來際所結到的善緣，都是清淨的，都是感恩的，而不會有這種心態：「怎麼這麼倒楣，今天會遇到這個人？」也不會有：「奇怪，為什麼身邊都是小人？」等等這些問題。因為在菩薩的眼中，眾生是平等的，自己的心也是平等的。

成就此迴向的功效：摧滅一切魔怨，拔諸欲刺

菩薩摩訶薩成就此迴向，則能摧滅一切魔怨，拔諸欲刺，得出離樂，…

當菩薩成就這種迴向的時候，他會產生一個非常特別的效力，叫做「**摧滅一切魔怨拔諸欲刺**」。隨著修行累積資糧，福報漸漸增長，名也來了、利也來了，眷屬也來了，所有世間最好的果報，漸漸在向我們靠攏。當此福報增勝之時，對修行人而言，考驗方才正式開始：面對誘惑究竟是要成佛？還是要成為大魔王？

一念迷即魔，一念覺即佛

魔王跟佛陀的福報，都是同等廣大，無量無邊，但是魔王跟佛陀的心念，差別就在：是否平等？

魔王的心是不平等的，認為既然眾生都是我度的，我是眾生的大恩人，這一些隨之而來的名與利，都是理所當然我所應得，我要做世界上最大的王，掌控全世界，這就是魔王的心態。

反之，諸佛菩薩的心是平等的，認為眾生會成佛，是自己的善根福德因緣成熟，而不認為是自己的功勞。所以佛陀說：「我講了無數無邊的法，可是我從來沒有講過一個字，我度了無量無邊的眾生，但是沒有一個眾生是我度的。」如此，沒有分別心，沒有執著念，佛

陀最終成了佛。

如果在福報增長的過程，忘記初發心時的那一念真誠的心，日子久了，就開始墮落在欲望當中，就會深陷欲望的泥淖中而不可自拔。

菩薩摩訶薩在修行的歷程當中，有重重的考驗，也有重重的功課。透過前面的修行用功，福報增長，善根增長，此時，這個迴向就非常關鍵，決定你是往成佛的方向走，還是漸漸的變成一個傲慢無比的魔王。此即菩薩摩訶薩以一切善根等隨順一切眾生迴向。

卷 30

十迴向品

眞如相迴向

菩薩觀心不在外　亦復不得在於內
知其心性無所有　我法皆離永寂滅

十迴向品

八真如相迴向

引言

第八，真如相迴向，又稱為「自性迴向」。

本節舉《大乘起信論》中真如的定義、及真如的熏習，以助了達此迴向之真義。

釋名：真如（引自《大乘起信論》）

心真如相，即示摩訶衍體

什麼是真如？《大乘起信論》談到心真如相，即是吾人本心本性的自體。心有體、相、用，心的自體，就是人人本具的清淨自性，不可說、不可見，無形無相。雖說心之體無形無相，但心的作用有多種功能，因而產生種種差別相，所謂一心生十法界。

圖 30-1 一心生十法界

譬如，心起一念慈悲心，就會產生菩薩的功德妙用；心起一念貪心，就會變成貪婪的畜生、地獄、餓鬼之相。人的心起善念，成為一個好人；心起惡念，就是無惡不造的壞人。

心真如者，即是一法界大總相法門體。所謂心性不生不滅。
一切諸法唯依妄念而有差別。若離心念，則無一切境界之相

眾生不明真如自性，隨著各種妄念，產生了各式各樣的差別相，迷失在其中。現在明白真如是法界、世界的總體，隨著自己的修行，要回歸到真如實際理地、真如自性，自然就離開妄念，進入平等法界。

一切法不可說不可念，故名為真如。

依著真如來修行要怎麼修？過去誦經、禮佛、打坐、聽經、聞法、修菩薩行，似乎都是在有為的作用當中，那現在不可說、不可念，應如何修？

此真如體無有可遣，以一切法悉皆「真」故。亦無可立，以一切法皆同「如」故。

真如自體，是「無有可遣」，因為一切法本來就是真實；「亦無可立」，因「**一切法皆同如**」。既然無遣、無立，所以修真如法界是最簡單的，就是不打妄想、不生分別，安住在當下，即是自性真如。

真如熏習—自體相熏習（內熏）、用熏習（外熏）

真如的熏習有兩種：第一、從過去到現在以來，心的本體就是自體相熏習；第二、藉由種種的因緣，來成就我們的善根，這叫做用熏習。

一、真如熏習—自體相熏習（內熏）

從無始世來，具無漏法，備有不思議業，作境界之性。依此二義，恆常熏習。以有力故，能令眾生厭生死苦、樂求涅槃，自信己身有真如法，發心修行。

真如自體相熏習，就是每一個人本具的清淨自性。自性有不可思議的功德，產生不可思議的作用，這種力量，將使眾生即使不明自性真如，亦會在冥冥當中，好樂修行、聞法歡喜，厭惡世間的紛擾，產生想要追求究竟解脫的渴望，這就是真如自熏所產生的力量。

若因緣具足者，自有熏習之力，又為諸佛菩薩等慈悲願護故，能起厭苦之心，信有涅槃，修習善根。以修善根成熟故，則值諸佛菩薩示教利喜，乃能進趣向涅槃道。

有了內熏之力，加上諸佛菩薩的慈悲護念，內因加上外緣，因緣具足，就會開始走上修行這一條路。

二、真如熏習—用熏習（外熏）

此人依於諸佛菩薩等，從初發意始求道時，乃至得佛，於中若見、若念：或為眷屬、父母、諸親、或為給使、或為知友、怨家、或起四攝乃至一切所作無量行緣，以起大悲熏習之力，能令眾生增長善根，若見若聞得利益故。

當我們發心修行的時候，從初發心開始，每一個人的因緣不同，也許是因為父母，也許是因為朋友，甚至有的人因為怨家的逼迫，走上了修行這條路，只要自己內心起了一個念頭：「我想要求究竟之道，我想要了解世界的真實之相，我想要明白自己生從何來、死往何去？」那麼，就會踏上佛菩薩鋪設的這一條修行道路。

差別緣：一、近緣：速得度故，二、遠緣：久遠得度故。
平等緣：一切諸佛菩薩，皆願度脫一切眾生，自然熏習恆常不捨。

真如熏習的外緣有兩種：一是差別緣，一是平等緣。菩薩都是慈悲平等的，想要度化每一個眾生，但是每一個人得度的因緣都不同。有的人很容易得度，有的人先結個善緣，久遠得度，不管是近緣還是遠緣，菩薩對眾生的願力，是平等沒有差別的。

真如相迴向

如果能夠了解真如的定義、以及真如的熏習，就能明白真如相迴向。

何者是菩薩摩訶薩真如相（自性）迴向？

一切善根迴向一切種智

菩薩爾時慧眼普觀所有善根無量無邊。其諸善根修習之時，若求緣、若辦具、…若開示，如是一切有種種門、種種境、種種相、…種種修習。其中所有一切善根，悉是趣向十力乘心之所建立，皆悉迴向一切種智，唯一無二。

此菩薩以慧眼觀察，過去累生累劫以來所修的善根，不管是什麼因緣，藉由種種的差別相、種種的因緣，來成就自己的善根，迴向一切種智。

以諸善根如是迴向：所謂願得圓滿無礙身業，修菩薩行。願得清淨無礙口業，修菩薩行。願得成就無礙意業，安住大乘；願得圓滿無障礙心，淨修一切諸菩薩行。

修行的目標一致，都是要回到「一法界大總相法門體」，因此，以諸善根如是迴向，希望能圓滿無礙，身也無礙、口也無礙、意也無礙。

菩薩摩訶薩以諸善根，願得莊嚴一切佛國，願得周遍一切世界，願得成就智慧觀察，如為己身，如是迴向，…

有這樣子的善根，第一，迴向自己早日成就、早日圓滿、早日成佛。

> 如是而為一切眾生。所謂：願一切眾生，永離一切地獄、畜生、閻羅王趣。願一切眾生，除滅一切障礙之業。⋯。願一切眾生，以淨志樂，趣求菩提，獲無量智。願一切眾生，普能顯示安隱住處。

第二，迴向一切眾生早日成佛，希望一切眾生，都能夠回歸真如平等善根。

真如迴向—有為歸於無為

所有的修行，要從有為歸於無為，從體、相、用回歸到體用不二。

> 菩薩爾時，以諸善根如是迴向：所謂願一切眾生，得諸如來可愛樂見，見法真性平等平等，無所取著，圓滿清淨。
>
> 譬如真如遍一切處無有邊際，善根迴向亦復如是，遍一切處無有邊際。譬如真如真實為性，善根迴向亦復如是，了一切法真實為性。⋯

菩薩若能以善根迴向，一切修行，就如真如一樣，遍一切處無有邊際，真實為性不虛不假，恆守本性無有改變。

> 菩薩摩訶薩如是迴向時，得一切佛剎平等，普嚴淨一切世界故；得一切眾生平等，普為轉無礙法輪故；得一切菩薩平等，普出生一切智願故；⋯是為菩薩摩訶薩第八真如相迴向。

以上為真如相迴向的要點。

「真如迴向」中，出現許多名詞，如無所取著、真實為性...等，雖然耳熟能詳，相信大眾於此種種名詞仍不能夠真正了解。這不是因為我們的佛法知識不足，而是因為自身修行尚未依著真如起修，沒有實證體驗。

真如熏習的方便法門－《華嚴經》共修

華嚴法門的共修，就是對真如自熏、外熏，最好的一種契入的方便法門。

《華嚴經》共修可分為誦念經文與華嚴字母唱誦兩大部份。誦經時，依著經文隨文入觀，也可以依著自己對經文的理解來誦念；然而，到了唱誦華嚴字母的時候，就無法以理解方法進行修持。

如《起信論》言：「無有可遣，以一切法悉皆真故；亦無可立，以一切法皆同如故。」真跟如就是要離開一切妄念的分別，自然就可以安住在法界當中。華嚴字母的意旨並非要讓我們看得懂，而是要我們關閉所有的有為、分別，把自己的分別心放下，把自己的煩惱念，乃至於對於時間、空間的認知放下，直接隨著大眾的唱誦進入平等法界，心不要放在旋律上，旋律優美也好、不能夠跟得上也好，字句理解也好、不能夠理解也好，每天給自己二十分鐘的時間，關閉意識腦。

如此每天練習後，漸漸產生一種奇妙的現象，心裡平常的妄念運作模式停止了，開啟的是我們的真如自性，自然現前。

一音演說法，隨類各得解

菩薩修習有為法，到這個真如迴向的階段，就是從有為回歸到無為。

菩薩摩訶薩住此迴向，證得無量清淨法門，能為如來大師子吼自在無畏，以善方便，教化成就無量菩薩，於一切時未曾休息。得佛無量圓滿之身，一身充遍一切世界。得佛無量圓滿音聲，一音開悟一切眾生。得佛無量圓滿之力，一毛孔中普能容納一切國土。

菩薩因為了解真如不可思議的力量，此時即證得一種殊勝法門，叫做千百億化身，意即一音演說法，隨類各得解。

很多人來問：「師父！您可不可以用英文弘法？」我會回答他：「英文我是會聽，但是講的不流利。」自認為英文並非我的母語，所以對於自己的英文能力，就沒有信心。還有一個居士說：「我的阿嬤往生了，請師父幫忙跟她開示，可是我的阿嬤只聽得懂台語。」我就說：「很抱歉！我如果用台語為往生的人助念開示，可能會講到往生的人都笑到坐起來。」

為什麼我會有這種想法？因為受限於我的母語，受限此人與我不同文不同種，導致度化眾生的過程當中，產生設限與隔閡。

菩薩廣度不同文不同種的眾生，總不能花很多時間去學習千百種語言與文化吧？因此，發心廣度眾生的過程當中，一定要找到一條捷徑。

捷徑就在真如迴向當中。

千百億化身捷徑—以真如平等迴向鑰匙，開啟累生累劫的願力

真如是不可思議的！

我們怎麼會只相信自己這一生有限的經驗，而捨棄自己累生累劫以來的願力？說不定過去在某一世曾經使用過英文，曾經會講台語，甚至於非洲話或是外星人的語言，也都存在我們的八識田當中，這一生只開啟了中文的腦子，所以將心識所含藏不可思議的功德妙用，全部閉鎖深藏。

真如平等迴向，就是一把鑰匙，將我們累生累劫的願力，所有的功德妙用打開。

所以菩薩成就了這一個功德之後會「**得佛無量圓滿之身，一身充遍一切世界。得佛無量圓滿音聲，一音開悟一切眾生。**」

認識真實的自己之後就會發現，現在這一生，自己的認知猶如井底之蛙，非常的狹隘，希望大眾在發心用功的過程當中，把自己的意識腦，回歸到真如自性期待自己有一天能夠在真如迴向的過程當中，發現原來自己的前世今生、生生世世，都在不同的佛國淨土當中行菩薩道。

卷 31

十迴向品

無著無縛解脫迴向

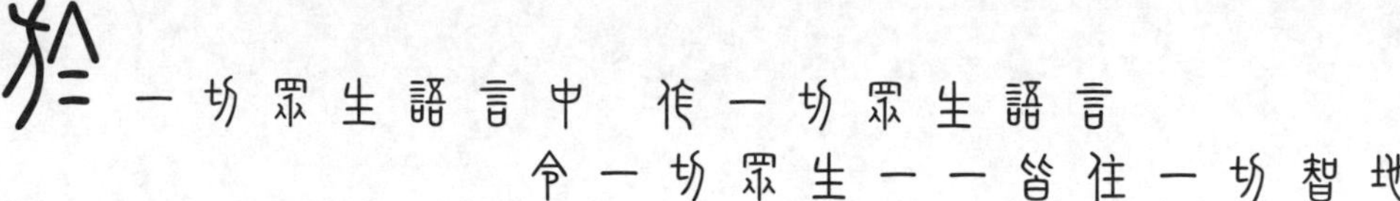
於一切眾生語言中 作一切眾生語言
令一切眾生一一皆住一切智地

十迴向品

九無著無縛解脫迴向

引言

十迴向品第九迴向，稱為無著無縛解脫迴向。聽到這個詞就覺得很快樂，因為是一個解脫的境界。

要怎麼解脫？

《綱要》：**「問：於何無縛著耶？謂心等十，以自身有心、身、口、業、果，及所作佛事有世界、佛剎、眾生、法、智。」**

從自身當中，有心的自在，有身、口、業、果報的無縛無著。對於所作的佛事也要能夠自在，能夠遊戲神通。所作的佛事，包含世界、佛剎、眾生、法、以及智的自在，如果做到這十件事情的自在就是解脫。

釋名：「著」、「縛」

什麼叫做無著無縛解脫迴向？

有兩個關鍵字：一是「著」，一是「縛」。

「著」是比較微細的一種執取，「縛」是因為「著」而產生的現象。因為有執著，所以產生了束縛，如果沒有束縛，沒有執著，自然就會達到解脫自在的境界。

修行要在十件事情上達到無著無縛，就是解脫。

由著故縛 • 十事五對		
	無縛（麤）	無著（細）
一	不縛生死	不著二乘
二	不縛外境	不著於內
三	離現行縛	無種子著
四	不取有縛	不執空著
五	無惑障縛	無智障著

表 31-1 十事五對

第一、不要被生死束縛，也不執著二乘的境界；

第二、不要被外境束縛，也不要住著於內心；

第三、離開現行果報的束縛，也無種子的執著；

第四、不被現象界所束縛，但也不執著於空；

第五、沒有惑障的束縛，也沒有智障的執著。

這十件事情就是對「著」跟「縛」更微細的分析。

於一切善根心生尊重

云何爲菩薩摩訶薩無著無縛解脫迴向？…是菩薩摩訶薩於一切善根，心生尊重。所謂：於出生死，心生尊重；於攝取一切善根，心生尊重。於希求一切善根，心生尊重；於悔諸過業，心生尊重；於隨喜善根，心生尊重；於禮敬諸佛，心生尊重；於合掌恭敬，心生尊重；於頂禮塔廟，心生尊重；於勸佛說法，心生尊重。於如是等種種善根，皆生尊重，隨順忍可。

菩薩摩訶薩對自己所修行的一切善根心生尊重。

佛法從恭敬中求，此處的「心生尊重」，即是培養恭敬心。對於自己要出離生死之事，重不重視？對自己的法身慧命是否心生尊重？對於自己所有的供養，乃至於合掌恭敬，勸佛說法，這一切的功德事業，是否心生尊重？對於現在參加共修，是否心生尊重？如果心生尊重，就會一大早起來刷牙洗臉，然後搭衣，淨心恭敬打開電腦，合掌誦念參與共修，乃至於對於自己所有的言行舉止，都能夠心生尊重。

這是恭敬心的培養，也是尊重自己的佛性，尊重自己的法身，把自己當成佛一樣，對自己要用功的法門心生尊重，有這種尊重心後，從這個階段起，便成就普賢菩薩的身、語、意業的清淨自在。

以無著無縛解脫心，成就普賢身語意業廣大精進。

以諸善根如是迴向，所謂以無著無縛解脫心，成就普賢身業；以無著無縛解脫心，清淨普賢語業；以無著無縛解脫心，圓滿普賢意業；以無著無縛解脫心，發起普賢廣大精進。以無著無縛解脫心，具足普賢無礙音聲陀羅尼門，其聲廣大，普遍十方。…

行者對自己的修行心生尊重，依法而行，就會成就普賢菩薩的身業、口業、意業，開始進入跟普賢菩薩一樣的境界，在這個境界當中，最自在的就是，能夠廣度一切眾生而無著無縛。

普賢自在力－令眾生住十力智，心無疲倦

以無著無縛解脫心，成就普賢佛自在力，…念念中令不可說不可說眾生，住十力智，

心無疲倦。

有時候為了要幫助大眾學佛，菩薩開設種種方便：

為了勸人吃素，煮好吃的素齋分享；聽到有人要誦經，不但送經書到他家，還陪他一起誦讀；現在運用網路，設置了雲端共修，從早上五點到晚上十點，每個時段都由法師陪伴大家修行。

法師們尚無法達到如普賢菩薩的自在境界，現階段只能土法煉鋼，用苦肉計來感動大眾。

有一居士說：「每天早上看到小師父這麼早起，睡眼惺忪地陪著我們誦經，真讓人感動。」

這麼辛苦是為了什麼？

當然是因為希望藉由帶領大眾一起用功的因緣，自己也發起精進心，發起長遠心。既然要學習普賢菩薩，自己怎麼可以懈怠？所以希望大家一定要能夠住十力智，心無疲倦。

普賢十大願－念念相繼無有間斷，身語意業無有疲厭

以無著無縛解脫心，修普賢業，方便自在，得法光明，於諸菩薩所行之行，照了無礙。…以無著無縛解脫心修普賢行，得一切菩薩神力。所謂：無量廣大力神力，無量自在智神力，不動其身普現一切佛剎神力，…

普賢菩薩的願力，厲害之處不是發了多麼廣大或了不起的願，而是每一個願的後面，都有一個長遠的約定，叫做「**念念相繼無有間斷，身語意業無有疲厭。**」光是無有疲厭這件事情就可以知道，這是沒完沒了的一件事，用這種心來修行，自然就會得到「**方便自在、**

得法光明，於諸菩薩所行之行，照了無礙。」

我們都希望能夠像菩薩一樣自在，但是如果做一天就想休息三天，這樣是不會有成就的。

因此，希望能透過前面的精進用功，累積自己的廣大福德資糧，也要尊重自己所有的努力，希望可以又精又純，能夠學習普賢菩薩的自在，而這個自在就要透過無著無縛解脫心的發心來成就。

以不分別故，契入實際理地

菩薩摩訶薩以無著無縛解脫心迴向，不分別若世間、若世間法；不分別若菩提、若菩提薩埵；不分別若菩薩行、若出離道；…

在前面的真如相迴向時談到，要契入真如，就要不分別、不打妄想，只要不起分別心，行菩薩道的時空就會擴大，不分別我已經發心這麼久，到底還要做多久？不分別我對眾生這麼好，但還有無量無邊的眾生，到底什麼時候度得完？一旦起了分別心，你就會有疲勞感，乃至於有分別念，你就會有厭倦心，所以必須以不分別的心，來讓自己練習無著無縛。

成就十事無著無縛

菩薩摩訶薩以彼善根如是迴向，所謂心無著無縛解脫、身無著無縛解脫、口無著無縛解脫、業無著無縛解脫、報無著無縛解脫、世間無著無縛解脫、佛剎無著無縛解脫、眾生無著無縛解脫、法無著無縛解脫、智無著無縛解脫。

有這樣子的發心之後，對於「心、身、口、業、報、乃至於世間、佛剎、眾生、法、智」這十個項目，都可以修習無著無縛解脫。

菩薩摩訶薩如是迴向時，如三世諸佛為菩薩時，所修迴向而行迴向：學過去諸佛迴向，成未來諸佛迴向，住現在諸佛迴向；…

菩薩是跟誰學習？跟三世諸佛學。三世諸佛在當菩薩時，學法的次第也是如此，因此，當我們學習普賢菩薩的身、口、意業的時候，等於是學過去諸佛的迴向，成就未來諸佛的迴向，乃至於住持現在諸佛的迴向。

放下得失心，無著無縛，方得自在神通

這一品是非常有意思的，因為我們總是羨慕菩薩自在遊戲神通，卻忘記原來自己也能成就同樣的自在，像菩薩一樣，在三界當中自在的遊戲。

不能成就最主要的差別在於：菩薩是無著無縛，我們卻有了一個在意的心。

譬如：我們送一套《華嚴經》給自己的朋友，回來就在想：他不知道能不能接受？他到底讀念了沒？他為什麼不接我電話？

又如：現在法師帶領雲端共修，每天都很在意自己的業績，我們這一班今天有多少人？為什麼今天我來代班，人數就下降了？是不是大眾有分別心？

或者，居士發心的過程當中進進退退，是不是因為我沒有德行，攝受不了眾生？

或者，聽到居士回饋其感動時，就洋洋得意，認為這個人就是我度的。

這種得失心，使菩薩道不能自在，心裡面患得患失。

其實，這些都是沒有意義的思考，不必要的焦慮。既然已經發心了，就跟著佛菩薩的腳步，因緣現前就把握，沒有因緣就自己用功。菩薩的修行是非常自在的，至於有沒有人認同，一點也不重要，我們之所以努力，是為了要成就大眾的修行的因緣，所以跟著大眾一起來用功，也跟著佛菩薩的腳步繼續精進。

幸為福田衣下僧，乾坤贏得一閒人

「幸為福田衣下僧，乾坤贏得一閒人。有緣即住無緣去，一任清風送白雲。」

這是百丈懷海禪師，對於自己一生出家的心得寫照。

希望大眾以祖師為典範，在天地之中行菩薩道，讓心無著無住，這是得自在一閒人的心情。

所謂的「閒人」，並不是指成天無所事事的人。其實，不做事的人最忙，因為整天無所事事，內心忙著打妄想；反之，做大事的人心裡面清楚明白，知道自己在做什麼，而在眾多因緣聚散當中，有緣即住，無緣則去，有著一任清風送白雲的自在寫意。

「一切金剛輪圍山所不能壞」的迴向功效

菩薩摩訶薩住此迴向時：一切金剛輪圍山所不能壞。於一切眾生中色相第一，無能及者，悉能摧破諸魔邪業，普現十方一切世界修菩薩行，爲欲開悟一切眾生，以善方便說諸佛法。得大智慧，於諸佛法心無迷惑，在在生處。若行若住，常得值遇不壞眷屬。… 得一切智，施作佛事，成就菩薩自在神通。

有這樣的發心，你就會開始解脫自己的這些束縛，慢慢的就不會在這些現象當中患得患失，就可以「**一切金剛輪圍山所不能壞。於一切眾生中色相第一，無能及者，悉能摧破諸魔邪業，普現十方一切世界修菩薩行。**」

有這樣的發心，就可以得大智慧，於諸佛法心無迷惑。不管做什麼，智慧就會現前來指引，「**在在生處，若行若住，若坐若臥，常得值遇不壞眷屬。**」就會遇到挺你到底的貴人，所以想要常常值遇善友，自己的心就要值得被信任、被託付。

三世諸佛所說正法，以清淨念，悉能受持。盡未來劫修菩薩行，常不休息，無所依著，普賢行願增長具足，得一切智，施作佛事，成就菩薩自在神通。

到了這個階段，要放下自己的得失心來發心，跟著佛菩薩的腳步來發願，要發自利利他的願，「**盡未來劫修菩薩行常不休息**」，這樣的發心，就是無著無縛解脫迴向。

卷32 卷33

十迴向品

等法界無量迴向

願身隨往一切世界修菩薩行
眾生見者 皆悉不虛 發菩提心 永無退轉

十迴向品

等法界無量迴向

引言

第十，等法界無量迴向，又稱為入法界無量迴向，橫跨的篇幅為卷 32 與 33 兩卷。

依華嚴宗四祖清涼澄觀大師的解說，此迴向是登地前最關鍵的一步，將發菩提心以來的加功用行，達到「稱法界起大用」。「稱」即「等」之意，意即將一切的功德發揮盡虛空、遍法界的大用。

稱法界起大用

如何能入法界？

《綱要》：「謂以稱法界之大智，迴等法界之善根，向同法界之大用，成法界之行體，此則位滿至極。」

在此迴向，以稱量法界之大智慧，將等法界之善根迴轉，發揮趣向普同法界之大用，以成就法界之行體。這是最究竟圓滿的世間有為法努力。登地之前，把世間所有能做的功德、能發的願、能救度的眾生，通通都在此迴向圓滿。

雖然我們都知道，自性中本自具足無量無邊的智慧，然而，若沒有走上修行這一條路，平常的工作與日常生活，很少有機會能發揮潛藏的智慧，因此，一般人並不一定能夠，了解自己的潛力有多大。

透過迴向，可以超越以往的經驗與認知，把自己的價值發揮到極致，甚至於把自己累生累劫的願力，從八識田中現行，發揮作用，這是第十迴向最終極的意義，因為此處叫做「位滿至極」，就是三賢位中，最大的功德、最大的效用。

《華嚴經》四法界

最終圓滿的迴向是「等」法界，法界到底有多大？

所謂「**應觀法界性，一切唯心造。**」法界指的就是我們的心，可分為四種層次。

《綱要》：「**等何法界？此通四義：**
一等理法界，故經云如法界性；
二等事法界，經云欲見等法界無量諸佛。調伏等法界無量眾生；
三等理事無礙法界，經云願一切眾生，作修行無相道法師，以諸妙相而自莊嚴；
四等事事無礙法界故，經云一佛剎中現一切佛剎等。」

此迴向的「等」法界，貫通理、事、理事無礙、事事無礙四法界。無論是理或事，都是無礙的。

不明此理，修行容易偏差：有的人佛理談得頭頭是道，卻無法實行在生活中，此為「執理廢事」；也有人實踐力很強，卻是理路不通，眉毛鬍子一把抓，則又「執事廢理」。這是一般學佛人的通病，沒有將在道場或經典中學習到的佛理，運用在生活中，導致一旦面對

不如意的境界，佛法就派不上用場。

善用每一次的因緣與機遇，通事通理，最終達到事事無礙的平等法界，這是此迴向「等法界」之真義，一旦進入一切究竟平等法界，就會發現，生活當中處處都是華嚴法界。

入一切究竟平等法界

云何爲菩薩摩訶薩等法界無量迴向？此菩薩摩訶薩以離垢繒而繫其頂，住法師位。廣行法施，起大慈悲，安立眾生；於菩提心，常行饒益，無有休息…。

到了此迴向時，菩薩「住法師位」，安住承擔起法師之責。

什麼叫做法師？出家是法師或在家，只要依著慈悲心，布施善念、正念，乃至於布施佛法。不論什麼樣的眾生，男眾、女眾，老的、小的、親的、疏的...，都用慈悲心來對待他，廣行法施，這就是現在這個位置的菩薩要做的事情。

作諸眾生大智商主，普令得入安隱正道，爲諸眾生而作導首，令修一切善根法行；爲諸眾生作不可壞堅固善友，令其善根增長成就。

安住於法師位後，就可以扮演多種角色，成為眾生的善知識，成為有智慧的企業主人，或者引導迷途的導首，或者是在他失意落魄的時候，成為一個永遠不會離開他的堅固善友。菩薩為了度眾生，化現成各種不同的角色。

出「家」-- 因應眾生所須轉換身份

一般人想到出家，就是剃除鬚髮、穿上袈裟、住在寺廟裡，青燈古佛伴一生，這是事相上的出家。而在前面梵行品時，談到了出家清淨梵行。出家有三種層次：出離生死之家，出離煩惱之家，出離無明之家，這是「出家」在理上的定義。

此處所談的菩薩「住法師位」，則以另一種方式呈現「出家」的意義。

菩薩為了化現成各種不同的角色以安立眾生，必須「出家」-- 離開原來所依恃自豪的專業領域（家），跨入不熟悉或未曾探索過的範疇與角色。因此，出離專「家」，是菩薩境界的出家。

人的一生很短，一個人能夠專精於某一領域，成為專家，已經是對得起自己了；甚至於成為該領域中的典範與標竿，這是極盡此生之力能夠達成的夢想。一旦面臨要拋棄一生淬鍊之專業與成就，必須承受心中失去依靠的失落與空虛感，這種倚賴，也是一種無形的枷鎖與執著。「出家」所要捨棄的，正是這無形的框架與設限（家）。

有些人想來出家時，會提出問題：「師父，我在世間很有用，出家沒有用，因為我過去幾十年，從來沒有敲過木魚，出家要敲木魚；過去也很少去唱ＫＴＶ，出家還要唱誦；以前對佛經一無所知，出家還要念經。我過去行醫、經商、做研究...，一旦出家，這些都不能再做，更不允許以此為生。出家之後，我所有過去的專業都沒有用處，豈不成了無用之人？」的確，出家後的人生，或許必須拋棄過去所長，重新學習適應道場全新的人、事、物，這樣的轉變往往使人望之卻步。

那是因為沒有出家，沒有機會去了解，什麼叫做出家？

到底是怎麼樣叫做出家？其實也很難定義，師父出家的時候，是什麼都不會的青年學子，結果為了要行菩薩道，一直不斷地學習，經過了二十幾年，各種領域都略有涉獵，任何背景的專家來訪，都能夠談論溝通，漸漸通達十八般武藝。這是為什麼？因為你為了要度眾生，所以要無所不用其極的成為他的同學，成為他的同事，甚至於成為他的老師，成為他的主人。當我們放下原來的專業，為了行菩薩道而廣學多聞，反而突破自我設限，朝向全方位發展。

去年 (2019 年) 上映的《跟著華嚴經去旅行》紀錄片，緣起於師父對導演無心插柳的一句鼓勵，引發一連串蝴蝶效應。在完成的過程中，我們這群素人以及門外漢，不但當了編劇，兼任導演，也當演員及領團團長，為了推動電影的市場效應，還充當經紀人，將影片推送到國際，得了十三個國際獎項。回想這兩年的轉變，只能讚歎華嚴世界實在是太精彩、也太驚險了。可見，每個人都有無限的可能，潛力無窮。

大家因為設限於自己過去的人生經歷，安隱於自己的舒適圈，恐怕就沒有突破的冒險精神。當我們來修菩薩行，必須要放下自己原來的限制，放下自己原來的個性，放下自己原來的喜好，為了眾生，什麼地方都敢去；為了眾生，什麼角色都能做；為了眾生，什麼難行之事都能行，菩薩行真的是太厲害了。

世間的人為了達到目的不擇手段，菩薩為了達到目的也是不擇手段，但是因為世間人，他的目的是為了要滿足自己的私欲，而菩薩則是為了要成就一切眾生的善根、福德，所以千百億化身，因而變成殊勝的願力。

菩薩摩訶薩以法施為首

此菩薩摩訶薩以法施爲首，發生一切清淨白法，攝受趣向一切智心，殊勝願力究竟堅

固，成就增益具大威德，依善知識心無諂誑，思惟觀察一切智門無邊境界。

菩薩摩訶薩起大慈悲心來利益一切眾生，以「法施為首」。只要能夠幫助眾生離苦得樂的方法，不管是法也好、財也好、生命也好，通通都可以拿來布施。為什麼？因為要攝受眾生，讓一切眾生願意發菩提心，趣向一切智。

菩薩化身為一切眾生的善知識，無所不用其極，扮演各式各樣的角色，使盡種種的手段，只是為了要成就一切眾生，令得無上的妙智。

所以菩薩是世界上最偉大的演員，奧斯卡金像獎也沒有這個獎項可以頒給菩薩。千百億化身，是非常慈悲的願力。

聞法心態：受持演說一切佛法

以此善根如是迴向：願得修習、成就、增長廣大無礙一切境界。

用這種善根，用這種願力來迴向的時候，就能夠「**修習、成就、增長廣大無礙一切境界。**」什麼叫做無礙的境界？盡虛空、遍法界才叫做無礙。

願得於佛正教之中，乃至聽聞一句一偈，受持演說。

不同的動機與發心來聞法，所得到的結果亦有所不同，當你渴望要弘揚佛法的時候，你所聽到的佛法，全部都記得起來。就像我們現在聽法，如果你只是例行公事，坐在這邊忍耐師父的嘮叨到結束，聽法後，得到的就是一種煩惱心；當你覺得這堂課對自己是有幫助的，想了解《華嚴經》在說什麼，才不會誦經誦得迷迷糊糊，聽法之後，就會得到領悟：「啊！原來是這麼一回事。」如果聽完之後，要轉述給那個不懂中文的外國友人，或者是只會講

台語的媽媽，讓他們離苦得樂，這時候聽法的心情完全不同，效果也大不同，不但會專注聽法，還會認真做筆記、查資料，聽法後，也容易憶持內容。

同樣是一天二十四小時，一小時六十分鐘，有的人在無數的漫不經心當中空過一生；有的人在無數的不耐煩當中，累積了一身的煩惱；而有的人，卻能在無數的願力當中，累積了一生又一生的菩提資糧。所以人生要怎樣過，就看自己發什麼心，是善待自己？或者是虐待自己？都是自己的選擇。

所以「**願得於佛正教之中。乃至聽聞一句一偈，受持演說**」。受持，就是接受了，記起來了，放在心裡，然後有機會說給人家聽。

憶念諸佛與佛接軌

願得憶念與法界等無量無邊一切世界，去來現在一切諸佛，既憶念已，修菩薩行。

有些人的回憶總是陳年往事，恩怨情仇，徒增愁悵。既然要憶念，從現在開始改成憶念「佛陀」，佛陀的願力如法界一樣無邊，佛陀的身形與法界無量無邊，乃至於佛陀的影響也是等法界無量無邊。因此，常常憶念佛過去修菩薩行的經歷，憶念現在的佛陀正在說法，也要憶念未來的一切佛，有了這種憶念的功德，就是時時念念修菩薩行。

菩薩行的過程有時候很孤單，覺得好像全世界只有自己在單打獨鬥，身邊很少志同道合者，但是，當我們憶念：過去的佛如此努力，現在的佛正在發心弘法，乃至於未來的佛即將圓滿成佛，就會發現菩薩的家族是無比龐大，菩薩行者不再形單影隻。「憶念」就會將我們與菩薩接軌，進入了菩薩的團隊，如虎添翼。

願力突破時空侷限，盡未來劫修菩薩行

又願以此念佛善根，爲一眾生於一世界，盡未來劫修菩薩行；如於一世界，盡法界、虛空界、一切世界，皆亦如是；如爲一眾生，爲一切眾生，亦復如是。

以下分項舉例佛法善根應該如何迴向？

譬如：「念佛善根」，為一個眾生，在一個世界，盡未來劫修菩薩行。從一個眾生開始，為一切的眾生也如此；在一個世界如此，盡法界、虛空界，一切世界也是如此。

常聽人說「我盡力」，如果就有限的時空來盡力，力量也很有限。要如何盡力，才能夠把本來沒有的力量也發揮出來？

人的一生如果從生命的角度來看，是非常短暫的，不過百年而已，真正能夠努力學習，努力精進的時間，也不過就是青壯年的三十年，這三十年的精華轉瞬即過，一天過一天，每天日子就這樣過去了，能用的時間很短。

但是從願力來看我們的法身慧命，就會發現，這個世界時空的概念變得無盡了。

這一生事情做不完沒有關係，因為有願力，下一輩子會繼續做，這一生度不到的眾生，先跟他結一個善緣，以待來生再繼續結緣，同樣的這一生結的冤仇，你以為再見不聯絡，就甩得掉嗎？

既然業力是無窮無盡，我們要用願力來代替業力，所以生生世世的菩薩行，就會把我們的心量變得廣闊。

因此學佛的佛弟子，對佛陀亦步亦趨，佛陀做什麼，我們就做什麼，佛陀說什麼，我們就說什麼，佛陀在想什麼，我們就跟著想什麼，以自己現在的智慧，來接軌佛陀的智慧，以念佛的善根為一切的世界、一切的眾生，盡未來劫修菩薩行，這就是在行菩薩道時非常重要的發心。

己立典範，復能利他

菩薩摩訶薩若能爲己修行如是清淨梵行，則能普爲一切眾生，令一切眾生皆得安住；令一切眾生皆得開曉；令一切眾生皆得成就；…何以故？菩薩摩訶薩自於梵行不能清淨，不能令他而得清淨；自於梵行而有退轉，不能令他無有退轉；自於梵行而有失壞，不能令他無有失壞…。

修行要先從自身做起。

如果能夠把自己本份事做好，用功精進，一定能夠影響別人。就像小時候，很多父母親都會叫小孩子乖乖的讀書，自己卻在旁邊看電視，小孩如果偷偷看電視，就斥責：「你要專心讀書」，這樣就沒有說服力。

有智慧的父母，就會陪同小孩子讀書，現在更好了，小孩子在讀書，父母就在旁邊讀《華嚴經》，不但自己可以做很好的示範，同時誦經的功德，乃至於誦經後的福慧增長都可以影響孩子。

菩薩摩訶薩能夠自己安住修行，一定也能夠普為一切眾生，令一切眾生得到安住，也能夠令眾生得到開悟，這是非常重要的心態，要度化他人之前，自己一定要身先士卒做為典範。

何以故？菩薩摩訶薩住無倒行，說無倒法，所言誠實，如說修行。淨身口意，離諸雜染，住無礙行，滅一切障。

因為菩薩能夠住於不顛倒行，說出不顛倒的話，所說的每一句話都是誠實可靠，就如自己所發的願力一樣，老實的修行，就能夠圓滿迴向的功德。

眾生歡喜，佛歡喜

菩薩摩訶薩復以法施所生善根，如是迴向：所謂願我獲得一切諸佛無盡法門，普為眾生分別解說，皆令歡喜，心得滿足，摧滅一切外道異論。

學佛最重要的是一個歡喜心，菩薩能夠用自己的身、口、意，來帶動大眾，願我所獲得的無盡法門，能夠為眾生演說，而且要讓他歡喜。

人生有很多的功課與考驗，如果能夠在佛法當中，學習了一點智慧，有一些功課就迎刃而解，不再是功課，因為佛法實在太好用。可是剛剛開始的人，還不能感受到佛法的殊勝跟好用，就會產生一些煩惱。

所以，剛開始的這個階段，大家要忍耐一下，以後慢慢地大家用得上功，佛法入心，人生就完全不一樣，甚至無言勝有言，不用講什麼話，師父只要拈個花，大家就在微笑了。

有人問：「我學佛每天誦經，對我的事業就有幫助嗎？」一定有幫助，因為佛菩薩一定是讓眾生歡喜的，希望大眾真的能夠了解諸佛菩薩的慈悲跟願力。

成就一切智之願，發揮等法界的功德。

作是念言：我當普於一切世界，爲諸眾生精勤修習，得遍法界無量自在身，得遍法界無量廣大心，…學等法界無量菩薩法，住等法界無量菩薩行，入等法界無量菩薩迴向，是爲菩薩摩訶薩以諸善根而爲迴向，爲令眾生悉得成就一切智故。

這樣子的發心，就是把自己所做的一點點小善，乃至於自己這一生能盡的努力，把他擴大到等法界虛空的效力。菩薩摩訶薩在發心的過程，只有一個目標：就是令一切眾生能夠成就一切智，這是整個入法界無量迴向的重點內容。

即使今天只有誦一卷經，只要你有發心，一樣是能夠迴向的。有一位居士，因為中文能力不是很通達，所以他讀經很慢，一字一句都要慢慢的琢磨，每天的進度也只有兩段，他說：「師父！我這樣念兩段有用嗎？」雖然只是短短的兩段，卻已耗費他一個小時的時間，但是在這一個小時裡，他非常非常努力，這兩段的功德再透過迴向，就可以入法界無量的迴向。

就如同貧女一燈的布施，雖然僅有一燈，卻超過用千百燈來供養諸佛菩薩，因為這一念心，透過無量的迴向，成就等法界的功德，有智慧的人才會知道用這種迴向來擴大自己的力量，所以叫做「稱法界而起大用」。

盡虛空遍法界的迴向

整個迴向品最重要的，是要讓前面所有的努力，都能夠跟法界是等同的，這法界是什麼？

一心生十法界，每一法都代表了無數無盡的法，藉由法的傳播，能夠遍及盡虛空遍法界十方三世，無所不包、無所不至，這是我們能夠盡的最大的力量。

十迴向品總結：各迴向彼此關聯性，如圖：

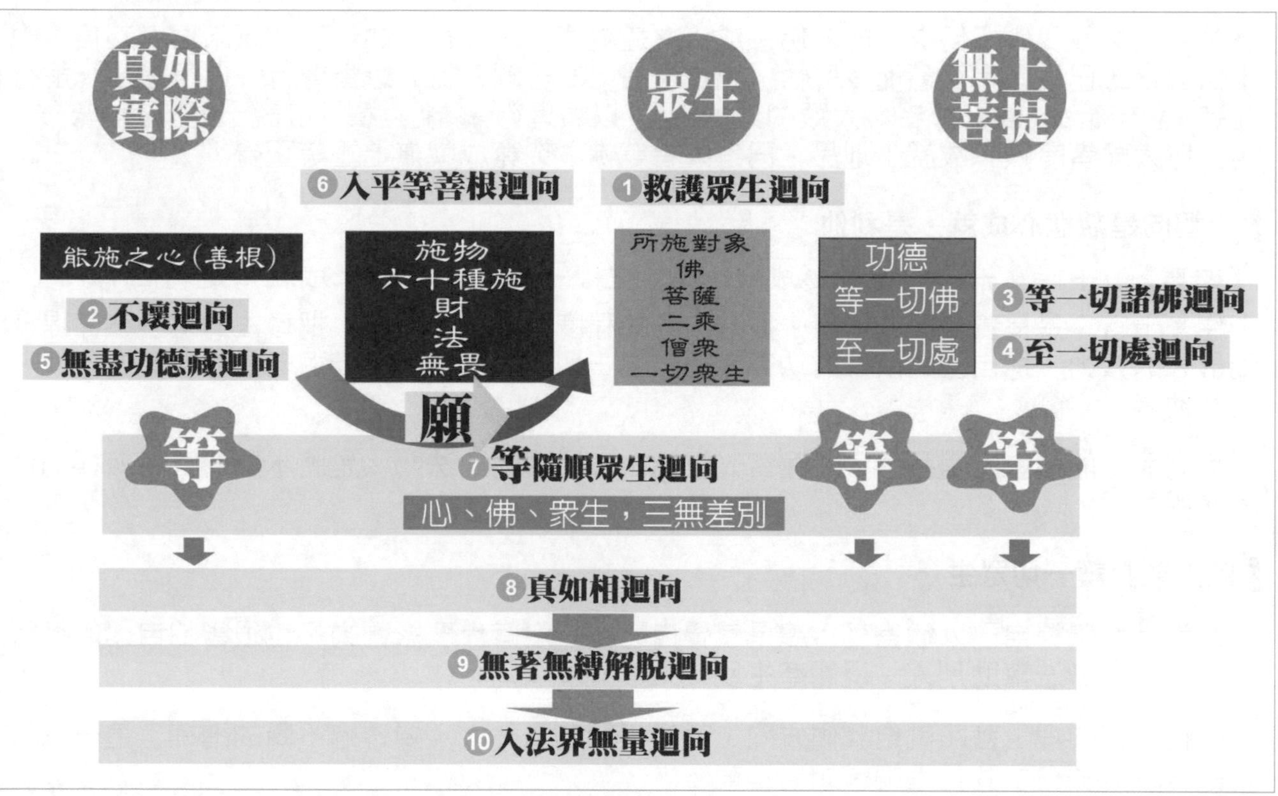

圖 32-33-1 十迴向關聯圖

成佛之道：信、解、行、願、證

《華嚴經》教我們如何次第的成佛。成佛之道從信、解、行、願、證，讓未信者起信，說十信品；讓已信者得智慧而令解悟，說十住品；令已解者行，以智導行，以行證智，解行並進，說十行品；讓已行者發大願，以立果因，以願導行，願行互資，故說十迴向品。最後，讓已發大願者證入，故說十地品，已證入者等佛，究竟成就無上正等正覺。

十迴向是慈悲心成就，是利他

《綱要》：十住、十行，是智慧成就，是利己；十迴向是慈悲心成就，是利他。

十住、十行，是長養自己的智慧，提升自身的程度。到了十迴向，把過去的這些準備提升到最大的效力，把自己的所修的功德，迴向給一切的大眾，所以十迴向是慈悲心的成就，是利他。

十迴向品一開始金剛幢菩薩入菩薩智光三昧，表示迴向此法門，是將本具的智慧發揮利他的作用。

願力能救護一切眾生

我們常常會覺得自己人微言輕，總是感覺自己似乎沒有什麼影響力，也很害怕自己的德行不夠，沒有辦法幫助別人，反而產生反效果。

所以在十迴向裡，菩薩就給我們方向，就像小朋友要長大，要透過不斷的進補，這一品就是菩薩摩訶薩在幫我們進補。如何進補？

金剛幢菩薩告訴大眾：「**菩薩摩訶薩，有不可思議大願，充滿法界，普能救護一切眾生。**」願力可以救護一切眾生。

以前道場剛開始的時候，有人家裡親人生重病，或者有人要考試，或者有一些心願想要圓滿，總是會跑到禪院裡面來祈求，師父就會說：「我們在佛前發願，有什麼心願就跟佛菩薩說。」很多人不知道怎麼說，師父教他：「你跟佛陀自我介紹，然後把想要做的事情告訴佛陀，告訴佛陀之後，看你想要用什麼用功來交換？」有的人仍然半信半疑，問：「念經有效嗎？點燈有效嗎？佛陀不是大慈大悲嗎？他還要我們利益條件交換，是不是太現實了？」當我們還沒有實修實證建立對佛菩薩願力與慈悲的信心時，難免會有懷疑。

剛剛開始師父也是半信半疑，經過一次又一次的見證，一次又一次的看到大眾的改變，以及心想事成，就越來越有信心。

然而，這樣的信心，還是不足以支持在遇到挫折或危險的緊要關頭，可以讓自己一心念佛，所以，對佛菩薩的信心，是否在緊急的時刻現前，就要看我們平常是不是真的有信心。想要建立真實的信心，卻始終找不到突破點？

直到讀《華嚴經》之後，開始看到了菩薩行的整個藍圖，以及非常詳細的過程，開始慢慢的了解整個菩薩行的建構，到最後圓滿的結果，才豁然開朗。過去聽取他人的經歷，或者自己親身經驗來驗證佛法，的確可以增長信心，但這僅限於常態的經驗，如果沒有先發起一個大願，其實沒有什麼機會去證明不可思議的這一個層面。

平常我們習慣用理智去生活和修行，但如果只用理智的修行經驗來體驗佛法是會有所限制的，既然要進入不可思議的大願，就要姑且一試發大願的力量。為什麼？因為過去、現在、

未來的佛，都是如此修行，我們跟著佛陀的腳步，即使沒有辦法馬上達到佛的功德，也不至於落入三塗惡道當中。

清涼澄觀國師：迴解行以向真證，廣益自他，令行彌綸，無不周故。

菩薩摩訶薩學的這十種迴向，其實就是把解與行的結果，拿來證明佛陀教導大眾的這一條路是沒有錯誤的。既然看到前人的證明，我們也走上這一條路，一路就可以到佛陀的究竟圓滿之家，所以「**廣益自他，令行彌綸，無不周故。**」就是讓自己的修行真的能夠等法界。

一燈燃百燈：勿輕小善與小惡

有的人會說：「我現在把自己好不容易讀了一卷經的功德分給別人，自己不夠用怎麼辦？」或者：「我只有念那麼一點點經，做那麼一點點的功德，要迴向給千百個無量的眾生，會不會太誇張了？」不要小看自己一點點的發心。這裡師父講兩個故事：

盲人點燈

一個禪師走在漆黑的路上，因為路太黑，行人之間難免磕磕碰碰，禪師也被行人撞了好幾下。

遠遠看見有人提著燈籠向他走過來，這時旁邊有個路人說道：「這個瞎子真奇怪，明明看不見，卻每天晚上打著燈籠！」

禪師很好奇，等那個打燈籠的盲人走過來的時候，他便上前問道：「你真的是盲人嗎？」

那個人說：「是的，我從生下來就沒有見過一絲光亮，對我來說白天和黑夜是一樣的，我甚至不知道燈光是什麼樣子！」

禪師更迷惑了，問道：「既然這樣，你為什麼還要打燈籠呢？」

盲人說：「我聽別人說，每到晚上，人們都變成了和我一樣的盲人，因為夜晚沒有燈光，所以我就在晚上打著燈籠出來。」

這句話震撼了禪師，於是禪師感嘆道：「原來你所做的一切是為了別人！」

盲人沉思了一會兒，回答說：「不是，我為的是我自己！」

禪師迷惑了，問道：「為什麼呢？」

盲人答道：「你剛才過來有沒有被別人碰撞過？」

禪師說：「有呀，就在剛才，我被兩個不留心的人碰撞到了。」

盲人說：「我是盲人，什麼也看不見，但我從來沒有被人碰撞到過。因為我的燈籠既為別人照亮了路，也讓別人看到了我，這樣他們就不會因為看不見而撞到我了。」

我們現在就像盲人一樣智慧還沒有開，但是不妨礙把智慧的經典和智慧的功德迴向給他人，雖然自己還沒有感受到佛法真實的利益，但是已經漸漸朝向光明前進，既然如此，我們就像盲人一樣，打起燈籠來，讓他人也能夠看得到，看起來是利他，其實也是自利。

在修行的過程，十迴向這一個階段，雖然自己的力量很有限，但是透過佛菩薩教導的迴向力量，自利利他的善行仍是可以繼續廣傳下去。

無盡燈法門，譬如一燈燃百千燈，冥者皆明。明終不盡。

《維摩詰經》：「譬如一燈，燃百千燈，冥者皆明，明終不盡。…夫一菩薩開導百千眾生，令發阿耨多羅三藐三菩提心，於其道意亦不滅盡，隨所說法而自增益一切善法，是名無盡燈也。」

在《維摩詰經》裡面，有一個無盡燈的法門。

「**譬如一燈燃百千燈，冥者皆明，明終不盡。**」在黑暗當中只有一盞明燈，如果這一燈再傳給另外一盞燈，另外一盞燈再傳給另外一盞燈，這光明就會因為有千燈萬燈，而終不至盡竭，即使我們原來的這一盞燈，不小心被風吹熄了，過去所傳出去到別人手上的燈，這時候，它會回來救援，重新燃起我們這盞燈。

「**菩薩開導百千眾生，令發阿耨多羅三藐三菩提心，**」也就像這一盞燈一樣，用自己的發心，利用自己的緣份，來把這一盞菩提心燈開展下去，「**於其道意亦不滅盡，隨所說法而自增益一切善法，**」這個叫做無盡燈法門，希望大眾能夠學習無盡燈的精神。

《維摩詰經》的無盡燈法門是給魔女學的，因為魔女要回到魔宮了，她們很擔心自己回到魔宮，又回到變成魔女的境界，因此維摩詰居士就傳給她一個無盡燈的法門。

我們現在在五濁惡世，就好像在魔宮裡面一樣，我們這些魔女魔子們，全部都要記得帶上一盞燈，這盞燈不但保護自己，而且還可以利樂一切有情。

起向高樓撞曉鐘 不信人間耳盡聾

四十餘年睡夢中，而今醒眼始朦朧。
不知日已過亭午，起向高樓撞曉鐘。
起向高樓撞曉鐘，尚多昏睡正懵懵。
縱令日暮醒猶得，不信人間耳盡聾。 ~王陽明．睡起偶成

這是王陽明在四十多歲的時候所寫的一首悟道詩，我們人到中年才知道要來修行，才知道要覺醒，雖然已經年過半百，但是也算是醒過來了，起來叩鐘的時候發現，還有更多的人還在昏睡當中，所以即使我們醒的遲，畢竟已經醒了，所以我們就發心，作為叩鐘的這一個人，不信人間耳盡聾。

不要小看自己，現在善根發起之後，可以發揮多少功能？

既然我們已經得到佛法的潤澤，已經漸漸在覺醒當中，就要成為叩鐘的這一雙手，就要成為叩鐘的這一個人，這是十迴向的真實意義，也希望大眾一起來傳燈，一起成為在五濁惡世當中的叩鐘人。

高升他化
自在天宮
廣宣十地義無窮
行布盡圓融
慧談重重
爍破太虛空

會主／金剛藏菩薩
法門／十地

華嚴六會

地點／他化自在天宮

卷 34－卷 39

卷 34

十地品

歡喜地

慚愧自莊嚴 修行轉堅固
供養無量佛 恭敬而尊重

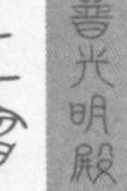

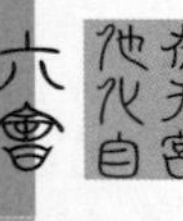

六會他化天宮—㉖十地品 —— 一、歡喜地。二、離垢地。三、發光地。四、燄慧地。五、難勝地。六、現前地。七、遠行地。八、不動地。九、善慧地。十、法雲地。

會主／金剛藏菩薩
法門／十地

引言

第六會是世尊在他化自在天王宮，摩尼寶藏殿的法會，會主是金剛藏菩薩，討論的主題是菩薩的智慧及果位的修行，圓滿一切智的十地法門。

十地品

十地品來意

他化自在天宮位於他化自在天，是六欲天的最頂層。過去佛陀到忉利天、夜摩天、兜率天說法，天王都以非常大的陣仗迎接佛陀、供養佛陀、頂禮佛陀、讚歎佛陀、請佛說法。這一次他化自在天，並沒有這個陣仗。為什麼？

《綱要》：前明解導行願賢位因終，今明智冥真如聖位果立

從十地品的來意可知，過去談論的主題，十住、十行、十迴向，是屬於賢位的修行，以解來導行，以行而起願，這是菩薩因地的修行。

此會開始進入十地，「**智冥真如**」，初地的智慧契合真如、親證真如，登聖位回到本家，屬於菩薩果位的修行。

既然菩薩是回到自己的家，天王還需要迎接嗎？當然不需要，過去是做客，現在是回到本家。十地品的修行，等於回到原來本具的智慧當中，直接親證真如之後，依著真如而起修。

十地品宗趣 以地智斷證寄位修行為【宗】，以顯圓融無礙行相為【趣】

十地品的「宗旨」，是以十地不同的智慧，寄位修行。

一切智的智慧，本來沒有差別，從初地到十地，每一地的智慧都是圓滿無礙的。但是為了要讓我們更明白，而在無分別的智慧當中，來做一個分別，依著十個位次來教導佛子：在十波羅蜜當中，應該起什麼觀行？斷什麼無明？證得何等果德？此即「寄位修行」，寄託初地到十地這十個層次，來幫助我們完成階段性的任務，因此十地有其次第。

「趣」指的是十地品的目標，是為了要彰顯圓融無礙的行相與最終的圓滿。

十地當中的每一地，其實是沒有任何差別的，因為都是直契真如，親證真如。譬如，有人會問：是地藏王菩薩比較厲害？還是文殊菩薩？觀世音菩薩？或者問：我兒子要考試順利，要拜哪一尊菩薩？我的家人生病要誦哪一部經？我想財運亨通，是不是要供什麼發財燈？

其實十地的菩薩已契入平等法界當中，其呈現了不同的相貌與願力，都是因應眾生的分別心所產生的，在果位、果報上則沒有任何差別。

菩薩願「廣大如法界，究竟如虛空」

爾時，世尊在他化自在天王宮，摩尼寶藏殿，與大菩薩眾俱。其諸菩薩，皆於阿耨多羅三藐三菩提不退轉，悉從他方世界來集。…其名曰：金剛藏菩薩、寶藏菩薩、蓮華藏菩薩…。

本會菩薩為金剛藏菩薩、寶藏菩薩等「藏」字輩的菩薩，以金剛藏菩薩為上首，都是已在阿耨多羅三藐三菩提永不退轉，具足了殊勝的果德。

爾時，十方諸佛各伸右手，摩金剛藏菩薩頂。摩頂已，金剛藏菩薩從三昧起，普告一切菩薩眾言：諸佛子，諸菩薩願善決定，無雜不可見，廣大如法界，究竟如虛空，盡未來際，遍一切佛剎，救護一切眾生，為一切諸佛所護，入過去、未來、現在諸佛智地。

十方諸佛伸手摩金剛藏菩薩頂，金剛藏菩薩從三昧起，開始宣說：菩薩的願，非常的純粹、決定，不會夾雜其他的期待、雜念與妄想。

「**廣大如法界，究竟如虛空**」，從十地開始，每一個願都有此名句，呈現菩薩的願廣大到不可說、不可思、不可議、不可見。

從時間上來講，菩薩的願是盡未來際的；從空間上來講，菩薩的願遍一切佛剎；從對象上來講，菩薩的願是救護一切眾生；從承受諸佛的護念來講，菩薩接受了一切諸佛的護念。因為所有的佛修菩薩行時，都是以菩薩願來成就自己的功德。

所以，當我們發起跟佛一樣「**廣大如法界，究竟如虛空**」的願，就入了過去、未來、現在諸佛的智地。

菩薩智地有十種

菩薩摩訶薩智地有十種…，何等爲十？

一者、歡喜地，二者、離垢地，三者、發光地，四者、燄慧地，五者、難勝地，六者、現前地，七者、遠行地，八者、不動地，九者、善慧地，十者、法雲地。

我不見有諸佛國土，其中如來不說此十地者。何以故？此是菩薩摩訶薩向菩提最上道，亦是清淨法光明門，所謂分別演說菩薩諸地。

所有的佛都會講十地的法門，因為這是菩薩摩訶薩，要圓滿佛果的必經之路。所以，當你開始聽到菩薩十地法門的時候，表示你已經接近佛果了。

金剛藏菩薩愍念劣解眾生，默然而住

爾時，金剛藏菩薩說此菩薩十地名已，默然而住，不復分別。

菩薩十地到底有什麼內容？當大眾期待金剛藏菩薩進一步宣說時，金剛藏菩薩竟然「默然而住，不復分別。」

是時，一切菩薩眾聞菩薩十地名，不聞解釋，咸生渴仰，作如是念：何因何緣，金剛藏菩薩唯說菩薩十地名而不解釋？

大眾都渴望聽聞妙法，金剛藏菩薩卻在說了十地之名後，默然中止。究竟是什麼因緣，導致金剛藏菩薩只說菩薩十地名而不解釋？

解脫月菩薩知諸大眾心之所念，以頌問金剛藏菩薩曰…。爾時，解脫月菩薩聞是說已，白金剛藏菩薩言：佛子，今此眾會，皆悉已集，善淨深心，善潔思念，善修諸行，善

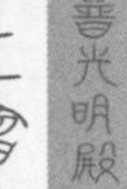

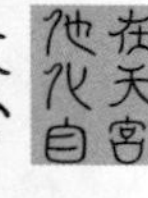

集助道，善能親近百千億佛，成就無量功德善根；…善哉佛子，當承佛神力而為演說，此諸菩薩於如是等甚深之處，皆能證知。

解脫月菩薩知道大眾的心，向金剛藏菩薩秉白：「此次集會的大眾很不錯，心很清淨，喜歡修行，也累積足夠的善根福德因緣，應該都要聽聞殊勝的法。」

爾時，金剛藏菩薩言：佛子，雖此眾集善淨思念，捨離愚癡及以疑惑，於甚深法不隨他教。然有其餘劣解眾生，聞此甚深難思議事，多生疑惑，於長夜中受諸衰惱。我愍此等，是故默然。

金剛藏菩薩回答：「雖然此會大眾善根如此，但尚有其他信心不足的眾生，聽到這麼殊勝的法，恐怕對菩薩行產生很大的疑惑，因此考慮再三，還是決定默然無言。」此段與佛陀在法華經裡一樣，在演說妙法之前，佛陀對舍利弗說：「**止止不須說，我法妙難思。**」

得佛護念而生信受，於智地生勇猛

爾時解脫月菩薩重白金剛藏菩薩言：佛子，願承佛神力，分別說此不思議法，此人當得如來護念而生信受。

金剛藏菩薩因為考慮聽不懂的眾生，所以默然無言。但是解脫月菩薩不這麼認為，還是希望金剛藏菩薩可以為大眾開解十地法門，主要有二點。

首先，善根具足的大眾對於微妙大法是能夠領受的，而且體解大道後，能起大作用。

其次，雖然劣解眾生不能馬上領受妙法，但是長久熏修後，累積足夠的善根、福報，有一天終將契悟。為什麼？其實並不是無故突然聽懂佛法，而是經過長期累積善根福德，因緣具足，當得如來護念而生信受。

聽聞佛法需要長期薰修，法要多聽，雖然剛開始都聽不懂，繼續不斷地聽，有一天會開始聽得懂，哪怕只懂一句，放到心裡面，也是不可思議。

何以故？說十地時，一切菩薩法應如是，得佛護念。得護念故，於此智地能生勇猛。

十地法，不管是聽聞者或宣說者，皆能得到如來的護念，而對如來智地生勇猛心。

有人說：「大家都說佛法很好，可是我還沒有感受到。在生活中遇到人事物的糾葛時，佛法不一定能解決現實的問題？你叫我要忍耐，我忍不下去；你叫我要放下，我為什麼要放下？你叫我要用智慧，我也不知道智慧怎麼用，在現實生活的煩惱壓迫下，我還無暇體會學佛的殊勝。」

聽聞佛法時，要有一種信心：凡是講說或聽聞十地法時，「**一切菩薩法應如是，得佛護念**」，我們一定會得到諸佛菩薩的護念。即使現在不能夠完全理解佛經的字句義理，或者是智慧未開，無法落實所學佛法，但是大家要記得，「**此人當得如來護念而生信受**」，這是佛陀對我們的承諾與責任，就像學生在這間學校註冊，這個學校的校長、老師，以及所有行政人員，對這個學生就有責任，學生不一定有學習欲，但是老師要全力輔導。

因此我們來皈依佛法僧，來修菩薩行，甚至於加入團隊之後，我們對自己的修行，不一定會積極的自我要求精進用功，但是諸佛菩薩會想盡辦法，讓我們跟得上這個隊伍。

所以，聽不懂沒有關係，甚至於不知道要怎麼講都沒有關係，只要把這一切，全部都交付給佛菩薩，是菩薩自己承諾的，是佛自己說的，我們只要負責「認真修行」，其他就是佛

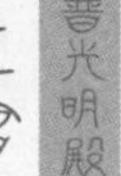

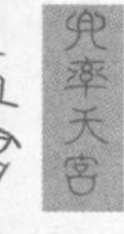

的工作了。佛比我們有智慧，他一定知道如何讓我們開悟，我們也會得到佛陀的護念，於此智地能生勇猛。

何以故？此是菩薩最初所行，成就一切諸佛法故…。一切佛法皆以十地爲本，十地究竟修行成就，得一切智。

菩薩進入十地之後，不用再擔心自己什麼時候道業會成就，一切隨緣，一切的佛法也以十地為本，十地究竟修行成就，會成就一切智。

是故佛子，願爲演說，此人必爲如來所護，令其信受。

金剛藏菩薩說十地法門

金剛藏菩薩得到解脫月菩薩的保證，金剛藏菩薩就要宣說十地法門。

爾時，世尊從眉間出清淨光明，名：菩薩力燄明。百千阿僧祇光明以爲眷屬，普照十方一切世界，靡不周遍，三惡道苦皆得休息…。時，十方諸佛悉亦如是，從眉間出清淨光明，其光名號、眷屬、作業悉同於此。又亦照此娑婆世界佛及大衆，并金剛藏菩薩身師子座已，於上虛空中，成大光明雲網臺。

說法之前，毗盧遮那如來放光照射所有的菩薩，乃至於十方諸佛也放光，這些光就在整個虛空當中，結成梵網、光網，既然佛陀也加持，也肯定，金剛藏菩薩就要談十地的法門。

十地品

一歡喜地

佛子，若有眾生…，立廣大志，生廣大解，慈悲現前。

十地的第一地是歡喜地，就是心生歡喜，世界上最快樂的地方，就是歡喜地。怎麼樣能夠登到歡喜地？「若有眾生，立廣大志，生廣大解，慈悲現前。」有了廣大志、廣大解、慈悲現前，自然就是成就歡喜地的基本要素。

菩薩起如是心，以大悲為首，智慧增上，善巧方便所攝，最上深心所持，如來力無量，善觀察分別，勇猛力、智力…。

「**大悲為首**」，慈悲是成佛的首要條件，給眾生快樂，拔除眾生的痛苦，就叫做菩薩。

但是要怎麼樣能夠廣度眾生、幫助眾生？以願一切眾生成佛的「**最上深心**」，除了智慧，還需要有「善巧方便」。菩薩是無所不用其極，會想盡所有的辦法，來攝受所有的有情，這個目的跟一般的奸詐狡猾不一樣，因為菩薩的心，是希望一切眾生都能夠成佛，叫做最上深心，這是菩薩安住在歡喜地的基本條件。

無礙智現前，隨順自然智，能受一切佛法，以智慧教化，廣大如法界，究竟如虛空，盡未來際。

有了這基本條件之後，無礙智會現前，這個無礙智，廣大如法界，究竟如虛空。

菩薩始發如是心，即得超凡夫地，入菩薩位，生如來家，無能說其種族過失，離世間趣，入出世道，得菩薩法，住菩薩處，入三世平等，於如來種中，決定當得無上菩提。

菩薩住如是法，名：住菩薩歡喜地，以不動相應故。

有了無礙智現前，馬上超越凡夫地，登入菩薩位。此菩薩位當中，決定、確定、肯定可以成佛，如如不動，永不退轉，不管是誰要他放棄都不可能，所以叫做菩薩歡喜地。

遠離五種怖畏

佛子，菩薩住歡喜地，成就多歡喜、多淨信、多愛樂、多適悅、多欣慶、多踴躍、多勇猛、多無鬥諍、多無惱害、多無瞋恨。

菩薩安住歡喜地之後，每天都開心，每天都歡喜，沒有任何的煩惱。為什麼？

何以故？此菩薩得歡喜地已，所有怖畏悉得遠離。所謂：不活畏、惡名畏、死畏、惡道畏、大眾威德畏。如是怖畏皆得永離。

因為遠離了所有的怖畏。包括不活畏、惡名畏、死畏、惡道畏、大眾威德畏。遠離這五個怖畏，就是真正的成就大歡喜，而且永離，不是暫時的離，不是念佛就沒事，沒念佛就有事，而是確定永遠都不會有事，永遠不會再受到這些恐怖。

安住歡喜地：大悲為首，勤修善根

此菩薩以大悲爲首，廣大志樂無能沮壞，轉更勤修一切善根而得成就…，菩薩成就如是淨治地法，名爲：安住菩薩歡喜地。

在證得歡喜地的功德和已經遠離這些恐怖後，菩薩會以大悲為首，發起大願心，令一切眾生，也遠離這些恐怖。接著會更精進廣度一切眾生。

初地以十大願為首

菩薩住此歡喜地，能成就如是大誓願、如是大勇猛、如是大作用。

初地歡喜地的菩薩以十個大願作為修行的依據。

（一）供養願：供養一切諸佛
（二）受持願：受持一切佛法
（三）轉法輪願：轉無上法輪
（四）修行二利願：修行自利利他不休息
（五）成熟眾生願：成熟一切眾生
（六）承事願：承事無量諸佛
（七）淨土願：廣度一切眾生，成就一切淨土
（八）不離願：永不捨離善知識與菩薩
（九）利益願：利益一切有情
（十）成正覺願：速成正等正覺

以此十願門爲首，滿足百萬阿僧祇大願。

發了十個大願後，這十個大願還要成就，發大願很容易，但是長遠心呢？

長遠心：大願以十盡句而得成就

此大願以十盡句而得成就。何等爲十？所謂眾生界盡、世界盡、虛空界盡、法界盡、涅槃界盡、佛出現界盡、如來智界盡、心所緣界盡、佛智所入境界界盡、世間轉法轉智轉界盡。

菩薩在十盡句當中，圓滿無盡的願。

若眾生界盡，我願乃盡；若世界乃至世間轉法轉智轉界盡，我願乃盡；而眾生界不可盡，乃至世間轉法轉智轉界不可盡故，我此大願善根無有窮盡。

眾生界無盡乃至於我願不可窮盡，這就是發大願的一個最根本的基礎，叫做十無盡。

菩薩住此歡喜地已，以大願力，得見多佛。

菩薩住了歡喜地，因為大願力，開始就能夠見到百千萬億的佛。

修四攝法之布施、愛語

此菩薩因供養諸佛故，得成就眾生法。以前二攝，攝取眾生，謂：布施、愛語；後二攝法，但以信解力故，行未善通達。

十波羅蜜中，檀波羅蜜增上

是菩薩十波羅蜜中，檀波羅蜜增上；餘波羅蜜非不修行，但隨力隨分。

初地菩薩多作閻浮提王

菩薩摩訶薩住此初地，多作閻浮提王，豪貴自在，常護正法。

初地菩薩福德增勝，多做閻浮提王，開始來擁護正法。

結論

初地親證真如自性，就能遠離五種恐怖，依著歡喜地的功德，便發起大願心，此後依此大願，而成就了菩薩的願行。

卷 35

十地品

離垢地

發光地

心念此慧從聞得 如是思惟自勤勵
日夜聽習無間然 唯以正法為尊重

引言

第二離垢地和第三發光地，分別對應淨戒波羅蜜與忍辱波羅蜜。

十地品

二離垢地

性自遠離一切罪業

菩薩住離垢地，性自遠離一切殺生，不畜刀杖，不懷怨恨，有慚有愧，仁恕具足。於一切眾生有命之者，常生利益慈念之心⋯。

離垢地是對應持戒波羅蜜。前面歡喜地已經親證真如，遠離所有的恐怖，遠離所有的顛倒夢想，到了離垢地，菩薩依著清淨的真如自性，從自心產生一種遠離塵垢的力量。

世間所有塵垢的來源，不外乎是由內心的貪、瞋、癡等煩惱，導致殺、盜、淫、妄等行為，因此，當我們回歸自己的本心，安住在自己的清淨心時，清淨的自性對於這一些會傷害本性清淨的行為，自然就遠離，此即「**性自遠離**」之義。總之，離垢地的持戒，是依真如所產生的功德力。

一般人認為持戒是因為自己本身有很多偏差行為，藉由接受戒律以改正自身過失，也有人對戒律未能正確認識，往往預設立場，認為戒律將使其生活不便，產生很多的煩惱，因此不願意受戒、持戒。

到了離垢地這個階段，菩薩已經親證本具清淨心，從自性當中，生起一種清淨的力量，所以「**性自遠離一切殺生**」，自然而然就遠離殺生的業感，因而離垢地所修淨戒波羅蜜，持的是自性清淨戒，依著本心的清淨，不用「持」而自然遠離一切殺生，乃至於遠離一切的偷盜，達到身口意三業清淨離垢。

護持十善業道

佛子，菩薩摩訶薩如是護持十善業道，常無間斷。

有居士說：「我以為初地以上的持戒波羅蜜，會修持特別厲害的戒，有別於凡夫眾生的戒律，為什麼離垢地還是修十善業道？這不就表示，菩薩的程度跟我們差不多？」

事實上，菩薩所有的行為也不離開五戒與十善，五戒十善是一切戒的根本，為什麼？

復作是念：一切眾生墮惡趣者，莫不皆以十不善業。

因為一切眾生會墮落，不外乎就是因為身、口、意這三業當中，產生了十種不善的作為，因此菩薩要幫助一切眾生脫離惡道，就是勸眾生修持十善業。

是故我當自修正行，亦勸於他，令修正行。何以故？若自不能修行正行，令他修者，無有是處。

菩薩為了度眾生，發心自己做示範。

修行其實很簡單，就是大家都不能做的事情，我們以身作則先發心不做，而不是搞一些神通，搞一些發光的事情，來困惑眾生。

十不善業道，是地獄、畜生、餓鬼受生因；十善業道，是人天乃至有頂處受生因。

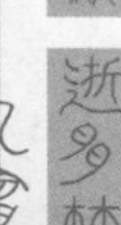

菩薩的修行立基於生活中，腳踏實地持守十善業。只要做好這十種善業，自然而然就生到人天善道，繼續聽聞佛法，精進修行。

是故菩薩作如是念：我當遠離十不善道，以十善道爲法園苑，愛樂安住。自住其中，亦勸他人令住其中。

如果能夠遠離十不善道，以「**十善道爲法園苑**」，自然就會產生一種清淨的力量，引導一切的眾生，使其效法。

修持愛語與持戒波羅蜜

此菩薩四攝法中，愛語偏多；十波羅蜜中，持戒偏多…。

二地菩薩作轉輪聖王

菩薩住此地，多作轉輪聖王，爲大法主，具足七寶，有自在力。

十地品

三發光地

發光地的修行，將會啟發神通妙用，因此修行一定要以持戒為根本，如果沒有第二離垢地，到第三發光地，開始有了神通，神通可能就會被誤用。

觀一切有為法如實相

菩薩摩訶薩住第三地已，觀一切有爲法如實相。所謂無常、苦、不淨、不安隱、敗壞、不久住、剎那生滅、非從前際生、非向後際去、非於現在住。

觀一切有為法如實相，即是對於世間進行正確的觀察，世間的如實之相，就是無常、苦、空等相。

又觀此法無救無依，與憂與悲、苦惱同住，愛憎所繫，愁慼轉多，無有停積；貪恚癡火，熾然不息，眾患所纏，日夜增長，如幻不實。

有為之法，都是無救無依，與苦惱同住。所有的追求，無論是名、利、財、色，雖然暫時得到，但是為了要保護、擁有、使其更為持久、更為壯大，常常結了很多的惡緣，得的時候歡喜，失的時候痛苦，患得患失，反而帶來許多意想不到的煩惱。

菩薩如此觀察世間，產生兩個心態：

一、於一切有為法倍增厭離

第一個為「倍增厭離」，怎樣倍增厭離？

見如是已，於一切有爲，倍增厭離，趣佛智慧。見佛智慧不可思議、無等、無量、難得、無雜、無惱、無憂，至無畏城，不復退還，能救無量苦難眾生。

因為看到世間的無救無依，不值得我們耗費寶貴的生命，浪費這麼多的力氣去追求它。

很多人說：「師父，等我功成名就賺很多錢，再來護持你、護持道場、護持佛法。」

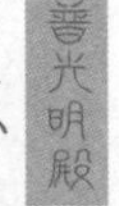

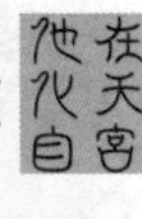

這個邏輯就是：我先去造很多的業，然後往生之前，就到佛門，把所有累積的業障，好好懺悔。這叫做沒有智慧的觀察，因此學習發光地的內容，就能明白菩薩如實觀察後，對於一切有為法倍增厭離。

倍增厭離無救無依的有為法後，轉為趣向值得追求的無上菩提道，知道佛陀的智慧不可思議，生起一種難得、難遭、難遇的歡喜心。

二、於一切眾生。生十種哀愍心。

第二、還要升起一種慈悲心、同情心、哀愍心。

菩薩如是見如來智慧無量利益，見一切有爲無量過患，則於一切眾生，生十種哀愍心。何等爲十？

所謂：見諸眾生孤獨無依，生哀愍心；見諸眾生貧窮困乏，生哀愍心；見諸眾生三毒火然，生哀愍心；見諸眾生諸有牢獄之所禁閉，生哀愍心；見諸眾生煩惱稠林恆所覆障，生哀愍心；見諸眾生不善觀察，生哀愍心；見諸眾生無善法欲，生哀愍心；見諸眾生失諸佛法，生哀愍心；見諸眾生隨生死流，生哀愍心；見諸眾生失解脫方便，生哀愍心。是爲十。

眾生因為不懂如來的智慧有這麼大的利益，汲汲營營追求有為成就，有為法是包著糖衣的毒藥，可是小孩子不知道的時候，為了要吃糖，不惜冒著中毒的危險，有為法就是如此。

但是菩薩已經覺悟，知道如來智慧有無量的利益，殊勝的功德，可是眾生智慧不足，常常想不通，遇到問題時，沒有依靠，在煩惱當中無有出離，甚至於感到三毒熾然，很可憐。

在這個過程中會發現，眾生常常陷落在痛苦當中，卻又欲振乏力，不知道要怎麼做，你叫他來學佛，他說：「師父，我俗緣未了，凡塵還有很多的責任，我沒有辦法。」什麼時候才要來學佛？這個就是之前講到的心態，想要造很多的業，退休後再好好懺悔。

這就是一種沒有智慧的想法，為什麼沒有智慧？因為沒有人告訴他，佛法其實沒有那麼困難，而且佛法不離世間法，可以用在生活中，但是很少有人覺得佛法是很簡單的，總是好不容易發心來學佛、念經，卻看不懂佛經、聽不懂佛法。

菩薩如是見眾生界無量苦惱，發大精進，作是念言：此等眾生，我應救，我應脫，我應淨，我應度，應著善處，應令安住，應令歡喜，應令知見，應令調伏，應令涅槃。

菩薩看到眾生這麼可憐，有這麼多的苦惱，卻又無法可想，因此發大精進心，想：「**此等眾生我應救、我應脫，我應淨，我應度。**」沒有人懂佛法，我們發心來學習佛法，讓大眾都能夠了解。

菩薩如是厭離一切有為，如是愍念一切眾生，知一切智智有勝利益。

因此愍念一切眾生，厭離一切有為，知道救度一切眾生的方法，以及解決所有世間問題的方法，這就是佛的智慧，「**知一切智智有勝利益。**」

依如來智慧救度眾生

菩薩欲依著如來智慧來救度眾生。但是如何依如來智慧救度眾生？要用什麼方法？如何讓一切的眾生覺得佛法原來是很好用，最終達到沒有煩惱的涅槃境地？

作是思惟：此諸眾生，墮在煩惱大苦之中，以何方便而能拔濟，令住究竟涅槃之樂？

便作是念：欲度眾生令住涅槃，不離無障礙解脫智；無障礙解脫智，不離一切法如實覺；一切法如實覺，不離無行無生行慧光，無行無生行慧光，不離禪善巧決定觀察智；…

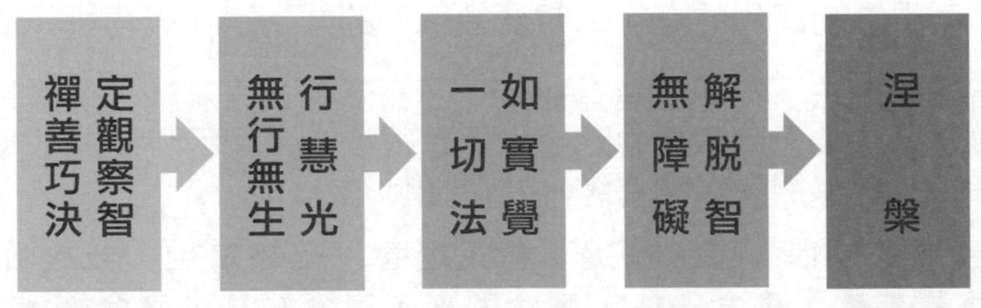

圖 35-1 菩薩邏輯

這個邏輯是：如果要求得涅槃，要先有智慧，從如實的覺悟來修習得到智慧；如實的覺悟，又從無行無生行慧光、禪定善巧決定觀察智慧而來。依循這個邏輯要如何追求，才能成就涅槃智慧？

菩薩如是觀察了知已，倍於正法勤求修習…。

有了學習的方法，接下來的就是我們的努力，因此菩薩「倍於正法勤求修習」。

日夜唯願聞法、喜法、樂法、依法、隨法、解法、順法、到法、住法、行法。有此十種對法的態度，生起一種精進心，叫做勤求佛法。

求佛法時，要用什麼來換？

從愛財如命轉為愛法如命

菩薩如是勤求佛法，所有珍財皆無吝惜，不見有物難得可重，但於能說佛法之人，生

難遭想。

只要能夠聽聞佛法，什麼都可以交換。這個世間所有的一切，都沒有那麼重要，不管是事業、財富、眷屬、感情、或者自己的娛樂，都比不上對於佛法的渴求。

是故菩薩於內外財，爲求佛法，悉能捨施。

這個時候對說法的善知識、或者是法師、或者是師兄、或者是一切的眾生，只要能說佛法之人，都覺得非常的難得，因此菩薩對於內財、外財就沒有那麼重視。

以前叫做愛財如命，現在改成愛法如命，為了佛法可以為法忘軀。

無有恭敬而不能行，無有憍慢而不能捨，無有承事而不能作，無有勤苦而不能受。

所以對於自己修行這件事情，乃至對於能夠宣說佛法的善知識，能夠恭敬、能夠承事，能夠精進修行，會產生很特別的效應：聽聞佛法生大歡喜。

若聞一句未曾聞法，生大歡喜，勝得三千大千世界滿中珍寶。

像我們每天共修的過程，有沒有發現如果我們那一天有共修，一整天心情都很愉快，有一種充實感，世間所有的問題，似乎沒有那麼困難解決，乃至於遇到的所有人，都覺得是來度我、來成就我、來幫助我行菩薩道。

有了歡喜心之後，生活完全變得非常輕鬆快樂，為什麼會這樣？

其實是因為你的內心已經有法了，有了佛法，會讓我們的人生完全改變，生起一種大歡喜，勝得三千大千世界滿中珍寶，比中樂透還要快樂。當然如果能夠中樂透，也是很快樂，只是沒有比聽聞佛法，能夠究竟離苦得樂產生的快樂來得持久。

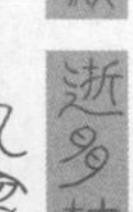

若聞一偈未聞正法，生大歡喜，勝得轉輪聖王位；若得一偈未曾聞法，能淨菩薩行，勝得帝釋梵王位，住無量百千劫。

聽聞一句未曾聞之法，能夠生起大歡喜，能夠清淨菩薩行，這個效益是長久，能夠持續無量百千萬億劫，比世間五欲之樂的效用還要長久。

若有人言：我有一句佛所說法，能淨菩薩行，汝今若能入大火坑，受極大苦，當以相與。

如果有人說，我要跟你交換佛法，我告訴你佛法，但是你要跳火坑。

菩薩爾時作如是念：我以一句佛所說法淨菩薩行故，假使三千大千世界，大火滿中，尚欲從於梵天之上投身而下，親自受取，況小火坑而不能入？

菩薩在這個時候會覺得，跳火坑是非常值得，我連跳火坑都在所不惜，當然不是要叫大家跳火坑，是強調求法的一種心態。

然我今者，為求佛法，應受一切地獄眾苦，何況人中諸小苦惱？

在地獄的眾生，就是因為沒有辦法聽聞佛法，才會不明白智慧這麼好用，可以究竟離苦得樂。現在能夠找到離苦得樂的方法，即使會受地獄之苦，也是暫時，因為有佛法之後，地獄就不再是地獄，痛苦也不再是痛苦。

如說修行，得神通妙用

菩薩如是發勤精進，求於佛法，如其所聞，觀察修行。

求得佛法之後，還要開始修，不是只是聽佛法而已，要如說修行。

此菩薩得聞法已，攝心安住，於空閑處作是思惟：如說修行，乃得佛法，非但口言而

可清淨。

真正的如說修行才能得到佛法，而不是只有嘴巴講，「口在說空，行在有中。」只知道勸人家放下，不要執著，可是自己卻處處都放不下，處處都是執著，因此聽了佛法要實踐，叫做如說修行。

四禪八定

是菩薩住此發光地時，即離欲惡不善法，有覺有觀，離生喜樂，住初禪。滅覺觀，內淨一心，無覺無觀，定生喜樂，住第二禪。離喜住捨，有念正知，身受樂，諸聖所說，能捨有、念、受、樂，住第三禪。斷樂，先除苦、喜、憂、滅，不苦不樂，捨念清淨，住第四禪。

如說修行，聞法起修後，身心次第入定，開始發生初禪的喜樂，乃至於二禪的喜樂，到了第三禪有微妙的快樂，第三禪是世界上最快樂的地方，到了第四禪，快樂沒有了，痛苦沒有了，微細的憂惱都沒有了，有的是一種清淨。

第四禪之後還有什麼？

還有空無邊處天、識無邊處天、無所有處天和非想非非想處天，隨順著佛的教法修行，可使內心生起四禪八定的功德。

此菩薩心隨於慈，廣大無量不二，無怨無對，無障無惱，遍至一切處，盡法界、虛空界，遍一切世間。住悲、喜、捨亦復如是。

有了四禪八定的功德，進一步行慈、悲、喜、捨的四無量心，到了這個階段，菩薩開始發光，發什麼光？

得五神通

五神通分別是：神足通、天耳通、他心通、宿命通及天眼通。

此菩薩得無量神通力，能動大地，以一身為多身，多身為一身，或隱或顯，石壁山障，所往無礙，猶如虛空；於虛空中跏趺而去，同於飛鳥，入地如水，履水如地；身出煙燄如大火聚，復雨於水猶如大雲；日月在空，有大威力，而能以手捫摸摩觸，其身自在，乃至梵世。

菩薩得到無量的神通力，首先得到神足通：能動大地，以一身為多身，多身為一身。

此菩薩天耳清淨，過於人耳，悉聞人、天若近若遠所有音聲，乃至蚊蚋、虻蠅等聲，亦悉能聞。

菩薩有天耳通，不論遠近，所有的音聲都能夠聽得到。

此菩薩以他心智，如實而知他眾生心。所謂有貪心如實知有貪心，離貪心如實知離貪心；有瞋心、離瞋心；有癡心、離癡心；…廣心、非廣心，皆如實知。

菩薩還有他心通，眾生有貪心，知道眾生有貪心，所以不會被詐騙集團欺騙；知道這個人已經離貪心，菩薩可以了解眾生的起心動念，誰是好人、誰是壞人，都能夠如實了知，但是不會跟他計較，也不會因為他而心生煩惱。

這個時候，發光地的智慧就能夠現前，就可以如實知而度眾生。

修持利行與忍波羅蜜

此菩薩於四攝中，利行偏多；十波羅蜜中，忍波羅蜜偏多；餘非不修，但隨力隨分。是名菩薩第三發光地。

三地菩薩作忉利天王

菩薩住此地，多作三十三天王。能以方便，令諸眾生捨離貪欲…。

結語

此二地，第一個是內心清淨而產生持戒波羅蜜的功德，第二個是因為好樂佛法、聽聞佛法，如法修行而產生的禪定功德。有了清淨的功德就會入離垢地，登上發光地，就能智慧現前神通具足。

卷36

十地品

四、燄慧地
五、難勝地

志

求佛法不退轉，思念慈悲無厭倦

引言

十地品中的燄慧地與難勝地，是對應精進波羅蜜與禪定波羅蜜的兩個修行法門。

十地品

四燄慧地

「燄慧」是形容智慧如火燄，第三地的智慧發光，到第四地，智慧像熊熊的火焰一樣，可以產生燃燒的功能，把所有的煩惱無明，都燃燒殆盡。

欲入第四燄慧地，當修十法明門

菩薩摩訶薩第三地善清淨已，欲入第四燄慧地，當修行十法明門。何等為十？所謂：觀察眾生界、觀察法界、觀察世界、觀察虛空界、觀察識界、觀察欲界、觀察色界、觀察無色界、觀察廣心信解界、觀察大心信解界。

金剛藏菩薩告訴解脫月菩薩說：菩薩摩訶薩從第三地，要進入第四地燄慧地時，應當修行十法明門，觀察十法。

觀察，即心對所緣境界進行「覺觀」與「省察」，觀察所得，可以作為下一步行動的依據。

在這個世間要了解不同領域的動態與趨勢，也需要有觀察力，譬如說我今天是一個企業主，必須要觀察大眾的流行、好惡與需求，觀察產業趨勢與發展；如果是國際貿易，就要觀察國際情勢；要成為一名醫師，必須要觀察病人的病徵、病因、體質、生活作息、飲食、情緒等等；作為一名教師，則要觀察學生的特質與學習狀況。

同樣的道理，修行能夠成功，也需要卓越的觀察力，因此發光地的菩薩，成為一個觀察家，對於眾生界、法界、世界等十種對象，進行如實的觀察，以晉級至燄慧地。

三十七助道品

四念處

燄慧地的菩薩，開始修習三十七助道品。三十七助道品是在幫助我們，正確觀察這個世間，依其觀察次第修行，生起斷煩惱的智慧，終而了脫生死輪迴之苦。

菩薩住此第四地，觀內身循身觀，勤勇念知，除世間貪憂；觀外身循身觀，勤勇念知，除世間貪憂。觀內外身循身觀，勤勇念知，除世間貪憂。如是觀內受、外受、內外受循受觀；觀內心、外心、內外心循心觀；觀內法、外法、內外法循法觀，勤勇念知，除世間貪憂。

首先，先從自己的色身開始觀察，觀內身、觀外身、觀內外身，此即「身念處」，目標是為了「**除世間貪憂**」。

所有的煩惱是從身見開始，每個人每天從睜開眼睛起，幾乎都在照顧這個身體，從早到晚，問的三句話不外乎，吃什麼？睡哪裡？什麼時候可以休息？一整天幾乎都是為了身而打轉，所以要正確地觀察身，觀察身之後，要去除對於身的執著，以及因為貪著而產生的憂惱，接下來觀受、觀心、觀法。

身、受、心、法，都是我們執著的對象，形成所謂的我執，因此在觀察當中，要針對身、受、心、法四念處，起一個正確的觀行。

四正勤

此菩薩未生諸惡不善法，為不生故，欲生勤精進發心正斷；已生諸惡不善法，為斷故，欲生勤精進發心正斷。未生諸善法，為生故，欲生勤精進發心正行；已生諸善法，為住不失故，修令增廣故，欲生勤精進發心正行。

四正勤，即修善斷惡。如果是惡、不善法，未生諸惡令其不生，即不要養成壞習慣；已生諸惡要斷除，過去有不好的習慣，要發心斷除。如果是善的，要努力去培養，甚至變成一種好的習慣，本來已經在做的善法，使其更純粹、更增進。

譬如說我們現在參加共修，如果已經參加共修，就要求自己在共修的時候，隨時保持專注、清淨，如果從來沒有共修的經驗，就慢慢練習，養成正確的習慣。

以前身口意喜歡做一些不好的事，現在開始慢慢藉由正確的行為來取代，修行其實很簡單，就是練習。四正勤正是教我們如何正確地練習。

四神足

此菩薩修行欲定斷行，成就神足，依止厭，依止離，依止滅，迴向於捨。修行精進定、心定、觀定、斷行，成就神足；依止厭，依止離，依止滅，迴向於捨。

練習得宜，就會開始產生「如意」的功德，叫做神足。所謂的神足，就是神通，從欲、進、念、慧四個方向，來幫助自己成就神足。

五根

此菩薩修行信根，依止厭，依止離，依止滅，迴向於捨；修行精進根、念根、定根、慧根，依止厭，依止離，依止滅，迴向於捨。

有了神通之後，對佛法、對自己的信心會增上，所以有了五根：信、進、念、定、慧根。

五力

復次，此菩薩修行信力，依止厭，依止離，依止滅，迴向於捨；修行精進力、念力、定力、慧力，依止厭，依止離，依止滅，迴向於捨。

還有五力：信、進、念、定、慧力。

七覺支

復次，此菩薩修行念覺分，依止厭，依止離，依止滅，迴向於捨；修行擇法覺分、精進覺分、喜覺分、猗覺分、定覺分、捨覺分，依止厭，依止離，依止滅，迴向於捨；…

有了信、進、念、定、慧力，會產生一個殊勝的覺知，叫做七覺支：念、擇法、精進、喜、猗、定、捨，其中猗就是輕安。當我們真的跟禪定相應之後，會發現走路感覺很輕鬆，爬樓梯也不喘，甚至跟同年齡沒有修行的人對照，發現自己每天神清氣爽，而沒有修行的人呈現出來的氣象，就是每天奄奄一息，沒有朝氣活力。可知，佛法越修越有精神，越修越讓自己身心輕安。

八正道

復次，此菩薩修行正見，依止厭，依止離，依止滅，迴向於捨；修行正思惟、正語、

正業、正命、正精進、正念、正定、依止厭、依止離、依止滅，迴向於捨。

八正道，即正確的見解、正確的思惟、正語、正業、正命、正精進、正念、正定。

佛子，菩薩住此燄慧地，所有身見爲首，我、人、眾生、壽命，蘊、界、處，所起執著、出沒，思惟、觀察治故，我所故，財物故，著處故，於如是等一切皆離。

如此，透過三十七道品的觀察，就會產生能夠斷除煩惱、如火焰般的智慧。住此燄慧地，所有以身見為首的我見、人見、眾生見、壽者見等執著，都能夠去除。一般人捨不得、放不下，心有千千結，是因為沒有看清楚，想到煩惱的事情就心煩意亂，或者逃避煩惱不去面對，如果觀察清楚，就會發現，原來要去除這些煩惱沒有這麼困難。

四攝中同事攝，十波羅蜜中精進偏多

此菩薩於四攝中，同事偏多；十波羅蜜中，精進偏多；餘非不修，但隨力隨分。佛子，是名略說菩薩摩訶薩第四燄慧地。

現在菩薩有了智慧，就能非常勇敢去觀察，所有面對的人事物，藉由細心及正念的觀察，可以幫助自己解脫煩惱，所以在燄慧地在十波羅蜜中，屬於修精進波羅蜜。

四地菩薩多作須夜摩天王

菩薩住此地，多作須夜摩天王，以善方便，能除眾生身見等惑，令住正見。

十地品
五難勝地

有了智慧之後，就要來挑戰下一個階段：難勝地。

師父讀了難勝地之後，終於恍然大悟，以前以為出家生活很清閒，青燈古佛伴一生，不問世事，出家後覺得為什麼現在的出家人這麼忙？結果發現，不是因為現代的生活很忙，是因為原來菩薩行在這個階段時，就是這麼忙。

菩薩摩訶薩住此第五地已，以善修菩提分法故，善淨深心故，復轉求上勝道故，隨順真如故，願力所持故，於一切眾生慈愍不捨故，積集福智助道故，精勤修習不息故，出生善巧方便故，觀察照明上上地故，受如來護念故，念智力所持故，得不退轉心。

難勝地的菩薩到了這一地，變得很會修行，善修菩提分法，善用這些法門，懂了這些法寶後，因為「**復轉求上勝道故，隨順真如故。**」所以讓自己更增進，希望自己可以再提昇，而且是依著真心本性，也就是自己的自性功德來發心。

菩薩摩訶薩對於自己過去的願力也會開始承擔，從而精勤修習，要怎麼修？因為燄慧地三十七助道品的修持，啟發對於世間的正確觀察，因此菩薩到了第五地，要讓自己的觀察能夠得到一個最上上的結果，觀察是因，觀察的結果是「如實知」，如實的了知。

如實知諸法實相

此菩薩摩訶薩如實知：此是苦聖諦，此是苦集聖諦，此是苦滅聖諦，此是苦滅道聖諦；…

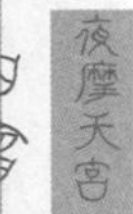

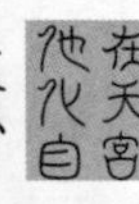

佛陀在世間的第一個教理，叫做四聖諦：「此是苦，汝應知；此是集，汝應知；此是滅，汝應知；此是道，汝應知。」如實了知後，就可以知苦、斷集、入滅、修道。「如實知」是修行最基本的態度，至少要清楚知道問題是什麼，才能夠解決問題。

善知俗諦，善知第一義諦，善知相諦，善知差別諦，善知成立諦，善知事諦，善知生諦，善知盡無生諦，善知入道智諦，善知一切菩薩地次第成就諦，乃至善知如來智成就諦。

不只是如實知四諦法，還要能夠如實知俗諦、第一義諦、相諦、差別諦...等等，乃至於一切的諦理。

此菩薩隨眾生心樂令歡喜故，知俗諦；通達一實相故，知第一義諦⋯。

為什麼要通達所有的諦理？因為要度眾生，隨著眾生心樂令歡喜，知俗諦，也因為通達一實相故，所以如實知第一義諦，對於所有世間的真理，都能夠如實知。

正覺一切行相故，善知一切菩薩地，次第相續成就，乃至如來智成就諦，以信解智力知，非以究竟智力知。

而且這個如實知，不只是知道自己的事情，乃至於從初地、二地，到如來的智慧，也能夠如實知。

有人會問：「初地不知二地事，二地不知三地事，你現在才第五地，還沒有成佛，為什麼能夠知道如來的智慧？」

「**以信解智力知，非以究竟智力知。**」「信解力」指對佛法的信心與理解，當我們有信解智力時，就能夠如實了知如來之智。

此菩薩摩訶薩得如是諸諦智已，如實知一切有爲法虛妄、詐僞，誑惑愚夫。

有了智慧後，總歸一句話，知道這世間一切法都是虛假，而且會矇騙無知的眾生，但是問題是大部分的人並沒有機會如實知，也不知道要從何知。因不能如實知，不知為何心生煩惱無明，深陷苦惱當中，也不明白自己為何所遇非人，受騙上當？根本原因，就是不能夠如實知。

菩薩爾時於諸眾生，轉增大悲，生大慈光明…。此菩薩摩訶薩得如是智力，不捨一切眾生，常求佛智…。

菩薩知道眾生如此愚癡，不懂得修行，對於眾生轉增大悲，生大慈光明，幫助一切眾生得到如實知的智慧，就能夠幫助一切眾生離苦得樂，眾生不能夠離苦得樂，因為智慧不夠，所以不知道要怎麼解決自己所面臨的困難跟煩惱。

這時候菩薩慈悲地進入了一個度眾生的程序，度眾生的程序是什麼？

如實觀一切有為行前際後際

如實觀一切有爲行前際、後際：知從前際無明、有、愛故生，生死流轉，於諸蘊宅，不能動出，增長苦聚。無我、無壽者、無養育者、無更數取後趣身者，離我、我所。如前際，後際亦如是，皆無所有。虛妄、貪著，斷盡出離，若有若無，皆如實知。

第一、必須要非常清楚菩薩為何要廣度一切眾生，不是因為貪心或瞋心，是因為如實了知真相。有了正確的觀念後，接著要接近眾生，因此必須要先了解眾生的盲點。

如實觀一切眾生，如是盡滅不能於身而生厭想

此菩薩摩訶薩復作是念：此諸凡夫愚癡無智，甚為可愍。有無數身已滅、今滅、當滅，如是盡滅，不能於身而生厭想，轉更增長機關苦事，隨生死流，不能還返，於諸蘊宅，不求出離…。

第二、要了解眾生的愚癡無智，因為凡夫的愚癡不是因為智商太低，是因為已經輪迴這麼多次還不明白生死，「**有無數身、已滅、今滅、當滅**」，或者，雖然見證無數生死，卻「**不能於身而生厭想**」。

此菩薩摩訶薩復作是念：此諸眾生受如是苦，孤窮困迫，無救無依，無洲無舍，無導無目，無明覆翳，黑暗纏裹。

這些不明白生滅、生死的眾生，不生出離心，而且貪生怕死，希望自己可以活更久，往往花了很多力氣在幫助自己延長壽命，在延長壽命的過程中，又造了很多讓自己更苦的業。此諸眾生，就沒完沒了地陷入一種痛苦當中，「**無救無依，無洲無舍，無導無目，…**」菩薩因為有智慧就能夠了解眾生的可憐之處。

為彼一切眾生，修行福智助道之法。

我今為彼一切眾生，修行福智助道之法，獨一發心，不求伴侶，以是功德，令諸眾生畢竟清淨，乃至獲得如來十力無礙智慧。此菩薩摩訶薩以如是智慧，觀察所修善根，皆為救護一切眾生，利益一切眾生，…令一切眾生悉皆調伏，令一切眾生入般涅槃。

第三，我為了眾生發心，不管有沒有人了解，有沒有人成為伴侶，有沒有人一起來發心，我自己發心為一切眾生修行，「**以是功德，令諸眾生畢竟清淨**」。

菩薩摩訶薩住此第五難勝地，名爲念者，不忘諸法故。名爲智者，能善決了故。名爲有趣者，知經意趣次第連合故。

菩薩用這樣的觀察，發心要來行菩薩道，所以成為念者、智者、有趣者等等的角色。

菩薩這樣的修行，要用什麼方式來度化眾生？

一、以四攝法攝受眾生

菩薩摩訶薩如是勤修行時，以布施教化眾生，以愛語、利行、同事、教化眾生。

第一個階段要學習所有的法門，首先就是四攝法，用布施、愛語、利行、同事，來攝受眾生，讓大眾喜歡，菩薩如果不受大眾的歡迎，怎麼度眾生？所以成為菩薩的第一件事情，就是要讓自己變得可愛，讓自己變成有趣，讓自己變得令眾生易於親近，因此要隨和，而不是高高在上，變成一尊佛像。這就是第一步，菩薩為了度眾生，善修四攝法。

二、世間技藝靡不該習

此菩薩摩訶薩爲利益眾生故，世間技藝靡不該習…。

第二階段是最重要的，菩薩為了利益眾生，「**世間技藝靡不該習**」，開始學習所有世間的技藝，五地菩薩要學五明，有哪五明？

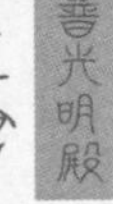

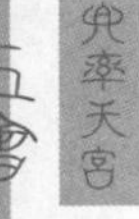

五地菩薩學五明

聲明

所謂：文字、算數⋯

第一、文字算數屬於聲明，要會算數學，要會寫文章，乃至於要會說話。

因明

圖書、印璽、地水火風種種諸論，咸所通達。

第二、還要通達圖書印璽，地水火風，種種諸論及其理論邏輯的理路邏輯，屬於因明。

醫方明

又善方藥療治諸病，顛狂、乾消、鬼魅、蠱毒，悉能除斷。

第三、懂得治一切身體的病，還要知道治心裡的病，甚至於鬼神著身等怪病。

師父剛出家的時候，最怕有人被鬼附身，跑來問師父怎麼辦，我想：「我又不是乩童，你是去哪裡惹禍上身？自己冤有頭、債有主，跑來找我幹什麼？」

原來菩薩連鬼魅所著的怪病都要能治療，否則如何度眾生？這就是醫方明。

有很多人修行走火入魔，多數是因為心理疾病或知見不正所引致，要用智慧找到真正的病因，才能除斷，而不是看到什麼病都說：「你被鬼附身了。」這是要有智慧的，而不是變成裝神弄鬼，或者是疑神疑鬼。

工巧明

文筆讚詠、歌舞、妓樂、戲笑、談說，悉善其事。國城、村邑、宮宅、園苑、泉流、陂池、草樹、花藥，凡所布列，咸得其宜。金、銀、摩尼、真珠、琉璃、螺貝、璧玉、珊瑚等藏，悉知其處，出以示人。日、月、星宿、鳥鳴、地震、夜夢吉凶、身相休咎，咸善觀察，一無錯謬。

第四工巧明就是所有世間的技術工巧都會，要會唱歌跳舞演戲，乃至於會蓋房子，也會庭園造景，甚至還要會開礦坑挖寶，還要知道世間的寶藏在哪裡，能上觀天文、下知地理，等於變成劉伯溫。如果佛陀在現代，一定還會加上要知道 internet，要知道網路，要知道相關技術、最新科技，而且還要會開車，甚至於還要會開怪手。

內明

持戒、入禪、神通、無量、四無色等，及餘一切世間之事，但於眾生不為損惱，為利益故，咸悉開示，漸令安住無上佛法。

第五、內明是通達佛法，前面四種都是世間的技術，如果不知道佛法，這些技術也不過就是專業的術，但是有了佛法之後，就變成度眾生的資糧，成為五明。

所以這五明，聲明、因明、醫方明、工巧明乃至於內明，就是五地菩薩的功課。到此，師父終於恍然大悟了，原來出家不是一個離群索居的逃避行為，而是真正讓自己成為一個全能的超人，無所不能。

菩薩住是難勝地，以願力故，得見多佛。…悉恭敬尊重，承事供養，衣服、飲食、臥具、

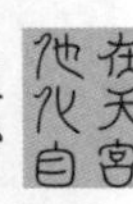

湯藥，一切資生，悉以奉施，亦以供養一切眾僧；以此善根，迴向阿耨多羅三藐三菩提。於諸佛所，恭敬聽法，聞已受持，隨力修行；⋯

之所以名為難勝地，因為要見到一切佛，跟隨一切佛學習一切法門，學了之後要隨力修行。

復於彼諸佛法中而得出家，既出家已，又更聞法，得陀羅尼，爲聞持法師。住此地中，經於百劫，經於千劫，乃至無量百千億那由他劫，所有善根，轉更明淨；⋯

若有因緣，要發心出家，出家後，發心成為十八般武藝皆通達的法師，這些都是鍛鍊，幫助我們，把過去累劫修行的法，轉更明淨。

譬如真金，以硨磲磨瑩，轉更明淨；⋯

就好像我們現在是金，把金磨得更細緻，希望大眾真正把自己的智慧，鍛鍊得更細緻，這些度眾生的方便善巧，是幫助我們成就方便智的功德，方便智的功德非常殊勝，既然要做，就要做到超越一切世間，這是人上人的發心，菩薩則是地地增上。

十波羅蜜中禪波羅蜜偏多

菩薩住此難勝地，以方便智成就功德，下地善根所不能及。⋯此菩薩十波羅蜜中，禪波羅蜜偏多；餘非不修，但隨力隨分。佛子，是名略說菩薩摩訶薩第五難勝地。

菩薩在十波羅蜜當中，這個地方叫做禪波羅蜜，原來禪不是躲在一個地方打坐，原來禪就是在所有的事情、所有的學習上，更為精純，而且更專注，這個是第五難勝地。

五地菩薩多作兜率陀天王

菩薩在此地，多作兜率陀天王，當他作為天王之後，就可以廣度眾生。

譬如星宿在虛空，風力所持無損動，亦如蓮華不著水，如是大士行於世。

對於難勝地的菩薩，有二物形容。第一、就像是天上的日月星宿，「**亦如日月不住空**」。第二、就像是水裡的蓮花，出淤泥而不染，「**亦如蓮花不著水**」。

難勝地的菩薩，雖然擁有十八般武藝，但是他不是要成為世間的藝人，也不是要成為世間的名人，只是因為在度眾生的過程當中，需要具足這些所有的方便智慧。

結語

第四燄慧地，要能夠善觀察，用三十七個法門來幫助自己，有了正確的觀察，就能產生斷煩惱的智慧。第五地難勝地，為了成就廣度眾生的功德，所以要向五明處學。

卷37

十地品

六、現前地
七、遠行地

法性本寂無諸相　猶如虛空不分別
超諸取著絕言道　真實平等常清淨

引言

〈十地品〉的現前地和遠行地，對應般若波羅蜜，以及方便波羅蜜。此二地在十地法門裡面，非常的關鍵。

十地品
六現前地

觀察十平等法，入現前地

菩薩摩訶薩已具足第五地，欲入第六現前地，當觀察十平等法。
何等爲十？所謂：一切法無相故平等，無體故平等，無生故平等，無成故平等，本來清淨故平等，無戲論故平等，無取捨故平等，寂靜故平等，如幻如夢、如影如響、如水中月、如鏡中像、如燄如化故平等，有無不二故平等。

菩薩摩訶薩從第五地，欲入第六現前地，要觀察十種平等法，一切法**無相**、**無體**、**無生**、**無滅**，**本來清淨**。佛法是平等法，佛陀看待眾生無有差別，所謂「無有差別」，是指佛陀分不出好人和壞人嗎？或者是善惡不分嗎？並非如此。

世間所有的差別現象，來自於眾生的妄想跟執著，每一個人與生俱來帶著過去生的夙習，加上今生不同文化、種族、成長環境，養成不同的思想、習慣，導致人的差異性，一旦共處，就會因為種種差別相，衍生歧異與分化，成為煩惱的來源。

菩薩發願廣度眾生，必須了解這些差別相與其緣由，但是面對眾生，應以「平等心」以對待之，這個平等心就是：希望所有的眾生都能得度，因為從佛性的角度來講，「人人皆有佛性」，大家都是平等的，這是佛法與其他宗教義理上最大的差別。

如果能夠學習到平等法，就可以產生現前地的功德。

菩薩如是觀一切法自性清淨，隨順無違，得入第六現前地。

菩薩如是觀一切法自性清淨，隨順而不違逆其本質，就能夠進入第六現前地。

本具智慧現前

現前地與般若波羅蜜相應，乃是本具的智慧現前。修行學佛，若對「智慧」未有正解，容易落入兩種極端心態：

一種是覺得自己無法領受佛門的清淨法，覺得自身很多障礙、很多的煩惱，讀起經來頭昏腦脹，修菩薩行太困難，想放鬆玩樂，不敢讓師父知道，一旦被師父關心為何沒有做功課？為了遮掩自己的懈怠，不惜謊稱家人生病，這就是剛剛開始會有的心態，覺得自己不夠清淨，這是第一種極端。

第二種極端就是覺得自己修得身心好清淨，回去看到身邊不清淨的人，心生厭惡，覺得自己怎麼這麼委屈，委身於這群有眼不識泰山的群體中，越來越無法忍受身邊的人，慢慢的與家人朋友漸行漸遠。

這兩種極端，主要源自於對智慧有錯誤的理解。

那麼，如何才是真實智慧？智慧現前的菩薩，將有何特徵？

以大悲為首，大悲增上，大悲滿足

此菩薩摩訶薩如是觀已，復以大悲爲首，大悲增上，大悲滿足，觀世間生滅。

大悲心是所有佛及菩薩成佛最根本的前提，所以我們的起心動念，要以拔眾生苦的大悲心為引導。

有了大悲心，看到眾生的煩惱，要有一個精進勇猛的增上心，所以第二個叫增上，怎麼增上，就是要善修這些方便法，善修方便法來滿足我們的心願，大悲滿足，就是勤修大悲心，勤修一切方便行，來圓滿令一切眾生離苦得樂的心願。

觀世間生滅皆由著我

作是念：世間受生，皆由著我，若離此著，則無生處。

接下來，我們就會進行觀察，觀察世間的煩惱，如何生？如何滅？眾生是怎麼糾纏不清？世間受生是因為著我、執著，若離我執，就不會有生。

復作是念：凡夫無智，執著於我，常求有無。

可是，問題是我們已經出生在世上了。因為沒有智慧，自從出生以來，眾生對於這個「我」，求有求無，「我」想要功成名就，「我」有很多渴求，有也是煩惱，沒有也是煩惱，得不到的時候是求不得苦，得了之後則有愛別離苦，這就是無明。

不正思惟，起於妄行，行於邪道。罪行、福行、不動行，積集增長。

有了無明之後，就產生不正思惟，因此有了行為，不管是善行、惡行，或者是無記行，漸漸的累積了行，所以無明緣行。

於諸行中植心種子，有漏有取。復起後有、生老及死。所謂：業爲田，識爲種，無明闇覆，愛水爲潤，我慢溉灌，見網增長，生名色芽。

有了行之後，在八識裡播種，有了種子之後，就開始長東西，就有了後面的生、老、病、死，所以業是我們的田，識是種子，因為無明覆蓋，所以你不知道你現在培養的是煩惱種子，種子發芽成長，就會結出煩惱的果。

名色增長生五根，諸根相對生觸，觸對生受，受後希求生愛；愛增長生取，取增長生有，有生已，於諸趣中起五蘊身，名生；生已，衰變爲老，終歿爲死。

於是眾生受胎，這一生來了，有了名色之後，就開始有了五根，觸、受、愛、取、有、生、乃至於老死。現前地菩薩依佛法的基本觀念。十二因緣，來觀察世間的生滅。

隨順十二因緣，觀察緣起之相

於老死時，生諸熱惱；因熱惱故，憂愁悲歎，眾苦皆集。此因緣故集，無有集者，任運而滅，亦無滅者。菩薩如是隨順觀察緣起之相。

有了老死之後，就會產生很多的煩惱，人活著的時候似乎轟轟烈烈，累積了一生的豐功偉業，死的時候什麼都帶不走，因為事實上，沒有因緣假合而成的這個人，也沒有滅去的這個人，這其中沒有一個人在受生、受死，這是佛法很特別的觀行，叫做諸法無我，還在輪迴的我們不明白這個道理，因此有智慧的觀察，是隨順十二因緣，來觀察緣起之相。

接下來逐一認識，什麼是無明？

此菩薩摩訶薩復作是念：於第一義諦不了，故名無明。

第一義諦不了，故曰「無明」。

所作業果是行。

因為無明而造作的業果是「行」。

行依止初心是識。

有了行而產生的叫做「識」。

根、境、識三事和合是觸。

這個識就會幫助我們，在接「觸」世界的時候產生互動。

觸共生有受。

這個互動會產生作用，而有了感「受」。

於受染著是愛。

有了感受，對於好的感受產生愛著，對於不好的感受產生排斥，這叫「愛」。

愛增長是取。

有了愛，就想要得到，叫做「取」。

取所起有漏業為有。

取接下來造了很多的業，就「有」了業。

從業起蘊為生。

有了業之後，就會隨業而受生，叫做「生」。

蘊熟爲老，蘊壞爲死。

有了生就會「老」、就會「死」。

死時離別，愚迷貪戀，心胸煩悶爲愁，涕洟咨嗟爲歎，在五根爲苦，在意地爲憂，憂苦轉多爲惱。

有了老、病、死就會產生後面的愁、歎、苦、憂、惱。

這五個字，沒有一個字是快樂的，都是痛苦的字眼，人生很多的苦從哪裡來？追究源頭，其實就是無明，但是這中間有沒有一個〝我〞？沒有。

如是但有苦樹增長，無我無我所，無作無受者。復作是念：若有作者，則有作事；若無作者，亦無作事，第一義中俱不可得。

如果能夠真正了解，第一諦中，作者、受者都是了不可得，就可以究竟的解脫。

此菩薩摩訶薩復作是念：三界所有，唯是一心。

十二因緣由一心而起，因此可以非常徹底地看透生死的秘密，眾生會輪迴，不外乎就是因為沒有正確的觀察十二因緣，而隨著自己的貪心，產生了無明、識，乃至於十二有支。

十二因緣的功能

如來於此分別演說十二有支，皆依一心如是而立。何以故？隨事貪欲，與心共生，心是識，事是行，於行迷惑是無明，與無明及心共生是名色，名色增長是六處，六處三分合爲觸，觸共生是受，受無厭足是愛，愛攝不捨是取，彼諸有支生是有，有所起名生，生熟爲老，老壞爲死。

這一卷非常殊勝的是對於十二因緣的功能，有非常清楚的定義。

此中無明有二種業：一令眾生迷於所緣，二與行作生起因。

無明有兩個功能，第一、讓眾生迷惑，第二、可以幫助行的生起。

行亦有二種業：一能生未來報，二與識作生起因。

行有兩個功能，可以生起未來的果報，也能夠幫助識做生起因。

識亦有二種業：一令諸有相續，二與名色作生起因。

識也有兩個功能，可以讓一切的有相續，乃至於可以成就名色的生起。

名色亦有二種業：一互相助成，二與六處作生起因。

名色就是「名」與「色」，名指「精神」，色指「物質」，精神物質互相助成，我們就是由身 -- 色法，與心 -- 精神，互相助成，讓我們產生錯覺，以為有一個我在。

六處亦有二種業，一各取自境界，二與觸作生起因。

名色之後，就造成六根，眼、耳、鼻、舌、身、意，眼對色、耳對聲，乃至於意對法，開始來執取，各取自境界。

觸亦有二種業，一能觸所緣，二與受作生起因。

有了境界之後，探索境界，叫做觸。

受亦有二種業，一能領受愛憎等事，二與愛作生起因。

接觸之後就有感受，領受種種的苦與樂。

愛亦有二種業，一染著可愛事，二與取作生起因。

有了受之後，就產生染著，愛包括「愛」與「不愛」。

取亦有二種業，一令諸煩惱相續，二與有作生起因。

染著可愛之事，想要追求、想要佔有叫做取，就會產生巧取豪奪。

有亦有二種業，一能令於餘趣中生；二與生作生起因。

「有」就是取的結果，有業、有煩惱，讓我們有理由繼續輪迴，在六道當中選擇一道，繼續糾纏不清，這叫做「有」。

生亦有二種業，一能起諸蘊，二與老作生起因。

然後就生了。我來了，我來報仇了，我來報恩了，我來愛你了，我來恨你了，這個叫做生。

老亦有二種業，一令諸根變異，二與死作生起因。

生了之後，漸漸的變老，稱為「諸根變異」，六根開始變的不能用了。

死亦有二種業，一能壞諸行，二不覺知故相續不絕。

最後的結局都是一致地走向死亡。

此中無明緣行，乃至生緣老死者，由無明乃至生爲緣，令行乃至老死不斷助成故。

從無明到老死，中間互相牽扯、互相為緣、互相助成，產生了輪迴的現象。有了一個依託的緣，似乎產生有一個主體在流轉的現象，其實這一段一段的因緣，只要中間一個環節沒有繼續延續，也就沒有這件事情，事實上並沒有一個實我存在。

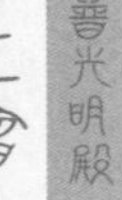

無明滅則行滅，乃至生滅則老死滅者，由無明乃至生不爲緣，令諸行乃至老死斷滅不助成故。…

十二因緣的不助成或助成，告訴我們一個道理，就是逆順觀察之後，發現根本沒有一個我，也沒有生死，也沒有輪迴，那麼，何來痛苦？誰在受苦？

菩薩摩訶薩如是十種逆、順觀諸緣起。所謂：有支相續故，一心所攝故，自業差別故。

三解脫門現前

空解脫門

菩薩摩訶薩以如是十種相，觀諸緣起，知無我、無人、無壽命、自性空、無作者、無受者，即得空解脫門現在前。

菩薩摩訶薩用智慧觀察因緣的時候，發現了這一個驚人的事實。就是因緣生滅，竟然無我、無人、無眾生、無壽者，自性空寂，所以成就了空解脫門現前。

無相解脫門

觀諸有支，皆自性滅，畢竟解脫，無有少法相生，即時得無相解脫門現在前。

接下來再成就的是無相解脫門現前。

無願解脫門

如是入空、無相已，無有願求，唯除大悲爲首，教化眾生，即時得無願解脫門現在前。

第三是無願解脫門現前。

菩薩如是修三解脫門，離彼我想，離作者受者想，離有無想。

觀察世間十二緣起，契悟三解脫門，成就了般若波羅蜜。

大悲轉增，精勤修習。

此菩薩摩訶薩大悲轉增，精勤修習，爲未滿菩提分法令圓滿故。

有了觀察，智慧現前之後，就會更慈悲、更精進、更用功，因為原來世間的道理這麼簡單，所以精勤修習，圓滿菩提分法。

作是念：一切有爲，有和合則轉，無和合則不轉；緣集則轉，緣不集則不轉。我如是知有爲法多諸過患，當斷此和合因緣。然爲成就眾生故，亦不畢竟滅於諸行。菩薩如是觀察有爲多諸過惡，無有自性，不生不滅，而恆起大悲，不捨眾生，即得般若波羅蜜現前，名無障礙智光明。

菩薩此時生起正確的觀念：既然十二因緣當中，沒有一個〝我〞在輪迴，那麼，輪迴就不可怕。

所以菩薩發心進入輪迴，但並不受輪迴所染，因為他非常清楚明白沒有輪迴這回事，因此可以大作夢中佛事，在夢境當中喚醒一切眾生，但是自己不被夢境所迷，如此成就般若波羅蜜現前。

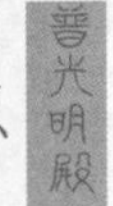

十波羅蜜中般若波羅蜜偏多

此菩薩十波羅蜜中，般若波羅蜜偏多；餘非不修，但隨力隨分。佛子，是名略說菩薩摩訶薩第六現前地。

現前地菩薩般若波羅蜜行增上，多作善化天王

菩薩住此地，多作善化天王，所作自在，一切聲聞所有問難，無能退屈。

現前地菩薩多作善化天王，就是化樂天的天王。

結語

現前地的重點，是成就空、無相、無願三解脫門三昧，以三解脫門為首，百千萬億三昧，皆能夠現前，稱為般若波羅蜜增上。

十地品
七遠行地

從現前地到遠行地一個重點，就是我要遠行了。什麼叫做遠行？

遠行有二義，就是離世間最遠的地方，叫做遠行。第二既然離世間最遠，就是離出世間最近叫做遠行。

修十種方便慧起殊勝道

菩薩摩訶薩具足第六地行已，欲入第七遠行地，當修十種方便慧，起殊勝道。

第六地準備入第七地時，要修十種方便慧，起殊勝道。哪十種方便慧？

雖善修空、無相、無願三昧，而慈悲不捨眾生；雖得諸佛平等法，而樂常供養佛；
雖知諸佛音聲性空寂滅，不可言說，而能隨一切眾生，出種種差別清淨音聲；
雖隨諸佛了知三世唯是一念，而隨眾生意解分別，以種種相、種種時、種種劫數而修諸行。菩薩以如是十種方便慧，起殊勝行，從第六地入第七地。入已，此行常現在前，名為住第七遠行地。

這十種法門，每一句都有「雖」字，意思就是認識空、無相、無願解脫門，已經透視諸法實相，但是可不可以離開？不可以。為什麼？

因為尚未功德圓滿，還有功課。但是，從初地到六地，所有的功課都已做盡，可度的眾生已度盡，接下來還能做什麼？

以無功用、無分別心成就圓滿如來境界

此菩薩作是念：如是無量如來境界，乃至於百千億那由他劫不能得知，我悉應以無功用、無分別心成就圓滿。

菩薩修行的關鍵轉捩點，是第七地遠行地。在遠行地之前是〝有功用行〞，菩薩精進努力累積功德，可說是有用的人，到第七地遠行地之後，開始發現如來的境界不是努力就能得知，要圓滿如來境界，應放下分別，以〝無功用行〞圓滿成就。原來，真正的大用，是〝無用〞之用，叫做〝無功用行〞。

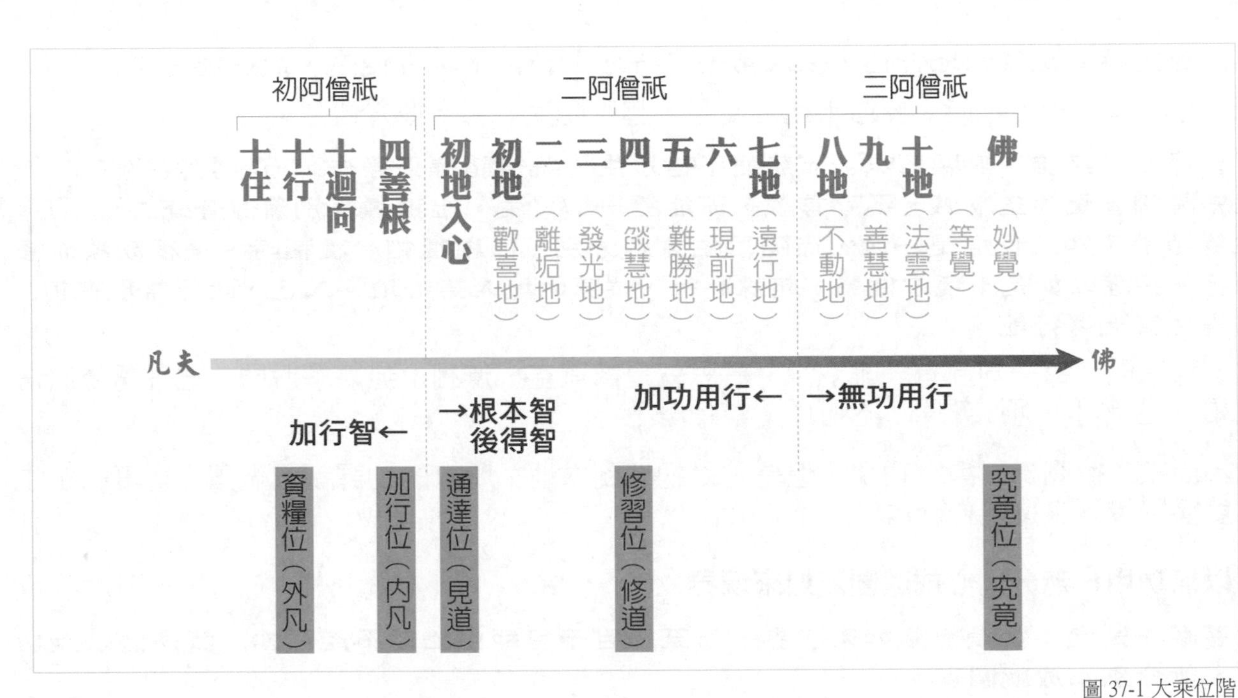

圖 37-1 大乘位階

由上圖可知，前面是三賢位，十住、十行、十迴向，到初地之後，很認真的精進用功，到第七地遠行地之前，叫做加功用行，非常認真、非常用功的依著願力廣度一切眾生。進入第八地之後，開始要轉為無功用行。

念念常能具足十波羅蜜

此菩薩以深智慧如是觀察，常勤修習方便慧，起殊勝道，安住不動。無有一念休息廢捨，行住坐臥乃至睡夢，未曾暫與蓋障相應，常不捨於如是想念。

所謂的無功用行，並非意指第七地菩薩休息不作為、停止一切作用，而是更為厲害地進入一更高的境界。

此菩薩於念念中，常能具足十波羅蜜。何以故？念念皆以大悲爲首，修行佛法，向佛智故。所有善根，爲求佛智，施與眾生，是名檀那波羅蜜；能滅一切諸煩惱熱，是名尸羅波羅蜜…。一切異論及諸魔眾無能沮壞，是名力波羅蜜；如實了知一切法，是名智波羅蜜。

此十波羅蜜，菩薩於念念中皆得具足；如是四攝、四持、三十七品、三解脫門，略說乃至一切菩提分法，於念念中，皆悉圓滿。

念念都具足十波羅蜜：檀波羅蜜、尸羅波羅蜜，乃至於種種波羅蜜悉皆圓滿。然而，菩薩的心並沒有「我在修波羅蜜」的念頭，如釋迦牟尼佛所言，雖然說法四十九年，卻沒有說一句法，度了無量無邊眾生，卻沒有一個眾生可度。雖然沒有說法，還是積極地說法；雖然沒有度一個眾生，又積極不斷地度眾生，這是從有功用、轉到無功用的關鍵階段，最終要達到無住心，修一切善，不執著一切善；度一切眾生，卻無一眾生可度。

功用行滿得入智慧自在行

爾時，解脫月菩薩問金剛藏菩薩言：佛子，菩薩但於此第七地中，滿足一切菩提分法？爲諸地中亦能滿足？

解脫月菩薩問：為何菩薩只在第七地中滿足所有的菩提分法？前面諸地不是也在修習？

金剛藏菩薩言：佛子，菩薩於十地中皆能滿足菩提分法，然第七地最為殊勝。何以故？此第七地功用行滿，得入智慧自在行故。

金剛藏菩薩說：雖然在十地當中，都能滿足這些波羅蜜，但是第七地最殊勝，為什麼？因為到第七地時，加功用行的努力達到滿分，能做的都做到最徹底，準備進入智慧自在之行。

初地有初地的功課，二地有二地的功課，到第六地成就般若波羅蜜，這些都很殊勝，但是到第七地，是最圓滿的。

何以故？菩薩從初地乃至第七地，成就智功用分，以此力故，從第八地乃至第十地，無功用行，皆悉成就。

差別在哪裡？差別在於「有功用行」與「無功用行」。所謂「無功用行我恆摧」，到第七地，不但是分別我執根除，連俱生我執也去除，所以第七地就沒有我執，從此要進入最後第八地到第十地無功用行的階段。

離煩惱與超煩惱

解脫月菩薩言：佛子，此七地菩薩，為是染行？為是淨行？

解脫月菩薩問：請問第七地菩薩到底是染？還是淨？

金剛藏菩薩言：從初地至七地，所行諸行，皆捨離煩惱業，以迴向無上菩提故，分得平等道故，然未名為超煩惱行…菩薩亦復如是，始從初地至於七地，乘波羅蜜乘遊行

世間，知諸世間煩惱過患，以乘正道故，不為煩惱過失所染，然未名為超煩惱行。

初地到七地，雖然也捨離煩惱，但是還沒有超越煩惱，離開煩惱跟超越煩惱不同。

譬如說：如果我不要跟你計較，這是離煩惱。如果說：我不但不跟你計較，甚至於幫你轉煩惱，敵人變朋友，這就是超越煩惱了。

就像佛陀過去世為忍辱仙人時，受到歌利王的傷害，佛陀不恨他，這個不恨就是不煩惱；佛陀不但不恨歌利王，還發願將來成佛，首先就要度歌利王，這就超越煩惱了。

大部分的人修行到一定程度，都能夠做到放下煩惱與仇恨，但是更進一步，還要超越「放下」，就是「不放下」，不但不遠離冤家仇敵，還要接近、想辦法度化冤家，度到最後，敵人變成朋友，這就是超煩惱行。

若捨一切有功用行，從第七地入第八地，乘菩薩清淨乘遊行世間，知煩惱過失，不為所染，爾乃名為超煩惱行，以得一切盡超過故。

若能成功從「有功用行」轉為「無功用行」，則從第七地入第八地，菩薩則能自在地乘著菩薩清淨乘遊行世間，四處遊走，混跡於群眾中和光同塵，隨俗而不染俗，就像彌勒菩薩，他可能就在你的身邊，你都不知道他是彌勒菩薩，還覺得他可能就是一個很普通的，每天就是在跟我們混日子的好哥們。

此第七地菩薩盡超過多貪等諸煩惱眾。住此地不名有煩惱者，不名無煩惱者。

菩薩是很厲害的，能超越煩惱，不被煩惱束縛，也不怕煩惱，因為菩薩了知煩惱即菩提，不將煩惱當煩惱，哪裡有煩惱，哪裡就有眾生；哪裡有眾生，哪裡就有菩薩。

何以故？一切煩惱不現行故，不名有者；求如來智心未滿故，不名無者。

這是很厲害的一個階段，一切煩惱不現行，所以菩薩不會有煩惱，但是為了度眾生，菩薩會現煩惱相，也不可說無煩惱。

如此便能理解為何佛門的護法金剛力士，個個長相兇神惡煞，只因為他們是菩薩，示現金剛怒目之相，以防不肖人士干擾佛門清淨地。

勤求上道而不捨離，雖行實際而不作證

菩薩住此第七地，得甚深遠離無行，常行身語意業，勤求上道而不捨離，是故菩薩雖行實際而不作證。

第七地的菩薩就是這樣，到這個階段，已經不計任何的形象，可以化現各式各樣的身、口、意業，圓滿度化眾生的因緣，而且他沒有執著〝我在度眾生〞，所以菩薩住此第七地，「**得甚深遠離無行**」。但是有沒有在做？不但做，而且更加精進，「**常行身語意業**」，並沒有到此停息。

第七地關鍵詞，就是「**雖行實際而不作證**」，意思是雖然菩薩已經證得實際理地，但是他可以選擇不證。

菩薩從第六地來，能入滅定。今住此地，能念念入，亦念念起而不作證，故此菩薩名為：成就不可思議身語意業，行於實際而不作證。

菩薩從第六地以來，就已經可以入滅盡定，遠離世間；到第七地，菩薩不但證得滅盡定的功德，而且隨時可入可出，「**念念入亦念念起**」，但是「**不作證**」，所以名為「**成就**

不可思議身語意業，行於實際而不作證」。

此菩薩得如是三昧智力，以大方便，雖示現生死而恆住涅槃；雖眷屬圍繞而常樂遠離；雖以願力三界受生，而不爲世法所染。

菩薩在這個階段，以慈悲的方便力示現生死，所以第七地，跟方便波羅蜜相應，起大方便力，給眾生很多的方便，眾生需要用什麼方法來度化，應以何身得度即現何身，這就是大方便力。

十波羅蜜中方便波羅蜜偏多

此菩薩，十波羅蜜中，方便波羅蜜偏多；餘非不修，但隨力隨分。佛子，是名略說菩薩摩訶薩第七遠行地。

菩薩住此地，多作自在天王。

菩薩住此地，多作自在天王，善爲眾生說證智法，令其證入。

結語

現前地，般若波羅蜜現前，證得三解脫門的無量三昧；到了遠行地，雖然能夠證得實際理地，已經可以跟大家說再見了，可是我們不說再見，而且還要再回到娑婆世界，來廣度一切有情，但是心裡面不是因為執著，不是因為放不下，而是身也遠離、心也遠離，這是非常殊勝的一地。

卷 38

十地品

八、不動地
九、善慧地

天上人間一切處　悉現無等妙莊嚴
以從如來功德生　令其見者樂佛智

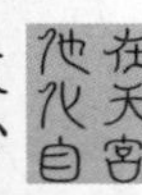

引言

第八地是不動地，第九地是善慧地。第八地不動地的菩薩，在這一地面臨了菩薩行歷程中一個非常嚴峻的考驗。

十地品

八不動地

爾時，金剛藏菩薩告解脫月菩薩言：佛子，菩薩摩訶薩於七地中，善修習方便慧，善清淨諸道，善集助道法。

第七地的菩薩，已經把所有的有為法、方便法，全部都修完，要進入無功用行。

大願力所攝，如來力所加，自善力所持，常念如來力無所畏、不共佛法，善清淨深心思覺，能成就福德智慧，大慈大悲不捨眾生，入無量智道。

乘著過去累劫所發的願力，能度的眾生已經度盡，無量法門也已學習，無量智慧亦已成就。

成就無生法忍，入第八地

入一切法本來無生無起無相、無成無壞、無盡無轉、無性爲性，初中後際皆悉平等，無分別如如智之所入處。

從有為的有功用行，進入無功用行，契入一切法，「**本來無生無起無相、無成無壞、無盡無轉、無性爲性，初中後際皆悉平等。**」，不論過去、現在與未來，一切法皆悉平等。

離一切心意識分別想，無所取著，猶如虛空，入一切法如虛空性，是名：得無生法忍。

忍有伏忍、順忍、生忍、法忍，到第八地為無生法忍。什麼叫做無生法忍？就是離開所有的意識分別想，不取不著，沒有我執、法執。因為本來一切法都是虛妄不實，契入了我空、法空，證得無生法忍。

菩薩成就此忍，即時得入第八不動地。

證得無生法忍，即入第八地不動地。

離諸諠諍，寂滅現前

爲深行菩薩，難可知、無差別，離一切相、一切想、一切執著，無量無邊一切聲聞、辟支佛所不能及。離諸諠諍，寂滅現前。

這階段其實是一個非常微妙的境界，這種微妙已經超越心意識所能分別想像。我們能夠理解初地歡喜地的遠離怖畏，生大歡喜發大誓願；理解二地依清淨自性戒而遠離垢染之身口意行；理解第三地發光地是日夜好樂佛法而啟發智慧，乃至於空無相無願解脫門，這些都是能夠理解的菩提分法，但是到了第八不動地的無功用行，進入一個不能理解的境界，因為無生法忍的境界，「**爲深行菩薩，難可知、無差別、離一切相、一切想、一切執著，無量無邊。**」

這時候，聲聞、辟支佛，乃至於深行菩薩，沒有任何人能夠了解菩薩的心，「**離諸諠諍，**

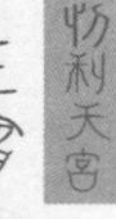

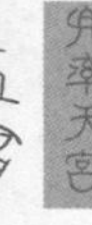
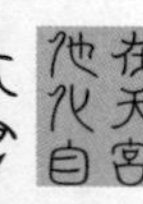

寂滅現前。」誰才能夠了解這階段的菩薩，接下來該何去何從？

譬如有人夢中見身墮在大河，爲欲度故，發大勇猛，施大方便，以大勇猛施方便故，即便覺寤；既覺寤已，所作皆息。菩薩亦爾，見眾生身在四流中，爲救度故，發大勇猛，起大精進，以勇猛精進故，至此不動地；既至此已，一切功用靡不皆息，二行、相行悉不現前。

就好像在夢中，夢到自己掉到河裡，為了要離開危險，要脫離這條河，必須要非常努力的使盡所有的方法，使盡所有的力氣，終於到了彼岸，突然醒過來，發現原來這一切都是一場夢，所以「**既覺寤已，所作皆息**」，原來剛才的這些努力，就是因為在夢境當中沒有醒。

菩薩也是如此，見到眾生陷落煩惱流中，為了要救度一切眾生，勇猛精進的使盡所有力氣，用盡所有的法門，現在該度的已經度了，該完成的功課也完成了，到第八地，「**一切功用靡不皆息，二行、相行悉不現前**」。

所謂的二行就是指生死、涅槃。在還沒有成就之前，生死是煩惱，涅槃是清淨，現在已經證到寂滅的境界了，生死涅槃猶如昨夢，是一個相對的假象，並沒有生死與涅槃。

菩薩到第八地不動地，會出現一個瓶頸，稱為「七地沈空難」的難緣，因為菩薩「寂滅現前」，進入無功用行，讓所有的菩薩止步不前，因為該做的都做了，接下來應該做什麼？應該要入寂滅、入涅槃？此時已無人能及菩薩境界，那麼，誰才能夠引導這個階段的菩薩？接下來又該何去何從呢？

在行菩薩道的過程，我們都說：「只要有菩薩在，跟著菩薩的腳步走就對了。」但是菩薩會不會有一種心情：「大家都追隨著我，誰來作為我的前行引導者？我如果無法再繼續前行時，誰能夠來幫助我？」

諸佛現身勸請菩薩

此地菩薩本願力故，諸佛世尊親現其前，與如來智，令其得入法流門中，作如是言。

在寂滅現前的境界，安住在無生法忍的第八地不動地菩薩，會出現一個不可思議的奇蹟，就是「**諸佛世尊親現其前**」，十方諸佛現身在菩薩面前為菩薩開示，「**令其得入法流門中。**」

諸佛將為此地菩薩開示什麼，才能阻止菩薩此時的止步不前？以下有三重點：

（一）成就諸佛之法

善哉，善哉，善男子，此忍第一，順諸佛法。然善男子，我等所有十力、無畏、十八不共諸佛之法，汝今未得，汝應爲欲成就此法，勤加精進，勿復放捨於此忍門。

第一、第八地所證到的無生法忍，的確相當殊勝。但是跟如來十力、四無畏、十八不共法的境界比起來，還有差距，這些殊勝圓滿的究竟勝法，「**汝今未得**」，現在雖已證入八地，但是還有九地、十地、等覺、妙覺位尚未圓滿，所以，不可以滿足於無生法忍的境界，從此入寂滅境而不再進求佛道。

（二）愍念未證眾生

又善男子，汝雖得是寂滅解脫，然諸凡夫未能證得，種種煩惱皆悉現前，種種覺觀常

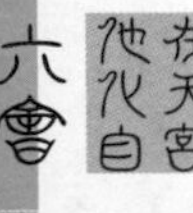

相侵害，汝當愍念如是眾生。

第二、雖然自己已得寂滅解脫，可是往後看看，還有如此多的眾生尚未得度，猶住煩惱中，所以，應當「**愍念如是眾生**」，不能停止行菩薩道。

以上二說，即是「上求佛道」與「下化眾生」的發心，為觀世音菩薩「**一者上合十方諸佛本妙覺心，與佛如來同一慈力；二者下合十方一切六道眾生，與諸眾生同一悲仰**」的大慈大悲。

（三）憶念本所誓願

又善男子，汝當憶念本所誓願，普大饒益一切眾生，皆令得入不可思議智慧之門。

第三、也是最重要的，憶念本所誓願。

雖然說進佛門要發大願，對初學者而言，也許會認為發願的內容，譬如「眾生無邊誓願度」，或者「地獄不空，誓不成佛；眾生度盡，方證菩提。」都是遙不可及的目標，只要每天念誦，這些願望就會實現嗎？如果不會實現，空口說白話，盡說一些自己做不到的事，不就是在開空頭支票嗎？

到了第八地才真正明白大願的殊勝功德。

為什麼要發大願？是為了救未來的自己。什麼意思？

如果我們過去沒有發廣大的誓願，遇到了境界，起退轉心時，什麼人都勸阻不了你的，除非自己過去曾經發過誓願。

所以說，能夠救菩薩的只有菩薩自己。

菩薩過去發了誓願，誰知道此事？除了菩薩本人之外，諸佛也能證知菩薩所發誓願，因為發願都是對著佛的。但是，菩薩還有無明，會忘記自己的誓願，但是佛陀是一切智者，通通記得一清二楚。因此，為了以防萬一，所以先把自己的誓願寄託予佛，如果將來行菩薩道的瓶頸現前，忘記自身誓願之時，還煩請佛陀慈悲現身提醒，使自己恢復記憶。

諸佛此時現身勸發菩薩，也是由菩薩的本誓願力感應而來，開示菩薩的內容，也只是喚起菩薩的記憶深處的本誓願力：你曾經發願要廣度所有的眾生，「地獄不空，誓不成佛；眾生度盡，方證菩提。」現在眾生都還沒有度盡，就要證菩提嗎？自己過去發過大願，對眾生有所承諾，便要用誓願之力，支持自己繼續堅持下去。

起智門令菩薩起差別智業

諸佛世尊與此菩薩如是等無量起智門，令其能起無量無邊差別智業。

經過諸佛的勸發，開啟菩薩「**起智門**」，讓菩薩的智慧起大用，「**令其能起無量無邊差別智業**」，要從自己的寂滅境界，而生起無量的功德、無量的作用，這個作用就是廣度眾生、圓滿菩薩行和願行的作用。

若諸佛不與此菩薩起智門者，彼時即入究竟涅槃，棄捨一切利眾生業。

世尊此時的現身勸發，扮演關鍵性的重要功能，因為第八地的菩薩，若沒有諸佛的勸請，使其得起智門，菩薩將在無生法忍現前時，就此入究竟涅槃，而棄捨一切利眾生業。

行菩薩道苦不苦？也許很多人覺得行菩薩道很苦，但是對菩薩來講，行菩薩道是自己發的願，自己願意做、歡喜做、甘心做，所以一點都不苦。但是行菩薩道最大的危機，就是放棄自己的菩提心，放棄自己的大願，所以此時，佛沒有現前來勸菩薩繼續發揮智慧，菩薩真的就面臨危機，功敗垂成，差那麼一點點，就此放棄，實在太可惜。

佛陀已走過這所有的歷程，因此知道這個階段菩薩所面臨的瓶頸與危機，也明白此時菩薩的心需要有人來勸發，於是佛在這個時候會現身勸發菩薩。

依無量身行無量菩薩行

以諸佛與如是等無量無邊起智門故，於一念頃所生智業，從初發心乃至七地所修諸行，百分不及一，乃至百千億那由他分亦不及一。

佛勸發無量無邊的起智門之後，讓菩薩真正喚起大願力，再次發心的菩薩，其一念頃所生智慧之力，超越往昔百千億那由他倍，可說是威力大爆發。

何以故？佛子，是菩薩先以一身起行，今住此地得無量身、無量音聲、無量智慧、無量受生、無量淨國，教化無量眾生，供養無量諸佛，入無量法門，具無量神通，有無量眾會道場差別，住無量身、語、意業，集一切菩薩行，以不動法故。

為何如此？因為過去菩薩單槍匹馬以一身修行，現在進入無功用行的階段，不再依一身而起行，而是依無量身、無量音聲、無量智慧起無量菩薩行，所發揮的效力自然就是無量倍。

此菩薩於一三千大千世界，隨眾生身信解差別，以智光明普現受生；如是若二、若三，乃至百千，乃至不可說三千大千世界，隨眾生身信解差別，普於其中示現受生。

菩薩能「**隨眾生身信解差別，以智光明普現受生；**」意即，可以隨著各種不同的眾生而現身。

所謂：於沙門眾中示沙門形，婆羅門眾中示婆羅門形，…，各隨其類而為現形。

八地菩薩如觀世音菩薩普門品中所言，應以何身得度即現何身，「**各隨其類而為現形**」，這是八地菩薩的功德。

舉要言之，菩薩住此不動地，身、語、意業諸有所作，皆能積集一切佛法。菩薩成就如是智慧，入佛境界，佛功德照，順佛威儀，佛境現前。…。是名略說諸菩薩摩訶薩第八不動地，若廣說者，經無量劫不可窮盡。

簡單來說，菩薩住此不動地，「**身、語、意業諸有所作，皆能積集一切佛法**」，成就的智慧就是佛的智慧。

十波羅蜜中願波羅蜜偏多

此菩薩十波羅蜜中，願波羅蜜增上；餘波羅蜜非不修行，但隨力隨分。是名略說諸菩薩摩訶薩第八不動地；…

八地菩薩多作大梵天王

菩薩摩訶薩住此地，多作大梵天王。

這個階段是非常不可思議的重要關鍵，八地菩薩多作大梵天王。

佛陀當初在菩提樹下，證到無上正等正覺，觀察世間後思惟：五濁惡世眾生迷惑顛倒，難可教化，我所證到的法甚深難解，在此世間應無人能解能知，久住世間，實無益處。因此

佛陀決定要入涅槃。

當時，大梵天王知道佛陀的想法，即刻下凡到菩提樹下，面見佛陀，恭敬禮拜、長跪合掌，勸請佛陀慈悲住世，大轉法輪。

現在終於真相大白，為什麼請轉法輪者是大梵天王？原來大梵天王是八地菩薩。唯有八地菩薩才能夠知道為什麼需要勸請不入涅槃不棄捨眾生，懂得此階段佛陀與菩薩的心境是如何，而適時地現身勸請。

十地品
九善慧地

到第九地善慧地，就進入了大轉法輪的一個階段。

> 爾時，金剛藏菩薩告解脫月菩薩言：佛子，菩薩摩訶薩以如是無量智思量觀察，欲更求轉勝寂滅解脫，復修習如來智慧，…，具廣大神通，入差別世界，修力、無畏、不共法，隨諸佛轉法輪，不捨大悲本願力，得入菩薩第九善慧地。

金剛藏菩薩告訴解脫月菩薩，菩薩摩訶薩有了智慧之後，有廣大的神通，要到種種不同的世界轉法輪。轉法輪必需要有兩個非常重要的工具：

（一）如實知一切諸行

> 菩薩摩訶薩住此善慧地，如實知善不善無記法行，有漏無漏法行，世間出世間法行，思議不思議法行，定不定法行，聲聞獨覺法行，菩薩行法行，如來地法行，有爲法行，

無爲法行。

第一，就是「如實知」。

如實知，就是真正的明白，不帶猜測推論分別偏見，如實的了知。

很多人來向師父請法時，擔心師父不認識他，不懂他的問題，花了很多的時間在自我介紹。說：「師父，您知道我為什麼會有這個問題嗎？」為了讓師父明白問題的來龍去脈，要先自我介紹，從三歲到現在五十歲的一生背景交待清楚，才覺得師父會了解，才能夠解決問題，這樣大費周章，是對佛法不明白所致。

還有人會問：「師父，你又沒有結過婚，哪知道結婚的人的心事，也沒有生過孩子，哪知道我們生孩子的心思。」的確是這樣子，可是，師父也不需要為了理解大家，就跑去結婚或者生一個孩子來親自體驗其中滋味。

如果你不要親身體驗其中滋味，又要了解眾生種種人生苦味，最直接了當的方法，就是拿起《華嚴經》認真學習，學到第九地善慧地時，就會開啟「如實知」的智慧，對一切世間、出世間法，皆能如實了知。

此菩薩以如是智慧，如實知眾生心稠林、煩惱稠林、業稠林、根稠林、…、三聚差別稠林。

此菩薩如實知眾生心種種相，所謂：雜起相、速轉相、…，如是百千萬億乃至無量，皆如實知。

又知諸煩惱種種相，所謂：久遠隨行相、無邊引起相、俱生不捨相、…、三業因緣不

絕相，略說乃至八萬四千，皆如實知。

又知諸業種種相，所謂：善不善無記相，…，乘非乘、定不定相，略說乃至八萬四千，皆如實知。

又知諸解軟中上，諸性軟中上，樂欲軟中上，皆略說乃至八萬四千。

又知受生種種相，所謂：隨業受生相，…，妄謂出三界貪求相。

又知習氣種種相，所謂：行不行差別相，…，見聞親近聲聞、獨覺、菩薩、如來熏習相。

又知眾生正定、邪定、不定相，…，二俱捨不定相。

善慧地菩薩的智慧，怎麼如實知？如實知眾生的心，如實知眾生的根性，如實知眾生的種種的現象，如實知眾生的煩惱，如實知眾生的業，如實知眾生會受生到哪裡去，為什麼他會得到這種果報，如實知眾生的習氣，乃至於在修行的過程當中，是得正定還是邪定，是不是真的走火入魔，都能夠如實知。

佛子，菩薩隨順如是智慧，名：住善慧地。住此地已，了知眾生諸行差別，教化調伏，令得解脫。

所以菩薩隨順如實知的智慧，住善慧地。這是善慧地的功德。

（二）作大法師，具法師行

菩薩住此善慧地，作大法師，具法師行，善能守護如來法藏。

接下來菩薩要把如實知的智慧，轉變為讓眾生能夠理解的語言，因此成為大法師，要有法師之行。什麼叫做法師？就是守護如來法藏，弘揚佛法的佛子。

以無量善巧智，起四無礙辯，用菩薩言辭而演說法。

善慧地的菩薩做大法師，具足四種無礙的辯才，此辯並非世間的辯論，也不是訓練來的演說技巧，更不是硬辯、強辯、死辯，四無礙辯是菩薩依四無礙智而起的四種無量功德。

綜上可知，菩薩要成為大法師，須具備兩種重要的條件。

第一、「如實知」：非常精準的知道眾生的煩惱。

第二、「四無礙辯」：非常清楚的用正確語言來度化眾生。

四無礙智

此菩薩常隨四無礙智轉，無暫捨離。何等爲四？所謂法無礙智、義無礙智、辭無礙智、樂說無礙智。

四無礙智，為法無礙智、義無礙智、辭無礙智、樂說無礙智。

一、法無礙智

此菩薩以法無礙智，知諸法自相；

法無礙智，知道一切法的自相，就是一切法的總相，什麼是法的總相？一切諸法本性本空，一切眾生皆有佛性，眾生平等，這是法無礙智。

二、義無礙智

義無礙智，知諸法別相；

義無礙智，知道一切法的別相，就是八萬四千法。雖然眾生都有佛性，可是因為眾生有不

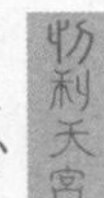

同的差別，有不同的根性，不同的生命背景與經歷，因此，在度眾生的過程當中，必須還要能夠了解諸法的別相，就是差別相。

佛陀的教法有八萬四千法門，就是因應不同根性眾生的學習需求，才會有三藏十二部經這麼多的經典，而經典裡面，八萬四千法門全歸一法，句句直指人心，一法可衍生出無量義。

三、辭無礙智

辭無礙智，無錯謬說；

辭無礙智，即無錯謬、正確地演說。我們常常說：我知道這個道理，但是講不清楚，我知道佛法很好，但不知如何演說。所以辭無礙智就是：用正確的語言、用詞，很精準地彰顯真實的義理。

有的人說話很囉嗦，天馬行空沒有重點；有的人過於簡略；有的人因為不會說話，哪壺不開提哪壺？總是說錯話得罪人。一旦有了辭無礙智之後，即可得「無錯謬說」的功德。

四、樂說無礙智

樂說無礙智，無斷盡說。

樂說無礙智，即無斷盡說。有些人剛學佛法很法喜，逢人就開示，滔滔不絕說個不停，不懂得應機應理，也不懂得適可而止；相反的，也有人在應該分享布施時，卻故弄玄虛，或者心生厭倦，不樂說法，這就是沒有「樂說」。

樂說的意思，就是該說的時候說，令大眾都歡喜，即使已經解說千百遍，凡遇眾生請法，還是不疲不厭、不厭其煩地為其宣說，這叫無斷盡說。

以前有很多居士會勸老和尚說：「師父，您這麼辛苦，要休息。」家師總是回答：「死了才休息。」只要活著的一天，還有一口氣在，就要發心，發揮自身的大功能，不要讓自己的菩提心，有斷盡的因緣。

陀羅尼門皆得圓滿

菩薩住第九地，得如是善巧無礙智，得如來妙法藏，作大法師，得義陀羅尼、法陀羅尼、智陀羅尼、光照陀羅尼、善慧陀羅尼、…，如是等百萬阿僧祇陀羅尼門，皆得圓滿，以百萬阿僧祇善巧音聲辯才門而演說法。

因此菩薩以四無礙智，就可以生生不息地闡揚佛法，菩薩有了智慧之後做大法師，成就了陀羅尼門。

陀羅尼門，為「總持」之義，總一切法，持無量義。有了陀羅尼的功德，就可以善巧不斷的演說佛法，成就兩種功德。

一、聞法不忘，為他演說

此菩薩得如是百萬阿僧祇陀羅尼門已，於無量佛所，一一佛前，悉以如是百萬阿僧祇陀羅尼門聽聞正法，聞已不忘，以無量差別門，爲他演說。

第一，到無量佛所聽聞佛法後，憶持不忘，就可以做轉教菩薩，把佛法正確的傳揚出去。

傳播佛法時，是「如是我聞」，如實地傳揚，而不是妄加揣測推論、加油添醋、穿鑿附會地講說，甚至傳播許多錯誤的觀念不自知，所以菩薩要當大法師，要如實地聽聞佛法，聞已不忘，原汁原味地轉述給眾生，這樣子才不會有所錯謬。

二、眾生問難，隨心得解

假使三千大千世界所有眾生，咸至其前，一一皆以無量言音而興問難，一一問難各各不同；菩薩於一念頃，悉能領受，仍以一音普為解釋，令隨心樂各得歡喜。

第二，一切眾生來問難的時候，也許有的人是尋釁而來、有的人來請法、有的人來求助，每個人都不同，菩薩在當法師的時候，必須要放下個人的恩怨情仇，不因來者的態度或問題不合己意，心裡也產生不好的回應。應當要領受、了達其問題的核心，真義為何？能夠一一的予以解答。而且解答到最後，即使他原本心懷不善，也能夠心開意解；或者他心中千百結無法化解，問了很多人都沒有辦法解決，善慧地菩薩都可以幫他化解，「**仍以一音普為解釋，令隨心樂各得歡喜**」。

「作大法師」是非常重要的發心，因為不是每一個人都跟師父有緣，也許他就是跟你有緣，他的得度因緣就在你身上，總不能每一次都把人拉來聽見輝法師開示。有時候有的人喜歡這位師父，有的人喜歡那位師父，但是有的人就是喜歡你，這時候怎麼辦？所以這個時候，各位就要承擔當大法師，我們要發心，隨著自己的願力因緣來度眾生。

此菩薩復更精進，成就智明。假使一毛端處，有不可說世界微塵數諸佛眾會，一一眾會有不可說世界微塵數眾生，一一眾生有不可說世界微塵數性、欲，彼諸佛隨其性、欲各與法門，如一毛端處，一切法界處，悉亦如是。如是所說無量法門，菩薩於一念中，悉能領受，無有忘失。

性就是根性，欲就是各種欲求，佛陀都能夠隨其根性而給與法門，菩薩在第九地善慧地的時候，所說的無量法門，就可以廣度無量的眾生。

十波羅蜜中力波羅蜜偏多

此菩薩，十波羅蜜中，力波羅蜜最勝；餘波羅蜜非不修行，但隨力隨分…是名略說菩薩摩訶薩第九善慧地；…

九地菩薩多作二千世界主大梵天王

菩薩摩訶薩住此地，多作二千世界主大梵天王，善能統理，自在饒益，能為一切聲聞、緣覺及諸菩薩，分別演說波羅蜜行；隨眾生心所有問難，無能屈者。

菩薩薩摩訶薩在第九地，還是做大梵天王，但是所管轄、統領、影響的是兩千世界。從第八地開始就是一千世界主大梵天王，接下來到第九地是二千世界主大梵天王，能夠統理這個世界，為了要廣度一切眾生。

結語

第八不動地的菩薩面臨瓶頸與危機，此時，諸佛會隨著菩薩過去的本願，來度菩薩，勸發菩薩。第九善慧地的菩薩則做大法師，以四無礙智起四無礙辯，成就無量陀羅尼的功德。

卷39

十地品

十、法雲地

精

勤持戒常柔忍 慚愧福智皆具足
志求佛智修廣慧 願得十力發大心

引言

法雲地及〈十地品〉的總結。十地，地地皆是菩薩妙智慧的展現，在最後一地法雲地當中，要把前面所有十地的功德，做一個總結。

十地品

十法雲地

釋名：以雲喻法

《綱要》：「**雲者是喻，略有三義：一含水義，二覆空義，三注雨義。**」

「法雲」：所謂的法雲地，法雲是一個譬喻，以雲來形容此地成就之法。雲有三義：第一、雲含水。第二、雲覆蓋整個天空。第三、雲能降下滋潤大地的雨水。

《綱要》：「**雲有四義：一喻智慧，二喻法身，三喻應身，四喻多聞熏因。**」

雲有四個譬喻：第一、此地菩薩智慧如雲，普覆虛空；第二、法身如雲，遍一切處；第三、菩薩的應身如雲，無所不至；第四、多聞熏習的因如雲，處處聞法，如雲普覆。

在法雲地裡面，金剛藏菩薩多次論述第十地的圓滿與殊勝。

得一切種一切智智受職位。

菩薩摩訶薩從初地乃至第九地，以如是無量智慧觀察覺了已，善思惟修習，善滿足白法，集無邊助道法，增長大福德智慧，廣行大悲，知世界差別，入眾生界稠林，入如

來所行處，隨順如來寂滅行，常觀察如來力、無所畏、不共佛法，名為：得一切種一切智智受職位。

經過了累生累劫的修行，現在終於到菩薩的畢業典禮，即正式的成為弘法的法王，名為「**得一切種一切智智受職位**」，接受正式成為法王之職。**一切種一切智智**，即指佛的智慧「一切種智」。「一切智」，知一切法總相的智慧，總相就是空相；「道種智」，了解所有眾生的根性、種性，一切智加上道種智，稱為「一切種智」，為佛的圓滿智慧。

菩薩摩訶薩以如是智慧入受職地已，即得菩薩離垢三昧、入法界差別三昧…一切佛皆現前三昧，如是等百萬阿僧祇三昧，皆現在前…。其最後三昧，名：受一切智勝職位。

入受職位已，即得菩薩離垢三昧等無量百千萬億的三昧，最後一個三昧，稱為「**受一切智勝職位。**」

受職位儀式：蓮華忽生、菩薩放光、諸佛來賀

莊嚴的受職儀式開始。

此三昧現在前時，有大寶蓮華忽然出生。其華廣大。量等百萬三千大千世界，以眾妙寶間錯莊嚴，超過一切世間境界…

首先，受一切智勝職位三昧現前時，有一朵大寶蓮華突然出生，蓮華非常廣大，等同於百萬三千大千世界這麼廣闊，蓮華以種種的眾寶莊嚴，超過世間一切境界。

爾時，菩薩坐此華座，身相大小正相稱可，無量菩薩以為眷屬，各坐其餘蓮華之上，周匝圍繞，一一各得百萬三昧，向大菩薩一心瞻仰。

菩薩端坐在蓮華上，其身形就跟這一朵蓮華一樣廣闊，四週圍繞無量的菩薩以為眷屬。所以智慧到最高等級的時候，就像蓮華一樣遍虛空，而什麼是菩薩的眷屬？就是布施、持戒、忍辱等等十波羅蜜為眷屬，一一各得百萬三昧。

此大菩薩并其眷屬坐華座時，所有光明及以言音，普皆充滿十方法界，一切世界咸悉震動，惡趣休息，國土嚴淨，同行菩薩靡不來集，人天音樂同時發聲，所有眾生悉得安樂，以不思議供養之具，供一切佛，諸佛眾會悉皆顯現。

十地菩薩坐在蓮華上的時候，世界都大震動，惡趣休息、國土嚴淨，同行的菩薩通通都來觀禮、來讚歎，諸佛顯現。

此菩薩坐彼大蓮華座時，於兩足下，放百萬阿僧祇光明，普照十方諸大地獄，滅眾生苦；於兩膝輪，放百萬阿僧祇光明，普照十方諸畜生趣，滅眾生苦…此大光明作於如是供養事畢，復繞十方一切世界一一諸佛道場眾會，經十匝已，從諸如來足下而入。

菩薩一坐上蓮華座，從兩足下、兩膝輪，乃至於全身開始大放光明，光明普照六道眾生，滅除眾生的痛苦，這個光明是對於眾生的一種布施，也是一種供養。

爾時，諸佛及諸菩薩，知某世界中，某菩薩摩訶薩能行如是廣大之行，到受職位。佛子，是時，十方無量無邊乃至九地諸菩薩眾，皆來圍繞，恭敬供養，一心觀察。正觀察時，其諸菩薩即各獲得十千三昧。

蒙受光明照耀的諸佛菩薩，知道娑婆世界的這位菩薩摩訶薩已經要受職，於是紛紛組團前來觀禮、讚歎、恭敬供養，參與盛會的菩薩，一心觀察時，各獲十千三昧。

如轉輪聖王所生太子，母是正后，身相具足。其轉輪王令此太子，坐白象寶妙金之座，

張大綱幔，建大幢幡，然香散花，奏諸音樂，取四大海水置金瓶內，王執此瓶灌太子頂，是時即名：受王職位，墮在灌頂剎利王數，即能具足行十善道，亦得名爲：轉輪聖王。

這個受職儀式，如同轉輪聖王的太子，將登基為王時進行的灌頂儀式，經歷此灌頂儀式，太子正式受王之職位。

菩薩受職亦復如是，諸佛智水灌其頂故，名爲受職，具足如來十種力故，墮在佛數。佛子，是名菩薩受大智職。

同樣的，菩薩也是如此，一切諸佛以智慧水澆灌其頂，名為受職，菩薩具足了如來的十種智慧，即如來十力，正式歸屬為佛數。

十地功德：能行諸行，能入無量智慧

菩薩以此大智職故，能行無量百千萬億那由他難行之行，增長無量智慧功德，名爲安住法雲地。

菩薩受了大智職，就能夠行百千萬億的難行之行，稱為法雲地。

一切諸佛所有智慧，廣大無量，此地菩薩皆能得入。

法雲地的菩薩得到了不可思議的功德，這是十地中最殊勝的果位。

能安、能受、能攝、能持大法明、大法照、大法雨

十方無量諸佛所有無量大法明、大法照、大法雨，於一念頃，皆能安、能受、能攝、能持。

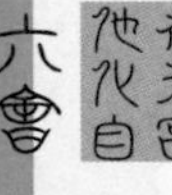

十方無量諸佛的大法明、大法照、大法雨，菩薩都能夠承接，佛陀的作為，菩薩完全可以承擔，此地菩薩已具足通達一切萬法的智慧。

生命短暫，人的一生中若能夠在某一個領域成為專家，已經很了不起，但是佛陀是一切智人，他的領域是一切萬法，若要承接佛陀的專業，就要超越原來有限領域的專精，做一個更大的提升，跨越不同領域成為通才。

常人誤以為學佛是一種消極的逃避行為，在社會上不再發揮功能後，才一心去念佛，其實，真正學佛之後，才會發現修行人並不是無用之人，而是想方設法使自己變得有用、無所不能、不可思議的大用，不但不受限於短暫的時空，在自己的本性與能力的發揮，也會打破極限。

因此，要能夠真正承接佛所有的智慧，我們必須要把自己當成跟佛一模一樣，來承受這一切的法明、法照、法雨，在一念當中全部通通都能攝受。

唯除第十地菩薩，餘一切眾生、聲聞、獨覺，乃至第九地菩薩，皆不能安、不能受、不能攝、不能持。

第十地菩薩的心量、願力與承擔力，都遠遠超越一切，是眾生、聲聞、獨覺，乃至第九地菩薩無法企及，也無法理解的。

佛陀說：「人人皆有如來本具的功德智慧，只因妄想執著而不能證得。」人最大的妄想，就是自我設限，覺得自己能力有限，覺得定力不足一定會輪迴，覺得自己業障深重，覺得自己力有未逮無法成佛，由於這些妄想心念，造成菩薩道上不能堅持到底，其實，當我們覺得走不下去的時候，深究其因是心量不夠廣大，不願意承擔。總之，能力不足，是因為不願意，不是不能夠，佛陀已經講得很清楚，人人皆可成佛，每一個人都可以，只是要不要而已。

第十地的菩薩，對於佛陀所有的教法，都是如實的承受、如實的接受，而且安住在其中。

於無量如來所安受攝持法明、法照、法雨

解脫月菩薩言：佛子，此地菩薩於一念間，能於幾如來所安受攝持大法明、大法照、大法雨？

金剛藏菩薩言：佛子，不可以算數能知…

解脫月菩薩問：「此地的菩薩在一念間，能夠去接受多少尊佛的大法明、大法照、大法雨？在一尊佛所學習，就學不完了，菩薩還能分身到各處佛所學習嗎？」

師父剛出家的時候，聽說寺院裡面最厲害的地方叫做「藏經閣」，埋首苦讀可能成就一代宗師，心生好奇到藏經閣裡一探究竟，結果一看不得了，三藏十二部經，不但卷帙字數是無量無邊，而且每一部經都不是虛構的故事、小說，而是如實修行的歷程。

佛陀的智慧真的了不起，才講經四十九年，就已經有三藏十二部經的結集，而且大部分還沒有在世間傳播，以《華嚴經》為例，龍樹菩薩僅將龍宮典藏的《華嚴經》，其中下品的十萬偈節錄而出，而節錄本就已經因為部帙浩瀚而流通不易。

十地法雲地菩薩的智慧，不但能領受如來所有妙法，還可以到他方世界，乃至於到不可算數能知的佛所，去承受佛所有的智慧，由此可知，十地的境界真是相當不得了。

灌頂接軌如來智慧

此處菩薩受職位時，會得到佛的灌頂，所謂的灌頂，就是諸佛菩薩的智慧，全部灌到我們的頭腦裡面。師父非常懷疑佛陀一定偷偷潛伏在現代，因為在電腦領域當中，有「灌」軟體或是「灌」程式等用語，「灌」就是把軟體的程式，所有的內容輸入、安裝，成為電腦的一部份功能，為何佛陀如此厲害？三千年前就知道用這個辭。

要如何跟佛的智慧接軌？

很簡單，就是把自己的心打開，佛的智慧就像灌軟體這樣，幫我們灌進來，你只要負責坐在那個地方，接受所有的佛法，不要排斥。譬如師父鼓勵大眾：「我們來背誦華嚴經句。」有人馬上就回應：「我老了，我太忙了，我頭腦不好了，背誦不了。」一開始就先預設立場，把這麼好的法全部都排斥在外，這些就是妄想執著。如果我們想成佛，一定要先相信，自己定能領納佛陀所有智慧的灌頂，如此才有辦法真的跟佛一樣。

… 我當為汝說其譬喻。佛子，譬如十方各有十不可說百千億那由他佛剎微塵數世界，其世界中一一眾生，皆得聞持陀羅尼，為佛侍者。聲聞眾中，多聞第一…然一眾生所受之法，餘不重受。佛子，於汝意云何？此諸眾生所受之法為有量耶？為無量耶？解脫月菩薩言：其數甚多，無量無邊。

解脫月菩薩問了這個問題：「到底可以去幾尊佛所學佛」？就如同有人問：「我可以親近幾個道場？依止幾位善知識？學習幾種法門？」一樣類似的問題。

答案是什麼？

金剛藏菩薩說一譬喻來顯示此地菩薩的不可思議，演示菩薩什麼地方都可以去。

很多人學了一個法，執一非他，聽到要念《華嚴經》，有的人就說：「我平常都在念《金剛經》，《華嚴經》再念下去，我的功課都做不完，還是先不要加入共修，免得到時候跟不上。」不管是什麼理由不領受佛法，其實都是自己的妄想，因為學習所有的經典，讀到最後會發現，原來經典都是佛陀的一種方便法，最後都是要令我們成佛，當我們把自己當成佛的時候，就不會排斥這些佛法。

如一佛所，如是十方，如前所說爾所世界微塵數佛，復過此數無量無邊，於彼一一諸如來所，所有法明、法照、法雨、三世法藏，皆能安、能受、能攝、能持。是故，此地名為法雲。

法雲地菩薩不但在一佛所，學佛修行，把佛陀教法全部都灌到心裡面，在其他一切佛所，也全部都能夠接受、能夠攝持，是故其智慧像雲一樣無量無邊。

法雲普覆，自在神力

此地菩薩以自願力，起大悲雲，震大法雷，通明無畏以為電光，福德智慧而為密雲。現種種身，周旋往返，於一念頃，普遍十方百千億那由他世界微塵數國土，演說大法，摧伏魔怨，復過此數。於無量百千億那由他世界微塵數國土，隨諸眾生心之所樂，注甘露雨，滅除一切眾惑塵燄。是故，此地名為法雲。

廣度眾生的時候，也是像法雲一樣，起大悲雲，乃至於福德智慧為密雲，像雲一樣不知不覺地滲透到世界各地，普降甘露法雨，因此所有的眾生，不管是小草、大草、大樹、小樹，全部通通都得到了法雲的滋潤，所以這一地叫做法雲。

此地菩薩智慧明達，神通自在。隨其心念。能以狹世界作廣世界，廣世界作狹世界；垢世界作淨世界，淨世界作垢世界；…此法雲地菩薩能現如是及餘無量百千億那由他自在神力。

此地菩薩的智慧是不可思議的神通自在，可以無量的變化，小世界就是大世界，大世界就是小世界，淨世界就是垢世界，垢世界可以轉為淨世界，譬如娑婆世界可以隨意切換為華藏世界。

金剛藏菩薩釋眾疑：若菩薩神通智力能如是者，佛復云何。

爾時，會中諸菩薩及天、龍、夜叉、乾闥婆、阿修羅、護世四王、釋提桓因、梵天、淨居、摩醯首羅諸天子等，咸作是念：若菩薩神通智力能如是者，佛復云何。

這時候大眾想：「此地菩薩的神通力已是如此，佛陀的神通力又是如何？」

爾時，解脫月菩薩知諸眾會心之所念，白金剛藏菩薩言：佛子，今此大眾聞其菩薩神通智力，墮在疑網。善哉仁者，為斷彼疑，當少示現菩薩神力莊嚴之事。

解脫月菩薩代表大眾問說：「我們想要知道，菩薩的神通智力跟佛比起來，到底是差別在哪裡？」

時，金剛藏菩薩即入一切佛國土體性三昧。入此三昧時，諸菩薩及一切大眾，皆自見身在金剛藏菩薩身內，於中悉見三千大千世界所有種種莊嚴之事，經於億劫，說不能盡。

金剛藏菩薩為了讓大家了解，十地的菩薩到底有多麼的了不起，因此入了一個三昧：「一切佛國土體性。」結果會中所有的菩薩，當下發現看到自己入到金剛藏菩薩的身內，透過金剛藏菩薩看到他所看到的世界。

又於其中，見菩提樹，其身周圍十萬三千大千世界，高百萬三千大千世界，枝葉所蔭，亦復如是，稱樹形量。有師子座，座上有佛，號一切智通王。一切大眾悉見其佛坐菩提樹下師子座上，種種諸相以為莊嚴，假使億劫，說不能盡。

這種情況，好比我們上金剛藏菩薩的身，就能見到金剛藏菩薩在三昧中所見到的境界，看到三千大千世界莊嚴不可思議，看到其中有一尊佛，叫做一切智通王佛，正在廣度一切眾生。

爾時，解脫月菩薩白金剛藏菩薩言：佛子，今此三昧，甚為希有，有大勢力，其名何等？金剛藏言：此三昧，名一切佛國土體性…若菩薩修此三昧。隨心所念，能於身中現恆河沙世界微塵數佛剎，復過此數，無量無邊。

解脫月菩薩就問說：「這個三昧實在很稀有，這到底是什麼三昧？」

金剛藏菩薩說：這個三昧是「**一切佛國土體性三昧**」。菩薩如果修這個三昧，心念所至就能夠現出恆河沙世界微塵數佛剎，復過此數無量無邊，一個動念就可以轉大法輪，一個動念就可以現出無量的神通。

此法雲地菩薩所有境界，略說如是；若廣說者，假使無量百千阿僧祇劫，亦不能盡。

法雲地菩薩的境界，我們只有舉這麼一個小小的例子，就已經不得了，如果廣說，真的是講不完，時間也不夠。

解脫月菩薩言：佛子，若菩薩神通境界如是，佛神通力，其復云何？

解脫月菩薩說：「菩薩的神通境界已經如此，佛的神通那就更不用講了」。

金剛藏言：佛子，譬如有人於四天下取一塊土，而作是言：為無邊世界大地土多？為此土多？我觀汝問，亦復如是。如來智慧無邊無等，云何而與菩薩比量？…此地菩薩智慧光明亦復如是，能令眾生皆得清涼，乃至住於一切智智…此菩薩十波羅蜜中，智波羅蜜最為增上；餘波羅蜜非不修行。是名略說菩薩摩訶薩第十法雲地。

金剛藏菩薩講：「就像是我們現在手上取一塊土，到底是大地的土多，還是我手上的土多？」如來的智慧跟菩薩的智慧，比較起來就像大地土跟手上的土，是沒有辦法稱量的。法雲地的菩薩修行是以智波羅蜜為最殊勝。

菩薩住此地。多作摩醯首羅天王。

菩薩住此地，多作摩醯首羅天王，於法自在，能授眾生、聲聞、獨覺、一切菩薩波羅蜜行，於法界中所有問難，無能屈者。

菩薩多作摩醯首羅天王。

初地歡喜地 · 閻浮提王	六地現前地 · 化樂天王
二地離垢地 · 轉輪聖王	七地遠行地 · 自在天王
三地發光地 · 忉利天王	八地不動地 · 大梵天王
四地焰慧地 · 夜摩天王	九地善慧地 二千世界主大梵天王
五地難勝地 · 兜率天王	十地法雲地 · 摩醯首羅天王

梵語「摩醯首羅天」，又稱大自在天，居色界十八天中的最頂，此天的主是大自在天王，座騎是三目八臂的白牛。摩醯首羅天的天王是個大魔王，

是統轄三千大千世界的主。

為什麼稱為魔王？

因為他不想要讓眾生脫離魔掌，為得勢力自在，在此天稱霸，總是希望人不要離開三千大千世界，他因擔憂子民減少，所以一旦有人修道要出離三界，他就會障礙別人修道。

但是，如果天王的目標是要成佛，而非掌控全世界，就成為現天王身的法雲地菩薩，這是法雲地殊勝的功德。

十地總結

菩提心流出善根大願之水

佛子，此菩薩摩訶薩十地行相次第現前，則能趣入一切智智。

到十地這個階段，已經圓滿一切智的修學，十地的行相次第現前。

譬如阿耨達池出四大河，其河流注遍閻浮提，既無盡竭，復更增長，乃至入海，令其充滿。佛子，菩薩亦爾。從菩提心流出善根大願之水，以四攝法充滿眾生，無有窮盡。復更增長，乃至入於一切智海，令其充滿。

回顧從初地到十地，每一地都有很清楚的任務，就像是一條河，這條河分流出四大河來，而這四大河一路向大海奔流，最後注入了大海，這在譬喻什麼？

如圖，河流的源頭叫做菩提心，菩薩發了菩提心，就會有源源不絕的水流出來；水流乃是善根大願之水，從河流的上游、中游、下游，灌溉滋潤大地，就是菩薩的四攝法，可以充滿滋潤眾生，攝受一切眾生，到最後匯聚到大海當中，即入於一切智海令其充滿，這個是河流的譬喻。

菩薩摩訶薩的智慧，就像是一條河流一樣，因為發了菩提心，所以能源源不絕，也因為河流可以遍滿整個大地，滋潤大地，所以最後所有的眾生都入一切佛智。

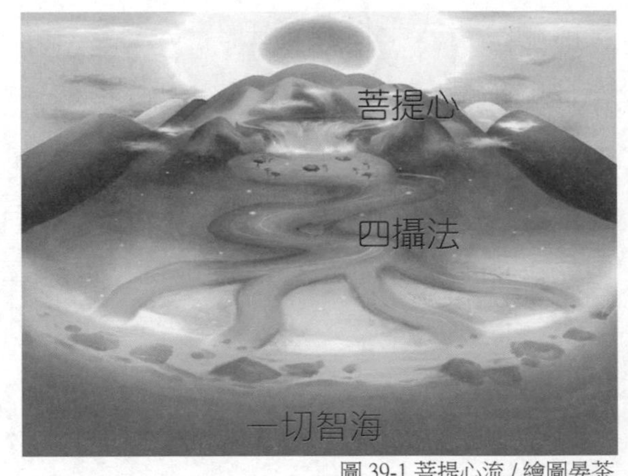

圖 39-1 菩提心流 / 繪圖晏茶

菩薩十地，因佛智故而有差別，…

菩薩十地因佛智故而有差別，以三種譬喻來喻說十地智慧。

一、十山王喻

如因大地有十山王。何等為十？所謂：雪山王、香山王、鞞陀梨山王、神仙山王、由乾陀山王、馬耳山王、尼民陀羅山王、斫羯羅山王、計都末底山王、須彌盧山王。佛子，如雪山王，一切藥草咸在其中，取不可盡；菩薩所住歡喜地，亦復如是，一切世間經書、技藝、文頌、咒術，咸在其中，說不可盡。佛子，如香山王，一切諸香咸集其中，取不可盡；菩薩所住離垢地，亦復如是，一切菩薩戒行、威儀，咸在其中，說不可盡。…

如大地有十座山，各喻十地智慧。

初地歡喜地菩薩如雪山王，因為發十大願，供養一切佛，廣度一切眾生，因此通達一切技藝世法。二地離垢地菩薩如香山王，可以遠離一切的垢染，持十善的清淨菩薩戒。三地發光地如鞞陀梨山王，眾寶形容菩薩的智慧閃閃發光。四地燄慧地如神仙山王，有三十七助道品的法門，可以廣度眾生。五地難勝地的菩薩，修五明因此成為超人，如由乾陀羅山王一樣，所有的神通都在裡面。六地現前地菩薩，如馬耳山王，現前地是般若波羅蜜現前。七地遠行地，如尼民陀羅山王。八地不動地，如斫羯羅山王。九地善慧地，如計都山王。十地法雲地，如須彌盧山王。

二、大海十喻

譬如大海，以十種相，得大海名，不可移奪。何等爲十？一、次第漸深。二、不受死屍。三、餘水入中，皆失本名。四、普同一味。五、無量珍寶。六、無能至底。七、廣大無量。八、大身所居。九、潮不過限。十、普受大雨，無有盈溢。

大海有十種特質，菩薩行亦然，以十相故名菩薩行，不可移奪。何等為十？

一、可以次第漸深，如歡喜地，出生大願漸次深故。

二、不受死屍，如離垢地，不受一切破戒屍故。

三、餘水入中，皆失本名，如發光地捨離世間假名字故。

四、普同一味，如燄慧地，與佛功德同一味故。

五、無量珍寶，如難勝地，出生無量方便神通世間所作眾珍寶故。

六、無能至底，如現前地，觀察緣生甚深理故。

七、廣大無量，如遠行地，廣大覺慧善觀察故。

八、大身所居，如不動地，示現廣大莊嚴事故。

九、潮不過限，如善慧地，得深解脫行於世間如實而知不過限故。

十、普受大雨無有盈溢，如法雲地，能受一切諸佛如來大法明雨無厭足故。

三、摩尼寶珠十喻

佛子，譬如大摩尼珠，有十種性出過眾寶。何等為十？一者，從大海出。二者，巧匠治理。三者，圓滿無缺。四者，清淨離垢。五者，內外明徹。六者，善巧鑽穿。七者，貫以寶縷。八者，置在琉璃高幢之上。九者，普放一切種種光明。十者，能隨王意，雨眾寶物，如眾生心，充滿其願。

又用摩尼寶珠來譬喻，摩尼寶珠是非常珍貴的無價之寶。

當知菩薩亦復如是，有十種事出過眾聖。何等為十？一者，發一切智心。二者，持戒頭陀正行明淨。三者，諸禪三昧圓滿無缺。四者，道行清白，離諸垢穢。五者，方便神通，內外明徹。六者，緣起智慧，善能鑽穿。七者，貫以種種方便智縷。八者，置於自在高幢之上。九者，觀眾生行，放聞持光。十者，受佛智職，墮在佛數，能為眾生廣作佛事。

我們的內心猶如摩尼寶珠，經過十地的修煉，就可以使摩尼寶珠閃閃發光，能夠滿眾生願變化所有寶物，到最後受佛智職墮在佛數的時候，能為眾生廣做佛事。

聞十地法功德

佛子，此集一切種、一切智功德菩薩行法門品，若諸眾生不種善根，不可得聞。

十地是非常了不起的菩薩智慧層次，讀了十地之後不發菩提心，真的是對不起自己，佛講了十地的功德，就是自性功德，因為我們不知道自己有這個功德，所以幾乎都沒有開發自己的內心，我們從來都不知道原來自己這麼厲害，有這麼多的潛能，因此要來聽聞佛法，才知道己心的殊勝。

解脫月菩薩言：聞此法門，得幾所福？

聽聞十地法門，能夠有多大的福報？

金剛藏菩薩言：如一切智所集福德，聞此法門，福德如是。

佛陀三大阿僧祇劫廣度眾生所累積的福德，等同於我們現在來聽十地法門的功德。佛陀在當菩薩的時候，修得這麼辛苦，結果我們現在只有聽聞十地法，就可以得到他的功德，實在是太簡單，太方便了。

為什麼這麼簡單？

何以故？非不聞此功德法門，而能信解、受持、讀誦，何況精進如說修行？

因為我們不聽法就不知道自己原來是可以當菩薩的，現在只要先讓我們知道聽法的功德很大，聽完之後，大家就躍躍欲試，發菩提心變成菩薩。

所有的學習，先從聽聞開始，有了觀念，自然就會融入行為當中，稱為聞、思、修，只有聽聞就這麼了不起，何況精進如說修行？可知十地法門的殊勝。

普光再會

大法重宣

高超十聖與三賢

等覺義幽玄

心月孤圓

究竟離言詮

卷 40 - 卷 52

會主／毗盧遮那如來
法門／等覺

華嚴七會

地點／普光明殿

卷40—卷43
十定品

住

廣大菩提心智無盡

住一切佛法　一切智願力智無盡

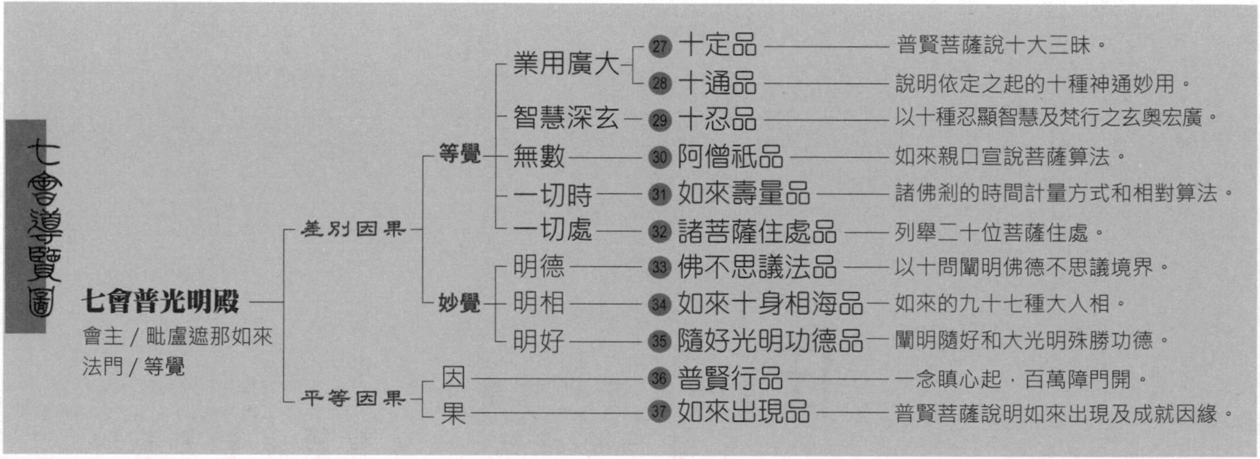

七會導覽圖

七會普光明殿
會主／毗盧遮那如來
法門／等覺

- 差別因果
  - 等覺
    - 業用廣大
      - 27 十定品 —— 普賢菩薩說十大三昧。
      - 28 十通品 —— 說明依定之起的十種神通妙用。
    - 智慧深玄 — 29 十忍品 —— 以十種忍顯智慧及梵行之玄奧宏廣。
    - 無數 — 30 阿僧祇品 —— 如來親口宣說菩薩算法。
    - 一切時 — 31 如來壽量品 —— 諸佛剎的時間計量方式和相對算法。
    - 一切處 — 32 諸菩薩住處品 —— 列舉二十位菩薩住處。
  - 妙覺
    - 明德 — 33 佛不思議法品 —— 以十問闡明佛德不思議境界。
    - 明相 — 34 如來十身相海品 —— 如來的九十七種大人相。
    - 明好 — 35 隨好光明功德品 —— 闡明隨好和大光明殊勝功德。
- 平等因果
  - 因 — 36 普賢行品 —— 一念瞋心起，百萬障門開。
  - 果 — 37 如來出現品 —— 普賢菩薩說明如來出現及成就因緣。

引言

第七會，再會普光明殿，由毗盧遮那如來為會主，明等覺與妙覺。

此會共有十一品經，前六品是等覺的因圓法門，有〈十定品〉〈十通品〉〈十忍品〉〈阿僧祇品〉〈壽量品〉〈菩薩住處品〉；後面五品討論妙覺的果滿法門，妙覺就是佛的境界，有〈佛不思議法品〉〈十身相海品〉〈隨好光明品〉〈普賢行品〉〈如來出現品〉。一是因、一是果，因圓果滿成就無上的妙覺。

十定品

以普賢三昧。無礙自在無邊大用而為【宗趣】。

本品主要宗趣，即學習普賢三昧，以成就無礙自在之無邊大用。

普賢三昧是什麼？

第一會時，普賢菩薩就入了普賢三昧，入了這個境界之後，可以看到整個華藏世界清楚的樣貌，可知修學普賢三昧，能探索不可思議的世界與境界。

世尊成正覺入三昧，微塵數菩薩圍繞

爾時，世尊在摩竭提國阿蘭若法菩提場中，始成正覺。於普光明殿，入剎那際諸佛三昧，以一切智自神通力，現如來身清淨無礙…。

佛陀在菩提樹下成正覺，在普光明殿入「**剎那際諸佛三昧**」。

與十佛剎微塵數菩薩摩訶薩俱，靡不皆入灌頂之位，具菩薩行，…。

如來身邊也有菩薩眷屬，這十佛剎的菩薩摩訶薩，都是灌頂位的菩薩。

其名曰：金剛慧菩薩、無等慧菩薩、…，如是等菩薩摩訶薩十佛剎微塵數，…

有哪一些菩薩呢？有金剛慧菩薩、無等慧菩薩等十佛剎微塵數菩薩，總共列舉一百位菩薩名。前三十位都是「慧」字輩的菩薩，表示智慧是純粹的。

往昔皆與毗盧遮那如來同修菩薩諸善根行。

這些菩薩都是佛陀在修菩薩行時，同見同行的菩薩善友，都是佛的眷屬。就像現在一起共修的各位，都是與毗盧遮那如來同一家族的法親眷屬，所以我們也在十佛剎微塵數菩薩的行列當中。

普眼菩薩請問「普賢三昧」

普眼菩薩摩訶薩…，合掌白佛言：世尊，我於如來、應正等覺，欲有所問，願垂哀許。

普眼菩薩摩訶薩問佛陀：「希望佛陀允許我問關於如來境界的問題。」

佛言：普眼，恣汝所問，當為汝說，令汝心喜。

佛陀回答：「隨便你問，我可以為你一一演說。」

普眼菩薩言：世尊，普賢菩薩及住普賢所有行願諸菩薩眾，成就幾何三昧解脫？而於菩薩諸大三昧或入或出、或時安住，以於菩薩不可思議廣大三昧善入出故，能於一切三昧自在神通變化，無有休息？

普眼菩薩問如來：「普賢菩薩的三昧境界到底是如何？」

佛言：善哉，普眼，汝為利益去來現在諸菩薩眾而問斯義。普眼，普賢菩薩今現在此，…。汝應請彼，彼當為汝說其三昧自在解脫。

佛陀答：「如今普賢菩薩就在現場，應請法於普賢菩薩，請他親自說明。」

諸菩薩周遍觀察，不睹普賢身、座

爾時，會中諸菩薩眾聞普賢名，即時獲得不可思議無量三昧。

會中菩薩光是聽聞普賢的名號，當下就證得不可思議的無量三昧。

其諸菩薩於普賢所，心生尊重，渴仰欲見，悉於眾會周遍觀察而竟不睹，亦不見其所坐之座。

普賢菩薩的名號如雷貫耳，大眾聽到這個名號，心裡面就生出一種不可思議的恭敬心，很想見普賢。結果發生了一件很奇妙的事情，就是大眾在會中並沒有見到普賢菩薩。大家都找不到，連他的大象座騎也找不到，甚至是他坐的蓮華座也找不到。

爾時，普眼菩薩白佛言：世尊，普賢菩薩今何所在？

普眼菩薩問佛：「佛陀，普賢菩薩不就在現場嗎？普賢菩薩在哪裡？怎麼沒看見？」

佛言：普眼，普賢菩薩今現在此道場眾會，親近我住，初無動移。

佛陀說：「普眼，普賢菩薩現在就在現場，座位離我很近，而且一開始就在現場，從來沒有移動過，怎麼會看不到？」

是時，普眼及諸菩薩復更觀察道場眾會，周遍求覓，白佛言：世尊，我等今者猶未得見普賢菩薩其身及座。

普眼菩薩一直找，還是找不到，就說：「我真的找不到，到底是怎麼回事？」

普賢菩薩入師子奮迅定，是故眾不能見

佛言：如是，善男子，汝等何故而不得見？

佛陀說：「誠如是言，但是，什麼原因導致你們不得見普賢？」

普賢菩薩住處甚深不可說故。普賢菩薩獲無邊智慧門，入師子奮迅定，得無上自在用，入清淨無礙際，生如來十種力，以法界藏爲身，一切如來共所護念，於一念頃，悉能證入三世諸佛無差別智，是故汝等不能見耳。

因為普賢菩薩的三昧境界，是甚深不可說的，「**普賢菩薩獲無邊智慧門，入師子奮迅定，…**」師子奮迅三昧是佛的三昧境界，所以沒有達到這樣程度者，就無法去了解普賢菩薩的境界。

普眼菩薩入三昧，求見普賢亦不得。

爾時，普眼菩薩聞如來說普賢菩薩清淨功德，得十千阿僧祇三昧；

當普眼菩薩聽到佛陀講普賢菩薩的功德時，普眼菩薩就證得十千阿僧祇三昧。

以三昧力復遍觀察，渴仰欲見普賢菩薩，亦不能睹；其餘一切諸菩薩眾俱亦不見。

如果因為普賢菩薩的三昧境界太高，沒有同一種三昧，便無法得見普賢，如今普眼菩薩得到了十千阿僧祇三昧，總該見得到了。

眾菩薩們以三昧力尋覓普賢菩薩，還是見不到，到底是怎麼回事？

時，普眼菩薩從三昧起，白佛言：世尊我已入十千阿僧祇三昧，求見普賢而竟不得，不見其身及身業、語及語業、意及意業，座及住處，悉皆不見。

普眼菩薩從三昧出，問：「世尊，我已入十千阿僧祇三昧。求見普賢而竟不得。為什麼？」

佛言：如是如是，善男子，當知皆以普賢菩薩住不思議解脫之力。
普眼，於汝意云何？頗有人能說幻術文字中，種種幻相所住處不？答言：不也。
佛言：普眼，幻中幻相尚不可說，何況普賢菩薩祕密身境界、祕密語境界、祕密意境界，而於其中能入能見？何以故？普賢菩薩境界甚深，不可思議，無有量、已過量。

佛陀說：「因為普賢菩薩住不思議解脫之力，他所住的境界，已經超過你的思議境界，若欲得見普賢菩薩的祕密身、語、意境界，必須使用特殊的方法。」

怎麼樣的特殊方法？

見普賢菩薩之秘方：與普賢同一行願

善男子，若有得見普賢菩薩，若得承事、若得聞名、若有思惟、若有憶念、若生信解、若勤觀察、若始趣向、若正求覓、若興誓願，相續不絕，皆獲利益，無空過者。

方法很簡單，只要稱念普賢菩薩的名號，或者思惟、憶念菩薩，就可以得到普賢菩薩的加持力，得到無量的功德。

楞嚴經普賢耳識圓通之普賢行願

〈楞嚴經二十五圓通普賢耳識〉：普賢菩薩：我用心聞，分別眾生，所有知見，若於他方，恆沙界外，有一眾生，心中發明，普賢行者，我於爾時，乘六牙象，分身百千，皆至其處。縱彼障深，未得見我，我與其人，暗中摩頂，擁護安慰，令其成就。

《楞嚴經》的二十五圓通裡面，普賢菩薩講述其願行：凡是發普賢行願者，要行普賢行者，普賢菩薩就會乘著六牙象，分身百千暗中護持彼人，令其成就。

原來要見普賢菩薩，不需要大費周章，只要頂禮普賢菩薩，稱念普賢菩薩的名號，跟普賢菩薩，發同樣的願、起同樣的心，即可得見。

禮敬普賢殷勤求請。觀想普賢身現在其前。得見普賢。

爾時，普眼及一切菩薩眾，於普賢菩薩心生渴仰，願得瞻覲，作如是言：南無一切諸佛，南無普賢菩薩，如是三稱，頭頂禮敬。

爾時，佛告普眼菩薩及諸眾會言：諸佛子，汝等宜更禮敬普賢，殷勤求請，又應專至觀察十方，想普賢身現在其前…。若能發起如是大願，則當得見普賢菩薩。

佛陀教導大眾如何見到普賢菩薩：第一、對菩薩心生禮敬之心。第二、觀想普賢身現在其前。依此二法，便能得見普賢菩薩。

平時我們禮佛也要如此，以虔誠心，觀想佛陀就在面前，如此禮佛一定能夠感應道交。

是時，普眼聞佛此語，與諸菩薩俱時頂禮，求請得見普賢大士。

普眼聽到佛陀這樣說，開始求請得見普賢大士。

普賢菩薩現身

爾時，普賢菩薩即以解脫神通之力，如其所應，為現色身，令彼一切諸菩薩眾，皆見普賢親近如來，於此一切菩薩眾中，坐蓮華座；…

此時，所有的菩薩都見到普賢菩薩就坐在佛陀的旁邊。

菩薩現身的方式真的很奇妙，視大眾祈請的心是否虔誠而定。

是時，以佛大威神力及諸菩薩信解之力、普賢菩薩本願力故，自然而雨十千種雲。…不可說世界六種震動…；放大光明，其光普照不可說世界，令三惡趣悉得除滅；嚴淨不可說世界，令不可說菩薩入普賢行，不可說菩薩成普賢行，不可說菩薩於普賢行願悉得圓滿，成阿耨多羅三藐三菩提。

佛陀此時加持現瑞，第一、雨種種雲，第二、大地六種震動，第三、放大光明。凡是照到光明的三惡道，痛苦都止息了，如此則能領受普賢菩薩即將演說的法門。

否則我們障礙重重，「有眼不見舍那身，有耳不聞圓頓教」，不是只有見不到佛而已，連法都聽不懂更是糟糕，藉由佛陀的加持，還有大眾虔誠的稱念力，即可成就不可思議的功德。

十大三昧

爾時，如來告普賢菩薩言：普賢，汝應為普眼及此會中諸菩薩眾，說十大三昧，令得善入、成滿普賢所有行願。

佛陀叮嚀普賢菩薩，要為大眾演說十大三昧法門。

諸菩薩摩訶薩，說此十大三昧故，令過去菩薩已得出離，現在菩薩今得出離，未來菩薩當得出離。

希望所有的大眾，不管是過去、現在、未來，都能夠得到三昧的力量，而出離所有的痛苦。

何者為十？一者，普光大三昧。二者，妙光大三昧。三者，次第遍往諸佛國土大三昧。四者，清淨深心行大三昧。五者，知過去莊嚴藏大三昧。六者，智光明藏大三昧。七

者，了知一切世界佛莊嚴大三昧。八者，眾生差別身大三昧。九者，法界自在大三昧。十者，無礙輪大三昧。

此十大三昧，諸大菩薩乃能善入，去來現在一切諸佛已說當說現說。

宣說此十大三昧，為使大眾明白：佛陀的一切智，就是從甚深禪定所起的妙智慧。然而，普賢菩薩的三昧境界如此高深，我們也能夠成就嗎？

若諸菩薩愛樂尊重，修習不懈，則得成就。

很多人一聽到禪定就很緊張、很害怕，怕腿酸、腿麻、腿痛，也怕自己定不下來。佛陀此處特別強調，如果好樂、尊重此三昧，認真修習不懈怠，則得成就十定的功德。

禪定特輯：無礙清淨慧，皆依禪定生。

《圓覺經》言：「**無礙清淨慧，皆依禪定生。**」所謂「禪定」，就是藉由某一種方法，收攝眼、耳、鼻、舌、身、意六根。六根不攀緣，而往內心直觀，達到「心一境性」，即心保持一穩定的狀態，即是禪定。

所謂泰山崩於前而面不改色，任何事情要成功，一定要有禪定的功夫，才能夠保持冷靜，面對任何境界都能夠處變不驚，知道如何做出正確的判斷。

正念禪的四個層次

西方國家近年來掀起修習正念、禪定的潮流，學術界也有不少對於禪修的研究，其中，Davidson, Kabat-Zinn et al. (2003) 將禪定的層次分成下列數種：

一、意欲 Intention

首先你必須要有 intention（意欲），就是想修習禪定的意欲，也就是菩薩的好樂心，一旦了解禪定對自己的重要性，就會投注時間修習禪定。

若沒有意願，就會像有位醫生說：「師父！對我而言，每天念經，還不如去義診來的有發揮。」的確，很多人在修習初期，尚未得到禪定法喜之前，也許會認為禪定是無作為的浪費時間之舉；事實上，禪定是一種態度，可以在任何的境界、場域都能用上。

二、專注 Concentration

接下來是 concentration（專注）。專注的佛教名詞為「心一境性」，即「能」「所」相對之時，能聽、能看、能思之心，六根收攝全神貫注，專注於眼前所對之境，譬如說現在聽法很專注，「人在哪裡，心在哪裡」，就是一種禪定的練習。

三、正念 Mindfulness

專注是禪定生起的第一個階段，接下來就會產生一種正念，保持內心的清醒覺知，就是 mindfulness(正念），面對任何境界，心始終如如不動，了了常知，不受境界的影響。

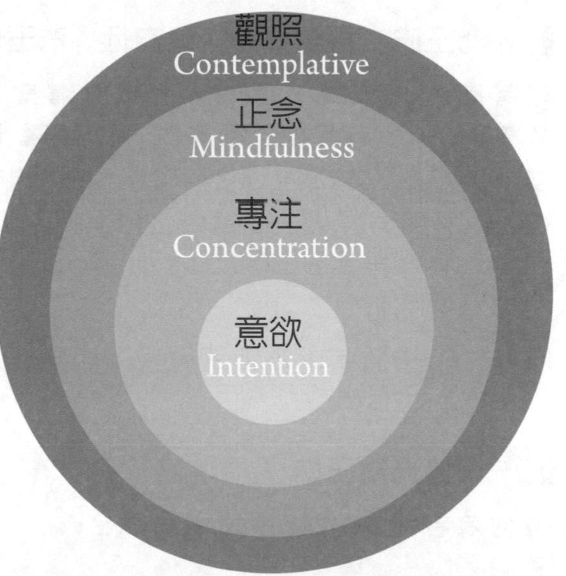

圖 40-43-1 正念禪層次

四、觀照 Contemplative

正念僅保持自己不受干擾，尚未能生起大功能、大作用，要達到最高的境界，要從自性本體，產生觀照十方三世的力量，即 contemplative（觀照）。自己在修行過程中，要保持一種觀照，這是在我們的生活、工作，乃至於很忙碌的時候是最好的藉境練心。

經過專家的研究分析，發現所有禪定的路徑都是一樣，從意欲到專注，然後有正念，進而達到觀照的功能。

▌入此三昧，得法界力、虛空行、法王位

若菩薩入此三昧，得法界力無有窮盡，得虛空行無有障礙，得法王位無量自在…。是故普賢，汝今應當分別廣說一切菩薩十大三昧，今此眾會咸皆願聞。

菩薩摩訶薩在等覺位入此三昧，能夠得到法界力、虛空行、法王位等等無量的自在，則無往不利，無有障礙。透過自己精進持之以恆的用功，能夠啟發本具的無量神通、無量三昧，在這三昧當中所依據的三昧力，是我們的智慧。可知三昧非常不可思議，會把我們的潛力發揮到極致。

因此，請普賢菩薩為大眾廣說，如果其中有一人聞法發心，修習此十大三昧，便成就一未來佛的出世因緣。

▌一、普光明三昧

云何爲菩薩摩訶薩普光明三昧？

此菩薩摩訶薩有十種無盡法。何者為十？所謂：諸佛出現智無盡；眾生變化智無盡；世界如影智無盡；…；住一切佛法、一切智願力智無盡。

首先，修學的菩薩有十種無盡法。這十種無盡法就是指無盡的智慧。

此菩薩摩訶薩發十種無邊心。何等為十？所謂：發度脫一切眾生無邊心；發承事一切諸佛無邊心…；發示現種種自在身，入一切如來道場眾會無邊心。是為十。

其次，菩薩還要發十種無邊心：發度脫一切眾生無邊心，發承事一切諸佛無邊心等等。

此時，應該慶幸我們在初學佛時，即被教導要發「四弘誓願」，四弘誓願的「無邊」即是此處的「無邊心」，發弘誓願使我們具備入此三昧的基本條件。

十種入三昧差別智

此菩薩摩訶薩有十種入三昧差別智。何者為十？所謂：東方入定西方起，西方入定東方起…；下方入定上方起，上方入定下方起。是為十。

這十種無邊心發了之後，就可以入三昧差別智。這十種入三昧的差別智有什麼特色？就是自在：東方入定西方起、西方入定東方起，南西北方四維上下，都可以自在的入定出定。

大三昧善巧智。入定出定，無所錯亂。

此菩薩摩訶薩有十種入大三昧善巧智。何者為十？佛子，菩薩摩訶薩以三千大千世界為一蓮華；現身遍此蓮華之上，結跏趺坐；身中復現三千大千世界；其中有百億四天下；一一四天下，現百億身；一一身，入百億百億三千大千世界；於彼世界一一四天下，現百億百億菩薩修行；一一菩薩修行，生百億百億決定解；一一決定解，令百億百億

根性圓滿；一一根性，成百億百億菩薩法不退業。然所現身，非一非多，入定出定，無所錯亂。

更進一步，在弘法度眾、在行菩薩道的過程當中，能夠入大三昧善巧智。讓所有的眾生，看到菩薩現身在蓮華之上，乃至於現百億身，入百億的菩薩身，能夠度百億的眾生，依著百億眾生的根性，而成就百億的菩薩。

就是用這種多層次傳播，一身現百億身，百億身再度百億眾生，成為百億百億的菩薩，百億乘以百億就叫做不可思議。這些百億百億的現身，就是分身千百億。

「**然所現身，非一非多。入定出定，無所錯亂。**」這個千百億分身，必須要有大智慧，否則智慧不夠的時候，一件事情還做的來，三件事情同時來的時候，就應接不暇分身乏術。菩薩的智慧，不但能夠分身而且有術。有一位居士曾參與舞台劇的演出，最高紀錄是一人分飾27種角色，在那場演出當中，他要迅速改變造型、姿態、動作與口音，扮演士兵、魔王、死人、樹、石頭等，不過這種角色並不需要特別的技巧，反應靈敏即可完成任務。

菩薩的現身就是高難度的，因為每一種現身，是要度某一種對象，所以會不會在扮演的過程當中，演著演著就角色錯亂？顯然不會，這是很厲害的智慧，才有辦法演什麼像什麼。

住此三昧，超過世間無能惑亂

菩薩摩訶薩住此三昧，超過世間、遠離世間，無能惑亂、無能映奪…。菩薩摩訶薩亦復如是，住此三昧，觀察法身，見諸世間普入其身，於中明見一切世間及世間法，於諸世間及世間法皆無所著。佛子，是名菩薩摩訶薩第一普光明大三昧善巧智。

菩薩摩訶薩在三昧的力量當中，就可以現出如此不可思議的力量。

二、妙光明三昧

剛剛的三昧使菩薩東方入定西方起，現在這三昧境界更為厲害。

佛子，云何爲菩薩摩訶薩妙光明三昧？

此菩薩摩訶薩能入三千大千世界微塵數三千大千世界。於一一世界，現三千大千世界微塵數身…；一一世界中，調伏三千大千世界微塵數眾生。是諸世界種種不同，菩薩悉知。所謂：世界雜染、世界清淨…、世界來往，如是一切，菩薩悉知，菩薩悉入。是諸世界，亦悉來入菩薩之身。然諸世界無有雜亂，種種諸法亦不壞滅。

菩薩可以分身到三千大千世界，但有一特別現象，即「**是諸世界，亦悉來入菩薩之身。**」，無量的世界也可以入到菩薩的身。

譬如日照七寶山。山間日影展轉影現

譬如日出，繞須彌山，照七寶山，其七寶山及寶山間，皆有光影，分明顯現。其寶山上所有日影，莫不顯現山間影中；其七山間所有日影，亦悉顯現山上影中。如是展轉，更相影現。

就像是太陽照七寶山，這個七寶山的光，都有光影，七寶山有七種不同的寶物，七種寶物在日光的折射當中，每一個光裡又有另外七座山的影子，七座山的影子，互相又攝入七座山及其他七座山的影子，叫做「**如是展轉更相影現**」，這就是光光相照。

菩薩摩訶薩亦復如是，入此妙光廣大三昧，現阿僧祇世界入一世界…。是爲菩薩摩訶

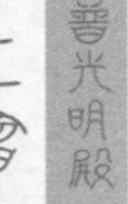

薩第二妙光明大三昧善巧智。

菩薩摩訶薩也是如此，以阿僧祇世界入一世界，能夠互攝互入，這個無礙的境界，是妙光明大三昧善巧智。

三、次第遍往諸佛國土神通三昧

云何爲菩薩摩訶薩次第遍往諸佛國土神通三昧？佛子，此菩薩摩訶薩過於東方無數世界，復過爾所世界微塵數世界，於彼諸世界中，入此三昧。或刹那入，或須臾入，…。若久若近，若法若時，種種不同。

次第遍往諸佛國土神通三昧，顧名思義可以遍往諸佛國土，可以到東、西、南、北方，各處無量的世界當中入三昧，也許是剎那、須臾，或者是一直不斷的入三昧。

菩薩於彼，不生分別，心無染著，不作二不作不二，不作普不作別。雖離此分別，而以神通方便從三昧起，於一切法不忘不失，至於究竟。

雖然有種種不同的差別，對菩薩來講都一樣，因為已離分別相。

一般人對於佛國淨土是有分別，有人說：「為什麼大家都想去西方極樂世界？我可以不要去那裡嗎？」如果有禪定功夫，想去哪裡都很方便。以前可能只知道西方極樂世界，但現在讀了《華嚴經》，把華藏世界的地圖展開，什麼世界都能去，每一個世界，都是佛的願力所莊嚴，菩薩不生分別，到哪裡都是「**隨所住處恆安樂**」。

佛子，是爲菩薩摩訶薩第三次第遍往諸佛國土神通大三昧善巧智。

菩薩為什麼到哪裡都沒有關係，甚至到地獄也沒有問題，就是因為有「**次第遍往諸佛國**

土神通大三昧善巧智」。

四、清淨深心行三昧

云何為菩薩摩訶薩清淨深心行三昧？佛子，此菩薩摩訶薩知諸佛身數等眾生，見無量佛過阿僧祇世界微塵數。於彼一一諸如來所，以一切種種妙香而作供養；…。於彼一一諸如來所，恭敬尊重。頭頂禮敬，舉身布施，請問佛法，…

菩薩入三昧，能夠知道佛在哪裡，知道眾生在哪裡，也知道要如何去。到諸佛土做什麼？第一禮敬供養，第二聽聞佛法。

然於諸佛出興於世、入般涅槃，如是之相，皆無所得，…。此三昧名為：清淨深心行。

雖然見這麼多佛，能夠聽這麼多法，但是深知這些現象了不可得，因此稱做清淨深心行。

菩薩摩訶薩於此三昧，入已而起，起已不失。譬如有人從睡得寤，憶所夢事，覺時雖無夢中境界，而能憶念，心不忘失。菩薩摩訶薩亦復如是，…

如同做了一個精彩的夢，清醒後，對於夢境能夠清楚憶念，菩薩在三昧當中，到諸佛國土頂禮供養，知道這一切都是如夢幻泡影，雖然如夢幻泡影，但夢醒了之後，還是能夠記得所有夢中之事。

入於三昧，見佛聞法，從定而起，憶持不忘，而以此法開曉一切道場眾會，莊嚴一切諸佛國土，無量義趣悉得明達，一切法門皆亦清淨。然大智炬長諸佛種，無畏具足，辯才不竭，開示演說甚深法藏。是為菩薩摩訶薩第四清淨深心行大三昧善巧智。

聽過的佛法要憶持不忘，才能夠開演一切的佛法。在三昧當中以清淨心、深心聽聞佛法之後，都能憶持，就能夠廣度眾生。

五、知過去莊嚴藏三昧

云何爲菩薩摩訶薩知過去莊嚴藏三昧？

此菩薩摩訶薩能知過去諸佛出現，所謂：劫次第中諸剎次第，剎次第中諸劫次第，劫次第中諸佛出現次第，…。此三昧名過去清淨藏。於一念中，能入百劫，…，能入不可說不可說劫。

知過去莊嚴藏三昧，可以知道過去有哪些佛出現、怎麼修行、怎麼弘法、哪一尊佛與自己有緣，在菩薩行的過程，佛如何教導我們。

如果沒有入此三昧，我們只認識此生遇見的這一尊佛，所有過往的經歷忘得一乾二淨。經云：「**憶佛念佛，現前當來，必定見佛。**」入這個三昧，就可以記得自己所有的過往。

受十不思議灌頂法

彼菩薩摩訶薩入此三昧，不滅現在，不緣過去。彼菩薩摩訶薩從此三昧起，於如來所，受十種不可思議灌頂法，…。何等爲十？一者，辯不違義。二者，說法無盡。三者，訓辭無失。四者，樂說不斷。五者，心無恐畏。六者，語必誠實。七者，眾生所依。八者，救脫三界。九者，善根最勝。十者，調御妙法。

入此三昧得十種不可思議灌頂法。讓我們清楚自己每一生的任務，就像接力賽一樣，接到這一棒，就盡力完成這一生的功課。這不可思議的灌頂法，讓我們了解過去自己的努力。

有位居士說：「師父！我的同修在加護病房快往生了，我要怎麼去開示引導，或者請師父來開示？」給亡者開示，最重要的是讓他憶念過去所成就的善根與功德。人在臨命終時，心中無法作主，驚惶恐懼，此時，若有親友在身邊提醒他過去曾經修行的善法，可使臨命終人得到安寧，相信自己善業的功德力，能引致善業果報，投生善處。

是名菩薩摩訶薩第五知過去莊嚴藏大三昧善巧智。

六、智光明藏三昧

云何為菩薩摩訶薩智光明藏三昧？佛子，彼菩薩摩訶薩住此三昧，能知未來一切世界、一切劫中所有諸佛。若已說、若未說，若已授記、若未授記，種種名號，各各不同…。彼諸如來名姓種族、方便善巧、神通變化、成熟眾生、入般涅槃，如是一切，皆悉了知…。如是未來一切世界所有劫數，能以智慧皆悉了知。

智光明藏三昧，就是能夠知道未來。知道這一條路，繼續走下去，未來會走到哪裡，終點是什麼。佛陀已經走在前面，讓我們知道未來有機會成佛，就會更清楚的知道，這一條路是沒有錯誤的。

入十種持門

以了知故，其心復入十種持門。何者為十？所謂：入佛持故，得不可說佛剎微塵數諸佛護念；入法持故，得十種陀羅尼光明無盡辯才；入行持故，出生圓滿殊勝諸願；入力持故，無能映蔽，無能摧伏；入智持故，所行佛法無有障礙；入大悲持故，轉於不退清淨法輪；入差別善巧句持故，轉一切文字輪，淨一切法門地；入師子受生法持故，開法關鑰，出欲淤泥；入智力持故，修菩薩行，常不休息；入善友力持故，令無邊眾

生普得清淨；入無住力持故，入不可說不可說廣大劫；入法力持故，以無礙方便智，知一切法自性清淨。

以佛為典範，我們現在所有的行為就會提升，不會跟眾生一般見識，所以會得到佛持、法持、行持、力持、智持、大悲持、差別善巧句持，師子受生法持、智力持、善友力持、無住力持、法力持。共有十二種功德，可知修行努力功不唐捐。

菩薩摩訶薩住此三昧已。善巧住不可說不可說劫；…日光平等，無有分別，而能令目見種種相。此大三昧亦復如是，體性平等，無有分別，能令菩薩知不可說不可說百千億那由他差別之相。

菩薩住此三昧，便能於無量劫中平等廣度一切眾生，或許現在度不了的眾生，可列入未來可度的計劃，未成佛道先結人緣，以待將來。就像日光普照一樣，對所有眾生都平等度化，只是每一個人親疏有別，得度的因緣先成熟或慢成熟而已。

得十種不空

菩薩摩訶薩如是了知時，令諸眾生得十種不空。何等為十？一者見不空，令諸眾生生善根故。二者聞不空，令諸眾生得成熟故。三者同住不空，令諸眾生心調伏故…。十者出現不空，現無邊相，令一切眾生皆蒙照故。

菩薩在三昧當中，就可以真的了解一切眾生，要如何來成熟他的善根？如何調伏他的心？令諸眾生得十種不空，讓他的修行絕不會白白地浪費掉。

菩薩摩訶薩住此三昧，得十種不空時，諸天王眾皆來頂禮，諸龍王眾興大香雲，諸夜叉王頂禮其足，阿修羅王恭敬供養，…。是為菩薩摩訶薩第六智光明藏大三昧善巧智。

得到這十種不空的時候，天龍八部，乃至於一切世間的天人，都來頂禮供養，自己明白佛法後，能廣度一切有情，使其發菩提心，值得天龍護法來供養。

七、了知一切世界佛莊嚴三昧

云何為菩薩摩訶薩了知一切世界佛莊嚴三昧？佛子，此三昧何故名了知一切世界佛莊嚴？佛子，菩薩摩訶薩住此三昧，能次第入東方世界，…，西方北方，四維上下所有世界，悉亦如是能次第入。皆見諸佛出興於世，亦見彼佛一切神力…。

具有「**了知一切世界佛莊嚴三昧**」，就能夠知道世界的佛有多莊嚴，乃至於世界的淨土有多莊嚴。

十種速疾法

菩薩摩訶薩住此三昧，成就十種速疾法。何者為十？所謂：速增諸行圓滿大願；速以法光照耀世間…；速以種種妙法言辭淨諸世間。

住此三昧時，可以成就十種速疾之法，就是速速成佛任何事有此三昧加持力，速得成就。

修禪定，讓我們的生活更有效率，一天花一個小時的時間修禪定，會讓我們做事情很精準，不會說錯話。有個企業家說過：「一流的企業跟二流的企業差別在哪裡？一流的企業，決定是正確的，方向是一致的；二流的企業看起來非常的忙，但是決策常常錯誤百出，所以花很多時間在彌補錯誤」。

沒有人願意做二流企業，誰會願意做一個錯誤百出，花很多時間在彌補錯誤的人？沒有人故意要犯錯，但是問題癥結為何？主要原因，就在心不清楚，沒有禪定力。因此做出錯誤

的決定、錯誤的判斷。

現在開始練習禪定，隨時保持清醒、保持專注、保持覺照，則做任何的事情，每一步都是正確，成為一個一流的人，以及一流的企業。

得十種法印，印一切法

此菩薩摩訶薩復得十種法印，印一切法。何等爲十？一者，同去、來、今一切諸佛平等善根…。十者，同諸如來與一切佛平等無二。

與佛法相應，稱做「十種法印，印一切法。」這十種法印就是，跟佛陀是同一個鼻孔出氣。

得十清淨威德身

菩薩摩訶薩住此三昧，復得十種最清淨威德身。何等爲十？一者，爲照耀不可說不可說世界故，放不可說不可說光明輪…。十者，爲與眾生開示無量祕密法故，發不可說不可說音聲語言。

住此三昧得十種最清淨威德身，能夠調伏眾生，能夠現不可思議的佛身，有十種最清淨的威德身，就得到十種圓滿，讓眾生見佛。

得十種圓滿

菩薩摩訶薩得此十種最清淨威德身已，能令眾生得十種圓滿。何等爲十？一者，能令眾生得見於佛。二者，能令眾生深信於佛。三者，能令眾生聽聞於法…。九者，能令眾生發菩提心。十者，能令眾生圓滿佛智。

度眾生也要講究效率，為了提升發心的品質，有了三昧加持力，無論是自利或者利他之行，能在此生圓滿。

為眾生作十種佛事

菩薩摩訶薩令眾生得十種圓滿已，復爲眾生作十種佛事。何等爲十？所謂：以音聲作佛事，爲成熟眾生故…；以示般涅槃作佛事，知諸眾生起疲厭故。

此時，舉手投足都是佛事，甚至於以工作做佛事，在生活當中隨時隨地都是佛的莊嚴。

是爲菩薩摩訶薩第七了知一切世界佛莊嚴大三昧善巧智。

八、一切眾生差別身三昧

云何爲菩薩摩訶薩一切眾生差別身三昧？

菩薩入一切眾生差別身三昧，變身為偉大的演員，所有的化身能夠千百億，且千差萬別。

厲害跟差勁的演員，差別在哪裡？厲害的演員演什麼像什麼，你會忘記他原來的樣子和角色。但是有的演員，不管演什麼都在演他自己，不管演壞人、演好人、演皇帝、演貧民、演乞丐，都沒有辦法跳脫自我的角色。

我們這一生有很多的角色，但是最大的角色就是"自己"，我是什麼樣子？隨著一方水土成就一方的特質，因為成長的背景，職業的選擇，漸漸型塑為如今獨特的個人特質。這樣的特質已根植於人的整體，稱為個性；一旦行菩薩道的時候，雖說要利他，也僅能依自己的角色利他，用自身的專業利他，因此，能夠利益的眾生有其侷限性。

菩薩是最偉大的演員，他要度眾生的時候，要化成千百億化身，而且是「**應以何身得度，即現何身**」，完全因應眾生的需求，量身打造利他的角色，演什麼像什麼，而且，沒有人有辦法知道其本尊為何。

秘訣是什麼？

由得十種無著。出入自在。

得十種無所著。何者爲十？所謂：於一切剎無所著，於一切方無所著，於一切劫無所著，於一切眾無所著，於一切法無所著，於一切菩薩無所著，於一切菩薩願無所著，於一切三昧無所著，於一切佛無所著，於一切地無所著。

秘密就是三個字 --「無所著」。

《金剛經》最重要的一句話，叫做「**應無所住而生其心**」，這個三昧就是應無所住而生其心的極致表現。得了這十種無所著之後，就得到大自在於一切剎、一切方、一切劫、一切眾、一切法、一切菩薩、一切菩薩願、一切三昧、一切佛、一切地都沒有執著之後，就會得到大自在。

菩薩摩訶薩於此三昧云何入？云何起？佛子，菩薩摩訶薩於此三昧，內身入，外身起；外身入，內身起；同身入，異身起；異身入，同身起；…

這時候會看到菩薩的神通很神奇。

夜叉身入，龍身起；龍身入，阿修羅身起；…；天中入，地獄起；地獄入，人間起；人間入，餘趣起。…。閻浮提眾生眾中入，西瞿陀尼眾生眾中起；西瞿陀尼眾生眾中入，

北拘盧眾生眾中起；…

第一、他可以現夜叉身，也可以現龍身，而且他還可以在閻浮提現身，也可以在西瞿陀尼洲現身，也可以在北拘盧洲現身。

一切海神眾中入，一切海水大中起；一切海水大中入，一切海地大中起；…

世間的所有的元素就是地水火風，我們自己的身中也有地水火風，稱為內四大；外面的環境也有地水火風，稱為外四大。

希臘羅馬時代，很多哲學家研究世界的元素為地水火風，但是研究得不夠透徹，因為他們沒有發現，原來地水火風的本質是空性的。當我們能夠透徹，五蘊皆空、萬法皆空、本性本空之空性的道理時，地水火風就可以互攝、互容而無礙。地水火風能夠互換，就成就如今微妙的神通。

無量的神通，就是菩薩的一種自在，自在怎麼來的？就是無所著。

縮小我執速成法

眼處入，耳處起；耳處入，眼處起。鼻處入，舌處起；舌處入，鼻處起。身處入，意處起；意處入，身處起。自處入，他處起；他處入，自處起。

我們平常在生活中，要如何練習不要執著？

第一個、不要加強自己對於色聲香味觸法，乃至於自我意識的執取。如何不要執取？發菩提心、發六波羅蜜利他之心，是最快能夠讓自己的我執縮小的一個方法。

到了真正的無所著之後，六根可以互用，眼、耳、鼻、舌、身、意，乃至於眼處、耳處、鼻處、舌處、身處、意處，內六根跟外六處，都能夠互攝、互用。

菩薩好像在變魔術，想要變成什麼樣子，就可以變成什麼樣子。

三昧出入自在的三種譬喻

一、鬼附身喻

譬如有人爲鬼所持，其身戰動不能自安，鬼不現身，令他身然；菩薩摩訶薩住此三昧，亦復如是，自身入定他身起，他身入定自身起。

普賢菩薩就做一個譬喻，就好像有人被鬼上身，鬼挾持著我們，這身體就不能動彈。有人說：「我是不是遇到鬼？我的眼、耳、鼻、舌、身、意不能作主，明明我沒想要說這句話，我怎麼會說出這句話？我一定是被鬼抓走了。」

鬼在哪裡？鬼沒有現身，卻可以控制你。菩薩摩訶薩在三昧當中也是，沒有看到三昧的影子，但是三昧卻能展現其微妙的作用，「自身入定他身起，他身入定自身起。」

二、殭屍喻

譬如死屍，以咒力故而能起行，隨所作事，皆得成就。屍之與咒，雖各差別，而能和合成就彼事；菩薩摩訶薩住此三昧，亦復如是，同境入定異境起，異境入定同境起。

第二個譬喻更勁爆：就好像死屍，運用咒力可以讓屍體起來行動，變成殭屍，甚至於可以回到家鄉。是什麼力量能夠驅使屍體？咒力。沒有看到咒力，咒力卻能夠驅使屍體。

現在是科技時代，可以把死屍替換成機器人，替換成電腦，機器是冷冰冰的無情物，程式就好像是咒力一樣，輸入程式之後，機器人就可以幫我們完成所有的指令。

菩薩摩訶薩在三昧當中，就好像輸入一個指令，可以讓這些不可思議的玄妙境界呈現在眼前。過去科技不發達，很難令人理解佛法中諸多不可思議的力量與境界，但是現在的科技發達，對於神通之事愈來愈能證實其可行性，譬如現在的雲端共修，不正是經典中所談的「**同境入定異境起**」一身現多身之境？

科學的進步逐漸印證了佛經中很多不可思議的境界，但是人們對佛法的信心卻沒有因此大增，仍處在懷疑的階段，甚至更加挑剔佛經中我們自己尚未得到證實的道理。

由此可知，信仰的建立，必須要透過全身心的實修實證，當我們依賴儀器、技術等外在五欲六塵的境界，自身的靈性是不會彰顯的，反而會與真實的實相背道而馳，漸行漸遠。

因此，只有投注身心實際修行，才能夠真正親身體驗何為不可思議。

三、大地喻

譬如大地，其味一種，所生苗稼種種味別，地雖無差別，然味有殊異；菩薩摩訶薩住此三昧，亦復如是，無所分別，然有一種入定多種起，多種入定一種起。

菩薩的三昧還有一種譬喻，就像大地一樣，明明是同一塊土地，卻因種下的苗稼不同、種子不同，生長出來的樣貌、味道亦有差別，相當神奇。

菩薩摩訶薩的三昧也是如此，同樣入自性本體之定，依體起用的展現當中，卻能隨著願力、特質以及方所，呈現出多元的專業、特質與現象。

得十種稱讚法

菩薩摩訶薩住此三昧，得十種稱讚法之所稱讚。何者爲十？所謂：入真如故，名爲如來；覺一切法故，名之爲佛；爲一切世間所稱讚故，名爲法師；知一切法故，名一切智；爲一切世間所歸依故，名所依處；了達一切法方便故，名爲導師；引一切眾生入薩婆若道故，名大導師；爲一切世間燈故，名爲光明；心志圓滿，義利成就，所作皆辦，住無礙智，分別了知一切諸法故，名爲十力自在；通達一切法輪故，名一切見者。是爲十。

菩薩摩訶薩住此三昧，非常不可思議，可以成就十種稱讚法。就是稱呼菩薩為「如來、佛、法師、一切智人」等等。

師父剛出家的時候，最喜歡聽人稱師父為「法師」，聽到法師此號，覺得很受尊重。如果聽到「小姐」、「尼姑」，就覺得很不舒服。聽到「法師」的稱呼為什麼感覺受到尊重？原來這是一種稱讚。而尼姑則是一種貶義詞，主要因為以此稱呼女眾法師的人本身帶有偏見而說，如果要使對方感受到尊重，在稱謂上就要留意用心。菩薩摩訶薩得到這十種稱讚法，每一個名號或稱謂，都有其原因與依據。

得十種光明照耀

菩薩摩訶薩住此三昧，復得十種光明照耀。何者爲十？所謂：得一切諸佛光明，與彼平等故；得一切世界光明，普能嚴淨故；…；得善思惟光明，到一切佛自在岸故；得

一切法真如光明，於一毛孔中善說一切故。是為十。

十種光明就是智慧之光，能夠普遍照耀各種不同的因緣，讓世界變得光明。

得十種無所作

菩薩摩訶薩住此三昧，復得十種無所作。何者為十？所謂：身業無所作；語業無所作；意業無所作；神通無所作；了法無性無所作；知業不壞無所作；無差別智無所作；無生起智無所作；知法無滅無所作；隨順於文，不壞於義無所作。是為十。

從前面的無所著，到現在成就了無所作，無所作就是沒有差別的心，且無處而不自在，哪個地方需要我們，就到哪裡去。

菩薩摩訶薩住此三昧，無量境界種種差別。所謂：一入多起，多入一起；同入異起，異入同起；細入麤起，麤入細起…。如是皆是此之三昧自在境界…。譬如農夫田中下種，種子在下，果生於上；菩薩摩訶薩住此三昧，亦復如是，一中入定多中起，多中入定一中起。

這就是三昧的境界。就像農夫種田，一顆種子可以衍生無量的果實，「**一中入定多中起，多中入定一中起。**」

到十種神通彼岸

此菩薩摩訶薩到十種神通彼岸。何者為十？所謂：到諸佛盡虛空遍法界神通彼岸；…到不假晝夜、年月劫數，一念悉能三世示現神通彼岸。是為十。

什麼叫神通彼岸？神通有此岸有彼岸，小小的神通叫做「神通的此岸」。

有很多人會去算命，算命的有時候很準，他會說這一生不為人知的部分，也可以說過去，但是過去能夠講清楚到什麼程度？也許只有一生、兩生、三生，乃至於片段，這叫做神通的此岸，還不夠清楚。

此三昧可以成就神通的彼岸，就是無所不見、無所不知、無所不曉、乃至到不假晝夜，年月劫數，悉能示現神通彼岸。

是名菩薩摩訶薩第八一切眾生差別身大三昧善巧智。

九、法界自在三昧

云何爲菩薩摩訶薩法界自在三昧？此菩薩摩訶薩於自眼處，乃至意處入三昧，名法界自在。

從眼處乃至於意處都能夠入三昧，稱為法界自在。

怎麼樣叫大自在？

譬如說我們靜坐，坐在位置上，可能一、兩個小時，屁股就發疼，身體就不舒服，需要換個姿勢，而且任何姿勢都不能持久，身體僵硬不自在。

菩薩入三昧時，無我相、無人相、無眾生相、無壽者相，身心時時刻刻都是安然的，安住在自己的本性上，安住在沒有煩惱、沒有分別、沒有無明的狀態當中。

菩薩於自身一一毛孔中入此三昧，自然能知諸世間，知諸世間法，知諸世界，知億那由他世界，…

透過禪修，慢慢的去體驗自己身心的變化，平常練習身心放鬆，行住坐臥越來越輕，呼吸越來越細、越來越長，到最後透過全身的毛孔呼吸，此時，你可以體驗到，全身的毛孔進入禪定境界，達到大自在，為「**菩薩於自身一一毛孔中入此三昧**」之境。

有了禪定的功夫之後，對於生活中的所有事情，不再用煩惱心來應對，而以日日是好日的清淨自在心，作為對境練心的修煉機會。

日日保持這種自在的態度，就能夠「**知諸世間，知諸世間法，知諸世界。**」越看越清楚，知道自己此生的任務，此生所遇人事物的因緣為何，乃至於明白未來走向。

到這個階段，菩薩的智慧完全展現出來，見到一切世界上的佛，可以知道所有的事情，也知道如何來度化一切眾生，更清楚知道菩薩是如何發心精進用功。

修菩薩行常不休息

菩薩於彼，或一劫、百劫、千劫、億劫、…、不可說不可說佛剎微塵數劫，修菩薩行，常不休息。

或於一劫、百劫、千劫、乃至於不可說不可說佛剎微塵數劫，就這樣修菩薩行而不休息。剛剛開始修行，會感到疲勞與厭煩，是因為尚未體驗到三昧的微妙，等到日久功深，三昧功德力成就之後，就超越時間長短的差別現象。

若有機會可以請教已經誦持二、三百部《華嚴經》的菩薩，就會發現，他現在誦經所使用的時間跟我們是一樣的，但是卷量不同。同樣一個小時，初學者只能誦念一卷，但久習者則能誦念三卷，為什麼同樣的時間他可以念那麼多？難道他都是亂念一通嗎？並非如此，

因為長期誦持《華嚴經》，獲得三昧境界。

修行就像倒吃甘蔗，前面啃著甘蔗的骨，實在是又硬又咬不動，有時候還會有牙齒斷裂的危險，到後來則越來越甜，漸入佳境，最後你會發現，菩薩行是世界上最大的享受，誦《華嚴經》的時候是最大的休息，反而在你不行菩薩道、不誦《華嚴經》時，更容易疲勞。

又於如是無量劫中住此三昧，亦入亦起，亦成就世界、亦調伏眾生、亦遍了法界、亦普知三世、亦演說諸法、亦現大神通，種種方便無著無礙。

世上一切眾生都需要佛法，有了佛法人生就快樂、清淨、輕鬆、光明，菩薩就是知道這種功德力的不可思議，於是現大神通種種方便，度化一切眾生。

以於法界得自在故，善分別眼，善分別耳，善分別鼻，善分別舌，善分別身，善分別意，如是種種差別不同，悉善分別，盡其邊際。菩薩如是善知見已，能生起十千億陀羅尼法光明…，修治十千億菩薩清淨。

菩薩在法界真正得到大自在，在大自在當中就可以有大光明。

諸佛現前說法

菩薩摩訶薩住此三昧，為東方十千阿僧祇佛剎微塵數名號諸佛之所攝受，一一名號復有十千阿僧祇佛剎微塵數佛各各差別；如東方，南、西、北方，四維上下，亦復如是。彼諸佛悉現其前，為現諸佛清淨剎，為說諸佛無量身，為說諸佛難思眼，為說諸佛無量耳，為說諸佛清淨鼻，為說諸佛清淨舌，為說諸佛無住心，為說如來無上神通。

無量的功德都成就之後，就可以感得佛陀的現身，東西南北方的佛來現前說法，說佛的眼、耳、鼻、舌、身、意，說佛的境界。

到這個階段，菩薩才能如實了達佛意。

有人問：「華嚴經怎麼大部份都不是佛親自講的？」佛陀的智慧微妙難思，非常人能解。譬如師父在開示時，發現在闡述經意時，往往聽眾一知半解，安靜無聲；若師父偶爾舉日常中實例個案，大家就會似有所悟，頻頻點頭稱是；如果再講個笑話，還會得到滿堂笑聲回應。

《華嚴經》諸會，依與會者的修行程度開演妙法，以各菩薩為會主，帶領大眾修習鍛鍊菩薩行法，直到大眾程度達到能領會如來聖意之時，佛陀才會現身說法。所以菩薩要聽聞佛陀說法，必須要有足夠的程度，到了這個階段的菩薩，就可以感得佛陀親自來說法。

得十種海

菩薩摩訶薩住此三昧，得十種海。何者爲十？所謂：得諸佛海，咸睹見故…；得諸願海…，悉使成就永清淨故。

所謂的海，就是無量無邊的意思，什麼都能夠成就，乃至於得到十種殊勝，就是世間最殊勝叫做無上士。

得十種殊勝

菩薩摩訶薩得如是十種海已，復得十種殊勝。何等爲十？一者，於一切眾生中最爲第一。二者，於一切諸天中最爲殊特。…。九者，一切佛法皆得自在。十者，一切神通

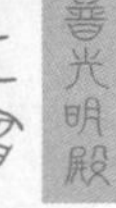

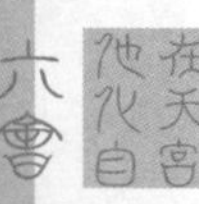

悉能示現。

菩薩獲得十種殊勝，然後成就了十種力。

得十種力

菩薩摩訶薩得如是十種殊勝已，復得十種力，於眾生界修習諸行。何等為十？一謂勇健力，調伏世間故。二謂精進力，恆不退轉故…。十謂開示力，智慧無邊故。

這十種力是為了要廣度一切眾生。

圓滿無量功德法

此菩薩摩訶薩於如是無量功德法，能生，能成就，能圓滿，能照明，能具足，能遍具足，能廣大，能堅固，能增長，能淨治，能遍淨治。

如是無量功德法都能夠成就，能夠圓滿，於不可說劫無能說盡。

菩薩摩訶薩住此三昧，能了知無數、無量、無邊、無等、不可數、不可稱、不可思、不可量、不可說、不可說不可說一切三昧。彼一一三昧所有境界，無量廣大…，如是一切，靡不明見。

住此三昧，又能夠衍生出無量無邊的三昧。

如無熱大池，於四口中流出四河入於大海；菩薩摩訶薩亦復如是，從四辯才流出諸行，究竟入於一切智海。

無熱大池，就是阿耨達池，此池流出四河，匯聚入海。

菩薩摩訶薩亦復如是，成就隨順身業、隨順語業、隨順意業；成就智爲前導身業、智爲前導語業、智爲前導意業，四方流注，究竟入於一切智海。

菩薩摩訶薩隨著身、語、意業而現廣大的神通，到最後成就一切智海。

菩薩四方

所謂：見一切佛而得開悟，聞一切法受持不忘，圓滿一切波羅蜜行，大悲說法滿足眾生。

第一、見一切佛。第二、聞一切法。第三、圓滿一切波羅蜜行。第四、大悲說法。

無論見、聞、言、行，都是菩薩身、語、意業，都能夠成就無量功德。

菩薩摩訶薩雖能於定一念入出，而亦不廢長時在定，亦無所著。雖於境界無所依住，而亦不捨一切所緣…，譬如虛空，雖能容受一切諸物，而離有無。

這是真正的自在，在剎那之間就能夠利益一切眾生，就像虛空一樣沒有隔礙。

菩薩摩訶薩亦復如是，雖普入一切世間，而離世間想；雖勤度一切眾生，而離眾生想…；雖常安住如來所住，而智慧清淨，心無怖畏，分別演說種種諸法，轉於法輪，常不休息。是爲菩薩摩訶薩第九法界自在大三昧善巧智。

度了一切眾生而離眾生想，見一切佛而離諸佛之想，乃至於轉無量法輪，也沒有轉法輪想；菩薩以無所著的心來發廣大之心，廣大之心成就了利他的功德，因此在法界當中入出無礙，坐微塵裡轉大法輪。

十、無礙輪三昧

云何爲菩薩摩訶薩無礙輪三昧？菩薩摩訶薩入此三昧時，住無礙身業、無礙語業、無礙意業，住無礙佛國土，得無礙成就眾生智，獲無礙調伏眾生智，放無礙光明，現無礙光明網，示無礙廣大變化，轉無礙清淨法輪，得菩薩無礙自在。

第十無礙輪大三昧，是整個十定品修學，要大成就的三昧。

「無礙」有四種層次：第一、是三業的無礙。第二、是器世間的無礙。第三、是眾生世間的無礙。第四、是智正覺無礙。成就此無礙，到哪裡都沒有障礙，對任何眾生都沒有障礙。

普入諸佛力，普住諸佛智，作佛所作，淨佛所淨，現佛神通，令佛歡喜，行如來行，住如來道，常得親近無量諸佛，作諸佛事，紹諸佛種。

這個無礙三昧，就能夠讓菩薩**常得親近無量諸佛，作諸佛事，紹諸佛種。**

菩薩摩訶薩住此三昧已，觀一切智，總觀一切智，別觀一切智，隨順一切智，顯示一切智，攀緣一切智，見一切智，總見一切智，別見一切智。

表示無礙三昧是最終極的三昧，能夠對於一切智有總觀、別觀。總觀一切智，知道一切諸法的究竟實相；別觀一切智，知道法的差別相，可以廣度一切眾生。

於普賢菩薩廣大願、廣大心…、廣大道，不斷不退，無休無替，無倦無捨，無散無亂，常增進，恆相續。

此三昧即依著普賢菩薩的廣大願行修習，而成就廣大願最重要的關鍵因素，在於普賢菩薩的每一願行，都附加一段「無有疲厭」，即是此處「**不斷不退，無休無替，無倦無捨，**

無散無亂，常增進，恆相續。」做任何事情都能夠無有疲厭，這是非常不簡單的。

何以故？此菩薩摩訶薩於諸法中，成就大願，發行大乘，入於佛法大方便海，以勝願力，於諸菩薩所行之行，智慧明照皆得善巧，具足菩薩神通變化，善能護念一切眾生，如去來今一切諸佛之所護念，於諸眾生恆起大悲，成就如來不變異法。

所謂「勇猛心易發、長遠心難持」。初學佛者，聽聞菩薩弘誓願：「眾生無邊誓願度。煩惱無盡誓願斷。」有人會心生猶豫，害怕自己立下如此宏大的誓願，做一永恆的承諾，似乎看到一個沒有盡頭的未來。

人的生命過於短暫，制定計畫的範圍總不離下禮拜、下個月或者明年的事情，最長不超過十年、二十年內的事情。如果有一項計畫是超越此範疇，就會挑戰我們的底限。譬如說我們現在來約定廿五年之後，仍然在雲端繼續恭誦《華嚴經》，光是想像廿五年之後的自己，就已經開始超越現在這一生的思維，因為有的人現在 70 歲，廿五年後已經 95 歲了，能想像 95 歲的自己將會在哪裡嗎？這就是有限的思維。

那麼，當我們以原來的有限思維，來學習無盡的佛法時，要如何擴大自己的心量，以接軌佛菩薩的無量？就要靠願力來幫助自己提升，擴大自己的有限思維。

所有的菩薩一開始都是先發願，先做一個永恆無盡的承諾，接下來，在生生世世的接力中，圓滿這無盡的大願。

如果我們的思維是以這種橫跨十方三世的方式，打破時空的限制，心量擴大，對於眼前的障礙就有力量去跨越它，這就是為什麼菩薩在一開始就教我們要成就大願的原因。

菩薩發大誓願，無疲無厭。

菩薩摩訶薩發大誓願，利益一切眾生，度脫一切眾生，承事一切諸佛，嚴淨一切世界，安慰眾生，深入法海。爲淨眾生界，現大自在，給施眾生，普照世間，入於無邊幻化法門，不退不轉，無疲無厭。

菩薩發了大願，所以稱為菩薩。

有人說：「學佛一定要成佛嗎？」

佛法裡面有三乘行者，即聲聞乘、緣覺乘、菩薩乘這三種選項，三乘的最大差別，就是終極目標。

聲聞緣覺發出離心，目標是離苦得樂，脫離六道輪迴；菩薩選擇了菩薩乘，不是因為他被規定，被賦予菩薩的這個角色，而是因為發了大願，「**菩薩摩訶薩發大誓願，利益一切眾生，度脫一切眾生，…**」以廣度一切眾生為終極目標，所以稱為菩薩。

菩薩摩訶薩亦復如是，立無量大願，度一切眾生，心無厭倦…。一切智與法界無二故，於一切法無所著故。菩薩摩訶薩亦復如是，其心平等，住一切智，云何而有疲厭之心？

為什麼菩薩心無厭倦？當他發起大願之後，心量擴大到無窮無盡的法界，更容易體解如實之相，更能夠了解原來世界是無二無別的，心如法界廣無邊，心跟法界，已經沒有差別了。

在無有差別的境界當中，菩薩真實的了解，原來不管是長或短、快或慢、易行道、難行道，其實是沒有差別。

真正了解平等法界，就不會生起疲厭之心，由此可知，會心生疲厭，是因為智慧不夠，心量不廣大。

大願成就證法，證法成就大願

菩薩摩訶薩入如是大威德三昧智輪，則能證得一切佛法，則能趣入一切佛法，則能成就，則能圓滿，則能積集，則能清淨，則能安住，則能了達，與一切法自性相應。

發大願會讓我們進入一個良性的循環，發了大願，心量擴大，更容易證得真實的平等法界；證得平等法界，更能依體起用，發大誓願，念念都能夠成就大願、圓滿大願，以大願來導行，以行而圓滿大願，變成一個良性的循環。

菩薩摩訶薩的普賢行，就是這樣的境界。

此菩薩摩訶薩住普賢行，念念入百億不可說三昧，然不見普賢菩薩三昧及佛境界莊嚴前際。何以故？知一切法究竟無盡故、知一切佛剎無邊故、…。

住普賢行，什麼時候可以休息？什麼時候可以退休？這個時候已經看不到前際後際。因為普賢三昧是超越有限思維，而入不可思議的境界。

諸佛現身證明

菩薩摩訶薩入普賢菩薩所住如是大智慧三昧時，十方各有不可說不可說國土；一一國土，各有不可說不可說佛剎微塵數如來名號；一一名號，各有不可說不可說佛剎微塵數諸佛，而現其前。與如來念力，令不忘失如來境界；與一切法究竟慧，令入一切智…

普賢菩薩進入普賢三昧的時候，十方諸佛現前為其授記。

菩薩得到了諸佛的授記、開示與灌頂，一直不斷的廣度眾生。

此菩薩摩訶薩成就如是殊勝大願、諸菩薩行，則爲一切世間法師；則爲一切世間法日；則爲一切世間智月…。此菩薩摩訶薩已到普賢諸行彼岸，證清淨法，志力廣大，…

第十無礙輪清淨三昧，已經抵達普賢諸行的彼岸，彼岸就是波羅蜜圓滿。

菩薩摩訶薩住此三昧，得十種法，同去、來、今一切諸佛。何者爲十？所謂：得諸相好，種種莊嚴，同於諸佛；能放清淨大光明網，同於諸佛；神通變化，調伏眾生，同於諸佛；無邊色身，清淨圓音，同於諸佛；隨眾生業，現淨佛國，同於諸佛；一切眾生所有語言，皆能攝持，不忘不失，同於諸佛；無盡辯才，隨眾生心而轉法輪，令生智慧，同於諸佛；大師子吼無所怯畏，以無量法開悟群生，同於諸佛；於一念頃，以大神通普入三世，同於諸佛；普能顯示一切眾生諸佛莊嚴、諸佛威力、諸佛境界，同於諸佛。

菩薩住此三昧，就等於跟佛一樣的境界，就是十種法，如同諸佛一樣。

十定總結

普眼菩薩請法：菩薩得法同諸如來，何故不名佛？

既然已經大功告成，普眼菩薩就問問題了。

普眼菩薩白普賢菩薩言：佛子，此菩薩摩訶薩得如是法，同諸如來，何故不名佛？何故不名十力？何故不名一切智？…何故修行普賢行願猶未休息？何故不能究竟法界捨

菩薩道？

普眼菩薩問：「菩薩所修得之法已等同諸佛，為什麼不乾脆直接稱名為 " 佛 "? 為什麼還繼續修普賢行願，不捨菩薩道？」菩薩到底什麼時候才能畢業？

讀誦《華嚴經》，有很多字句，很多內容都一直重複，譬如：從十信初始，文殊菩薩教大眾「當願眾生」，一開始就講要發願，到現在已經大功告成了，還是要發大願，到底什麼時候才會結束？普賢菩薩就來告訴大眾，這到底什麼原因？

看完這一段大家就能夠知道，到底什麼原因？為什麼菩薩不上位名佛？為什麼永遠都在發大願行菩薩道？到底差別在哪裡？

菩薩與佛之別：無有休息、無有疲厭

此菩薩摩訶薩已能修習去來今世一切菩薩種種行願，入智境界，則名爲佛；於如來所修菩薩行，無有休息，說名菩薩。

兩者差別在哪裡？

如來諸力皆悉已入則名十力；雖成十力，行普賢行而無休息，說名菩薩。

差別在哪裡？

知一切法而能演說，名一切智；
雖能演說一切諸法，於一一法，善巧思惟未嘗止息，說名菩薩。

差別在哪裡？

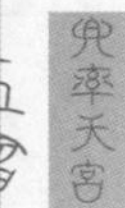

了知法界無有邊際，一切諸法一相無相，是則說名究竟法界捨菩薩道；雖知法界無有邊際，而知一切種種異相，起大悲心，度諸眾生，盡未來際無有疲厭，是則說名普賢菩薩。

差別在哪裡？

經由以上四段經文的比照，發現佛與菩薩的差別，有一關鍵句：「無有疲厭。」

佛跟菩薩的智慧是同等位次，但是菩薩跟佛最大的差別，是「不休息」、「無有疲厭」。

由此可知，二者修行皆已功德圓滿，寂滅涅槃可以大休大息，但是，菩薩「不休息」、「無有疲厭」猶稱「菩薩」，歸根結底，是菩薩自己的選擇；換句話說，不是學校不讓菩薩畢業，是菩薩自己不拿畢業證書，不願意停止一切菩薩願行。

菩薩為什麼能夠無有疲厭？

當我們對某件事情產生疲厭感，就會生起”我不想做了”這樣的念頭，其實這是我們沒有注意到自己的初發心有問題，在一開始的選擇及本來的心態上，就是準備熬過某一段時間、完成某一段任務後，就準備要休息。因此，在這未完成任務的期間含辛茹苦、忍辱負重、孜孜不息，其實是希望將來有一天終於可以什麼都不用做，表面上看來很精進，其實發的就是疲厭之心、有限之心，這是我們學佛路上很大的一個陷阱。

如果一開始就打定「不休息」：我就這麼做下去，沒完沒了，即使成佛之後，依然如是，繼續忙碌。發這種「無有疲厭」的心，就叫做普賢菩薩。

普賢三昧

汝應觀此菩薩摩訶薩不捨普賢行，不斷菩薩道，見一切佛，證一切智，自在受用一切智法。

如果世界是平等無二的，當菩薩也好、當佛也好、當聲聞、緣覺，乃至於到地獄、餓鬼、畜生道，當任何的角色並沒有任何差別。此時，無有疲厭的菩薩摩訶薩，隨緣自在，扮演任何角色皆得無礙。這就是普賢三昧。

菩薩摩訶薩安住如是普賢行願廣大之法，當知是人，心得清淨。佛子，此是菩薩摩訶薩第十無礙輪大三昧殊勝心廣大智。佛子，此是菩薩摩訶薩所住普賢行十大三昧輪。

十大三昧輪，傳達菩薩行最重要的訊息，就是「無有疲厭」四個字。大願心無有疲厭，廣度一切眾生無有疲厭，行菩薩之事無有疲厭，這就是普賢行者。

總結

普賢三昧有十種不同的相狀，稱為「十定」，十定圓滿究竟彼岸就是「普賢三昧」。

明白等覺菩薩的十定法門，在生活當中還是要腳踏實地，時時刻刻依著一開始淨行品”當願眾生”的發願而行，遇到任何人事物都能夠不忘初心大願，眼、耳、鼻、舌、身、意六根，在生活當中修練，對境練心，遇到任何事情，就把自己的心安住在本心本性上，隨時「**入流亡所**」，如此依持著大願無有疲厭，「**念念相續無有間斷，身語意業無有疲厭。**」，就這麼行菩薩道下去，最後「寂滅現前」，達到體用一如之三昧大定，真正的發揮大功德、大作用、大自在。

卷 44

十通品

十忍品

菩薩所入法　是佛所行處
於此能了知　其心無厭怠

引言

十通品，談等覺菩薩的十通自在，神通妙用；十忍品，談等覺菩薩安忍諸佛之智。

十通品

釋名：「神」、「通」

《華嚴經疏鈔》：妙用難測曰【神】。自在無壅曰【通】。

妙用難測曰神，一個人料事如神，能夠精準預測事務變化的趨勢，並做正確的判斷與決定，難測就是不知道此人的心思有多深，實力有多雄厚。自在無壅曰通，自在無障礙、無壅塞，就是通。神加上通，就是佛智慧的妙用。

宗趣：以智用自在為【宗】。為滿等覺無方攝化為【趣】。

一般人對於神通，或者羨慕，希望自己也能擁有神通；或者畏懼，在神通者面前，感覺自己是透明的，內心被一覽無遺。

修行不在於求神通，因為神通是每一個人都本具的，只要好好的修行，方向正確了，自然而然內心智慧就會展現妙作用，即智用自在，可知神通是以智慧為本體的「用」。

如果沒有智慧而擁有神通，就好像一個不會射擊的人，手上拿有衝鋒槍，隨意掃射，會造成危險；又如一個沒有駕照的人，在馬路上駕車奔馳，一樣也會造成危險，但若神通為智慧所引導，就不是一種危險。

神通是每個人本有的自性功德，要有功德才能讓神通善用，目的是為了要圓滿等覺菩薩的「無方攝化」，所謂的無方攝化就是神通的功能，對等覺菩薩來講，是為了度化眾生而出現的一種自在之用。

菩薩有十種通

爾時，普賢菩薩摩訶薩告諸菩薩言：佛子，菩薩摩訶薩有十種通。何者爲十？

一他心通。二天眼通。三宿命通。四知未來通。五天耳通。六往一切剎通。七善別言辭通。八無數色身通。九達一切法通。十入一切滅盡三昧通。

這十種通都是因為有智慧為本體而產生的功能，以下擇要論之：

一、他心智通

菩薩摩訶薩以他心智通，知一三千大千世界眾生心差別。所謂：善心、不善心；廣心、狹心；大心、小心；順生死心、背生死心；…如一世界，如是百世界…。乃至不可說不可說佛剎微塵數世界中所有眾生心，悉分別知。

他心智通，能了知眾生心差別。所謂「知人、知面、不知心」，有時候我們很想得知他人的心思，或者很希望別人來了解自己，因為「心念」無形且無法捉摸。菩薩的他心智通，能了知眾生心差別，眾生的心念複雜，有善心、不善心；有廣心、狹心；有大心、小心；有時候會鑽牛角尖想不開，有時候又能夠豁然開悟證得涅槃解脫。

菩薩為了廣度差別的眾生，依他心智通完全了知一切眾生心的差別，而且不被負向混亂的眾生心念干擾，不只能如實了知此世界的眾生心，百世界、千世界，乃至於不可說世界，所有的眾生的心也都能夠了知。

因此，若我們心裡有不能說的秘密，又渴望被人理解時，不要去找一個普通人傾訴，因為一般人的心量與智慧，有時不足以承受他人傾吐煩惱的負能量。

那麼，有心事時該如何？最安全、最簡單的辦法，就是去找佛菩薩傾訴。

有他心智通的諸佛菩薩，不但能夠了解你的心情，也能夠理解你為何而困擾，即使他看到你的不善心，也不會對你的不善心產生偏見，還能以大智慧來化解你的不善心。總之，在菩薩面前，心中不為人知的秘密與苦楚，都能找到一個有效而圓滿的出口。

這是十通的第一個神通，菩薩要廣度眾生，一定要了解眾生的心聲，而且不生分別，如此才能夠應機施教。

二、天眼智通

菩薩摩訶薩以無礙清淨天眼智通，見無量不可說不可說佛剎微塵數世界中眾生，死此生彼，善趣惡趣，福相罪相，或好或醜，或垢或淨，如是品類無量眾生。…如是種種眾生眾中，以無礙眼，悉皆明見。隨所積集業、隨所受苦樂、隨心、隨分別、隨見、隨言說、隨因、隨業、隨所緣、隨所起，悉皆見之，無有錯謬。

天眼智通，是能夠看到眾生的行為會導致什麼後果，主要是明見前因後果，能夠看清楚眾生在六道輪迴當中死此生彼的原因，目的是為了解決眾生輪迴的痛苦。

三、宿住隨念智通

菩薩摩訶薩以宿住隨念智通，能知自身，及不可說不可說佛剎微塵數世界中一切眾生，過去不可說不可說佛剎微塵數劫宿住之事⋯。又憶過去爾所佛剎微塵數劫，爾所佛剎微塵數世界中，有爾所佛剎微塵數諸佛，一一佛如是名號、如是出興、如是眾會⋯

很多人在遇到不如意時會說：「我又沒有做什麼事情，為什麼遭受如此的果報？」

菩薩的宿住隨念智通能一眼觀知，眾生過去造什麼業，在什麼地方，以何等身份，從事什麼行為，以致形成現在的狀態與結果。

綜觀人的一生，由於成長背景，或者所從事的職業，乃至逢遇的人、事、物，導致現在性格的養成，其中的因果脈絡，皆由日積月累而成，不僅止於此生的宿習，還有多生累劫以來的積習，皆影響著現前當下的自己。

當眾生帶著如此積累而成的自己，來學習佛法進行修煉時，此多生累劫的宿習，往往成為領納清淨覺悟之法的障礙。菩薩必須要知道眾生的障礙為何，此障之過去因緣為何，才能從因緣尋求徹底解套之法。

當然，更重要的是，菩薩的宿住隨念智通，也能了知此一眾生的善根福德因緣，在累生累劫當中曾經值遇何佛？曾在何佛座下種了哪些善根？此為宿住隨念智通。

四、知盡未來劫智通

菩薩摩訶薩以知盡未來際劫智通，知不可說不可說佛剎微塵數世界中所有劫，一一劫

中所有眾生，命終受生，諸有相續，業行果報…。又知不可說不可說佛剎微塵數世界，盡未來際有不可說不可說佛剎微塵數劫。

知盡未來劫智通，可以預見未來。

現在投身於修行，未來會如何？不修行，未來又如何？

很多人不願意投入修行，是因為看不到修行的長遠效益，但是突然遇到困難，譬如事業遇到瓶頸、人際關係有障礙，乃至於健康亮起紅燈，趕快臨時抱佛腳來誦經精進用功，想要快速地解決眼前的困境。

解決現前短暫困境，消災免難，這也是未來的效益，是短暫的未來，但問題是現在的災消除之後，如果沒有徹底的去解決災難的源頭，下一次還是會引致災難的。

所以，修行要發長遠心，同時要能看得長遠。

菩薩的知盡未來劫智通，是能知「盡未來劫」之事，要知道，現在所做的每一件事情、每一個努力，都是為未來成佛而做準備；不僅如此，菩薩還能知「眾生相續業行果報」，瞭解這個眾生命終之後將來會到哪裡去？如果我們知道自己每努力一分，離佛的果德越接近，就會非常肯定現在所做的努力，對於自己的修行，會產生一種永續性的努力與精進，而不是短視近利只求現世的快樂。

另一種情形是我們與某些眾生結緣時，也許有時因緣不順利，或者是為了要急於度化他，反而壞了彼此的關係，因為我們著急，叫你一次不來、叫你兩次不來、叫你三次不來、第四次就把你封鎖了，放棄了。但我們要知道，所謂的未來就是我這一生度不了你沒關係，最後還有一個彌勒佛，是釋迦牟尼佛的同學，彌勒佛發了一個願，他說：「釋迦牟尼佛同學，你實在是太精進了，你提前畢業沒有關係，如果有跟你相應的眾生，你趕快速速成佛、速速度化去，但是有些後段班的這些眾生，他可能只是念個佛就退道心了，這些人怎麼辦？沒有關係，就交給我」。

所以釋迦牟尼佛的下一尊佛是「當來下生彌勒尊佛」，準備要來度化釋迦牟尼佛時代沒有因緣得度的眾生，先結一個緣以待後來。如果菩薩知道，有不可說不可說佛剎微塵數世界，盡未來際，有不可說不可說的佛行菩薩道，廣度眾生，則眾生得度的因緣是無有窮盡的，這時，度化眾生的得失心，就比較能夠清楚知道這個眾生的因緣，還沒有成熟不要勉強，這是知盡未來劫智通。

五、天耳通

菩薩摩訶薩成就無礙清淨天耳，圓滿廣大、聰徹離障、了達無礙、具足成就，於諸一切所有音聲，欲聞、不聞，隨意自在。

天耳通有兩個功能。

第一、「**圓滿廣大、聰徹離障**」，才能夠千處祈求千處應，否則眾生叫天天不應，叫地地不靈，因為菩薩沒有聽到，怎麼救得了眾生？

但是，若眾生喧譁，菩薩盡收耳底，不就像住在十字路口一樣噪音圍繞嗎？

菩薩的天耳「**欲聞、不聞，隨意自在**」，可以隨意開關的，我們的耳朵關不起來，菩薩是可以關的，欲聞不聞，他可以有 on 還可以有 off，隨意自在，但是菩薩慈悲，隨時都在 on 的狀態，不會充耳不聞。

東方有不可說不可說佛剎微塵數佛，是諸佛所說所示…、無量善巧清淨之法，於彼一切，皆能受持。

第二、「**是諸佛所說所示…，皆能受持**」，天耳通有什麼好處？就是可以聽聞東西南北方無量佛剎的佛陀說法，如在耳邊。

就像我們現在雲端共修，師父透過麥克風講話，滲透到各位的生活空間。一位住美國的居士說：「我太太從早到晚都在播放師父的開示，我家的每個角落都聽得到師父的音聲。」拜科技之賜，大眾可以透過網路聞法，就如同得到天耳通一樣。

又於其中若義若文、若一人若眾會，如其音辭，如其智慧、如所了達，如所示現，如所調伏，如其境界，如其所依，如其出道。於彼一切，悉能記持，不忘不失，不斷不退，無迷無惑；為他演說，令得悟解，終不忘失一文一句。

天耳通不僅能聽聞佛所說法，而且對佛法能夠「受持」，對於佛法能夠真實的了解，而且於一切法都能記持，不忘失一文一句。

六、無體性神通

菩薩摩訶薩住無體性神通、無作神通、平等神通…、隨詣神通。此菩薩聞極遠一切世界中諸佛名，所謂：無數世界、無量世界，乃至不可說不可說佛剎微塵數世界中諸佛名。聞其名已，即自見身在彼佛所…如是，經不可說不可說佛剎微塵數劫，普至十方而無所往，然詣剎觀佛、聽法請道，無有斷絕，無有廢捨，無有休息，無有疲厭；修

菩薩行，成就大願，悉令具足，曾無退轉，為令如來廣大種性不斷絕故。是名菩薩摩訶薩第六住無體性、無動作、往一切佛剎智神通。

「無體性神通」就是「神足通」，可以讓我們身自在，任何地方有佛成佛，即見自身在彼佛所，聽聞佛法、請法，而且可到一切佛剎，不須要休息，也一點都不疲勞。

很多人喜歡環遊世界，但是往往去參加了一個旅行，舟車勞頓，回來可能需要休息好幾天，有了無體性神通，身體就不會疲勞，而且一剎那之間，就能夠到你要去的地方，這是無體性神通的殊勝。

七、善分別一切言辭智神通

菩薩摩訶薩以善分別一切眾生言音智通，知不可說不可說佛剎微塵數世界中，眾生種種言辭…。此菩薩隨所入世界，能知其中一切眾生所有性、欲，如其性、欲，為出言辭，悉令解了，無有疑惑。

此神通能夠讓我們明白，眾生的語言背後真正想表達的意思，也能夠知道眾生心中最想聽什麼？用什麼言辭才能夠讓他明白？所以「如其性欲，為出言辭，悉令解了，無有疑惑」。

八、出生無量阿僧祇色身莊嚴智通

菩薩摩訶薩以出生無量阿僧祇色身莊嚴智通，知一切法遠離色相，無差別相，無種種相…。菩薩如是入於法界，能現其身，作種種色…。菩薩摩訶薩深入如是無色法界，能現此等種種色身，令所化者見，令所化者念，為所化者轉法輪。

在這個神通當中菩薩就可以千百億化身，應以何身得度即現何身。每一眾生喜歡的佛都不

一樣，對莊嚴的定義與偏好各自不同，因此在菩薩度化的過程當中，會以眾生最喜歡的方式來呈現他的色相。

九、一切法智神通

菩薩摩訶薩以一切法智通，知一切法無有名字，無有種性。無來無去、非異非不異、非種種非不種種、非二非不二…。此菩薩不取世俗諦，不住第一義，不分別諸法，不建立文字，隨順寂滅性。不捨一切願，見義知法，興布法雲，降注法雨…。於不二法而無退轉，常能演說無礙法門，以眾妙音，隨眾生心，普雨法雨而不失時。是名菩薩摩訶薩第九一切法智神通。

有了「一切法智神通」，就能了知一切法無有名字、無來無去、非異非不異，如此不執著一切法，便能隨著不同的根性而廣演諸法，常能演說無礙法門，可知要演說無礙之法，必須有能夠了解一切法本質的智慧，這就是一切法智神通。

十、一切法滅盡三昧智通

菩薩摩訶薩以一切法滅盡三昧智通，於念念中，入一切法滅盡三昧。亦不退菩薩道，不捨菩薩事，不捨大慈大悲心，修習波羅蜜，未嘗休息；觀察一切佛國土，無有厭倦；不捨度眾生願…。此菩薩住三昧時，隨其心樂，或住一劫，或住百劫…。菩薩入此一切法滅盡三昧，雖復經於爾所劫住，而身不離散、不羸瘦、不變異、非見非不見、不滅不壞、不疲不懈、不可盡竭…。是爲菩薩摩訶薩入一切法滅盡三昧智神通。

菩薩入一切法滅盡三昧，則壽命無量，可以住世一劫，也可以住世百劫，乃至於住世無量無邊的劫，而且眾生看到的菩薩，永遠都長同一個樣子，好像都完全不會老、不會死、不會有生、不會有滅。

因此菩薩入此一切法滅盡三昧，長壽或者是短壽是可以隨菩薩的因緣而決定的。在經典裡面會看到有的佛住壽好幾劫，有的佛住壽很短，像釋迦牟尼佛只有住世八十年，相對較為短促，這也是他選擇要用這種方式來度化大眾，這是入一切法滅盡三昧智神通。

十通總結

菩薩摩訶薩住於如是十種神通，一切天人不能思議，一切眾生不能思議，一切聲聞、一切獨覺、及餘一切諸菩薩眾，如是皆悉不能思議。此菩薩身業不可思議，語業不可思議，意業不可思議，三昧自在不可思議，智慧境界不可思議。

以上這十種神通，都是其他境界的大眾所不能思議的。在三昧境界當中，菩薩身口意業產生不可思議的妙用。此為十通。

十忍品

「忍，謂忍解印可。即智照觀達。」忍就是印可、安住的意思，安忍諸佛之智。

十種忍即寂滅忍

爾時，普賢菩薩告諸菩薩言：佛子，菩薩摩訶薩有十種忍，若得此忍，則得到於一切菩薩無礙忍地，一切佛法無礙無盡。何者爲十？所謂：音聲忍、順忍、無生法忍、如

幻忍、如燄忍、如夢忍、如響忍、如影忍、如化忍、如空忍。此十種忍，三世諸佛已說、今說、當說。

十忍，雖說有十種名詞，其實是一個忍，叫做「寂滅忍」。

前面三忍是「法」，後面七忍是以譬喻來形容忍，十忍加起來，就是佛的寂滅忍的境界。

音聲忍

云何爲菩薩摩訶薩音聲忍？謂聞諸佛所說之法，不驚、不怖、不畏，深信悟解，愛樂趣向，專心憶念，修習安住。是名：菩薩摩訶薩第一音聲忍。

音聲忍，就是對所有的佛所說法，能夠專心憶念、修習安住、安忍於心，把心安住在佛法當中。

順忍

云何爲菩薩摩訶薩順忍？謂於諸法，思惟觀察，平等無違，隨順了知，令心清淨，正住修習，趣入成就。是名菩薩摩訶薩第二順忍。

順忍，心順著佛理而行，順著所聽聞的佛法，無縫接軌的依法而行。

我們現在還做不到當下起行，為什麼？因為佛法需要依解起行，如果連理解佛法都有困難時，如何依解起行？

有的人說：「我對佛法是一知半解，似懂非懂。」一知半解是沒有辦法起行的。又有人說，佛法的甚深道理實在太玄奧很難理解，其實佛法一點都不玄，只是弘法者沒有使用適當的語言表達使聞者明白。沒辦法依理而行，便是「不順」，因為沒有辦法隨順著真理而行，在生活當中就用不上功，佛法就沒有辦法在生活當中起作用。

要了解佛法，首先找到最有效果的學習方式，安住在佛理當中，若能夠如理思惟，才能夠依理而行。菩薩到這個階段，「**於諸法思惟觀察、平等無違**」，就能夠真正的運用佛法。佛法很好用，如果能夠好好運用，就是「**正住修習趣入成就**」，這是菩薩第二順忍。

無生法忍

云何爲菩薩摩訶薩無生法忍？佛子，此菩薩摩訶薩不見有少法生，亦不見有少法滅。

無生法忍。前面二忍是無生法忍的加行，依前二忍契入無生之法，不生不滅的究竟之法，因此不見有少法生、不見有少法滅，不生不滅的境界，即是諸法實相。

音聲忍、順忍加無生法忍，就是所謂的寂滅現前、寂滅忍。

七喻忍

如幻忍、如燄忍、如夢忍、如響忍、如影忍、如化忍、如空忍。

如幻、如燄、如夢、如響、如影、如化、如空，都是在形容寂滅忍的境界之不可思議。

十忍位：等覺後心

等覺菩薩的修行到了「十忍」之境，即將功德圓滿，其位次等於等覺後心，在最後一個階段，大功告成的前一剎那就是十忍的境界，最終經過十忍的這一品就要證得妙覺佛果。

卷45

阿僧祇品

壽量品

諸菩薩住處品

於不可說諸佛法　一一了知不可說

能於一時證菩提　或種種時而證入

引言

卷四十五裡面談到三個品：〈阿僧祇品〉、〈壽量品〉、〈諸菩薩住處品〉，三個品都是談與不可思議「數」有關的品目。

〈阿僧祇品〉說明遍一切數，談數量的數；〈壽量品〉說明窮一切時，是時間上的數；〈諸菩薩住處品〉說明遍一切處，則是住處上的數。

數學是世界計量的基礎，運用邏輯推理，由計數、計算、量度等進行對萬事萬物的觀察與定義。

這是一堂佛陀親自現身說法的數學課，教導我們如何用數學方式觀察世界，這也是八十華嚴中，首次由佛親自教授、現身說法。佛陀不開口則已，一開金口，就講了一個常人不能理解的內容，用很多人很害怕的數學概念，來擴展我們的心量。

十方三世一切諸佛，佛的境界到底有多麼廣大？在這三品裡展現得很徹底。說明廣大算數，為了彰顯不是數量可說盡的佛德。

阿僧祇品

釋名：「阿僧祇」

所謂「阿僧祇」，意為無數，這一品裡面所談到的，是不可數、不可說之法。

《綱要》：前既智圓證極。上定通智用，一一難量。若欲校量，非數能數。故須歷數。

此品由一堆數量單位組成。

平常運用的數量單位，有個、十、百、千、萬、十萬、百萬、千萬，然後就是億，億再上去的單位幾乎很少使用，阿僧祇品為介紹究竟圓滿佛果的妙用無量，如果要用數量來比擬、校量，將超過思議之境，是不可思議的。

前面講十定、十通，有人說：「不可思議，已經超過我們的生活經驗了。」要瞭解佛的神通與三昧實在很困難，在這一品裡，我們更進入到用佛的數學概念，來認識佛境的浩瀚。

我們一般只認識到億，後面就已經沒有辦法想像了，但是佛的數字是怎麼算的？在〈阿僧祇品〉裡面，就可以認識到佛的數字的概念。

《綱要》：至不可說・積不可說，以至十重・校量等覺功德難知，以況妙覺位德微細。

況就是突顯，突顯出妙覺位德的微細，所以〈阿僧祇品〉的目的是為了要突顯出妙覺位的不可思議。

心王菩薩請法：佛所知數量

爾時，心王菩薩白佛言：世尊，諸佛如來演說阿僧祇無量無邊無等、不可數不可稱、不可思不可量、不可說、不可說不可說。世尊，云何阿僧祇乃至不可說不可說耶？

佛告心王菩薩言：善哉，善哉，善男子，汝今爲欲令諸世間，入佛所知數量之義，而問如來、應正等覺。善男子，諦聽，諦聽，善思念之，當爲汝說。時，心王菩薩唯然受教。

心王菩薩問：阿僧祇、無量，乃至不可說不可說等，這麼多的名詞，到底什麼意思？

佛陀答：這些都是佛所知的數量之義。既然要了解佛的數學概念，就要認識得很透徹，因此，以下便詳細開演無量層次的數學。

菩薩算法

這一段的數學演算法，在《華嚴經》裡面稱為菩薩算法，菩薩算法從「一百洛叉」為起點，到最後「一不可說不可說轉」為終點，總共有一百二十六種不同數量的概念，有不同的數量單位。

佛言：善男子，一百洛叉爲一俱胝，俱胝俱胝爲一阿庾多，阿庾多阿庾多爲一那由他，那由他那由他爲一頻婆羅。

一百洛叉是一俱胝，「洛叉」是本卷最小數量單位。

《俱舍論》言：「始爲一，一十爲十，十十爲百，十百爲千，十千爲萬，十萬爲洛叉」。

數量從一開始、一乘以十為十、十乘以十為百、十個百為千、十個千為萬、十個萬叫做洛叉。所以一洛叉為十萬，即 100,000，表示為 10^5 ，十的五次方。

「一百洛叉」為「一俱胝」，一俱胝為一千萬，即 10,000,000，表示為 10^7，十的七次方。

「俱胝俱胝為一阿庾多」。「俱胝」乘以「俱胝」是一「阿庾多」，是一個次方的概念。從俱胝開始，以次方相乘繼續演算，變成一等比級數。整理出一公式如下：

菩薩算法公式：$a^n x a^n = a^{2n}$

後面的那一個單位 (a^{2n})，等於前面那一個單位 (a^n) 的次方。譬如說，俱胝乘以俱胝是阿庾多，阿庾多就是兩個俱胝的相乘，阿庾多阿庾多為一那由他，一個那由他就是阿庾多乘以阿庾多，演變出算法的公式。

單位與單位間，以次方跳級。列舉如下：

1 、阿庾多：「俱胝」乘以「俱胝」為「一阿庾多」，「一阿庾多」為一百萬億，表示為 10^{14}，十的十四次方。

2 、那由他：「阿庾多」乘以「阿庾多」為「一那由他」，表示為 10^{28}，十的二十八次方。

此處數字的概念不是兩倍數，而是以等比級數的概念累計，所以，十的十四次方的下一個單位，就是十的二十八次方。

依此類推，到阿僧祇阿僧祇轉、無量無量轉、無邊無邊轉、無等無等轉、不可數不可數轉、不可稱不可稱轉、不可思不可思轉、不可量不可量轉、不可說不可說轉。

最後一個「不可說不可說轉」，為《華嚴經》裡最大的數字，表示為 $10^{7x2^{122}}$。

諸如洛叉、俱胝等數量計算位，超過世間所用之數位，純屬登地以上的菩薩以及佛的心思所及之境界。

菩薩算法，擴大我們的心量到不可思議的境界，這個微細的境界，只有佛和等覺菩薩才有辦法理解。

善財童子五十三參：自在主童子之菩薩算法

善財童子五十三參裡有一位自在主童子，他的法門就是「菩薩算法」。

善財童子見到自在主童子時，他正在沙洲上面堆城堡，他的法門就是算沙子，他告訴善財童子：

善男子，我以此菩薩算法，算無量由旬廣大沙聚，悉知其內顆粒多少…

童子在沙洲上堆砌城堡時，非常清楚知道使用多少顆沙？數量有多少？這個世界共有多少沙？都能夠了解。

《金剛經》中恆河沙數之恆河沙數

《金剛經》：「如恆河中所有沙數，如是沙等恆河，於意云何？是諸恆河沙，寧為多不？」

《金剛經》裡面所說「如恆河中所有沙」恆河中有多少沙？我們並不知道有多少沙，但是佛陀非常清楚地知道恆河中有幾顆沙。

「如是沙等恆河」：有如恆河中沙數般，這麼多條的恆河。

「是諸恆河沙」：意指「如恆河沙數多的恆河」，這些恆河中的沙有多少？

要計算恆河沙數恆河中的沙，就是「恆河中的沙數」(恆河數)，再乘上「沙的數量」，(恆河中的沙數 = 恆河數 * 沙的數量)，相乘之後所得到的數量，到底多不多？

真的是超過我們的思考能力，連題目都看不懂了，就可以知道佛菩薩的境界不可思議。

國土眾生及諸佛，體性差別不可說，如是三世無有邊，菩薩一切皆明見。

在阿僧祇品的最後偈頌，說明在菩薩的眼中，這個世界是清晰明見的，乃至於無量無邊、不可說不可說的數字都能夠明白，而且了了分明，可知菩薩的智慧真是不可思議。

壽量品

第二品〈壽量品〉，明窮一切時。佛陀的壽命有多長？如何計算佛陀的壽量？

我們在長輩生日時，總是祝福「壽比南山」，現在認識佛法，應該改口祝福「壽比須彌山」，須彌山的量體與壽命，遠遠超過南山。

前面〈阿僧祇品〉，佛陀已經結束他的教學，接下來心王菩薩來接棒。

娑婆世界與極樂世界的時間相對性

心王菩薩摩訶薩於眾會中，告諸菩薩言：佛子，此娑婆世界釋迦牟尼佛剎一劫，於極樂世界阿彌陀佛剎爲一日一夜。

在娑婆世界裡，經過一劫這麼長的時間，對極樂世界阿彌陀佛的佛剎來講是一日一夜。

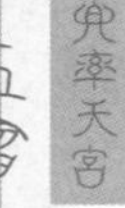
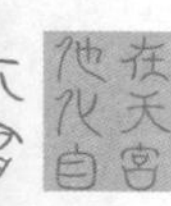

時間是一個相對的假象，在二十四不相應行法裡，「時」是其中一個，是三位（色法、心法、心所有法）假立差別所出現的一個假法，由此可知，事實上並沒有時間這個概念。

雖然時間是假的，但是大部分的人，對於時間是有執著的，每天都「分秒必爭」，爭的就在這一分一秒的差異，由此在世界中，產生一個相對的侷限性時空，沒有辦法突破。

譬如，人總是喜歡聽到「我會永遠愛你」這種甜言蜜語，什麼叫做永遠？如果沒有打破相對的假相，永遠不知道什麼叫做永遠？很顯然，「永遠愛你」是對時間未能透徹了達的一種迷思。

極樂世界一劫，於袈裟幢世界金剛堅佛剎為一日一夜。袈裟幢世界一劫，於不退轉音聲輪世界，善勝光明蓮華開敷佛剎為一日一夜。

這種相對的概念是我們很難理解的。

相對論—時間是相對的假相

愛因斯坦的相對論裡面，曾經做了一個譬喻，說明時間是相對的概念。你喜歡的人坐在你身邊，你就覺得時間過得好像很快，如果你討厭的人跟你相處，你每天都生不如死，你就會覺得我到底什麼時候才會熬出頭？

譬如說我們現在誦《華嚴經》，誦念的時間，到底是長還是短？對有些人而言，一早起來打開視頻，聽到師父的語音昏昏欲睡，真是度秒如年，好辛苦。但是如果已經入了三昧，讀起來非常愉悅，而且很順暢，誦讀的經文都能夠理解，還能生起歡喜心，就會覺得這一卷特別短。

到底時間是長還是短？

我們在這一品裡面可以瞭解，時間其實是一個相對的概念，長與短取決於什麼？取決於我們的心念。

如是次第，乃至過百萬阿僧祇世界，最後世界一劫，於勝蓮華世界賢勝佛剎為一日一夜，普賢菩薩及諸同行大菩薩等，充滿其中。

這一品它就是在講這個相對的概念，不管是長或者是短、是快還是慢，不管是什麼狀態，普賢菩薩及諸同行大菩薩等充滿其中。

很多人說：「我真的不喜歡在娑婆世界，在這個地方很辛苦。」修行遇到很多障礙，那要去哪裡？要去有佛菩薩的地方，就是阿彌陀佛的世界，離我們最近的極樂世界都是諸上善人，不會有這些小人、惡人，很多人都希望能夠趕快去阿彌陀佛的世界，事實上，諸上善人在哪裡？就像菩薩這樣遍一切處。

在任何一個世界，即使諸上善人都在身邊，如果心沒有辦法認出他，就沒有辦法跟他相應，即使身處在天堂、在淨土，一樣也看不到諸上善人。這一品就告訴我們，不管在哪個地方，都要知道，普賢菩薩還有同行的大菩薩都在我們身邊，充滿其中。

佛壽窮一切時

《綱要》：明窮一切時。以劫為日，後後倍前，剎劫難窮，佛壽亦爾，故云壽量品。明佛地實報。

如來的壽量，跟他的依報正報都有關係。

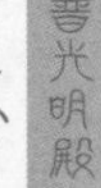

這一品裡面講時間，是打破時間的相對假象，「以劫為日、後後倍前」，所以剛剛提到後面的這一個淨土，相對於前面這一個淨土來講，就是一倍的，一劫等於一日一夜，可知「剎劫難窮、佛壽亦爾」，佛的實報莊嚴土的時間概念是無窮無盡的。

諸菩薩住處品

第三品為〈諸菩薩住處品〉，菩薩住在哪裡？剛剛講到普賢菩薩到處都在，到底是在哪裡？

《綱要》：今明菩薩遍一切處，塵塵皆是諸佛菩薩所居。

前面是講一切時，都有菩薩在弘化，現在講菩薩住在哪裡？菩薩遍一切處，塵塵皆是諸佛菩薩所居。

若山若海皆有聖居，無所不遍

《綱要》：示無方攝化、不捨世間、故舉八方、若山若海、皆有聖居、無所不遍。

菩薩住在哪裡？在有眾生可度化之處，稱為「無方攝化」，沒有固定的住所，沒有時空的限制，東西南北各有菩薩，若山若海皆有聖居，無所不遍。

心王菩薩摩訶薩於眾會中，告諸菩薩言：佛子，東方有處，名仙人山，從昔已來，諸菩薩眾於中止住；現有菩薩，名金剛勝，與其眷屬諸菩薩眾三百人俱，常在其中而演說法…。

東北方有處，名清涼山，從昔已來，諸菩薩眾於中止住；現有菩薩，名文殊師利，與

其眷屬諸菩薩眾一萬人俱，常在其中而演說法。

心王菩薩介紹：東方有一個地方叫做仙人山，從過去就一直有菩薩住在其中，現在還有菩薩叫做金剛勝菩薩，在這個地方演說佛法。接下來一一介紹各地菩薩住處。

其中可以看到熟知的菩薩，如：東北方有處稱為清涼山，文殊師利菩薩在這裡住錫。

佛在靈山莫遠求，靈山只在汝心頭

我們一般都會把菩薩歸類在一定的住處，譬如：觀世音菩薩在南海普陀山，文殊菩薩在五台山，普賢菩薩在峨眉山，地藏菩薩在九華山，這都是我們把他定位的。很多人喜歡朝山，喜歡到名山聖地去朝禮菩薩，但有沒有想過「佛在靈山莫遠求，靈山只在汝心頭，人人有座靈山塔，好向靈山塔下修」，靈山在哪裡？每一個人心裡都有一座靈山。

〈諸菩薩住處品〉講的正是此理，菩薩無所不在，沒有固定的住處，菩薩的住處在眾生之境，哪裡出現有緣的眾生，他就在那裡，這才是菩薩的真正住處。因此，每天朝禮自性靈山，不用東奔西跑，但向內覓不假外求，自然就會知道諸佛菩薩住在哪裡。

結語

〈阿僧祇品〉談到數量的無量無邊，〈壽量品〉談到時間的相對假象，〈諸菩薩住處品〉談到空間的無處不在，所以這三品，從數量、從時間、從空間上來打破我們的迷思，擴大我們的心量，進入不可思議的功德妙用，了解佛陀的功德，不是我們能夠計算想像的。

卷46－卷47

佛不思議法品

一切諸法無方無處 不可集說 不可數說

佛不思議法品

引言

〈佛不思議法品〉橫跨卷四十六及四十七，討論佛不思議法的境界。

為什麼要學習佛不思議法品？

宗趣：說佛果德體用，心言罔及為【宗】。令總忘言絕想，速滿為【趣】。

這一品說明佛陀不可思議的果德，顧名思義，要與佛的境界相應，須以不可思議的方法來體會，因此「忘言絕想」不要用意識心思維、討論佛境，只要能夠放掉所學的一切言詮，就可以速速的圓滿佛的果德。

諸佛十境云何不思議？

爾時，大會中有諸菩薩作是念：
諸佛國土云何不思議？諸佛本願云何不思議？諸佛種性云何不思議？諸佛出現云何不思議？諸佛身云何不思議？諸佛音聲云何不思議？諸佛智慧云何不思議？諸佛自在云何不思議？諸佛無礙云何不思議？諸佛解脫云何不思議？

經過佛陀親自主持的數學課之後，菩薩們提出十問：佛的境界如何不思議？

以下依十問題，各有子題，每一子題回應以十答，總共有三十二子題，320答回應十問。

諸佛國土云何不思議？ 二門	諸佛音聲云何不思議？ 二門
諸佛本願云何不思議？ 二門	諸佛智慧云何不思議？ 三門
諸佛種性云何不思議？ 二門	諸佛自在云何不思議？ 八門
諸佛出現云何不思議？ 二門	諸佛無礙云何不思議？ 三門
諸佛身云何不思議？ 五門	諸佛解脫云何不思議？ 三門

表 46-47-1 諸佛十境問題

爾時，世尊知諸菩薩心之所念，則以神力加持，智慧攝受…，令青蓮華藏菩薩住佛無畏，入佛法界，獲佛威德…。

佛陀知道菩薩有討論佛陀境界的想法，佛陀沒有親自回答，由青蓮華藏菩薩回答；世尊加持青蓮華藏菩薩，讓他得佛同等智慧，代佛宣講。

爾時，青蓮華藏菩薩，則能通達無礙法界…。承佛神力，告蓮華藏菩薩言：

青蓮華藏菩薩通達這個境界後，承佛神力，回答蓮華藏菩薩及大眾。

無量住（答第一問：國土不思議）

諸佛世尊有無量住。所謂：常住大悲、住種種身，作諸佛事；住平等意，轉淨法輪…；

無量住是回答"諸佛國土不可思議"的問題，無量住有常住、大悲住、種種身住等等。

普遍無量無邊法界（答第一問：國土不思議）

諸佛世尊有十種法，普遍無量無邊法界。何等爲十？所謂：一切諸佛有無邊際身，色相清淨，普入諸趣而無染著…。是爲如來、應正等覺普遍法界無邊際十種佛法。

諸佛國土不思議的第二個回答，是有十種法可以遍及無量無邊的法界。

十種念念出生智（答第二問：本願不思議）

諸佛世尊有十種念念出生智。何等爲十？所謂：一切諸佛於一念中，悉能示現無量世界從天來下…。是爲十。

念念出生智，意即佛的每一念皆依本願而生，都是智慧，每一念都是圓滿。

眾生與佛的本具智慧沒有差別，但是在起心動念之處，產生不同的作用；眾生的起心動念，無不是業、無不是罪，平常一動念頭，隨順著過去的習性，或者是隨著自己的執著、欲望、分別心；佛的每一念，出生的都是智慧的功德妙用。

既然佛法是心法，我們就要隨著本具清淨、自在的那一念心。隨著本願力，出生無邊大作用。

十種不失時（答第二問：本願不思議）

諸佛世尊有十種不失時。何等爲十？所謂：一切諸佛成等正覺不失時；一切諸佛成熟有緣不失時…。是爲十。

在度眾生的過程當中，時機很重要：什麼時候善根成熟？什麼時候適合聽什麼法？眾生什麼時候要發菩提心？佛什麼時候跟眾生結緣？

有一句話：一切都是最好的安排。仔細觀察後發現，會講這句話的人，常常正是因為不知道為什麼會如此安排，只好用這句話來安慰自己；但是佛陀「不失時」，精準而正確地掌握天時、地利、人和的最佳狀態，不錯失任何時機，是真正「最好的安排」，這是諸佛的本願。

十種無比不思議境界（答第三問：種性不思議）

諸佛世尊有十種無比不思議境界。何等爲十？所謂：一切諸佛一跏趺坐，遍滿十方無量世界…。是爲十。

無比不思議境界，意指超過我們能力的不思議境界。譬如諸佛入定打坐，就能夠遍滿十方無量世界。我們平常也會跏趺坐，但是沒有遍滿，因為我們侷限在自己現在所坐的位置，乃至於所依的色身。

這色身很狹隘，只能在小小的空間，夜臥六尺之處；佛陀的心量廣大，雖然在打坐，可是其身形與心量遍滿十方。

能出生十種智（答第三問：種性不思議）

諸佛世尊能出生十種智。何者爲十？所謂：一切諸佛，知一切法無所趣向，而能出生迴向願智…。是爲十。

種性，就是根性，有菩薩種性和佛種性。什麼是佛的種性？是由佛的願力所成就。我們也有佛的種性，要透過跟佛陀的願力接軌，複製佛的身、口、意，最終目標是跟佛一樣。

十種普入法（答第四問：出現不思議）

諸佛世尊有十種普入法。何等爲十？所謂：一切諸佛有淨妙身，普入三世；一切諸佛，皆悉具足三種自在，普化眾生…。是爲十。

十種普入法，顯示諸佛出現的不可思議。普入哪裡？

普入於有因緣的地方。《法華經》宗旨：諸佛世尊有一大事因緣，故出現於世。大事因緣就是對眾生開、示、悟、入佛之知見。佛陀會出現在世間，我們這一生會與佛法、佛陀相遇，乃至《華嚴經》會出現在世間，出現在我們的生命當中，一定有其大事因緣。

十種難信受廣大法（答第四問：出現不思議）

諸佛世尊有十種難信受廣大法。何等爲十？所謂：一切諸佛，悉能摧滅一切諸魔；一切諸佛，悉能降伏一切外道…。是爲十。

佛陀的不可思議，一般人是很難理解的；有些人學習佛法，比較短視近利，就是臨時抱佛腳，屬於功利性質；知道佛很有智慧，但平常不一定會認真的學習；只是初一、十五，或是佛的生日，乃至於偶爾參加道場的活動，假名為學佛。

大眾每天誦《華嚴經》，看起來是一個儀式，其實是每天練習做佛。佛法是難信受的廣大法，而眾生的心量狹小，一下子要接受這麼廣大的法，總是會有一些障礙跟困難。所以，每天早上"輕輕敲醒沉睡的心靈，慢慢張開你的眼睛"（明天會更好歌詞），打開心靈之眼，讓自己的心跟佛陀的智慧接軌，就能信受廣大妙法。

十種大功德（答第五問：諸佛身不思議）

諸佛世尊有十種大功德，離過清淨。何等爲十？所謂：一切諸佛，具大威德，離過清淨；一切諸佛，悉於三世如來家生，種族調善，離過清淨…。是爲十。

佛陀怎麼樣行菩薩道？要現身行菩薩道。佛身不可思議，以大功德來廣度一切眾生。

十種究竟清淨（答第五問：諸佛身不思議）

諸佛世尊有十種究竟清淨。何等爲十？所謂：一切諸佛往昔大願，究竟清淨；一切諸佛，所持梵行，究竟清淨…。是爲十。

為什麼佛身究竟清淨？因為佛陀的言行舉止，都是為了要做佛事，行住坐臥都是神通妙用。

十種佛事（答第五問：諸佛身不思議）

諸佛世尊於一切世界、一切時，有十種佛事。何等爲十？一者，若有眾生，專心憶念，則現其前…。十者，安住法界，能遍觀察。是爲十。

學佛從哪裡開始學？走路就像佛，微笑就像佛。在禮佛的時候要常常看著佛像，看佛像是一種念佛的功德，觀相念佛、觀想念佛，念佛就是要像佛陀一樣。

每天照鏡子前，可以先看一下佛，再看看鏡子裡面的自己，練習跟佛陀一樣的微笑，佛陀的微笑是最舒服、最自在的容顏，不是傻笑、不是悶笑、也不是奸笑，是慈悲、平靜的心展現的笑容。

我們不太知道，自己在別人的眼中是什麼樣子。所以要帶著一面鏡子在身邊，有空拿出來照一照。照鏡子時，不是看臉上有沒有痘痘、有沒有骯髒，而是觀察自己的表情及氣質，是否能夠像佛一樣莊嚴。讓人看到我們，就像看到佛一樣，心靈得到平靜與舒適。

這時，我們就開始學佛，跟佛一樣在做佛事。諸佛世尊依其身形做佛事，說話是佛事，不說話也是佛事，舉手投足都是佛事。

十種無盡智海法(答第五問：諸佛身不思議)

諸佛世尊有十種無盡智海法。何等爲十？所謂：一切諸佛，無邊法身無盡智海法；一切諸佛，佛眼境界無盡智海法…。是爲十。

佛陀的身，有色身、也有法身，佛陀的色身是圓滿報身盧舍那佛，法身是清淨的毗盧遮那佛，即人人本具的清淨自性，現無量智慧的果德，所以佛身不可思議。

十種常法(答第五問：諸佛身不思議)

諸佛世尊有十種常法。何等爲十？所謂：一切諸佛，常行一切諸波羅蜜；一切諸佛，於一切法常離迷惑…。是爲十。

「常」就是穩定不變。

眾生的心是生滅、無常、不穩定。剛學佛時，初發心相當勇猛，把所有的經典通通搬到書桌上，準備從早到晚來個大閉關，隔天就想：「昨天實在念太多經，太累了，今天休息一下。」再隔日又想：「昨天的休息好像還不是很夠，今天再多休息一點。」結果用功一天，休息兩天，到第三天就提不起勁用功了，這就是無常。

世間的無常是一種常態，眾生的無常也是一種常態。心念的無常，導致我們每次修行都是虎頭蛇尾；一生又一生，永遠都在生滅的境界當中沒完沒了。

佛陀教我們，要以不生不滅的心來修行，就是捨棄無常、生滅的妄想心，依不生不滅的菩提妙明真心發心，隨時隨地不離此心，就可以維持一種穩定的修行進度。

十種演說無量諸佛法門（答第六問：諸佛音聲不思議）

諸佛世尊有十種演說無量諸佛法門。何等爲十？所謂：一切諸佛，演說無量眾生界門；一切諸佛，演說無量眾生行門…。是爲十。

佛的音聲不可思議，可以演說無量諸佛法門，乃至於為眾生而作佛事。

十種為眾生作佛事（答第六問：諸佛音聲不思議）

諸佛世尊有十種爲眾生作佛事。何等爲十？所謂：一切諸佛，示現色身，爲眾生作佛事；一切諸佛，出妙音聲，爲眾生作佛事…。是爲十。

娑婆世界的眾生，是靠聽聞佛法而學習。佛陀藉由殊勝的音聲，佛陀的廣長舌相，可以演說無量的妙法；佛陀的梵音聲，聽到之後心會清淨。

有的人問：「奇怪，為什麼聽到華嚴字母，眼淚就一直掉不停？」因為華嚴字母是佛菩薩的慈悲心所流出的音聲，當我們虔誠唱誦時，佛的願力與我們內心的願力相感應，善根現前，就會產生一種感動的共鳴，這是梵音聲的功德。「梵」就是清淨的意思，以音聲來做佛事。

十種最勝法、無障礙住、最勝無上莊嚴（答第七問：諸佛智慧不思議）

諸佛世尊有十種最勝法。何等爲十？所謂：一切諸佛，大願堅固，不可沮壞，所言必作，言無有二…。是爲十。

諸佛世尊有十種無障礙住。何等爲十？所謂：一切諸佛，皆能往一切世界無障礙住；一切諸佛，皆能住一切世界無障礙住…。是爲十。

諸佛世尊有十種最勝無上莊嚴。何等爲十？所謂：一切諸佛，皆悉具足諸相隨好，是爲諸佛第一最勝無上身莊嚴…。是爲十。

以上最勝法、無上莊嚴，指諸佛的智慧能夠有各種展現，悉皆不思議，而且沒有障礙。

總明十種自在法（答第八問：諸佛自在不思議）

諸佛世尊有十種自在法。何等爲十？所謂：一切諸佛，於一切法悉得自在，明達種種句身、味身，演說諸法，辯才無礙，是爲諸佛第一自在法…。是爲諸佛第十自在法。

佛與眾生最大的差別，就在於自在。

不自在，換句話說，即「心有罣礙」，這是現代人普遍存在的心理問題，如焦慮、緊張等身心失衡現象，歸根結底為心不能安定，向外尋求刺激與欲望的滿足所致，因而產生患得患失的罣礙與執念。

學佛要學到自在，但是所謂的自在，不是任意妄為的自在，不是隨心所欲的自在，而是內心的平靜所產生的自性功德。佛的內心已達寂滅之境，所謂「無罣礙故，無有恐怖，遠離顛倒夢想，究竟涅槃。」因而得大自在。

因此，欲如佛陀一樣自在，要從內心的修練開始，觀察自己內心不自在的根本原因，觀察煩惱的變化過程，觀察患得患失的罣礙所在。佛法提供次第井然、條理分明的觀照法門，有助於根除不自在的真兇。

以下別明諸佛自在不思議有八法。

十種無量不思議圓滿佛法（答第八問：諸佛自在不思議）

諸佛世尊有十種無量不思議圓滿佛法。何等爲十？所謂：一切諸佛，一一淨相，皆具百福；一切諸佛，皆悉成就一切佛法…。是爲十。

十種善巧方便（答第八問：諸佛自在不思議）

諸佛世尊有十種善巧方便。何等爲十？一切諸佛，了知諸法皆離戲論，而能開示諸佛善根，是爲第一善巧方便…。是爲諸佛成就十種善巧方便。

佛能夠善用各種方式和眾生自在相處，進而成就眾生的善根，這是佛的善巧方便。學習佛法，要從內心種種心結與習性中，開始轉化、解套，漸漸得到大自在。

十種廣大佛事（答第八問：諸佛自在不思議）

諸佛世尊有十種廣大佛事，無量無邊，不可思議。一切世間諸天及人，皆不能知，去來現在所有一切聲聞、獨覺，亦不能知，唯除如來威神之力。何等爲十？

諸佛廣大佛事超越天人、聲聞、獨覺的層次，到底如何廣大？此處解釋得較為詳細。

一切諸佛，於盡虛空遍法界一切世界兜率陀天，皆現受生，修菩薩行，作大佛事。無

量色相…，無量智慧所行境界。攝取一切人、天、魔、梵、沙門、婆羅門、阿修羅等。

第一廣大佛事：佛累劫的修行，到最後一生為補處菩薩，會投生到兜率陀天，如現在彌勒菩薩住錫兜率天弘法，繼續攝受天人等眾。

大慈無礙，大悲究竟，平等饒益一切眾生：或令生天，或令生人，或淨其根，或調其心，或時爲說差別三乘，或時爲說圓滿一乘，普皆濟度，令出生死。是爲第一廣大佛事。

令大眾聽聞佛法，發菩提心，平等饒益一切眾生。

對於下一生即將成佛的補處菩薩而言，弘法的重點會是什麼？

除了普遍的佛法之外，還要組建一個團隊，準備一起下生人間弘法利生。這超級團隊裡，無論成員扮演何等角色，大家都是秉持著大慈大悲的共同理念，廣度一切眾生。

由此可知，不管是什麼人，來佛門中，一定可以找到他所需要的法門。求富貴者，得富貴；求健康者，得健康；逢遇厄難者，當得遠離；欲解脫者，佛為宣說三乘之法；欲行菩薩道者，即得如來一切智。

佛陀的教法是一種探索與開發，探索世間的真理，開發本來具足的自性功德，使其發生廣大作用，如佛陀一樣普度眾生。

佛法是一種因上修行的方法，方法有千百種，都是希望讓大眾成就自己圓滿境界，這叫做廣大佛事。

此諸佛事，無量廣大不可思議，一切世間諸天及人，及去來今聲聞、獨覺，皆不能知，

唯除如來威神所加。

總之，千變萬化的塵剎皆能成就佛事，故名不可思議。

因為世間每一個人所遭逢的處境、每個人的命運、每個人的心思都不同；因此，欲廣度一切眾生，須擴大自己的心量，讓自己可以廣學多聞，能夠見多識廣，度眾生的廣度就會更寬廣，能夠攝受的眾生就會更多，而且自己在修行的過程當中，可以得到一種真正的自在。

十種無二行自在法（答第八問：諸佛自在不思議）

諸佛世尊有十種無二行自在法。何等爲十？所謂：一切諸佛，悉能善說授記言辭，決定無二；一切諸佛，悉能隨順眾生心念，令其意滿，決定無二⋯。是爲十。

所謂的無二，意即不落兩邊。

世間一切法都是二元對立而存在，生活也以這種相對法運行，我們都習以為常。

譬如，上學讀書會聽到家長問：「考第幾名？老師有沒有喜歡你？」家裡面有兄弟姊妹，就會比較誰比較乖？比較聰明？還是比較不聰明？長得像媽媽？還是像爸爸？從小到大，我們都是在這種相對的境界裡進行比較。

有比較就有計較，有計較就有煩惱，帶著這種習慣來修行，在佛門道場中互相較量，師父比較喜歡你嗎？是大菩薩還是小居士？甚至於連誦經都在比較，誰誦得多，誰最用功。如果是良性的讚賞學習，修行就會更為增上，若因而心生自卑傲慢，反而障礙道業，得不償失。

再者，我們比較的對象，常常是五十步笑一百步，彼此半斤八兩。

師父常常做一個譬喻，佛陀的智商是多少？不可測。而人類的智商，大概是 100 至 180 之間，如果一個人測出 140 的智商，便會覺得所有智商低於 140 者都是不如他的笨蛋，這種比較，忽略了一重要因素，就是範圍狹隘；比來比去，不過就是百來數的差異，佛陀的智商可能是幾萬幾億，已經超過可思可議的範疇，對智慧無量的佛陀而言，縱使智商 180 的天才，依然只是聰明而不是有智慧。

眾生在相對的世界中，猶如井底之蛙。在井底，為了爭塊石頭打得頭破血流、你死我活，最後好不容易搶到一顆大石頭，就覺得自己已經稱霸天下，殊不知這些都是因為心沒有真正了解實相，而落入相對法。在佛陀的眼中，這仍是自討苦吃，自尋煩惱。

人生如果一直不斷的比較，將會在無止盡的相對境界中，迷失真實的自我。

諸佛世尊有十種無二行自在法，跳脫相對之境，契悟絕對的究竟諸法實相，可以真正知道什麼叫做自在。這是佛的智慧。

十種住，住一切法（答第八問：諸佛自在不思議）

諸佛世尊有十種住，住一切法。何等爲十？所謂：一切諸佛住覺悟一切法界，一切諸佛住大悲語…，一切諸佛住等入一切法不違實際相。是爲十。

佛陀安住在哪裡？安住在覺性上，安住在慈悲上，所謂「一心生十法界」，心裡有十種法界。起一念慈悲心，就住在菩薩的法界；起覺悟的心，就住在佛的法界。時時安住在慈悲、覺悟的法界，就是諸佛的自在。

十種知一切法盡無有餘（答第八問：諸佛自在不思議）

諸佛世尊有十種知一切法盡無有餘。何等爲十？所謂：知過去一切法，盡無有餘；知未來一切法，盡無有餘…；知一切法界中，如因陀羅網諸差別事，盡無有餘。是爲十。

佛是一切智人，知一切的法盡無有餘，就是全知，知道過去、未來、現在一切法的總相、別相、同相、異相。

眾生有煩惱，來自於「無明」，什麼是無明？就是不知：不知道苦，不知道苦的原因，不知道如何離苦，不知道修行的樂果，因為無知而輪迴六道。

佛知道一切法的前因後果，引導眾生學習佛法，如實了知萬法因緣，可以徹底解除無明。

十種力（答第八問：諸佛自在不思議）

諸佛世尊有十種力。何等爲十？所謂：廣大力、最上力、無量力、大威德力、難獲力、不退力、堅固力、不可壞力、一切世間不思議力、一切眾生無能動力。是爲十。

有了知就有力量，對於所有的問題都知道如何解決，只是時間、空間、或者是方法的差異，這時候就會真的自在，所謂有佛法就有辦法，有了辦法，遇到任何的問題都不會害怕，也不會怯弱，這是如來的十種力。

十種大那羅延幢勇健法（答第八問：諸佛自在不思議）

菩薩諸佛世尊有十種大那羅延幢勇健法。何者爲十？所謂：一切諸佛身不可壞，命不可斷，世間毒藥所不能中，一切世界水、火、風災皆於佛身不能爲害。

「那羅延幢」為金剛幢，金剛是世界上最堅硬的礦石，堅固耐用，那羅延幢勇健法，是最堅固的勇健法，不受任何危險厄難的傷害。

第一勇健法是百病不侵、諸難不害。

現在這個時代，大家來學佛的時候，常常就是帶著一些毛病來學佛，想解決這個毛病，始終找不到一個能徹底解決的好方法。愛因斯坦曾說：「如果我們用來解決問題的腦袋，正是製造問題的那一顆，請問你的問題解決得了嗎？」(We can't solve problems by using the same kind of thinking we used when we created them.)。同樣的，若用會起煩惱的心想要解決煩惱，到最後只會更增煩惱。

佛陀的勇健法，就能徹底遠離身的痛苦，遠離心的煩惱。

人會生病，不出二種原因：一為身體的問題，生理上四大不調所產生的病苦。二為心理的問題，現代人心理疾病很普遍，尤其又有各式各樣的理論邪說，沒有正知正見的時候，心理及情緒上，就會產生很多的問題。

善調身心勇健法

佛陀的健身法，從兩方面著手：

第一、身體的健康要靠我們自己四大的調和。禪修很重視生活的作息、飲食、睡眠以及心理狀態等各方面的調和。智者大師所著《修習止觀坐禪法要》，講述二十五方便法，正是教導我們如何過健康生活的好方法。

第二、生病可能是因為由業障而來。什麼叫業障？並不是身後跟著一個鬼，業障就是心裡的煩惱，或者是心中有積怨、憤憤不平，情緒或心理失衡的現象造成生理的病相，惟有佛法可以徹底根除。

佛陀教導我們「罪從心起將心懺，心若亡時罪亦亡，心亡罪滅兩俱空，是則名為真懺悔。」把心裡面的煩惱化解，就是懺悔，藉由這懺悔法門的學習與修煉，幫助我們找到一條究竟解脫之路。

真正的懺悔法門，不是翻舊帳，而是真正的面對現實。過去的確犯很多過失，現在好好學習佛法，誓不再造。佛陀的教法中有諸多懺悔法門，祖師大德編纂《三昧水懺》、《梁皇寶懺》，教我們如何按照經典，修習懺悔法門，這些懺悔的方法，都可以幫助自己恢復健康，這就是大那羅延幢勇健法。

一切諸魔、天、龍、夜叉、乾闥婆、阿修羅、迦樓羅、緊那羅、摩睺羅伽、人非人、毗舍闍、羅剎等，盡其勢力，雨大金剛，如須彌山及鐵圍山，遍於三千大千世界，一時俱下，不能令佛心有驚怖，乃至一毛，亦不搖動；行住坐臥，初無變易。

心理健康之後，一切世間的災難，都不能夠迫害，讓我們陷入危險。有大那羅延幢勇健法，就會有佛的自在，行住坐臥都很安全，能夠風調雨順，能夠避免天災人禍。

佛所住處，四方遠近，不令其下，則不能雨；假使不制而從雨之，終不爲損。若有衆生爲佛所持，及佛所使，尚不可害，況如來身？是爲諸佛第一大那羅延幢勇健法。

佛陀的威德，不只是讓自身免於困境，乃至於在佛門當中發心，佛弟子眾，發心的過程一定很安全。因為「**若有衆生爲佛所持，及佛所使，尚不可害，況如來身？**」佛陀一定會幫助我們，遠離所有的恐怖，這是佛的第一大那羅延幢勇健法。

此一切諸佛大那羅延幢勇健法，無量無邊、不可思議，去來現在一切眾生及以二乘，不能解了，唯除如來神力所加。

有這十種大那羅延幢勇健法之後，就可以百病蠲除，所行無礙。

十種決定法(答第九問：諸佛無礙不思議)

諸佛世尊有十種決定法。何等爲十？所謂：一切諸佛，定從兜率壽盡下生；一切諸佛，定示受生處胎十月；一切諸佛，定厭世俗，樂求出家⋯。是爲十。

第一、佛陀有十種決定法，表示他的人生，會這樣示現，「一切諸佛，定從兜率壽盡下生」一定會來這世間。當來下生彌勒尊佛，不會臨時改變主意，不願降生。佛陀承諾會來廣度眾生，時間一到，他一定會來，因為他是乘願再來。而不像我們常常跟人家約好，臨時變卦，這是佛陀的決定法。

第二、佛陀降生度眾，一定會出家，一定會厭棄世俗，而不會說：「我現在得到一個好的報身，我要享受人間富貴。」很多人都會有這種心態，跟師父說：「師父，等我賺錢，生活安穩後，我一定會好好的護持佛法，我會來出家。」這種說法，聽聽就好，因為賺錢之後，心裡面還是會有罣礙，會覺得錢永遠賺不夠，乃至於隨著所得到的資財越多，慾望也等量提高，不會覺得五欲之樂是可厭患的，到最後，會深陷五欲泥淖當中而迷失。佛陀不是為享樂來世間，所以他一定會出家，一定會離開枷鎖及煩惱，這是佛陀的決定法

十種速疾法（答第九問：諸佛無礙不思議）

諸佛世尊有十種速疾法。何等爲十？所謂：一切諸佛若有見者，速得遠離一切惡趣。一切諸佛若有見者，速得圓滿殊勝功德…。是爲十。

如果遇到佛，一定會很快的成就功德，速速圓滿願心，不見則已，一見就一鳴驚人，這是佛的無礙，因為佛的智慧和力量不可思議，他會成就我們的願力。

十種應常憶念清淨法（答第九問：諸佛無礙不思議）

諸佛世尊有十種應常憶念清淨法。何等爲十？所謂：一切諸佛過去因緣，一切菩薩應常憶念；一切諸佛清淨勝行，一切菩薩應常憶念…；一切諸佛十力無畏，一切菩薩應常憶念。是爲十。

要憶念佛陀的修行歷程，因為它是我們應該要學習的成功典範。

常常憶佛、念佛，自然就會成就佛德；不要思念業障，也不要去思念傷害你的人，於寃家念念不忘，對自己的身心一點幫助都沒有，既然要想，就要思念佛陀、菩薩，自然獲得解脫。

十種一切智住（答第十問：諸佛解脫不思議）

諸佛世尊有十種一切智住。何等爲十？所謂：一切諸佛於一念中，悉知三世一切眾生心、心所行。一切諸佛於一念中，悉知三世一切眾生所集諸業及業果報…。是爲十。

佛陀對於三世一切眾生的心、業、果能夠清楚了知，因而能夠應機施教。

十種無量不可思議佛三昧（答第十問：諸佛解脫不思議）

諸佛世尊有十種無量不可思議佛三昧。何等爲十？所謂：一切諸佛，恆在正定，於一念中，遍一切處，普爲眾生廣說妙法。一切諸佛，恆在正定，於一念中，遍一切處，普爲眾生說無我際…。是爲十。

佛陀恆在正定，依體起用，依著寂滅之定，一念遍一切處，能夠千百億化身，為眾生說佛法，這是佛陀的不可思議。

十種無礙解脫（答第十問：諸佛解脫不思議）

諸佛世尊有十種無礙解脫。何等爲十？所謂：一切諸佛，能於一塵，現不可說不可說諸佛出興於世；一切諸佛，能於一塵，現不可說不可說諸佛轉淨法輪…。是爲十。

最後諸佛世尊有十種無礙解脫，就是佛的千百億化身。現不可說不可說的佛，乃至於轉不可說不可說的法輪，到廣度不可說不可說的眾生，這是佛的不可思議解脫境界。

結語

佛的不思議法，有佛的國土、佛的本願、佛的種性、佛的出現、佛的身、佛的音聲、佛的智慧、佛的自在、佛的無礙、乃至於佛的解脫。了解不可思議之後，還是要從可思、可議之處著手，建立一個正確的學習習慣與態度，學佛不可好高騖遠。佛陀是一個典範，讓我們知道人生最究竟、最圓滿是什麼樣子，而心生嚮往；最重要的，還是要從自身生活開始，腳踏實地實踐才能一步步契入不可思議的解脫境界。

卷48

如來十身相海品

如來隨好光明功德品

摩尼寶王以為嚴飾　演眾色相微妙光明

充滿十方無量國土　盡於法界　靡不清淨

遍法界光明雲大人相	33	眉間
自在普見雲大人相	34	眼
一切神通智慧雲大人相	35	鼻
示現音聲影像雲大人相	36	舌
法界雲大人相	37	舌
照法界光明雲大人相	38	舌端
照耀法界雲大人相	39	舌端
示現不思議法界雲大人相	40	口上齶

佛牙雲大人相	41	右輔下牙
寶燄彌盧藏雲大人相	42	右輔上牙
寶燈普照雲大人相	43	左輔下牙
照現如來雲大人相	44	左輔上牙
普現光明雲大人相	45	齒
影現一切寶光雲大人相	46	脣

普流出佛音聲雲大人相	77	陰藏
寶燈鬘普照雲大人相	78	右臀
示現一切法界海光明彌覆虛空雲大人相	79	左臀
普現雲大人相	80	右髀
現一切佛無量相海雲大人相	81	左髀
一切虛空法界雲大人相	82	右邊伊尼延鹿王腨
莊嚴海雲大人相	83	左邊伊尼延鹿王腨
名普現法界影像雲大人相	84	寶腨上毛
一切菩薩海安住雲大人相	85	足下
普照一切光明雲大人相	86	右足上
普現一切諸佛雲大人相	87	左足上
光照一切法界海雲大人相	88	右足指間
現一切佛海雲大人相	89	左足指間
自在照耀雲大人相	90	右足跟
示現妙音演說諸法海雲大人相	91	左足跟
示現一切莊嚴光明雲大人相	92	右足趺
現眾色相雲大人相	93	左足趺
普藏雲大人相	94	右足四周
光明遍照法界雲大人相	95	左足四周
示現莊嚴雲大人相	96	右足指端
現一切佛神變雲大人相	97	左足指端

圖 48-1 如來相好 / 繪圖晏荼

如來頂上三十二大人相

1 光照一切方大人相
2 佛眼光名雲大人相
3 充滿法界雲大人相
4 示現普照雲大人相
5 放寶光明雲大人相
6 示現如來遍法界大自在雲大人相
7 如來普燈雲大人相
8 普照諸佛廣大雲大人相
9 圓滿光明雲大人相
10 普照一切菩薩行藏光明雲大人相
11 普光照耀雲大人相
12 正覺雲大人相
13 光明照耀雲大人相
14 莊嚴普照雲大人相
15 現佛三昧海行雲大人相
16 變化海普照雲大人相
17 一切如來解脫雲大人相
18 自在方便普照雲大人相
19 覺佛種性雲大人相
20 現一切如來相自在雲大人相
21 遍照一切法界雲大人相
22 毗盧遮那如來相雲大人相
23 普照一切佛光明雲大人相
24 普現一切莊嚴雲大人相
25 出一切法界音聲雲大人相
26 普照諸佛變化輪雲大人相
27 光照佛海雲大人相
28 寶燈雲大人相
29 法界無差別雲大人相
30 安住一切世界海普照雲大人相
31 一切寶清淨光燄雲大人相
32 普照一切法界莊嚴雲大人相

頸 47 普照一切世界雲大人相
右肩 48 佛廣大一切寶雲大人相
右肩 49 最勝寶普照雲大人相
左肩 50 最勝光照法界雲大人相
左肩 51 光明遍照雲大人相
左肩 52 普照耀雲大人相
胸臆 53 吉祥海雲大人相
吉祥相右邊 54 示現光照雲大人相
吉祥相右邊 55 普現如來雲大人相
吉祥相右邊 56 開敷華雲大人相
吉祥相右邊 57 可悅樂金色雲大人相
吉祥相右邊 58 佛海雲大人相
吉祥相左邊 59 示現光明雲大人相
吉祥相左邊 60 示現遍法界光明雲大人相
吉祥相左邊 61 普勝雲大人相
吉祥相左邊 62 轉法輪妙音雲大人相
吉祥相左邊 63 莊嚴雲大人相
右手 64 海照雲大人相
右手 65 影現照耀雲大人相
右手 66 燈燄鬘普嚴淨雲大人相
右手 67 普現一切摩尼雲大人相
右手 68 光明雲大人相
左手 69 毗瑠璃清淨燈雲大人相
左手 70 一切剎智慧燈音聲雲大人相
左手 71 安住寶蓮華光明雲大人相
左手 72 遍照法界雲大人相
右手指 73 現諸劫剎海旋雲大人相
左手指 74 安住一切寶雲大人相
右手掌 75 照耀雲大人相
左手掌 76 燄輪普增長化現法界道場雲大人相

引言

本卷談到如來的相好莊嚴，如同阿彌陀經讚「阿彌陀佛身金色，相好莊嚴無等倫」。

佛陀的身是無量的莊嚴所集成，佛陀的好是無數度化眾生的慈悲所成就，在本卷可以認識到佛陀的莊嚴。

一般人都喜歡自己相貌莊嚴，因為大家都喜歡看美麗的、莊嚴的人、事、物。

有些人說：「師父，我不要來學佛，因為教我們不可以化妝，不可以漂亮。我最喜歡漂亮，你們每次都說漂亮的人就叫業障。」其實佛陀講求的不是漂亮，不是一種致命的吸引力，佛陀講求的是一種清淨的莊嚴。

大部分的人追求莊嚴，就會從外在的皮相、外在的衣著、乃至於髮型去努力。最近流行美容醫學，因為現在的人很重視形象；佛法也需要有一個好的形象，六根具足、六根端正，不是因為自己貪圖美貌或希望別人喜歡，而是藉由六根的端正與具足可以攝受眾生。

這一卷談到佛陀的相好，要讓我們知道，「相」跟「好」是累劫的修行而成就，是真正的萬德莊嚴。

如來十身相海品

綱要：明大智攝化，所感正報有十種身。

如來十身相海品，談佛陀的正報有十種身，皆是因為佛陀累劫的智慧攝化所成就的果德。

普賢菩薩摩訶薩告諸菩薩言：佛子，今當爲汝演說如來所有相海。

佛陀的莊嚴相貌，在佛法有一特別的名稱，叫做「大人相」。

什麼是「大人」？這裡的「大人」不是成人的意思，也不是做官的大人，而是指發廣大心的菩薩。《八大人覺經》中指出，只要能夠晝夜正思惟，即可以稱為大人，菩薩就是大人。

如來的大人之相是什麼樣貌？此品總共列舉九十七種，以下擇要說明：

頂上：光照一切方大人相

如來頂上有三十二寶莊嚴大人相。其中有大人相，名光照一切方。普放無量大光明網，一切妙寶以爲莊嚴；寶髮周遍，柔軟密緻，一一咸放摩尼寶光，充滿一切無邊世界，悉現佛身，色相圓滿。是爲一。

如來的頂上有三十二種大人相，第一個大人相稱為「光照一切方」，佛陀的髮質很好，柔軟密緻，頭頂發光，呈現一片光網，寶光為廣度眾生之用。

眉間：遍法界光明雲大人相

如來眉間有大人相，名遍法界光明雲。摩尼寶華以為莊嚴，放大光明，具眾寶色，猶如日月，洞徹清淨。其光普照十方國土，於中顯現一切佛身；復出妙音，宣暢法海。是為三十三。

如來的眉間也有大人相。佛像的兩眉之間有一個點，有的人以為是痣，事實上不是痣，這是如來眉間的大人相，造佛像的時候，為了表達這光明從眉間射出，就安置一顆寶珠以表達佛陀眉間的光明，此光明可演唱妙音，這就是眉間的白毫相光。

眼：自在普見雲大人相

如來眼有大人相，名自在普見雲。以眾妙寶而為莊嚴，摩尼寶光，清淨映徹，普見一切，皆無障礙。是為三十四。

如來的眼型很莊嚴，眼光很清澈，是慈眼視眾生，心不生邪念。

眼睛是靈魂之窗，看一個人的眼睛，就可以知道此人心術的正與邪，是聰明還是愚癡，有煩惱還是沒有煩惱；眼睛的功能就要像佛眼一樣，普見一切，皆無障礙。

鼻：一切神通智慧雲大人相

如來鼻有大人相，名一切神通智慧雲。清淨妙寶以為莊嚴，眾寶色光，彌覆其上，於中出現無量化佛，坐寶蓮華，往諸世界，為一切菩薩、一切眾生，演不思議諸佛法海。是為三十五。

鼻代表一個人的心，鼻樑端正的人，心術端正。佛陀的鼻有神通，稱做一切神通智慧雲。

舌：示現音聲影像雲大人相

如來舌有大人相，名示現音聲影像雲。眾色妙寶以爲莊嚴，宿世善根之所成就，其舌廣長，遍覆一切諸世界海，如來若或熙怡微笑，必放一切摩尼寶光。其光普照十方法界，能令一切心得清涼；去來現在所有諸佛，皆於光中炳然顯現。

佛陀的舌根在世間演暢佛法，修了大功德、大福報，因此如來的舌有多個大人相，其中一個是「示現音聲影像雲相」。佛陀的法音很厲害，隨著音聲宣流會出現影像；在解釋佛相好的時候，好像看到佛陀就在眼前；在宣說淨土莊嚴的時候，令人身歷其境，猶如置身於淨土；這是非常重要的觀想，佛陀清楚的描述情境，我們依著他的語音、語意而現觀其境。

佛的舌根功德很大，可以示現音聲影像，大眾聽了後會感覺到一陣清涼，會解決自己的煩惱，這是佛陀宿世的善根而成就的。在十善業當中，口業就佔了四項，可知修口德是很重要的，口業清淨便能成就舌根大人相。

左足：現一切佛神變雲大人相

如來左足指端有大人相，名現一切佛神變雲。不思議佛光明月焰普香摩尼寶燄輪以爲莊嚴，放眾寶色清淨光明，充滿一切諸世界海，於中示現一切諸佛及諸菩薩，演說一切諸佛法海。是爲九十七。

一一介紹到最後，第九十七相，如來的左足指端也有大人相，可以現一切佛的神變，藉由

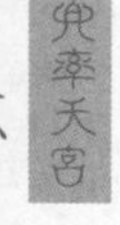

佛陀神通變化，從足指放光，光中可以演說一切佛法。

相好由累劫修成

佛子，毗盧遮那如來，有如是等十華藏世界海微塵數大人相；一一身分，眾寶妙相以爲莊嚴。

以上可以看到，這些都是毗盧遮那如來的正報。佛陀累生累劫的修行，無時無刻不在行菩薩道，永遠給眾生最好的供養，因此他的報身也感得最好的大人相。

由此可知，欲成就莊嚴的相貌，行住坐臥，眼耳鼻舌身，都要向佛學習。同樣是眼，佛陀的眼睛是慈眼視眾生，我們卻常常以白眼、斜眼視眾生；同樣是口，佛陀演說妙法，令眾生心開意解，而我們就用三寸不爛之舌騙人、諍鬥、論人長短；佛陀的身，行步莊重沉穩，步步生蓮，每一步都為了要廣度眾生，每一步都是有功德的。

學習佛陀如何善用身口意，漸漸的就會成就大人之相，都是「眾寶妙相以為莊嚴」。

如來隨好光明功德品

綱要：前品明相，此品辨好。相言其狀，好言其美。

前面談佛陀的大人相，此品為「隨好」，即伴隨相貌的好，指的是美感、氣質，如同一個人除了外形好看，還要看他展現的氣質、舉手投足是否優雅，有的人長得好看，可是舉手投足很俗氣、很粗魯，這就只有「相」而沒有「好」。

宗趣：明好勝德為【宗】。令物敬修為【趣】。

談佛陀的「相」、「好」，為令眾生心生恭敬，也知道度眾生的功德而發心修行。

身處現代的我們，由於不能親睹佛身，很難真實感受到佛陀的隨好，雖然佛像盡可能的模擬佛陀的莊嚴，與本尊仍相距甚遠；因此，佛陀的隨形好，只能就經中描述揣想一二。

佛陀的「好」，到底有多好？

其相貌能令眾生，有非常不可思議的得度因緣。

圓滿王隨好

爾時，世尊告寶手菩薩言：佛子，如來、應、正等覺，有隨好，名：圓滿王。此隨好中，出大光明，名爲熾盛，七百萬阿僧祇光明而爲眷屬。

圓滿王隨好，放出熾盛光，此光明照耀十佛剎微塵數世界。

一般人喜歡看到陽光，尤其是佛光普照，但是有一些地方、有一些角落，是長年不見光明的，尤其最嚴重、最痛苦的地方叫做地獄。

佛陀的隨好能出大光明，特別把光照到地獄去。

光幢王大光明

我爲菩薩時，於兜率天宮放大光明，名光幢王，照十佛剎微塵數世界。彼世界中地獄

眾生，遇斯光者，眾苦休息，得十種清淨眼；耳、鼻、舌、身、意，亦復如是，咸生歡喜，踊躍稱慶。從彼命終，生兜率天…

地獄的眾生被佛光一照，就生起一種清淨的功德、清淨的心，因此從彼命終生兜率天，變成了天子，這力量實在不可思議。

地獄的眾生到了天上，會不會忘記以前在地獄所受的痛苦？很有可能，因為天上的快樂，會使才離開地獄的眾生忘失正念，縱情於欲樂，很快福報享盡，又會回到地獄去。

甚可愛樂天鼓發音警醒

天中有鼓，名甚可愛樂。彼天生已，此鼓發音而告之言：諸天子，汝以心不放逸，於如來所種諸善根，往昔親近眾善知識，毗盧遮那大威神力，於彼命終，來生此天。

此時，天上的天鼓發出警醒之音，提醒他們莫放逸！

天鼓在哪裡？看不到，但是會出聲，這就是佛陀隨好的功能，幫助這些眾生，化現成天鼓，無形卻能出聲。

阿鼻地獄極苦眾生，遇斯光者，皆悉命終，生兜率天。既生天已，聞天鼓音而告之言：善哉，善哉，諸天子，毗盧遮那菩薩入離垢三昧，汝當敬禮。

地獄眾生被佛的光一照，善根現前，生兜率天，天鼓開示天人們，你們之所以脫離地獄的苦來生此天，都是毗盧遮那如來的威神力，一定要感恩、頂禮毗盧遮那如來。

爾時，諸天子聞天鼓音如是勸誨，咸生是念：奇哉，希有，何因發此微妙之音？

天子們聽到天鼓這樣來勸誘他，心裡面就想，真的好神奇，為什麼天鼓可以發出微妙之音？

業報、成佛皆如鼓聲了不可得

是時，天鼓告諸天子言：我所發聲，諸善根力之所成就。諸天子，如我說我，而不著我，不著我所；一切諸佛，亦復如是，自說是佛，不著於我，不著我所。

天鼓就告訴天子說：「鼓聲是善根所生，敲鼓的時候有聲音，沒有敲的時候，聲音了不可得，一切法音亦是如此，因此不要心生執著。」

諸天子，如我音聲，不從東方來，不從南西北方，四維上下來；業報成佛，亦復如是，非十方來。

不管是地獄、惡鬼、畜生的業報，或者是成就菩薩、佛的果德也是如此，不是東西南北方，而是不可思議的無所住處，了不可得。

諸天子，譬如汝等，昔在地獄，地獄及身，非十方來，但由於汝顛倒惡業，愚癡纏縛，生地獄身，此無根本、無有來處。

譬如你們過去在地獄受苦，「地獄」及「受罪身」從哪裡來？並非十方而來，而是由於顛倒惡業愚癡纏縛所生。

那麼，顛倒又是怎麼來的？如果沒有顛倒，惡業在哪裡？愚癡又在哪裡？何人來纏縛你？此無根本、無有來處，既然如此，何來地獄？又有誰在受苦？

如果能夠了解此理，就可以脫離地獄之苦。

知恩報恩，勿忘佛恩

諸天子，毗盧遮那菩薩威德力故，放大光明，而此光明，非十方來。諸天子，我天鼓音亦復如是，非十方來，但以三昧善根力故，般若波羅蜜威德力故，出生如是清淨音聲，示現如是種種自在。

總之，不管是業障也好，或者是功德也好，都了不可得。

諸天子，汝當往詣彼菩薩所，親近供養，勿復貪著五欲樂具，著五欲樂，障諸善根。諸天子，譬如劫火燒須彌山，悉令除盡，無餘可得；貪欲纏心，亦復如是，終不能生念佛之意。

你們要趕快去親近供養菩薩，不可以因為生天，就貪著五欲之樂而忘失正念。貪欲如劫火，會將念佛的正念焚燒殆盡，但多數人不能體察此患，一旦福盡，常常再回到地獄受罪。

諸天子，汝等應當知恩報恩。諸天子，其有眾生，不知報恩，多遭橫死，生於地獄。諸天子，汝等昔在地獄之中，蒙光照身，捨彼生此；汝等今者，宜疾迴向，增長善根⋯。汝等若能於此悟解，應知則入無依印三昧。

你們要感恩，誰來告訴你們這個道理？就是菩薩；誰救你們脫離地獄？就是菩薩；你們應該要趕快去頂禮菩薩。

天子往詣毗盧遮那菩薩所

時，諸天子聞是音已，得未曾有，即皆化作一萬華雲、一萬香雲、一萬音樂雲、一萬幢雲、一萬蓋雲、一萬歌讚雲。作是化已，即共往詣毗盧遮那菩薩所住宮殿，合掌恭

敬，於一面立，欲申瞻覲而不得見。

天子聽到之後，全部化作吉祥雲，到毗盧遮那菩薩所住的宮殿，想頂禮菩薩，可是菩薩不在家，他們張望半天，「欲申瞻覲而不得見」，菩薩跑到哪裡去？

毗盧遮那菩薩乘願生於人間淨飯王家

時，有天子作如是言：毗盧遮那菩薩已從此沒，生於人間淨飯王家，乘栴檀樓閣，處摩耶夫人胎。時諸天子以天眼觀，見菩薩身，處在人間淨飯王家，梵天、欲天承事供養。

天子找來找去，其中有一個天子說：「毗盧遮那如來已經跑到娑婆世界去了」。所有的天子用天眼一看，真的，菩薩已經去度眾生，正在娑婆世界現八相成道。

諸天子眾咸作是念：我等若不往菩薩所，問訊起居，乃至一念於此天宮而生愛著，則為不可。時一一天子，與十那由他眷屬，欲下閻浮提。

天子想：「我等應至人間問訊菩薩。」大眾準備下閻浮提。

菩薩是「示現」受生，非死此生彼

時天鼓中出聲告言：諸天子，菩薩摩訶薩非此命終而生彼間，但以神通，隨諸眾生心之所宜，令其得見。

這時候天鼓就跟大眾講：「菩薩不在天上，並非因為他從天上命終，生到人間去。而是因為娑婆世界眾生得度的因緣成熟，菩薩隨眾生心而示現，讓眾生有緣得以值遇佛陀。」

由此可知，釋迦牟尼佛的一生，全部都是神通力所示現出來的，叫做八相成道的示現，是為了要廣度一切眾生。

諸天子，如我今者，非眼所見，而能出聲；菩薩摩訶薩入離垢三昧，亦復如是，非眼所見，而能處處示現受生，離分別，除憍慢，無染著。

菩薩摩訶薩入離垢三昧，因此你所看到的這一些業障，都不再是業障，煩惱也不再是煩惱。

諸天子，汝等應發阿耨多羅三藐三菩提心，淨治其意，住善威儀，悔除一切業障、煩惱障、報障、見障…，悔除所有諸障過惡。

學佛的目的就是要成佛，要知道佛陀是怎麼看世間，是怎麼理解問題，怎麼解決煩惱，以及是怎麼面對考驗。

天子們，應發阿耨多羅三藐三菩提心，清淨自心，悔除所有的障礙。這些障礙都是因為不懂佛法而生，如果能夠懺除過惡，就能徹底的離苦得樂。

真正的懺悔：知業由顛倒生，無有住處

時，諸天子聞是語已，得未曾有，心大歡喜而問之言：菩薩摩訶薩，云何悔除一切過惡？

諸天子聽了之後很高興說：「菩薩要怎麼樣悔除過惡」。

這一段非常的重要，這是真正最究竟的懺悔法門。

「罪從心起將心懺，心若亡時罪亦亡。」我們一定要知道，要懺悔業障要從哪裡懺悔？不是猛磕頭，把頭磕得頭破血流，就可以消除業障，不是跪著倒地不起，然後哭得呼天搶地，就叫做懺悔。

爾時，天鼓以菩薩三昧善根力故，發聲告言：諸天子，菩薩知諸業不從東方來，不從南、西、北方，四維上下來，而共積集，止住於心；但從顛倒生，無有住處。菩薩如是決定明見，無有疑惑。

菩薩知道這一切的業是虛妄的，從顛倒而生。

什麼是真正的顛倒？我們到底顛倒在哪裡？顛倒其實沒有一個實體，我們為什麼又去顛倒得認顛倒為實有？表示這一切的顛倒真的是匪夷所思。

菩薩知道這顛倒是虛妄不實的，根本沒有業可消，如此清楚了知業性虛妄，便能徹底的根除諸業。

諸天子聞法得十地，持花供佛

說此法時，百千億那由他佛剎微塵數世界中，兜率陀諸天子，得無生法忍；無量不思議阿僧祇六欲諸天子，發阿耨多羅三藐三菩提心；六欲天中一切天女，皆捨女身，發於無上菩提之意。

菩薩說此法時，百千萬億那由他天子，都得到無生法忍，六欲天子發阿耨多羅三藐三菩提心，六欲天女也發了無上的菩提心。

爾時，諸天子聞說普賢廣大迴向，得十地故，獲諸力莊嚴三昧故，以眾生數等清淨三

業，悔除一切諸重障故，即見百千億那由他佛剎微塵數七寶蓮華；一一華上，皆有菩薩結跏趺坐，放大光明；彼諸菩薩一一隨好，放眾生數等光明；彼光明中，有眾生數等諸佛結跏趺坐，隨眾生心而爲說法，而猶未現離垢三昧少分之力。

天子聽到這麼殊勝的功德，就看到朵朵蓮華出現，每一朵蓮華上都有菩薩大放光明，這光明就跟剛才他們在地獄碰到的光明一樣，也能夠廣度一切眾生。

爾時，彼諸天子，以上眾華，復於身上一一毛孔，化作眾生數等眾妙華雲，供養毗盧遮那如來，持以散佛，一切皆於佛身上住。其諸香雲，普雨無量佛剎微塵數世界…。

天子以上妙華供養毗盧遮那如來。天鼓也介紹毗盧遮那如來願力所產生的功德，這功德是不可計數的。

寶手，如是皆是清淨金網轉輪王甚深三昧，福德善根之所成就。

此二品，一是如來的相、一是如來的好。如來的相是其智慧所得之果德；如來的好，則為其慈悲的作用，廣度眾生的光明。

卍
星璨法師恭繪

卷 49

普賢行品

了知諸世間　如燄如光影　如響亦如夢　如幻如變化

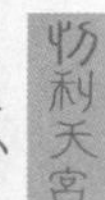

普賢行品

引言

這一品非常的重要，尤其在修行的過程當中，可以作為學佛人的警醒文。

清涼澄觀國師：普賢行品，初說十句。若成此十，則頓成五十二種勝行。一念瞋心起，百萬障門開。

菩薩修行的目標就是要成佛，經過前面十信、十住、十行、十迴向、十地、等覺，現在是妙覺位，普賢菩薩的出現，為妙覺果位的因位。普賢菩薩為使大眾掌握修行的要領，濃縮歸納成十句，十個法門就可以成就五十二種勝行，但是修行一開始，一定要排除最大的致命傷，就是「瞋心」。

一念瞋心起，百萬障門開

爾時，普賢菩薩摩訶薩，復告諸菩薩大眾言：佛子，如向所演，此但隨眾生根器所宜，略說如來少分境界。

普賢菩薩告訴大眾，過去所演說的法門，只是隨著眾生的根性略說而已。我們從卷一很認真的每天上線誦經，聽師父的講解，到現在剩下兩卷就圓滿妙覺極果，快要大功告成，結果，這時候普賢菩薩出來告訴大眾：前面所說的只是略說而已。

何以故？諸佛世尊，為諸眾生，無智作惡，計我、我所，執著於身，顛倒疑惑，邪見分別，與諸結縛，恆共相應，隨生死流，遠如來道，故出興於世。

佛陀為什麼要說佛的境界？眾生因為不認識佛，不懂佛境界的殊勝，於是不喜歡親近佛，反而喜歡跟煩惱當朋友，每天就是「**與諸結縛，恆共相應**」，結縛在眾生心中已根深蒂固，生死流轉習以為常。

於是佛陀出興於世，為大眾演說妙法，令有善根、想覺悟的眾生，建立得度的因緣與法教。

經過累生累劫的修行，現在好不容易修行要成功了，如果出現一個致命的嚴重問題，可能導致修行功敗垂成，那麼，修行人一定要好好的面對它。

普賢菩薩特別提出這一句：修行的致命傷。

佛子，我不見一法為大過失，如諸菩薩於他菩薩起瞋心者。何以故？佛子，若諸菩薩於餘菩薩起瞋恚心，即成就百萬障門故。

修行最大的問題，就是「**起瞋心**」，而且是最大的過失。

常常我們在反省自己的時候，會發現自己還是有很多的煩惱，其中，最大的煩惱就是脾氣不好。

瞋心的煩惱，有與生俱來的「俱生煩惱」，例如有人說：「我本來就脾氣不好。」也有後天的際遇或環境等因素造成的「分別煩惱」，例如有人說：「那個人太可惡了，惹得我發脾氣」。

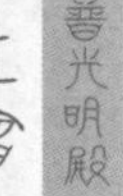
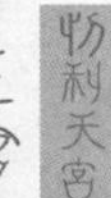

一般人對修行人，甚至對法師、對菩薩，有很高的期待，覺得修行人應該脾氣修得相當好，如果遇到起瞋心時，就會批評：「學佛人還這麼愛發脾氣。」其實，不只是他人對修行人有所批評，修行人自己也會反省自己的過失而懊惱沮喪。

瞋恚三種相

有三種狀況會起瞋心：

一、非理瞋

第一個就是不合理的瞋心。什麼叫不合理？就是沒有任何的原因，不應發脾氣時也發大脾氣，這叫非理瞋。

二、順理瞋

第二種就是合理的，遇到可惡的人，麻煩的事、惡劣的環境等，種種合理的理由起瞋心，叫做順理瞋。我們發脾氣時，會不斷細數對方的過失，其實你只是為自己的瞋心找一個合法的理由，叫做順理瞋。

三、諍論瞋

指意見不和。其實大家都有道理，但公說公有理、婆說婆有理，各執一詞，互不順理而產生諍論，到最後兩個都有理的人變成都沒有理，叫做諍論瞋。

「**若諸菩薩於餘菩薩起瞋恚心**」不管你是什麼原因，不管你多麼的合理，不管你找了一千二百個理由，你都不能夠起瞋心，為什麼？

因為，一念瞋心起，即成就百萬障門。這百萬障門有哪一些？明明只有聽過百萬菩薩，怎麼突然出現百萬障門？

原來百萬障門，就是因為百萬菩薩引起的，因為菩薩對於其他同行善友產生瞋恨心，即成就百萬障門。

讓我們起煩惱的，往往是身邊的這些同行者，這些同伴雖然同一師學，一起精進、一起用功，都在佛的座下，可是也會因為大家都是從不同的地方來，有不同的習氣，在相處上就產生問題。

只要發生問題，不管是非理瞋、順理瞋、還是諍論瞋，它的結果就是障礙出現。

百萬障門

普賢菩薩為了讓我們更明白，瞋心有多麼地可怕、有多麼地阻礙修行，列舉一百個障礙。

所謂：不見菩提障；不聞正法障；生不淨世界障；生諸惡趣障；生諸難處障；多諸疾病障；多被謗毀障；生頑鈍諸趣障；壞失正念障；闕少智慧障；眼障、耳障、鼻障、舌障、身障、意障；惡知識障、惡伴黨障；…於菩薩念力中，心生劣弱障；於如來教法中，不能住持障；於菩薩離生道，不能親近障；於菩薩無失壞道，不能修習障；隨順二乘正位障；遠離三世諸佛菩薩種性障。

一個發脾氣的人、怒火中燒的人，腦子已經被怒火燒壞，什麼好話都聽不下去，「**不見**

菩提障、不聞正法障」，此時你若是拿著《楞嚴經》要向他開示，他是聽不下去的，甚至於他可能還把經書拿起來揍你。

再來他就會像是活在地獄般，叫做「**生不淨世界障**」，地獄都還沒有現前，他就已經拿這些刑具傷害自己，讓自己千刀萬剮、萬箭穿心；愛發脾氣的人最痛苦，心裡面最煩惱，世界整個是黯淡的，生諸惡道。

「**生諸難處**」，指的是迴向文「八難三途，共入毗盧性海」的「八難」。八難的「難」就是困難的意思。在這八種境界當中，遇不到佛，無法聽聞正法。有哪八難？地獄難、餓鬼難、畜生難、長壽天難、佛前佛後、北俱盧洲、六根不具難、世智辯聰難。

還有其他障礙，如：多諸疾病、多被毀謗、生頑愚鈍、眼耳鼻舌身意都有障礙，而且都會跟惡知識相應，於善知識亦不信受...等。

誦念這一品，會增加自己很大的助緣。因為普賢菩薩還特別列出，這麼多的百萬障門，來幫助我們提醒自己，瞋心真的是一個很大的問題。

佛子，我不見有一法爲大過惡，如諸菩薩於餘菩薩起瞋心者。

菩薩又講第二次，最大的過失，就是因為瞋心而產生障礙，實在是得不償失。

「一念瞋心，成就百萬障門」，因此要非常的謹慎，自己心裡面有這些煩惱，都要及時的化解。

化解的方式是什麼？

解決瞋心二法門

普賢菩薩列舉二法，可以解決瞋心。

漸修：對治瞋心障門

第一、觀察瞋心的過失，選擇對治法門，改善瞋心。但是，對於不同類別的瞋心，對治法門要藉事轉境、轉心，在煩惱現行時，予以救治。猶如生病後，針對病症開藥方治療，雖然疾病得癒，總是比從來未曾生病的體質來得虛弱。

究竟之道，還是以「直接發菩提心」，依心起用較為迅速有效。

疾滿菩薩行：勤修十法

是故，諸菩薩摩訶薩欲疾滿足諸菩薩行，應勤修十種法。何等爲十？所謂：心不棄捨一切眾生；於諸菩薩生如來想；永不誹謗一切佛法；知諸國土無有窮盡；於菩薩行，深生信樂；不捨平等虛空法界菩提之心；觀察菩提，入如來力；精勤修習無礙辯才；教化眾生無有疲厭；住一切世界，心無所著。是爲十。

菩薩應直接發菩提心，勤修十法，以此十門為基礎，迅速成就後面五十二個位階所有的法門。

其中，最重要的是第一項：「**心不棄捨一切眾生**」。

與人產生衝突，心生煩惱時，我們往往選擇逃境安心，從此「再見不聯絡」，遠離此人，

與此人不共戴天。

但是，若欲速疾圓滿菩薩行，必須「**心不棄捨一切眾生**」，要成佛就不能棄捨任何一眾生。此時，就要衡量利弊得失，為了要成佛而不放棄一切眾生？還是為了一眾生，就此放棄成佛之路？

很不幸的，我們從過去累劫的輪迴中，都選擇第二個選項，為了一個眾生難調難伏，放棄行菩薩道的堅持，導致多生累劫以來，總是到了緊要關頭，放棄過往的努力，從頭再來。

相對的，佛陀的選擇，永遠都是為了成就佛道，從來不棄捨任何一眾生，經歷三大阿僧祇劫的長久堅持，現在終於證得佛果。

從結果上顯然可知，誰的選擇才是正確的。

從不放棄的佛陀，得到眾人的恭敬、景仰、順從；不斷放棄的我們，依然在輪迴的六道中載浮載沈，頭出頭沒。因此「**心不棄捨一切眾生；於諸菩薩生如來想**」，不放棄一切眾生，就是把眾生當作如來佛。

具足十種清淨

菩薩摩訶薩安住此十法已，則能具足十種清淨。

何等爲十？所謂：通達甚深法清淨；親近善知識清淨；護持諸佛法清淨；了達虛空界清淨；深入法界清淨；觀察無邊心清淨；與一切菩薩同善根清淨；不著諸劫清淨；觀察三世清淨；修行一切諸佛法清淨。是爲十。

有這十個法門之後，就可以具足十種清淨，可以讓我們通達甚深法，親近善知識，護持諸佛法清淨。

很多人喜歡清淨，清淨從哪裡來？清淨不是這環境很清淨，或是這人很清淨，清淨不是現成的，是要自己用功才會成就清淨。

具足十種廣大智

菩薩摩訶薩住此十法已，則具足十種廣大智。

何等為十？所謂：知一切眾生心行智；知一切眾生業報智；知一切佛法智；知一切佛法深密理趣智；知一切陀羅尼門智；知一切文字辯才智；知一切眾生語言、音聲、辭辯善巧智；於一切世界中，普現其身智；於一切眾會中，普現影像智；於一切受生處中，具一切智智。是為十。

有了十種清淨法，就會具足十種廣大智慧，知道一切眾生的心，這個就是智慧。

得入十種普入

菩薩摩訶薩住此十智已，則得入十種普入。何等為十？

所謂：一切世界入一毛道，一毛道入一切世界；一切眾生身入一身，一身入一切眾生身；不可說劫入一念，一念入不可說劫…是為十。

有了這十種智慧，在世界上沒有障礙，叫做「**則得入十種普入**」，大能入小，小能入大；多能入少，少能入多；廣能入狹，狹能入廣。這就叫做自在。

住十種勝妙心

菩薩摩訶薩如是觀察已，則住十種勝妙心。何等爲十？
所謂：住一切世界語言、非語言勝妙心；住一切眾生想念無所依止勝妙心；住究竟虛空界勝妙心…；住一切諸佛力無量勝妙心。是爲十。

十種勝妙心，就是心裡面有很多微妙的境界出現。

得十種佛法善巧智

菩薩摩訶薩住此十種勝妙心已，則得十種佛法善巧智。何等爲十？
所謂：了達甚深佛法善巧智；出生廣大佛法善巧智；宣說種種佛法善巧智；證入平等佛法善巧智…；知無邊佛法無差別善巧智；以自心自力於一切佛法不退轉善巧智。是爲十。

住十種勝妙心後，得十種佛法善巧智，在佛法當中就沒有障礙。

持此法者，少力速成

菩薩摩訶薩聞此法已，咸應發心恭敬受持。何以故？菩薩摩訶薩持此法者，少作功力，疾得阿耨多羅三藐三菩提，皆得具足一切佛法，悉與三世諸佛法等。

菩薩摩訶薩聞此法已，咸應發心恭敬受持，為什麼？因為這是最簡單的方法，他特別就講：**「少作功力，疾得阿耨多羅三藐三菩提」**。這太好了，叫做四兩撥千金，你只要少少的用功，就做這十個功課，**「疾得阿耨多羅三藐三菩提」**。

茲將上述程序整理如下：

欲疾滿足諸菩薩行序列表

由此可知，其後所有功德，都是從前面這十種法衍生而出，因此這十種法是非常重要的，是濃縮版的修行精華。

十方顯瑞

十方各有十不可說百千億那由他佛剎微塵數世界六種震動，雨出過諸天一切華雲…，

菩薩開示後，十方世界六種震動，天上遍灑無量莊嚴具雲，乃至於天樂，這些都是諸天的供養。

有十佛剎微塵數菩薩摩訶薩，來詣此土，充滿十方，作如是言：

善哉，善哉，佛子，乃能說此諸佛如來最大誓願授記深法。佛子，我等一切同名：普賢，各從普勝世界普幢自在如來所，來詣此土。悉以佛神力故，於一切處，演說此法；如此眾會，如是所說，一切平等，無有增減。我等皆承佛威神力，來此道場，為汝作證。如此道場，我等十佛剎微塵數菩薩而來作證；十方一切諸世界中，悉亦如是。

無數的菩薩摩訶薩來讚歎、印證，自述：我們通通是普賢菩薩，今天娑婆世界的普賢菩薩在說佛法，我們全部來到現場證明他所說的是對的，而且我們也是用這種方法廣度眾生，不要不相信普賢菩薩所講的法門，修行真的就是這麼簡單。

結論：除百萬障門二種修持

如果我們要解決百萬障門，有兩個方法：一是簡單的、一是困難的。

一、百萬障門：對治法

一是把百萬障門，列舉出一個一個的障礙拿來自己反省，把這百萬障門貼在房間門上，那個門就叫做百萬障門，出門之前先看一遍，提醒自己：起瞋心的障礙就有這麼多，每一個門都有障礙，要小心，以此提醒自己警戒自己，勿起瞋念，這是對治的法門。

百萬障門實在是太多門，不但沒完沒了，有時還會不慎結了更多的障緣，有如置入性行銷，腦中加深業障的印記，怎麼辦？

二、任意門：勤修十法

第二個方法直接了當，發菩提心，精勤修習「十法」，也可以把十法貼在門上，做另外一個「任意門」的選項。若能圓滿此十法，就可以到任意一個地方，就像小叮噹的任意門一樣。

勤修十法是比較簡單的選擇，因為這樣可以快速成就圓滿菩薩行。

卷50—卷52

如來出現品

奇哉 奇哉 無一眾生而不具有如來智慧
但以妄想顛倒執著 而不證得
若離妄想 一切智 自然智 無礙智 則得現前

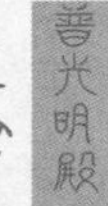

如來出現品

引言

卷五十至五十二都是如來出現品，共分為十大段，敘說如來出現之相，先總說十種無量因緣出現，再別說如來的身、口、意業之殊勝與如來所現的修行、轉法輪、般涅槃等事，後說令眾生見聞供養，所生的善根功德。

這是妙覺位的最後一品，前一品普賢行品是妙覺的因，現在如來出現品是妙覺的果。整個十信、十住、十行、十迴向、十地、等覺、妙覺，菩薩的修行歷程，終於要圓滿、要大功告成了。

世尊眉間白毫放光

爾時，世尊從眉間白毫相中，放大光明，名如來出現，…
其光普照十方盡虛空法界一切世界，右繞十匝，…，而來右繞菩薩眾會，入如來性起妙德菩薩頂。

世尊從眉間白毫相中放大光明，這光明名為「如來出現」，光明普照十方，光明當中，猶如電影一般，現出各式各樣的菩薩行，光繞十圈之後，再繞大會菩薩們一圈，最後進入如來性起妙德菩薩頂。

佛陀指定菩薩發言，是以光明注入如來性起妙德菩薩頂，菩薩就要起來請法。

時，此道場一切大眾，身心踴躍，生大歡喜，作如是念：甚奇希有，今者如來放大光明，必當演說甚深大法。

大眾看到這個現象就感覺非常的奇特，一定是如來將演說甚深大法。

如來性起妙德菩薩問無上法

爾時，如來性起妙德菩薩，於蓮華座上，…，一心向佛而說頌言：…，今以光明照大眾，令我問於無上法。誰於大仙深境界，而能真實具開演，誰是如來法長子，世間尊導願顯示。

如來性起妙德菩薩代表發言讚歎佛陀，同時請法。

如來口中放光入普賢菩薩口

爾時，如來即於口中放大光明，名無礙無畏，…，而來右繞菩薩眾會，入普賢菩薩摩訶薩口。

如來接受請法之後，放第二道光明，從口放光，繞十圈之後，回到普賢菩薩摩訶薩口，意謂接下來由普賢菩薩代表發言。

爾時，如來性起妙德菩薩，問普賢菩薩摩訶薩言：佛子，佛所示現廣大神變，令諸菩薩皆生歡喜，不可思議，世莫能知，是何瑞相？

如來性起妙德菩薩問普賢菩薩：「佛所示現的廣大神變，讓大眾都很歡喜，請問這是什麼瑞相」？

普賢菩薩宣說如來出現法門

普賢菩薩摩訶薩言：佛子，我於往昔見諸如來、應正等覺，示現如是廣大神變，即說如來出現法門。如我惟忖，今現此相，當說其法。

普賢菩薩答，依過去的經驗，如來將說「如來出現法門」。

時，性起妙德菩薩，問普賢菩薩言：佛子，菩薩摩訶薩應云何知諸佛如來、應正等覺出現之法，願為我說。

善哉，佛子，願說如來、應正等覺出現之法、身相、言音、心意、境界、所行之行、成道、轉法輪，乃至示現入般涅槃，見聞、親近所生善根，如是等事，願皆為說。

此品內容分為三大類別，十段主題：

一、以何因緣如來出現？此為總說（主題一）。

二、別說如來的身相、言音、心意、境界、修行、成道、轉法輪、般涅槃（主題二至九）。

三、見聞親近如來所生善根，有多麼的殊勝（主題十）。

一、如來出現的十大因緣

常常聽到，「功德無量」，〈如來出現品〉談的就是這十個非常殊勝的主題。

第一就是如來以無量法而得出現，佛陀出現的因緣是什麼？

何以故？非以一緣，非以一事，如來出現而得成就，以十無量百千阿僧祇事而得成就。

何等爲十？

生從何來？來到世間到底是為什麼？有人說：「我是為了要來報恩的。」有人說：「我是為了要來找某人的。」

佛陀來到世間，不是因為一因緣，也不止為一件事情，而是由很多錯綜複雜的過去，累積成就而到現今成熟，就像一顆水果能夠成熟，必須要有各式各樣複雜的因緣，才有辦法健康、順利地成熟，出現在世間。佛陀的出現因緣有十。

所謂：過去無量攝受一切眾生菩提心所成故；過去無量清淨殊勝志樂所成故；過去無量救護一切眾生大慈大悲所成故…；過去無量通達法義所成故。佛子，如是無量阿僧祇法門圓滿，成於如來。

第一、過去無量攝受一切眾生菩提心：過去就發願要攝受一切眾生，所以乘願再來。

第二、清淨殊勝志樂：行菩薩道的過程中，不能夠放棄一絲一毫的志願，若在遇到大境界時，但凡有那麼一瞬間放棄了他的志願，現在大眾就見不到佛陀，更遑論聽聞佛法，所以要很感謝佛陀在累劫修行當中，不管他遇到多大的痛苦、多大的困難，從來沒有放棄過。

禪宗法脈的傳承史，從靈山會上世尊拈花，迦葉微笑接受佛陀的付囑之後，迦葉傳承給阿難，阿難傳承給商那和修，商那和修傳承給四祖優波毱多，如此一代一代的相傳，直到第二十八代傳到達摩祖師，都是一脈單傳。意思就是在這世界上，每一個時代就只有這麼一個傳人，傳承禪宗心法，叫做一枝獨秀。

達摩祖師把禪宗心法傳到中國，剛開始並不順利，還與梁武帝不相應，最後在少林寺後山

靜坐九年，此時祖師已接近百歲之齡，如果沒有慧可大師斷臂求法，承續法脈，可能禪法就此隱沒在少林寺的後山。慧可傳給三祖，一直傳到六祖之後，禪宗才開始遍地開花，這樣一代一代相傳的過程當中，如果哪一位祖師出什麼差錯，或後繼無人，法脈就會因此中斷。

這就是僧眾一個很重要的任務，不要放棄菩薩的殊勝志樂，報佛恩最簡單的方式，就是不放棄自己的發心，把這一棒繼續傳給下一代，讓佛法在世間可以生生不息。

如來會成佛，也是因為過去清淨殊勝的志樂，經歷各式各樣的考驗當中，堅持不捨直到現在，才可以讓後世的人聽得到佛法，這是第二個清淨殊勝志樂。

第三、救護一切眾生大慈大悲。 第四、相續行願。
第五、修諸福智心無厭足。 第六、供養諸佛教化眾生。
第七、智慧方便清淨道。 第八、清淨功德藏。
第九、莊嚴道智。 第十、通達法義所成。

此十法就是前一品普賢行品中以「十法為依」之十法，累積成就此品的如來果德。

如來出現十相十喻

以下列舉二喻。

(一) 世界興造喻

譬如三千大千世界，非以一緣，非以一事，而得成就；以無量緣、無量事，方乃得成。

所謂：興布大雲，降注大雨，四種風輪相續為依…。如來出現，亦復如是，非以一緣，非以一事，而得成就；以無量因緣、無量事相，乃得成就。

譬如三千大千世界，會成就這個世界，不是因為一個因緣、一件事情而成就，如來的出現也是，非以一緣、非以一事而得成就，以無量因緣、無量事相乃得成就。

(二)大法雲雨大法雨喻

如來、應正等覺亦復如是，興大法雲，雨大法雨，名成就如來出現。一切二乘，心志狹劣，所不能受，所不能持，唯除諸大菩薩心相續力。佛子，是為如來、應正等覺出現第二相，菩薩摩訶薩應如是知。

第二，就像下雨一樣，如來的教法也是如此的興大法雲、雨大法雨，所有的眾生，雖然不一定能夠全部都聽得懂，也不一定能夠都接受，但是菩薩一定能夠接受大法雲、大法雨。

知如來出現，擴大心量

菩薩摩訶薩知如來出現，則知無量；知成就無量行故，則知廣大；知周遍十方故，則知無來去；知離生住滅故，則知無行無所行；知離心意識故，則知無身；知如虛空故，則知平等；知一切眾生皆無我故，則知無盡；知遍一切剎無有盡故，則知無退；知盡後際無斷絕故，則知無壞；知如來智無有對故，則知無二；知平等觀察為無為故，則知一切眾生皆得饒益，本願迴向自在滿足故。

介紹如來出現因緣，是為了要讓菩薩擴大心量。

因為此諸菩薩修行即將圓滿，知道如來出現的無量，可以擴大心量，心量擴大之後，就不

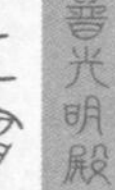

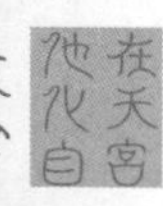

會執著在一時、一事、一地、一物、一人。

我們有時候心量比較狹小，會落入計較眼前的利弊得失，而忘記自己的願行，如來的出現既然是累劫不可思議的因緣成就，我們就要學習如來，一切隨順因緣，自然有殊勝的因緣，成就我們的願行。

有的人認為人生要有遺願清單，在臨死之前要完成清單中的事情，才覺得是圓滿了人生，如果你列的事項裡，有一件事情不能完成，要走的時候，心裡可能就會很遺憾，這就會變成「壯志未酬身先死」，有些人心裡就會放不下而覺得感傷。

但是如來的願實在是太多了，八萬四千的無量行願，因為做不完，走的時候才不會感到遺憾，因為知道這輩子做不完，下輩子還要再做、下下輩子再做，不會覺得這一生結束怎麼辦。到下一個因緣的起與滅，繼續再做未完的事情，可知要立這種永遠做不完的願，這樣才會讓心量廣大。

如來教導我們要發廣大願，行願無量，既然做不完，這一生就不會侷限在：我一定要在什麼時間完成某個任務，否則我放不過自己。有很多人放不過自己，既然做不完就乾脆放棄，這是因為心量太小。

佛陀教我們的方法看起來都很另類，一直在打破我們有限的思考方式，當我們知道心量廣大之後，就知道無來無去、無生無滅，因為當我們所發的願是做不完的，且不知道什麼時候會完成，就無法用一個有量的稱量，來衡量這一生的成就，就不會有分別計較所產生的煩惱。

煩惱都是想來的，想太多是煩惱，不想又落入無記，到最後其實是自己把自己給綁住。依著佛陀的智慧擴大心量，心量廣大之後，離開心意識的計較籌量，契入平等法界，明白一切法，無來無去、無生無滅、無行無所行，最後達到不可思不可議的境界，究竟成佛，這是很厲害的一個法門。

二、如來身

諸菩薩摩訶薩，要如何了解認識佛身？前面介紹佛有三十二相，有佛陀的「相」「好」，佛身是什麼樣子？

諸菩薩摩訶薩應云何見如來應正等覺身？佛子，諸菩薩摩訶薩應於無量處見如來身。何以故？諸菩薩摩訶薩不應於一法、一事、一身、一國土、一眾生，見於如來，應遍一切處見於如來。

剛接觸佛法，很多人看到寺廟供奉的每尊佛菩薩聖像都一樣，無法辨別。有人以菩薩的座騎來辨識，有人以法器來判斷。但有的佛像會隨風俗民情變化，譬如彌勒佛，在中國普遍為圓臉大肚，手提布袋的布袋和尚，但日本的彌勒佛則流行天冠彌勒的造型。

佛到底長什麼樣子？佛沒有固定的形象，是隨著一方水土、一方眾生的根性，呈現出眾生喜歡的樣貌。

如來身十喻

（一）虛空周遍喻

譬如虛空，遍至一切色、非色處，非至非不至。何以故？虛空無身故。如來身亦如是，遍一切處，遍一切眾生，遍一切法，遍一切國土，非至非不至。何以故？如來身無身故，為眾生故，示現其身。佛子，是為如來身第一相，諸菩薩摩訶薩應如是見。

佛陀的身如虛空，遍一切處、遍一切眾生、遍一切法，這是如來身的第一相。

（二）空無分別喻

譬如虛空，寬廣非色，而能顯現一切諸色，而彼虛空無有分別，亦無戲論。如來身亦復如是，以智光明普照明故，令一切眾生世出世間諸善根業，皆得成就，而如來身無有分別，亦無戲論⋯，是為如來身第二相，諸菩薩摩訶薩應如是見。

如來身的第二相，也是譬如虛空，既非色而能顯現各種顏色，空沒有色，可是隨著不同的光線折射，呈現出不同的顏色。有時下雨後，陽光一灑進來就會看到彩虹，事實上這些顏色本來就存在，因為光線被水滴折射後顯現不同的光譜，就會看到彩虹顏色。這就像如來的身一樣，虛空沒有色，但是它會隨著不同的眾生根性，顯現出不同的色。

（三）日光饒益喻

譬如日出，於閻浮提無量眾生，皆得饒益⋯。如來智日亦復如是，以無量事普益眾生⋯。是為如來身第三相，諸菩薩摩訶薩應如是見。

佛身就像日光一樣普照眾生，如同太陽出來普照大地，眾生得到如來智日普照，獲得利益。

(四)日光等照喻

譬如日出於閻浮提，先照一切須彌山等諸大山王，次照黑山，次照高原，然後普照一切大地。

此日出譬喻非常重要，是《華嚴經》判教依據，用日出來形容佛陀的教法，先照高山、次照黑山、次照高原，普照大地等弘化層次。

先照菩薩摩訶薩等諸大山王，次照緣覺，次照聲聞，次照決定善根眾生，隨其心器，示廣大智，然後普照一切眾生，乃至邪定，亦皆普及，為作未來利益因緣，令成熟故…。是為如來身第四相，諸菩薩摩訶薩應如是見。

佛陀的度化就像日出一樣，最先度菩薩摩訶薩，再來度緣覺、聲聞，第三個再度一切眾生，最後連邪定眾生也能夠普照。

(五)日益生盲喻

譬如日出，生盲眾生無眼根故，未曾得見。雖未曾見，然為日光之所饒益…。如來智日，亦復如是，無信無解，毀戒毀見，邪命自活，生盲之類，無信眼故，不見諸佛智慧日輪。雖不見佛智慧日輪，亦為智日之所饒益。何以故？以佛威力，令彼眾生所有身苦及諸煩惱、未來苦因，皆消滅故。

太陽的光明，即使是生盲的眾生，不會因為看不到太陽，就得不到太陽的普照。

佛陀也是這樣，不會因為不相信他，就不度你、不照顧你。不會因為你對佛沒有禮貌，佛陀就生氣不要度。即使業障很重，對佛完全不能信受，在眾生需要的時候，佛陀仍會廣度眾生。

如來有光明，名積集一切功德…。如來一一毛孔，放如是等千種光明，五百光明普照下方，五百光明普照上方種種剎中、種種佛所、諸菩薩眾。

地獄、餓鬼、畜生諸趣所有眾生，皆得快樂，解脫眾苦，命終皆生天上、人間。佛子，彼諸眾生不覺不知以何因緣、以何神力而來生此？彼生盲者，作如是念：我是梵天，我是梵化，是時，如來住普自在三昧，出六十種妙音而告之言：汝等非是梵天，亦非梵化，亦非帝釋、護世所作，皆是如來威神之力。彼諸眾生聞是語已，以佛神力，皆知宿命，生大歡喜…。如來智日，如是利益生盲眾生，令得善根，具足成熟。佛子，是為如來身第五相，諸菩薩摩訶薩應如是見。

如來有光明遍照十方，乃至照到地獄餓鬼畜生，使他們解脫，命終生天上人間；但是他們並不知道自己為什麼會生到天上，心想：「我該不會是梵天吧？」

此時如來演示妙音告訴他們：「其實你們不是梵天，也不是梵化，也不是老天爺救你的，這些都是如來威神之力。」眾生聽到佛陀的聲音，才知道原來他們是佛陀救的。

其實佛陀並不在意有沒有人知道他度了多少眾生，也不是要眾生的感謝或回報。那麼，為什麼佛陀還要告訴他們呢？因為，若眾生知道佛陀是救命恩人，對佛陀的好感度會提高，從不信轉而相信佛陀。

因此，即使家人朋友不信佛，陷入急難時，佛弟子都願意誦經迴向。如果他有感恩的心，就會開始來用功；如果他沒有感恩的心，我們就跟他結個緣。

眾生都要死到臨頭，叫天天不應、叫地地不靈的時候，才來臨時抱佛腳，佛陀還是不會計較，即使他以前從來沒有用功，沒有任何的付出，佛陀還是能夠平等普度；一旦脫離險境，就要像一般人所說的「還願」，還的是什麼願？不是佛陀要他來還願，是要還自己過去跟佛陀所結下的願。

天子們明白因緣後，就知道自己的宿命，原來能夠成就這種殊勝的因緣，也不是這麼簡單的，因此在阿耨多羅三藐三菩提道上，會種下一個得度的因緣，這是如來身的第五相。

(六) 月光奇特喻

(七) 梵王普現喻

(八) 醫王延壽喻

譬如醫王，善知眾藥及諸咒論，閻浮提中諸所有藥，用無不盡。復以宿世諸善根力、大明咒力，爲方便故，眾生見者，病無不愈。

佛陀就像是醫王一樣，能夠了解所有的藥，什麼病都能夠治，不管是身體的病、心裡的病，或者是鬼神的病，只要遇到這個醫王就能夠痊癒。

彼大醫王知命將終，作是念言：我命終後，一切眾生無所依怙，我今宜應爲現方便。是時，醫王合藥塗身，明咒力持，令其終後，身不分散，不萎不枯，威儀視聽，與本無別，凡所療治，悉得除差。

但是醫王命終之後，若生病的眾生沒有辦法再來求診，怎麼辦？

醫王知道生命是有限的，能救的人很有限，惟有留下醫方、醫書，才能超越有限，遺澤後世，就像流傳至今的黃帝內經、傷寒雜病論。

如來、應正等覺，無上醫王，亦復如是，於無量百千億那由他劫，鍊治法藥，已得成就；修學一切方便善巧、大明咒力，皆到彼岸；善能除滅一切眾生諸煩惱病…。是爲如來身第八相，諸菩薩摩訶薩應如是見。

佛陀這麼有智慧，留下三藏十二部經，沒有版權的限制。現在有個人智慧財產權的觀念，私我的觀念很重，就會常常在這些限制當中有所設限。佛陀的教法是很慈悲的，只要法能夠流通，用什麼方式都沒有關係，這是佛陀的慈悲，其第八相。

(九) 摩尼利物喻

(十) 寶主滿願喻

三、如來音聲十相

佛子，菩薩摩訶薩應云何知如來應正等覺音聲？

佛陀有三十二相，其中，有兩個相與如來的聲音有關係。

梵音聲

所謂「梵」，是清淨的意思，佛陀的音聲是悅耳的聲音，但是他的悅耳不同於一般，可以讓人聽了產生清淨及正念。

廣長舌相

如來有廣長舌相，所謂的廣長舌，跟我們平常說這人很長舌，兩者只差一個「廣」就千差萬別。所謂佛陀的廣長舌相，是因為久遠劫度眾生的時候所說的語言，永遠都是如語者、實語者，從來不妄語、不異語，因此成就一個廣長舌相，這廣長舌有什麼功德？

「佛以一音演說法，眾生隨類各得解」，佛陀所說的法，最重要的不只是音聲好聽，而是要讓我們真正了解，他的音聲所傳達的義理。當每一個人聽聞佛法之後，就會隨著自己的善根因緣來接受佛法，而得到離苦得樂的正覺之果，因此叫做廣長舌相。

如來的音聲，一樣也是用十種譬喻，來讓大家認識。

菩薩摩訶薩應知如來音聲遍至，普遍無量諸音聲故；

佛陀的教法廣博浩瀚，往往令人不知從何入門，最直接了當的就是誦經。佛經與一般書籍不同，沒有程度的門檻，拿到的佛經，它就是跟你有緣，不妨直接誦念。

譬如外出時，可以隨身帶著《華嚴經》，利用旅途中片斷瑣碎時間誦讀，就會發現開卷有益。

有位居士因飛機誤點，候機時間不確定，只好在機場裡讀誦《華嚴經》。結果，平時忙於家庭事業的他，竟因此完成人生中首部《華嚴經》的誦持。於是信心大增，又繼續讀誦第二部。

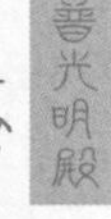

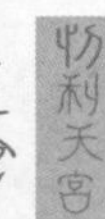

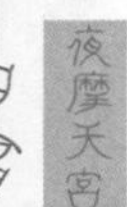

如果是你會怎麼做？在機場裡抱怨航空公司？或是，在機場裡漫無目的亂逛、買東西、打發時間？

應知如來音聲隨其心樂，皆令歡喜，說法明了故。

開卷有益，《華嚴經》就是佛陀的音聲，我們可以隨時帶著，讓《華嚴經》成為一個絕佳的心理支柱與良伴。沒有壓力、沒有負擔，隨時有時間就翻開，好好品味裡面的內容，會得到很大的受用。心裡面有什麼煩惱，或者是正在思考的事，答案就會神奇地出現在經典裡，「**隨其心樂，皆令歡喜，說法明了故。**」這部經特別之處是講得非常清楚，使用很多角色、故事及譬喻來讓我們了解佛法。

應知如來音聲隨其信解，皆令歡喜，心得清涼故；應知如來音聲化不失時，所應聞者無不聞故。

眾生得度和開悟的時機，就在一切剛剛好的時間發生。

譬如知名的六祖大師，只是去客棧送柴火，無意聽到一位客人誦念《金剛經》，就是這歷史性的一刻，聽到「**應無所住，而生其心**」，就是那一句讓六祖從此改變人生，也從此改變中國禪宗史。如來度化的時機非常準確，我們要隨時保持開放的狀態，因緣成熟，聽到某一句話，真的就會開悟。

應知如來音聲無生滅，如呼響故；應知如來音聲無主，修習一切業所起故；應知如來音聲甚深，難可度量故；應知如來音聲無邪曲，法界所生故；應知如來音聲無斷絕，普入法界故；應知如來音聲無變易，至於究竟故。

如來的音聲，本來就是無形無相，但為了要引導我們離苦得樂而產生。內容是不生不滅，因為佛法是真理、空寂、甚深、無生、無滅，十方三世一切諸佛所說都是一樣，不會隨著音聲生滅而改變。

佛的所有教法，都指向這個世間是無常、苦、空、無我，不會看到任何一部經說這世間是可愛的，不需要持戒就可以享樂，最後就可以得解脫。如果有這一部經，是魔說而不是如來所說，是魔王想要假冒佛陀的話語欺騙大眾。

佛法中所說是真理，無有變易，而且意義悠遠深長。如來的音聲有這麼殊勝的因緣。

如來音聲十喻

菩薩摩訶薩應知如來音聲，非量、非無量，非主、非無主，非示、非無示。何以故？

(一) 世界欲壞時音聲喻

譬如世界將欲壞時，無主無作，法爾而出四種音聲。其四者何？

世界快壞滅時，先有小三災、後有大三災，最後風災把整個世界都吹壞，沒有任何眾生得以倖免於難，眾生滅絕，世界就滅亡。世界末日降臨時，人怎麼辦？人類不是就滅絕了嗎？經文指出：此時自然而然出現四種音聲，哪四種音聲？

1、初禪安樂，超過欲界

一曰，汝等當知初禪安樂，離諸欲惡，超過欲界。眾生聞已，自然而得成就初禪，捨欲界身，生於梵天。

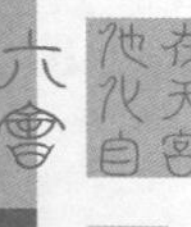

眾生聽了之後，自然而然成就初禪，生初禪天。

2、二禪安樂，超於梵天

二曰，汝等當知二禪安樂，無覺無觀，超於梵天。眾生聞已，自然而得成就二禪，捨梵天身，生光音天。

到初禪天後，又有第二個音聲鼓勵大眾超越初禪，眾生一聽，自然而得二禪，就從初禪生到二禪的光音天。

3、三禪安樂，超光音天

三曰，汝等當知三禪安樂，無有過失，超光音天。眾生聞已，自然而得成就三禪，捨光音身，生遍淨天。

眾生聽了自然就成就三禪的功德，捨光音天，生三禪遍淨天。

4、四禪寂靜，超遍淨天

四曰，汝等當知四禪寂靜，超遍淨天。眾生聞已，自然而得成就四禪，捨遍淨身，生廣果天。是為四。

接下來就會告訴眾生，趕快超越三禪，眾生聽了之後，自然而得成就四禪，到廣果天。

為什麼會有這種聲音？告訴眾生要求生初禪、二禪、三禪、四禪？其實這聲音是因為眾生的善業功德力，也是一個警訊，因為接下來，初禪跟大三災當中的火災相感應；二禪就有水災，三禪有風災，唯有四禪是三災所不及。

聲音的出現提醒大眾趕快用功、趕快修行、趕快成就禪定，就可以消災免難、無災無難，到四禪最安全。等到世界全部毀滅，進入二十劫的空劫。其後因緣具足時，世界再開始另一次的成住壞空。

此諸音聲無主無作，但從眾生諸善業力之所出生。

由此可知，吾人便能了解為何在如今亂象叢生的混亂時代，還是會有許多人願意修行。正因為眾生的善業力成就，佛陀就會出現於世，說法普度眾生。

隨喻四種廣大音聲

如來音聲亦復如是，無主無作，無有分別，非入非出，但從如來功德法力，出於四種廣大音聲。其四者何？

佛陀的音聲也是如此，隨著我們的善根力而出現，有四種廣大的音聲，是哪四種？

1、一切諸行，皆悉是苦

一曰，汝等當知一切諸行，皆悉是苦，所謂：地獄苦、畜生苦、餓鬼苦、無福德苦、著我我所苦、作諸惡行苦。欲生人天，當種善根；生人天中，離諸難處。眾生聞已，捨離顛倒，修諸善行，離諸難處，生人天中。

首先要知道苦。有些人不用自己親身經歷諸苦，只是聽到佛法諸行皆苦的道理，就很相應，原來佛法可以離苦。眾生聽了之後，捨離顛倒，開始修行，離開這些痛苦。

2、當知一切諸行，眾苦熾然

二曰，汝等當知一切諸行，眾苦熾然，如熱鐵丸；諸行無常，是磨滅法；涅槃寂靜，無為安樂；遠離熾然，消諸熱惱。眾生聞已，勤修善法，於聲聞乘，得隨順音聲忍。

雖然知道苦，而且已經離苦，問題是離苦之後，要如何修行？

3、當知聲聞智劣，應修獨覺

三曰，汝等當知聲聞乘者，隨他語解，智慧狹劣；更有上乘，名獨覺乘，悟不由師，汝等應學。樂勝道者，聞此音已，捨聲聞道，修獨覺乘。

修聲聞，再修緣覺，接下來我們要學什麼法？再來要修六波羅蜜。

4、應修大乘

四曰，汝等當知過二乘位，更有勝道，名為大乘。菩薩所行，順六波羅蜜，不斷菩薩行，不捨菩提心，處無量生死而不疲厭，過於二乘，名為：大乘、第一乘、勝乘、最勝乘、上乘、無上乘、利益一切眾生乘。

其實不管是什麼樣的因緣，來到佛法當中，就會進入學習歷程，該學習什麼法，就會聽到什麼法。現在聽到《華嚴經》，就是因為時機到了，善根招感而來值遇此大法。

若有眾生信解廣大，諸根猛利，宿種善根，為諸如來神力所加，有勝樂欲，希求佛果，聞此音已，發菩提心。佛子，如來音聲不從身出，不從心出，而能利益無量眾生。佛子，是為如來音聲第一相，諸菩薩摩訶薩應如是知。

如來音聲有利益無量眾生之相，凡聽聞者皆發菩提心。這是如來音聲的第一相。

（二）響聲隨緣喻

譬如呼響，因於山谷及音聲起，無有形狀，不可睹見，亦無分別，而能隨逐一切語言。如來音聲亦復如是，無有形狀，不可睹見，非有方所，非無方所；但隨眾生欲解緣出，其性究竟，無言無示，不可宣說。佛子，是為如來音聲第二相，諸菩薩摩訶薩應如是知。

第二相：佛的音聲如「響」。所謂的響，是隨著音而起的回音，一個聲音出現，之後會出現回音。佛的音聲就像回音，沒有形狀，但是隨著我們想要聽的佛法，應機而現。

（三）天鼓開覺喻

譬如諸天，有大法鼓，名為覺悟，若諸天子行放逸時，於虛空中出聲告言：

第三相：法鼓。天上有法鼓名叫「覺悟」，他有大作用，當天子在天上不小心忘記正念，放逸之時，空中的法鼓就會出現，他說：

「汝等當知一切欲樂，皆悉無常，虛妄顛倒，須臾變壞。但誑愚夫，令其戀著，汝莫放逸。若放逸者，墮諸惡趣，後悔無及。放逸諸天，聞此音已，生大憂怖，捨自宮中所有欲樂，詣天王所，求法行道。」

放逸的天子聽到後，開始緊張，趕快精進用功。

當知如來亦復如是，為欲覺悟放逸眾生，出於無量妙法音聲…，以此音聲，遍法界中而開悟之。無數眾生聞是音已，皆生歡喜，勤修善法，各於自乘而求出離…。佛子，

是爲如來音聲第三相，諸菩薩摩訶薩應如是知。

修行難免生起懈怠心、放逸心，因為精進心易發，可是長遠心難持，這時，就需要出現師父這樣的角色。

有人說：「我心生懈怠的時候，師父就入夢而來，把我給驚醒了。」有些人有這種經驗，心生懈怠時會出現救星。其實不是師父厲害，是自己的善根在提醒，甚至有韋馱護法在身邊，如來的音聲是提醒我們不要放逸。這是如來音聲的第三相。

(四) 天女妙聲喻。就像天上的采女唱歌一樣，如來的音聲是如此悅耳。

(五) 大梵天王梵音喻。如來的音聲能使人振奮。

(六) 眾水一味喻。水會隨著不同的器皿，而產生不同的形狀。如來用一音演說法，會隨著每個人根器心量不同，而感得不同的音聲。

(七) 降雨滋榮喻。龍王會興雲普雨一切大地，如來的音聲像雲一樣覆蓋大地。

(八) 漸降成熟喻。摩那斯龍王是最準確的中央氣象台，提醒我們要下雨，先起大雲七日，給大家七天的時間，去準備即將下雨該做的事，以免躲避不及。如來會依眾生根性，逐步教導眾生。

(九) 降霆難思喻。大莊嚴龍王，降種種莊嚴雨。下的是種種莊嚴雨，讓你心想事成。如來以無量種音聲，讓眾生聽聞歡喜。

(十)遍降種種喻。娑竭羅龍王，興大雲網色相無量差別。雲是很漂亮的，什麼顏色都有，譬喻如來的音聲就像這些雲和雨一樣，讓眾生都得度。

以上如來音聲的功德共有十喻。

四、如來心十相

諸菩薩摩訶薩應云何知如來應正等覺心？

佛子，如來心、意、識，俱不可得，但應以智無量故，知如來心。

其實我們很難去了解別人的心，知人知面不知心，即使與自己朝夕相處的人，也不見得能夠了解他的心。因為眾生有心、意、識，從心而起的意識千差萬別。我們認識世界的角度都不同，一方水土養一方人，導致思想有很大的差異，用這種差異性來認識佛，就沒有辦法了解佛的心。那麼，如何才能了解佛的心？

有一句話叫做心心相印，要像印章一樣，以心印心。要跟佛陀相應很簡單，就是放下妄想執著，不要用意識心，也不要有言詮，不要有分別心，用本心本性，來跟佛陀印證、相感應。你的心如是、我的心如是。最有名的就是靈山會上，世尊拈花示眾，無言無說，當時會中百萬人天悉皆罔措，只有迦葉明白佛陀的心，報以微笑。佛陀拈花的心，跟迦葉微笑的心，心意相通。

要如何與佛陀相通？「**應以智無量故，知如來心。**」就是用智慧心跟佛陀的心相通。

因此誦念經典時，要依著本具的智慧，放下自己的意識、妄想和分別，隨文入觀，直接以己心接佛心，與佛心相印。佛陀一音演說無量的法，眾生隨類而得解。回到經文，用佛法

了解佛法，用心體解佛心，如此即是「**應以智無量故，知如來心。**」

如來心十喻

一、虛空。二、法界。三、大海。四、大海有四寶珠。五、大海底有四熾然光明大寶。六、依虛空而起、而住。七、雪山頂藥王樹。八、三千大千世界劫火。九、風災壞世界。十、大經卷。以下擇要說明之。

(一)虛空喻

譬如虛空，爲一切物所依，而虛空無所依。如來智慧，亦復如是，爲一切世間、出世間智所依，而如來智無所依。佛子，是爲如來心第一相，諸菩薩摩訶薩應如是知。

如來的智慧像虛空一樣，包容所有世間、出世間的智慧。

(二)法界喻

譬如法界，常出一切聲聞、獨覺、菩薩解脫，而法界無增減。如來智慧，亦復如是，恆出一切世間、出世間種種智慧，而如來智無增減。是爲如來心第二相，諸菩薩摩訶薩應如是知。

一心生十法界，心可以生出六道輪迴的法界，也可以生出聲聞、獨覺、菩薩解脫的法界。如來的智慧，可以讓我們衍生出解脫的境界。

(三) 大海喻

譬如大海，其水潛流四天下地，及八十億諸小洲中，有穿鑿者，無不得水。而彼大海，不作分別：我出於水。

譬如海水可以流灌到全世界，潛藏在地層下，有水源的地方，往地下挖就能得到水。

佛智海水，亦復如是，流入一切眾生心中。若諸眾生觀察境界、修習法門，則得智慧清淨明了。而如來智，平等無二、無有分別，但隨眾生心行異故，所得智慧各各不同。佛子，是爲如來心第三相，諸菩薩摩訶薩應如是知。

佛陀的智慧也是如此，只要願意挖寶，一定能夠發現如來源源不絕的智慧。

無一眾生而不具有如來智慧

如來智慧，無處不至。何以故？無一眾生而不具有如來智慧，但以妄想、顛倒、執著而不證得。若離妄想，一切智、自然智、無礙智，則得現前。

佛陀在菩提樹下成佛的時候，他講的第一句話：**「無一眾生而不具有如來智慧德相，但以妄想、顛倒、執著而不證得。若離妄想，一切智、自然智、無礙智，則得現前。」**這句話就是出自於這一品，這一段非常重要。

佛陀為什麼要來娑婆世界廣度眾生的因緣，因為他發現我們共同的秘密，就是我們都具有如來智慧，可是自己卻不知道。如果能真正了解這個秘密，不就跟佛一樣嗎？不就是佛嗎？

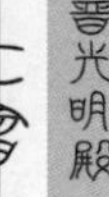

(十) 微塵中大經卷喻

譬如有大經卷，量等三千大千世界，書寫三千大千世界中事，一切皆盡…。此大經卷，雖復量等大千世界，而全住在一微塵中；如一微塵，一切微塵，皆亦如是。

譬如大經卷裡書寫了三千大千世界中所有的事情，全部藏在一個微塵當中，而每一個微塵裡，都有這麼多的秘密，這微塵是不是太神奇！

時有一人，智慧明達，具足成就清淨天眼，見此經卷在微塵內，於諸眾生無少利益，

當時就有一個人很有智慧，看到經卷就在微塵內，但是藏在微塵裡面，大家都看不到，對於大眾而言，有等於沒有，只要沒有拿出來傳世，大家都沒有得到利益。

即作是念：我當以精進力，破彼微塵，出此經卷，令得饒益一切眾生。作是念已，即起方便，破彼微塵，出此經卷，令諸眾生，普得饒益。如於一塵，一切微塵，應知悉然。

此人便發心把微塵裡面的經卷取出，饒益大眾，這人就是佛陀。

佛子，如來智慧，亦復如是，無量無礙，普能利益一切眾生，具足在於眾生身中；但諸凡愚，妄想執著，不知不覺，不得利益。

佛陀的智慧也是如此，他發現所有的智慧，全部具足在眾生身中，但是眾生實在是太糊塗，不知道自己是寶，「但諸凡愚妄想執著，不知不覺不得利益。」

爾時，如來以無障礙清淨智眼，普觀法界一切眾生，而作是言：

如來以無障礙的清淨智眼，來觀察大眾，就說：

奇哉，奇哉。此諸眾生，云何具有如來智慧，愚癡迷惑，不知不見？我當教以聖道，

令其永離妄想執著，自於身中，得見如來廣大智慧，與佛無異。

這段實在太重要，因為這是佛陀在菩提樹下，夜睹明星成正等正覺的時候，所說出來最重要的一句話。這是整個佛法的源頭，因為眾生本來就具有如來智慧，我們學佛不管程度再怎麼差，一定可以成佛，只是自己不知道。

即教彼眾生，修習聖道，令離妄想；離妄想已，證得如來無量智慧，利益安樂一切眾生。佛子，是為如來心第十相，諸菩薩摩訶薩應如是知。

這是佛陀教我們的，一定要肯定自己必定成佛的事實，不是猜想、也不是安慰，這是事實。只是因為我們不明白自己具有如來智慧，枉受輪迴，如來的心就是希望一切眾生一定要成佛，這是佛陀的慈悲。這就是如來心的第十相。

菩薩摩訶薩應以如是等無量無礙不可思議廣大相，知如來應正等覺心。

十喻彰顯如來的心無量無礙，如虛空、法界、大海...等，無法比擬。

五、如來境界

佛子，菩薩摩訶薩應云何知如來應正等覺境界？

佛的境界是不可思議，是凡夫之智無法了解，什麼是佛的境界？有一句話說「若人欲知佛境界，當淨其意如虛空」，如果用自己的思維、經驗去了解佛的境界，就好像井底之蛙，想要了解天空到底有多大一樣。

接下來介紹菩薩摩訶薩如何了解佛的境界。

菩薩摩訶薩以無障無礙智慧，知一切世間境界是如來境界，知一切三世境界、一切剎

境界、一切法境界、一切眾生境界、真如無差別境界、法界無障礙境界、實際無邊際境界、虛空無分量境界、無境界境界是如來境界。

以無障無礙的智慧認識如來的境界，此種智慧一旦生起，會發現原來整個世界都是如來的境界，所謂一色一香，無非中道了義，這世界是如來的願力所呈現，也是我們的業力所執取。有很多人會問：「娑婆世界這麼痛苦，這麼混亂，應該要如何選擇好的環境來幫助自己修行」？

很多人提倡求生淨土，淨土在哪裡？這就是問題。一般人認為淨土就在西方，請問東方有沒有淨土？北方有沒有淨土？讀《華嚴經》之後，發現到處都有淨土。最重要的是，如果我們認識自心清淨，認識自性如來，所在之處就是淨土。若用意識心來認識世界，則處處是障礙，就看不到哪裡是淨土。

眾生很可憐，因為妄想執著，而不能證明自己有如來的智慧。有些人覺得佛的境界高不可攀、了不可得，而且不可思議，為什麼佛陀在《華嚴經》裡還要宣說？對我們有什麼幫助？

最重要的是讓我們知道，必須以無障無礙的智慧，來認識佛的境界。所以，學習佛法第一件事情要練習歸零，摘下自己過去執著與分別的有色眼鏡，重新定義自己，重新認識這個世界，及身邊所有的人。

從小到大，只因為不認識自己，只能錯誤地藉由他人的肯定、外境和自己的成就，來建立所謂的”自我”的概念。但是這種自我意識，只是就現實的生活經驗來認識而已，並不是真實的自己。

因此，如果現在要來認識什麼是如來、如來的境界，和自心的境界，就要把自己的心歸零。當智慧心現前的那一刻，就可以知道什麼是真正的如來。

如一切世間境界無量，如來境界亦無量；如一切三世境界無量，如來境界亦無量；乃至如無境界境界無量，如來境界亦無量；如無境界境界一切處無有，如來境界亦如是，一切處無有。

我們想要認識的實相是無量無邊，所有的境界都是如來境界，若執取其中片斷，就不能窺得全貌。因為眾生的心喜歡找依靠，如果覺得有一個地方是可依靠的，就會執此為實，心就離開佛的境界。因此，我們的執取心，要不斷不斷地被除遣，到最後就會發現諸法了不可得，就會回到自己的心。

菩薩摩訶薩應知心境界是如來境界，如心境界無量無邊、無縛無脫，如來境界亦無量無邊、無縛無脫。何以故？以如是如是思惟分別，如是如是無量顯現故。

「**菩薩摩訶薩應知心境界是如來境界**」，要認識如來要從自己內心去找。心要如何能夠無縛無脫、無量無邊？禪宗二祖慧可大師，他說：「我心未寧，乞師與安。」他的心不安，希望達摩祖師能為其安心。達摩祖師說：「將心來，與汝安。」你把心找出來，我就可以幫你安心，結果慧可大師找來找去，發現覓心了不可得。當他找不到自己的心時，達摩祖師說：「吾為汝安心竟。」我為你安好心了。心到底是什麼？

每一個人有真心和妄心。有時候會被自己的妄心所騙，不知是假的，而被轉得頭昏腦脹。學習佛法後，知道心是如來的境界，真正的認識自己，認識自家寶藏。

那麼，如來的境界有多廣大？

佛智如大海水

如大海水，皆從龍王心力所起；諸佛如來一切智海，亦復如是，皆從如來往昔大願之所生起。

佛陀智慧如同大海水，不可思議的廣大無邊，容納所有眾生，所謂海納百川。為什麼佛陀有這麼廣大的智慧？「皆從如來往昔大願之所生起。」雖然，我們還不清楚什麼是發大願，但是在成就如來之智的過程，學習佛陀的教法，每天發願，「當願眾生」，雖然剛開始發願發得很心虛害怕，跟著佛陀的腳步慢慢練習，久了就會習慣用願力來帶領行為。

一切智海無量無邊，不可思議，不可言說；然我今

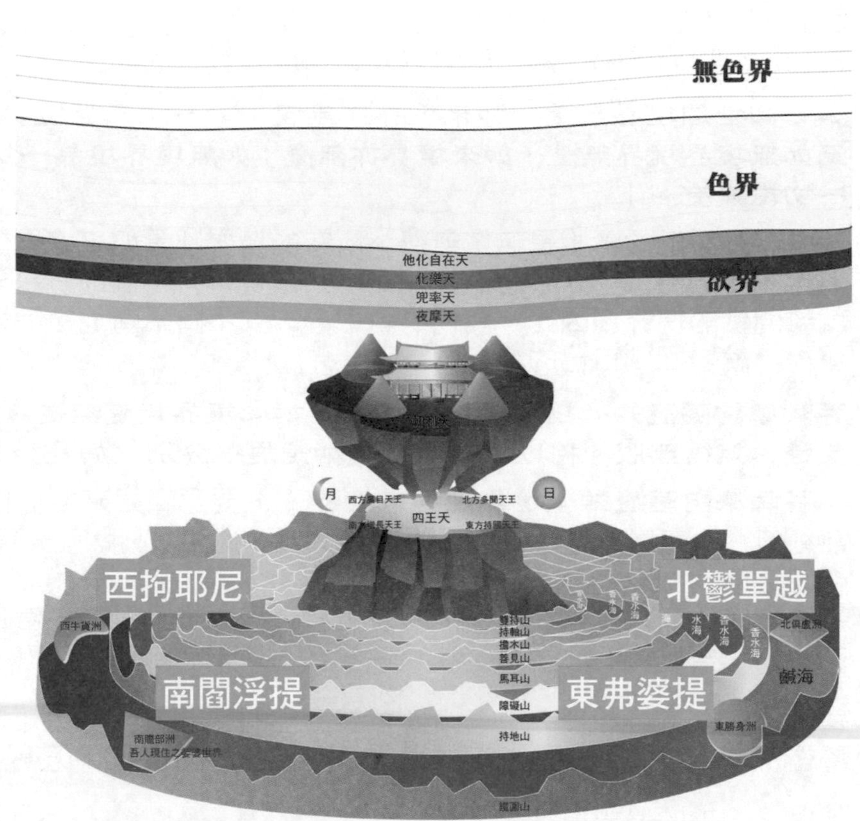

圖 50-52-1 四大洲

者略說譬喻，汝應諦聽。

此閻浮提有二千五百河流入大海，西拘耶尼有五千河流入大海，東弗婆提有七千五百河流入大海，北鬱單越有一萬河流入大海。佛子，此四天下，如是二萬五千河相續不絕，流入大海。於意云何，此水多否？答言：甚多。

這世界以須彌山為中心，東西南北有四大部洲，每一洲上皆有許多河流，源源不絕的一直流入大海，量是多還是少？當然非常的多。

復有十光明龍王，雨大海中水倍過前⋯，如是等八十億諸大龍王，各雨大海，皆悉展轉倍過於前；⋯十光明龍王宮殿中水，流入大海，復倍過前⋯；娑竭羅龍王太子閻浮幢宮殿中水，流入大海，復倍過前。

除了河水注入大海之外，還有龍王會下雨，所有龍王宮殿中的水也流入大海。

如是大海，其水無量，眾寶無量，眾生無量，所依大地，亦復無量。

如是大海其水無量，有四大部洲的水，有龍王下的雨，有龍宮所流入的水，如是大海都能夠容受，其水無量、眾寶無量、眾生無量、所依大地亦復無量。

佛子，於汝意云何？彼大海爲無量否？答言：實爲無量，不可爲喻。佛子，此大海無量，於如來智海無量，百分不及一，千分不及一，乃至優波尼沙陀分不及其一；但隨眾生心爲作譬喻，而佛境界非譬所及。佛子，菩薩摩訶薩，應知如來智海無量，從初發心，修一切菩薩行不斷故；

學佛就像入寶庫，像從聚寶盆裡不斷挖寶，可以學習各式各樣的佛法，學習後可以解決煩惱，讓我們變得富貴。

《華嚴經》為什麼被稱為「富貴華嚴」？許多人聽到這是富貴經，起了歹念，趕快搶一部回去放在財庫的上方，覺得一旦有這一部經就會發財。

剛開始只知道要發世間財，但是當真正知道出世間的寶後，世間的寶也會增加，因為寶聚無量。學佛後，因為心思已經不再斤斤計較於現有的世間財，當不計較後，財富反而多起來。最後，就會理解，讓人富貴的是因《華嚴經》而開啟的自性智慧，而非用意識心不斷算計所得的富貴。

應知寶聚無量，一切菩提分法三寶種不斷故；

學佛之後開啟大寶藏，可以獲得不可思議的富貴。

應知所住眾生無量，一切學無學，聲聞獨覺所受用故；

所有的修行人在佛法中，會找到自己的人生定位與價值，以及所要學習的東西。

應知住地無量，從初歡喜地，乃至究竟無障礙地，諸菩薩所居故。佛子，菩薩摩訶薩為入無量智慧，利益一切眾生故，於如來應正等覺境界，應如是知。

從歡喜地到究竟地，所有的菩薩都有自己的定位。

六、如來行

菩薩摩訶薩應云何知如來應正等覺行？
菩薩摩訶薩應知無礙行是如來行，應知真如行是如來行。

如來之行有二，一無礙行，二真如行。所謂的「無礙」就是自在，「真如」就是不執著。

如法界，非量非無量，無形故；如來行亦如是，非量非無量，無形故。譬如鳥飛虛空，經於百年，已經過處、未經過處，皆不可量。何以故？虛空界無邊際故。

如同法界一般，如來行是無法稱量，無形無相，世間萬法都是如此，若要真實研究它，會發現無法比量，甚至無法準確定義。

佛陀在《楞嚴經》裡舉例，眼前看到的這座山，仔細地分析拆解，最後就是虛空，而世界上最小的單位假設為「鄰虛塵」，經過反覆論辯，發現連鄰虛塵這一個詞，都是虛擬假設的概念，並無實存。試問，這個世界到底是不是真的？德國海森堡 (Heisenberg) 提出的 " 測不準定理 " ，也說明用「能」「所」相對的工具，來測量觀察認識這個世界，是永遠測不準的。

佛陀的法、佛陀的行也是如此，要如何測量？永遠沒有辦法理解、比喻，就好比鳥飛虛空，飛過的地方，鳥的痕跡在哪裡？有個小朋友坐飛機，從台灣到美國，一路上很激動的找國際換日線，真的有這麼一條線嗎？沒有，就像鳥飛過虛空。「**經於百年，已經過處、未經過處，皆不可量**」，在空中看不到線，但是並非線不存在。

如來行亦如是，假使有人，經百千億那由他劫分別演說，已說未說，皆不可量。何以故？如來行無邊際故。

如來行亦如此，佛陀廣度一切眾生，曾於三千年前在這世間短暫地停留過，也留下一些流傳後世的痕跡；佛陀曾說他來娑婆世界八千多次，但我們都沒看到，如來行是無邊無際不可量。

菩薩摩訶薩應以如是等無量方便、無量性相，知見如來、應正等覺所行之行。

一般人喜歡打卡、定位，就像現代人到哪裡都要在 FB 上打卡，顯示到此一遊的足跡，活動範圍還是很狹小的。佛陀行充滿整個世界，只是他沒有打卡而已，如果我們像如來一樣無所障礙，到哪裡去都不需要打卡，為什麼？因為只要一個念頭，就可以隨念而至，也不需要千辛萬苦，在有限的地方插上自己的旗子。菩薩的智慧便能了解如來行的無礙。

七、如來成正覺

諸菩薩摩訶薩應云何知如來、應正等覺成正覺？菩薩摩訶薩應知如來成正覺。

菩薩應知如來成正覺。有些人跑到菩提迦耶朝聖，因為佛陀在那裡成正覺，參訪者想像如果能跟佛陀一樣，坐在同樣的菩提樹下，坐在同樣的金剛座上，是不是就能知道，佛陀是如何夜睹明星，豁然開悟，而成正等正覺？如果找到佛陀夜睹明星的那一顆星，是不是也可以成正覺？

如來成正等覺，他到底看到什麼？

佛陀觀星，是回到自己的心當中，找到能知能覺，能看星星的那一念心，悟到一切眾生皆有如來智慧德相，找到的是自己心中智慧的源泉。

於一切義，無所觀察；於法平等，無所疑惑。無二無相，無行無止，無量無際，遠離二邊，住於中道，出過一切文字言說。知一切眾生心念所行、根性欲樂、煩惱染習。舉要言之，於一念中，悉知三世一切諸法。譬如大海，普能印現四天下中一切眾生色身形像，是故共說以為大海。

佛陀看到一切眾生皆有佛性、人人皆可成佛的這種平等，一切法是究竟無二的。

這就是佛陀當時成正覺時悟到的道理，「**於一念中悉知三世一切諸法**」，如同大海，什麼法都能夠容受。

諸佛菩提亦復如是，普現一切眾生心念、根性樂欲，而無所現，是故說名：諸佛菩提。諸佛菩提，一切文字所不能宣，一切音聲所不能及，一切言語所不能說，但隨所應方便開示。

諸佛菩提無法用一切的文字、語言、音聲宣說，但是因為眾生的根性理解有異，佛陀用眾生能理解的方式略說一二，最重要的目的是要讓眾生能夠了解，原來在自性也是佛。

諸佛如來不離此心成正覺

菩薩摩訶薩應知自心念念常有佛成正覺。何以故？諸佛如來不離此心成正覺故。

當我們坐在菩提樹下的法座上，體驗佛陀如何成正覺時，感應和體驗佛陀當時心裏所發的誓願：〞不成正覺，不離此座〞。當時佛陀用的就是這種心情，所以他可以成正覺。

如果認識自己的心，隨時都在成正覺，因為諸佛如來不離此心，我們行住坐臥不離此心，依心起修、依性起修，不忘記自己的本心，自然就在成正覺的這條路上。

如自心，一切眾生心亦復如是，悉有如來成等正覺…，入不思議方便法門。佛子，菩薩摩訶薩應如是知如來成正覺。

每一個人與佛的心都沒有差別，將心比心，既然我們渴望成正覺，為什麼不給別人一個機會，讓他也成就自性如來，這是菩薩摩訶薩應該有的認識。如何認識如來成正覺這件事情？就是不離此心。

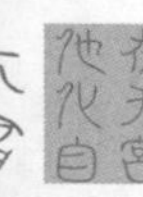

八、如來轉法輪

菩薩摩訶薩應云何知如來、應正等覺轉法輪？

佛法就像輪子一樣，有轉動才會流通。菩薩是如何轉法輪？誦經算不算？或是到西藏去轉經輪，才算是轉法輪？有人學佛後為了轉法輪，每天佛言佛語，時日一久，別人都不知道如何與之溝通，一旦無法溝通，轉法輪的因緣就減少。

菩薩摩訶薩應如是知如來以心自在力，無起無轉而轉法輪，知一切法恆無起故；…；無有言說而轉法輪，知一切法不可說故…；以一切文字、一切言語而轉法輪，如來音聲無處不至故。

菩薩摩訶薩要知道，「**如來以心自在力，無起無轉而轉法輪**」。心自在之後，舉手投足，能用各種方便、各種善巧來轉法輪。菩薩要用別人聽得懂的話來轉法輪，否則就會有代溝。

譬如一切文字、語言，盡未來劫說不可盡；佛轉法輪，亦復如是，一切文字，安立顯示，無有休息，無有窮盡…。一切眾生種種語言，皆悉不離如來法輪。何以故？言音實相即法輪故。佛子，菩薩摩訶薩於如來轉法輪，應如是知

一切眾生的語言，皆悉不離如來法輪，當我們有自在心之後，你的言語就是你的心，不需要特別賣弄佛法名詞、名相，也不需要呼口號，隨時一句問候，乃至一個動作、表情都是在轉法輪。「**言音實相即法輪故**」。

九、如來般涅槃

菩薩摩訶薩應云何知如來、應正等覺般涅槃？

我們都不喜歡般涅槃，悲傷佛陀的離去。雖然般涅槃並不是死，但是佛陀的色身還是因無常而灰身泯智。如來的法身沒有般涅槃，可是我們看不到。與其感傷佛陀的離去，菩薩應該要認識如來涅槃的意義。

菩薩摩訶薩欲知如來大涅槃者，當須了知根本自性。

若欲了知如來的涅槃，應當了知所有一切萬法的根本自性。知道萬法的自性本空、不生不滅，對於佛陀般涅槃，就不會傷心，因為佛陀根本沒有般涅槃。

諸佛如來為令眾生生欣樂故，出現於世；欲令眾生生戀慕故，示現涅槃；而實如來無有出世，亦無涅槃。何以故？

原來這一切的來去，都是佛陀為了要度化我們的方便法。他來，我們很高興，他走，我們很難過。他要讓我們知道，佛陀來了可以學習佛法，但是如果沒有精進、認真、珍惜，佛陀可以隨時離開，佛陀示現涅槃就是要讓我們生起尊重心，稀有難得心，對佛的戀慕心。事實上，如來沒有出世也沒有涅槃，沒有來去。

如來常住清淨法界，隨眾生心，示現涅槃。

如來、應正等覺亦復如是，於一切世界施作佛事，或於一世界能事已畢，示入涅槃，豈一切世界諸佛如來，悉皆滅度？佛子，菩薩摩訶薩應如是知如來、應正等覺大般涅槃。

我們其實是不太能夠理解，因為我們還在生死當中，看不破放不下，會害怕生死，也害怕身邊的人面臨生死。唯一解決生死煩惱的方法，就是趕快精進修行，證入無生之法，我們要了解，涅槃也是佛陀的佛事之一。

十、如來見聞親近所種善根

菩薩摩訶薩應云何知於如來、應正等覺，見聞、親近所種善根？

我們見到了佛，有什麼大功德？

菩薩摩訶薩應知於如來所，見聞、親近所種善根，皆悉不虛。

菩薩一定要知道，見者聞者同證菩提，這是佛陀的保證。

假使乾草積同須彌，投火於中如芥子許，必皆燒盡。何以故？

如同須彌山一樣多的乾草，只要丟下星星之火，一定燒光光。煩惱也是如此，煩惱再多，就像乾草一樣，只要有一點點的善根，一點點的智慧之火，就可以把煩惱乾草燃燒殆盡。

火能燒故。於如來所，種少善根，亦復如是，必能燒盡一切煩惱，究竟得於無餘涅槃。何以故？此少善根，性究竟故。

這一點點的善根，是究竟之法，非常殊勝，即使很微小，也能發揮很大的作用。

雪山藥王樹喻

譬如雪山有藥王樹，名曰善見。若有見者，眼得清淨；若有聞者，耳得清淨；若有嗅者，鼻得清淨；若有嘗者，舌得清淨；若有觸者，身得清淨；若有眾生取彼地土，亦能為作除病利益。

雪山有一種藥王樹，叫做善見藥。這個善見藥，見者，眼得清淨；聞者，耳得清淨；嗅者，鼻得清淨；嘗者，舌得清淨；觸者，身得清淨，甚至於取樹下的土，也能夠當成一味藥，做為除病利益。

如來、應正等覺無上藥王亦復如是，能作一切饒益眾生。若有得見如來色身，眼得清淨；若有得聞如來名號，耳得清淨；若有得嗅如來戒香，鼻得清淨；若有得嘗如來法味，舌得清淨，具廣長舌，解語言法；若有得觸如來光者，身得清淨，究竟獲得無上法身；若於如來生憶念者，則得念佛三昧清淨；若有眾生供養如來，所經土地及塔廟者，亦具善根，滅除一切諸煩惱患，得賢聖樂。

如來的無上藥王也是如此，見到如來的色身，眼得清淨；耳聞如來的名號，耳得清淨；嗅到如來的戒香，鼻得清淨；嘗得如來的法味，舌得清淨，甚至於舌的清淨，還可以廣說妙法，乃至於進塔廟當中，一舉手、一低頭，皆已成佛道。

業障纏覆不生信樂，亦種善根無空過者

最後普賢菩薩講，如來的功德厲害到什麼程度。

我今告汝，設有眾生，見聞於佛，業障纏覆，不生信樂，亦種善根，無空過者，乃至究竟入於涅槃。

師父去馬來西亞時，居士安排師父去雲頂賭場，後來他很不好意思地說：「師父，不好意思，因為我們那一車的人，聽說有位師父要來，就全部想退票不去，師父您今天可不可以不要來？要不然我生意做不下去。」因為他們看到有師父出現，就覺得今天賭運會不好，這就是「**業障纏覆，不生信樂**」。但是，佛陀講，即使是如此，「**亦種善根無空過者，**

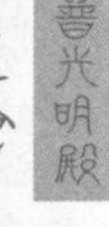

乃至究竟入於涅槃」。

菩薩摩訶薩應如是知於如來所，見聞、親近所種善根，悉離一切諸不善法，具足善法。

菩薩要知道，能夠見到、聽到如來，真的是得到不可思議的功德，具足一切的善法。

如來以一切譬喻，說種種事，無有譬喻能說此法。何以故？心智路絕，不思議故。諸佛菩薩但隨眾生心，令其歡喜，為說譬喻，非是究竟。

佛陀的境界叫做「心智路絕，不思議故」。為了要讓眾生歡喜，而用譬喻，方便解說。

此法門如來不為餘眾生說。唯除諸菩薩摩訶薩。

此法門如來不為餘眾生說，唯為趣向大乘菩薩說，唯為乘不思議乘菩薩說；此法門不入一切餘眾生手，唯除諸菩薩摩訶薩。

如來不為其他眾生說這個法門，只為發菩提心的大乘菩薩說。菩薩摩訶薩發了菩提心，就與佛陀同心，以心印心。

是故，菩薩摩訶薩聞此法門，應大歡喜，以尊重心，恭敬頂受。何以故？菩薩摩訶薩信樂此經，疾得阿耨多羅三藐三菩提故。

菩薩摩訶薩信樂此經，可以速得阿耨多羅三藐三菩提。

佛子，菩薩摩訶薩成就如是功德，少作功力，得無師自然智。

因此，菩薩摩訶薩成就如是功德，就得無師智、自然智。

顯瑞授記

爾時，佛神力故，法如是故，十方各有十不可說百千億那由他世界六種震動…。是時，十方各過八十不可說百千億那由他佛剎微塵數世界外，各有八十不可說百千億那由他佛剎微塵數如來，同名普賢，皆現其前而作是言…今此會中，十萬佛剎微塵數菩薩摩訶薩，得一切菩薩神通三昧；我等皆與授記，一生當得阿耨多羅三藐三菩提。佛剎微塵數眾生，發阿耨多羅三藐三菩提心，我等亦與授記，於當來世，經不可說佛剎微塵數劫，皆得成佛。

如來出現品宣講後，十方如來都現身，全部名為：普賢，為聽聞此法的菩薩授記，將來一定會成就阿耨多羅三藐三菩提；若一切的眾生發菩提心，也會為他授記，一切的如來都是如此成佛，一切眾生亦如是。

菩薩也說：「**佛子，乃能說此如來不可壞法。佛子，我等一切，皆名普賢。**」於此世界聽聞的《華嚴經》，他方世界的普賢菩薩亦如此說法。我們一定要肯定自己所聽到的無上妙法，菩薩不遠千里來為我們證明，就是要增加我們的信心。

結語

此品為妙覺位的最終品。主要彰顯吾人本具自性中，念念皆有如來成正等正覺出現於世。

「一念心清淨，佛居魔王殿。一念惡心生，魔王居佛殿。」若能體悟此深義，則時時刻刻皆是如來出現。

編後語。

華嚴首部曲的完成過程，幾乎是華嚴經裡的菩薩修習歷程之完整演示！！

有別於個人專書的出版，本法集，雖以個人名義出版，實則群策群力，動員僧俗志工上達百人，從字幕謄寫、修潤、文編、美編、排版、繪圖、製表、設計、校稿、即興演出、衣食住行外護、內護等，在法務、課程、共修、十城十會等活動不間斷的同步進行，這一切流程壓縮在短短一個半月完成...。秒懂佛經系列，其產出過程實謂「秒成」，讓人見證共願共成的力量，與華嚴三昧的神通妙用！！

以下參與者數則心得，與讀者分享法喜：

- 千言萬語難細説　三言二語訴不盡　五花八門吸睛術　七處九會藏寶圖

  符號標點錙銖較　燒腦燒心總著急　心鑰開啟華藏界　重逢亙古塵封心

  期待～努力～只爲～ 十城十會　新心相會

  ～釋見俱

- 星傳擔任此次校稿的負責法師之一，特地找來至少誦持 20 部以上的華嚴菩薩協助校稿，即使再怎麼趕稿，菩薩們都能配合如期的交稿，非常讚嘆菩薩們的發心。雖然校到眼花、眼乾，但心中卻充滿法喜和無比的感動，相信這一本《華嚴心鑰》是開啟每個人的智慧之要，也是令人成佛之鑰！

  ～釋星傳

- 校稿中更了解經文的架構釐清了許多的一團迷霧。花了多少人的時間心血與挑燈夜戰才搞定的文已經只剩下錯字校正及標點符號修改。夜深了泡在文中完全不知道累，但是眼前的一片花真的不能再撐下去了。 ~ 釋星宇

- 寫文章一直是星弘的罩門，更遑論要校潤修飾，目標讓大衆秒懂華嚴經的手稿。但看着圓道僧團的每一份子，接到任務不管會不會，皆直下承擔，星弘只能盡力而為。雖然體力累，但心靈收獲滿滿，看完此書，會讓您有「原來如此」之感。 ~ 釋星弘

- 自 9 月 15 日從夏威夷檀華寺趕回臺灣，參與校稿，眼見師父、 師兄們，日夜殫精竭慮「舉足下足盡文殊心，見聞覺知皆普賢行」，內心澎湃不已。最後，謹以華嚴心鑰，成佛法要，十城十會，雲端相會， 分享之。敬邀大家把握當下，參與華嚴勝會。 ~ 釋星悟

- 師父的願行不斷擴展，圓道團隊不斷茁壯，身為其中一員，弟子緊緊跟隨。能在這曠世之作的扉頁中，留下隻字片語，無比感恩與驕傲。眾志成城的出書過程，深深學習到：哪裡都是道場隨處都可發心。 ~ 釋星徹

- 僧人甚深的感恩不外乎得以編輯佛教典籍。參與編輯此書，字字檢視反覆斟酌，對照經典，莫大的期望即是世人皆有佛陀的教法，同時有清晰易讀、符合當代人閱讀習慣的參考書，於修行地地增上，圓成佛道。 ~ 釋星慕

- 這是非常特別的閉關！通然放下五蘊現象，和編輯群以團隊群創接力的方式挑燈夜戰，布施頭目腦髓來共同完成編輯任務。 ~ 釋星湛

- 自雲端華嚴共修百日以來，得上字幕與校稿之賜，日夜埋首華嚴法雨甘露，刻刻華嚴，秒秒華嚴，漸至於心心華嚴，念念華嚴，若非身置中，難解其中味，妙哉！華嚴，「心鑰」此其名。 ~ 法捨 · 電腦資訊工作者

- 華嚴經七處九會三十九品，有了【亙古一念 · 華嚴心鑰】一書，幫助我們快速掌握全經的輪廓，一打開書，有善知識用簡單的話語，給我們指引方向，幫助我們心「信」，何等幸運，得校稿一手資料的洗禮，實在太棒了，您一定要細細品味，箇中滋味的甘、甜、美、妙。 ~ 法地 · 教育工作者

- 華嚴經是很大部經，一般人很難一窺究竟，經師父雲端共修時，很精闢開示每卷重點，現又彙集出書，真的可讓更多人秒懂華嚴。感謝本次參與校稿因緣，雖然有時校到眼花，心卻是很歡喜的，也願每位見聞者，均能啟發本自菩提心，同入華嚴無礙智慧法海。 ~ 法尊 · 水資源局正工程師

- 校稿的工作是以前沒有的經驗，一字一字的看 ，是否有錯字？通順嗎？遇到經文更需要仔細的對，眼睛似乎都忘記眨。最後拿到初排版的紙本，兩天校完 26 卷， 從早到凌晨從十迴向到十地，等覺到妙覺，眼睛好累心卻很滿，要快速看又想細細讀，期待拿到新書！這是一本讓大家快速進入華嚴世界的鑰匙。 ~ 法虔 · 品管工程師

- 本來恭誦大方廣佛華嚴經的心態是依教奉行 ， 此次參與教稿工作，讓人更深入經藏，透過師父的深入淺出的講解跟剖析後對佛陀的 成道後的第一部講述部經典能夠有更深層的體驗與認識，這是多年來不曾有的認真的感覺。 ~ 法盛 · 軍警人員

▪比其他想發心的師兄多出了那份幸運，以 " 菜鳥之姿 " 接下 < 亙古一念．華嚴心鑰 > 一書的校稿工作，雖然校稿時每天挑燈夜戰，但對有 " 乾眼症 " 的我是一份甜蜜的負擔。不僅讓我重新複習師父在雲端的開示，更從〈行願品〉:「我為遍淨普賢行，文殊師利諸大願，滿彼事業盡無餘，未來際劫恆無倦。」的偈頌中看到見輝法師對弘法的願心及身影。祈願每位見聞者，都能從師父這本智慧法寶「秒懂華嚴」。 ~ 法文．財務會計工作者

▪急急急！趕趕趕！大家在百忙中，同心協力完成，藉由華嚴心鑰，秒懂華嚴精髓，讓彼此迅速的，接上寶嚴軌道。 ~ 佳靜．營造業

國家圖書館出版品預行編目資料

華嚴首部曲：亙古一念 華嚴心鑰 / 釋見輝著 . -- 初版 . --
新北市：寶嚴國際文教圖書出版：
臺灣圓道佛教文化交流協進會發行 , 2020.10
面；　公分 . -- (寶嚴雲集 . 秒懂佛經系列)

ISBN 978-986-99613-0-1(精裝)　1. 華嚴部

221.2　　109015404

寶嚴雲集 · 秒懂佛經系列

華嚴首部曲　亙古一念　華嚴心鑰

作者：釋見輝
發行人：釋傳塵
發行：社團法人台灣圓道佛教文化交流協進會
法律顧問：永然聯合法律事務所李永然律師
總編輯：寶嚴國際佛學研修院編輯部
文字編輯：圓道僧團、張玉白、郭惠真、辛春玉
美術編輯：釋星璨、釋星融、陳淑吟、江思翰、邱雅莉、郭芬玲、
許慧菁、許文霙、朱淑強、林利珊、晏茶
校稿：圓道僧團、圓道禪院護法會
出版：寶嚴國際文教圖書有限公司
印刷廠：玖盛彩色印刷股份有限公司 電話 :02-22425730
裝訂廠：精益裝訂股份有限公司

開本：菊 16K
倡印：圓道禪院、財團法人圓道文教基金會
銀行名稱：星展銀行南京東路分行 (銀行代碼 :810)
戶名：財團法人圓道文教基金會
帳號：60228201588
流通處：圓道禪院 (高雄市鼓山區美術東八街 8 號)
電話：07-5224676
網址：https://yuandaoworld.org/
公元 2020 年 10 月　初版第 1 刷
ＩＳＢＮ：978-986-99613-0-1
定價：新臺幣 400 元

知本山腰 遠眺太平洋 倚傍樂山
這一方土地即將創建『寶嚴國際佛學研修院』
為令佛法常興 法輪常轉
深明唯有培養住持正法及弘化人才
才是佛法得以流傳的根本之道
『寶嚴國際佛學研修院』將設立於台東知本樂山
致力於僧才培育及以佛法為根基的生命教育

寶嚴國際佛學研修院學習平台

圓道禪院網站